종교의 세계와 깨달음의 삶

종교의 세계와 깨달음의 삶

曉奉 이상근

국학자료원

    종교의 특성에 따라 접근 방법은 달리하여도 진리는 바른길로 인도
하고 성숙한 인간으로 발전시키는 것이다. 종교의 길, 무예(무술, 무도,
정신통일)의 길은 몸과 마음의 인격을 닦고 수양(修養)을 쌓아 통각(統
覺)의 깨달음을 얻어 영생주의 문을 여는 길이다. 몸, 마음, 건강이라는
측면에서 무도(武道) 무신론인에게 추구해야 하는 것 중에 하나가 종교
에 대한 이해이기도 하다.

    21세기 들어 권위 있는 신경과학 저널 등에 종교와 관련된 논문들이
심심치 않게 실리기 시작했다. 신(神)을 영접하는 순간 뇌에서는 어떤
일이 벌어지는지, 명상을 하는 동안 뇌 활동은 어떻게 바뀌는지, 종교
를 가진 사람들은 그렇지 않은 사람들과 어떻게 뇌 구조가 다른지 등
종교가 뇌에 미치는 영향에 대한 연구가 부쩍 늘었다.

    그러면 신은 실제로 존재하는가? 우리는 신의 존재를 어떻게 인식하
는가? 왜 우리는 항상 우리보다 더 큰 어떤 존재와 연결되기를 그토록
소망하는가? 이러한 문제들을 놓고 종교학자와 철학자, 물리학자, 심리
학자들은 수많은 시대를 거쳐 열띤 논쟁을 벌여왔다. 이제 이 논쟁에
신경과학자들이 합류하게 된 것이다. 그들이 쏟아내고 있는 논문들의
핵심 내용은 '인간의 뇌는 종교를 추구하도록 구조화돼 있다'는 것이

다. 종교적 체험을 하는 동안 뇌의 특정 영역이 활성화되며, 종교적 체험이 뇌에 유익하기 때문에 인간이 종교 활동을 영유한다는 얘기다.

물론 이러한 연구를 하는 신경과학자들이 모두 무신론자는 아니다. 우리 몸에 종교를 추구하는 생물학적 구조물인 뇌를 가지고 있다고 해서, 신의 존재가 부정되거나 종교의 가치가 폄하되지는 않는다. 뇌의 생물학적 구조와 기능이 존재하지 않는 신을 만들어냈을 수도 있고, 신이 자신을 숭배하도록 인간의 뇌를 그렇게 만들었을 수도 있으니 말이다.

이 두 시나리오 모두 가능하다. 만약 신이 없다면, '신을 추구하도록 만들어진 뇌를 우리는 왜, 어떻게, 언제부터 갖게 됐을까?'라는 질문에 다시 답을 해야 한다.

그것이 생존이나 짝짓기에 유리한 것일까? 사실 이 질문은 답하기 쉬운 게 아니다. 직관적으로 생각해보자면, 무언가를 의심하는 태도가 생존에 유리할 텐데 보이지 않는 상상의 산물을 쉽게 믿는 구조를 뇌가 생물학적으로 타고났다면, 그 이유가 반드시 있어야 할 것이다.

이스라엘 히브리대학교 역사학과 교수이자 베스트셀러『사피엔스』의 저자인 유발 하라리가 말한 것처럼, 상상력을 통해 공동체를 형성하는 것이 인류 발전에 기여했던 것일까? 종교란 본질적으로 죽음에 대한 공포와 불안, 삶의 부조리, 사후(死後)세계를 통한 구원 등에 기반을 두고 있는데, 물질적 토대가 없이도 존재하는 영혼은 바로 이러한 세계관에 뿌리를 두고 있기 때문이다. 종교가 생물학적 대뇌활동에 불과하다면, 영혼이 기반을 둔 세계도 흔들릴 수밖에 없다.

미국 캔자스대학교 심리학과 대니얼 뱃슨 교수가 지적한 것처럼 '두뇌가 종교를 만든다고 말하는 것은 마치 피아노가 음악을 만든다고 주장하는 것과 같다'는 비판을 피할 수 없다. 오히려 주목할 만한 연구는 2015년 영국 요크대학교 이즈마 교수와 그의 동료들이 실시한 실험이다. 그들은 강력한 자기장을 우울증 환자들에게 가했더니, 종교적 믿음이 줄어드는 현상을 관찰했다. '후방내측 전두엽피질'에 자기장(磁氣場)을 받는 39명의 피험자들은 실험 후 신이나 천사, 천국과 같은 것들에 대한 믿음이 현저히 줄어들었으며, 죽음 후에 대한 불안으로 그것을 믿었었다고 고백했다고 한다.

뇌 활동에 영향을 가했더니 종교적 체험에 변화가 생긴 것은 의미 있는 인과관계를 보여준다. "종교적 체험은 단지 두뇌의 산물이며 두뇌 이외의 것과 별다른 관련이 없다"'고 주장했던 캐나다 로렌시안대학교 마이클 퍼싱어 신경과학 교수의 주장에 좀 더 가까이 다가간 셈이다.

1885년 독일의 철학자 니체는 "신은 죽었다"고 선언했다. 그 시대의 합리주의자들은 신이 비과학적인 과거의 잔재이며 종교적 믿음은 미신과 자기 기만에 바탕을 두고 있다고 비판했다. 합리주의자들은 인간의 이성으로 비합리적인 미신을 극복할 수 있다고 믿었고, 그러한 자신감이 니체의 선언으로 표출됐다. 그런데 니체의 말처럼 신은 죽었는데, 왜 여전히 사람들의 마음은 신을 추구하고 그 안에서 버젓이 살아남아 위세를 떨치고 있는가? 종교의 끈질긴 생명력은 어디에 기인하고 있는가?

앤드루 뉴버그 펜실베니아대학교 교수는 자신의 책에서 그 생명력의 뿌리가 신비(神秘)체험에서 온다고 주장했다. 인간의 논리와 이성을 초월하는 신비 체험은 시대와 문화, 종교에 관계없이 일관되게 나타난다. 그리고 신비 체험이 존재하는 한, 신과 종교는 사라지지 않는다는 것이다. 그렇다면 왜 아주 먼 옛날부터 사람들은 신비 체험을 해왔고, 지금도 많은 사람이 그러한 경험을 하고 있는 것일까? 그것은 바로 사람의 뇌 자체에 그러한 능력이 들어 있기 때문이라는 것이 앤드루 뉴버그와 동료 연구자들의 주장이다. 이와 같이 21세기 인간은 과학을 통해 신의 존재에 접근하고 있다.

현대인들은 문화 간의 접촉이 필연적이며 정보와 사상의 활발한 교류가 끊임없이 이뤄지고 있는 개방사회에 살고 있다. 현대사회는 삶의 양식뿐 아니라 삶의 방향과 의미를 제시해주는 가치관이나 인생관,

사상과 이념 등에서도 엄청난 선택의 자유를 제공한다.

과거 전통사회에서 대다수 사람들에게 삶의 근본지침을 제공하는 정신적 보루의 역할을 수행한 종교도 현대세계에서는 개인의 자유로운 선택의 대상이 되고 있다. 종교와 사상이 다원화되는 세계가 초래하는 불안과 두려움 속에서 각종 형태의 폐쇄적 사상과 근본주의 신앙이 도처에서 기승을 부리고 있지만, 개방성과 자유는 피할 수 없는 현대세계의 운명이라 할 수 있다.

종교와 문화가 다원화된 시대에서 문화상대주의는 물론이고 절대적 진리를 주장하던 종교들도 상대화될 수밖에 없다. 자기 종교만이 옳다는 배타적 진리 주장은 이론적으로나 현실적으로 설득력을 지니기 어려울 뿐만 아니라, 자기와 다른 신앙을 가진 사람들과 더불어 살아야 하는 사회 속에서 심각한 도덕적 문제를 야기한다.

배타적 신앙을 견지하면서 타(他) 종교의 신앙인들을 진정으로 존중하며 살기 어렵기 때문이다. 현대인은 전통적 종교의 권위가 사라진 탈(脫)종교시대를 살고 있다. 종교의 배타적 진리 주장과 제도적 권위가 힘을 상실하면서 각 종교들의 공식적 가르침과 신자들의 일반적 의식 사이에 괴리가 커진다. 그럴수록 종교 지도자들은 전통의 고수를 외치거나 권위주의의 유혹을 느끼며 편협한 근본주의 신앙이 신자들을 유혹하지만, 어느 것도 진정한 문제의 해결이 되지 못한다. 냉전보다 무서운 인종 — 종교 갈등.

상대주의가 상식화된 현대 세계에서 종교가 당면한 가장 큰 사상적 도전은 자기 종교의 진리 주장을 지적으로나 도덕적으로 책임 있게 펼 수 있는 길, 타 종교를 깊이 이해하고 진심으로 존중하면서도 자신의 종교에 충실할 수 있는 길, 자기 종교만을 진리로 간주하는 배타주의와 모든 종교를 허위로 간주하는 세속주의의 두 극단을 넘어 타 종교에서도 진리를 배우고 깨닫는 겸손과 영적 자유의 길을 찾는 일이다.

이 책에서는 동양 정신문명의 뿌리 역할을 해온 유교, 불교, 도교와 힌두교 그리고 서양과 인류문명의 진보에 중심적 역할을 해온 그리스도교(가톨릭, 개신교)와 이슬람(교)를 각 장(章)으로 나눠 심도 있게 다뤄봤다. '종교의 세계' 7장에서는 한국의 종교 현황을 덧붙여 한국인의 종교적 특성을 이해하는 데 도움이 되게 했다.

'깨달음의 삶'에서는 인도 철학자 오쇼 라즈니쉬의 글을 통해 철학적 성찰과 깨달음에 이르는 길잡이가 될 만한 내용과 우리나라 역사 연대와 추구집·계몽편은 문장력과 사람이 하여야 할 도리를 엄선해 제공함으로써 마음의 양식이 되게 했다.

무엇보다 한국은 다종교 국가가 된지 오래다. 그러면서도 세계적으로 유례가 드물 정도로 정교 분리와 종교 간 평화 공존이 비교적 잘 이뤄지고 있다.

　그럼에도 불구하고 의외로 타 종교에 대한 기본 지식과 이해가 부족한 것도 사실이다. 이에 필자는 인류 문명의 발달에 지도적 역할 해온 세계 주요 전통 종교들을 소개함으로써 자신이 믿는 종교와 타 종교에 대한 폭넓게 이해할 수 있는 계기가 되길 바라며 이 책을 집필하는데 나의 오랜 편찬들에 자문을 받아 작성하였으며 혹시 다른 책의 내용과 같다면 독자들의 넓은 아량으로 이해하길 바란다. 종교편에서는 기독교 · 유교 · 불교 · 도교 · 천주교 · 이슬람 · 교회 등 기타 종교도 사전에서 인용하였으며 특히 성서의 역사와 지리 도서에서 발췌하였으며 종교분쟁은 언론에 보도된 신문기사를 참고하였으며 더러는 참고문헌에 없는 것은 저자의 기억 속에 의존하였음을 밝히며 이책을 통해 종교 간의 이해와 평화에 조금이나마 기여할 수 있기를 바라는 마음에서 감히 붓을 들게 됐음을 고백한다.

2019년 9월
曉奉 이상근

| 머리말 | 내 종교의 뿌리와 타 종교의 이해를 위한 지침서를 내놓으면서

제1편 _ 사람과 종교

제1편

사람과 종교

靈 性

Spirituality

영성 : 신령한 성품이나 성질

—————— 제1장

유교(儒敎)

1. 유교(儒敎)란 무엇인가

유교는 고대 중국에서 발생한 **공자**(孔子)의 사상을 **존신**(尊信)하는 가르침(敎)이다. 일명 공교(孔敎)라고도 하는 유교는 요(堯)·순(舜)·우(禹)·탕(湯)·문(文)·무(武)·주공(周公)의 **도를 집대성한 공자의 교학을 말한다.**

중국 고유의 사상을 종합해 **효제충신**(孝悌忠信)을 바탕으로 한 일상생활의 실천도덕을 완성함에 애쓰고 인(仁)으로써 모든 도덕을 일관하는 최고이념으로 삼아 '**수신제가 치국평천하**(修身齊家 治國平天下)를 이룩할 수 있는 자질을 함양함을 본지(本旨)로 하였다.

『**설문해자**(說文解字)』를 비롯해 여러 자전(字典)을 보면 '**유**(儒)'자는 **유**(柔), **유**(濡), **윤**(潤)과 함께 '부드럽다'는 뜻이다. 특히 **유**(濡)는 '스며들다, 젖다'의 뜻이며 **윤**(潤)은 '(물에 젖어)붙다, 윤택하다'는 뜻이 있다. 세 글자 모두 '젖다'와 관련이 있는데, 이는 곧 '옛날 어진이가 가르친 **도**(道)를 배우고 익혀서 자기 몸에 젖게 한다'는 뜻으로 풀이된다.

결국 이러한 사람을 '유(儒)'라 했고 유(儒)에는 선비 · 학자라는 뜻도 내포하고 있다. 이를 더 넓게 해석하면 '사람의 도리를 익혀 자기 몸에 젖게 한 뒤에 부드러운 모습으로 남을 가르쳐서 마치 하얀 종이에 물이 스며들 듯이 상대방의 마음속에 가르침이 젖어들게 하는 사람'이라는 뜻이 된다.

가르침을 자기 몸에 젖게 하는 것은 몸을 닦는 일, 곧 자기 수양이니 이것을 '수기(修己)'라 하고, 남을 가르쳐서 편안하게 하는 것을 '안인(安人)'이라 하는데 이 수기와 안인이 유교사상의 밑바탕이 된다.

이 세상 모든 사람에게 도리를 알게 하고 살아가는 방법을 터득하게 하며 평화로운 삶을 누리게 한다. 따라서 유(儒)는 이 세상에 없어서는 안 되는 사람, 꼭 있어야 하는 사람, 수인(需人) 곧 필수적(必需的)인 사람이다.

공자는 우주와 인간 세상에 관한 모든 사상 체계, 곧 윤리 도덕 · 철학 · 문물제도 등을 집대성했고 이를 체계화시켰으며 이를 바탕으로 유교라는 인류 삶의 길잡이를 정립한 것이다.

공자는 지금으로부터 2500여년 전인 기원전 551년(周靈王 21년 魯襄公 22년)중국 노(魯)나라에서 태어나 73세까지 살았다.

1) 유교의 교육사상

유교 교육의 기본은 육예(六藝)이다. 예(禮) · 악(樂) · 사(射) · 어(御) · 서(書) · 수(數)의 여섯이다.

첫째, 예(禮)는 좁게는 예의범절이다.

일상생활에 있어서의 세세한 행동준칙들이다. 그러나 넓게는 하늘의 이치(天理), 즉 자연법칙을 본받아 이룩한 문물제도 등 문화 전반이고 세상의 모든 질서를 뜻한다. 이러한 모든 것을 가르치는 것이 예이다.

둘째, 악(樂)은 음악이다.

음악은 인간 감정의 순수한 표출로, 사람의 정서를 순화시켜주고 쉽게 공감대를 형성한다. 공자는 음악교육을 매우 중요시했으며 그 자신도 뛰어난 음악가였다. 스스로 작곡도 하고 연주도 했으며 악보 정리는 물론 훌륭한 음악감상가이기도 했다.

음악교육은 예 다음으로 중요한 과목이었다.

셋째, 사(射)는 활쏘기이다.

활쏘기는 훌륭한 운동일 뿐만 아니라 수양의 한 방법이기도 했다. 활 쏘는 사람은 먼저 자세를 가다듬어 과녁을 향해 쏘게 된다. 적중하게 되면 자세가 올바른 결과이고 맞지 않으면 자세가 바르지 못했기 때문이다.

이처럼 활 쏘는 사람은 늘 자기반성을 한다. 대인관계에 있어서도 마찬가지로 상대방의 반응은 바로 나의 자세에 달려있다. 활쏘기는 심신단련으로, 이런 정신적 자세도 일깨워준다. 신체 단련에는 과녁을 가죽(皮革)으로 쓰고 정신수양에는 과녁으로 베(布帛)를 쓴다.

넷째, 어(御)는 말달리기, 수레몰기이다.

말 달리기를 통해 정정당당한 방법을 배운다. 짐승을 쫓아 사냥을 할 때에도 말을 정당하게 몰아 술수를 쓰지 않는다. 비록 짐승일지라도 속여서 잡는 것은 하지 않으니, 어디까지나 정정당당한 대결이어야 한다는 것이다. 이 과목도 사와 마찬가지로 **운동**인 동시에 **정신수양**이다.

다섯째, 서(書)는 글씨쓰기이다.

글씨는 그 사람 됨됨이의 표현이라 했지만, 잘 쓰고 못 쓰는 것은 선천적인 자질에 달려있다. 문제가 되는 것은 정성들여 경건하게 글씨를 쓰느냐 아니냐이다. 글씨를 정성스럽게 쓰는 과정에서 **정신수양**이 되는 것이니, 글자도 익히고 **수양**도 하는 효과가 있다.

여섯째, 수(數)는 셈이다. 곧 수학이다.

동양에서는 일찍부터 수학이 발달했다. 수학에 기초를 둔 천문학의 발달이 일찍부터 있었다. 결국 수학의 발달은 과학의 발달을 낳아 꾸준히 서양을 앞질러왔다.

하지만 서양이 동양을 앞서기 시작한 것은 18세기의 산업혁명 이후였다. 흔히 전통사회에 서는 수학, 과학에 대한 교육이 없었던 것으로 생각하기 쉽지만 그렇지 않았다. 육예의 하나로서 최고학부에 이르기까지 가르쳤던 것이다. 이렇게 육예에 통달해야(通六藝) 비로소 군자가 되는 소양이 갖춰지게 되는 것이라 생각했다.

2) 유교의 종교성

유교의 종교적 측면은 경천사상(驚天思想)에서 찾을 수 있다. 은 · 주(殷周)시대에 걸쳐 숭앙의 대상이었던 '**상제(上帝)**'와 '**천(天)**'은 『시경(詩經)』 『서경(書經)』을 비롯한 오경(五經) 속에 많이 나타나 있다.

경천사상은 **우주와 인간을 주재하는 초인간적 · 초자연적 절대 신에 대한 숭경(崇敬)의 자취를 담고 있다.** 상제는 인간을 감찰하고 화복(禍福)을 내려주는 무한한 권위를 지닌 **절대타자(絕對他者)**로서 인식되었다.

상고(上古)에는 '상제'와 '천'에 대한 신앙이 비슷했지만, **주대(周代)**로 내려오면서 천의 의미가 변화하였다. '**천(天)**'이라는 글자 속에 이미 '**대(大)**'라는 사람의 뜻이 내포되어 있듯이 초월적 권위가 인간에게 내재함으로써 인간과의 관련성이 커지기 시작했다. 초월적 주재자의 외적 권위를 직접적으로 일컫기 보다는 **인간의 책무와 도리를 중시해 덕(德)의 개념**이 출현하였다.

그러나 이러한 '상제'나 '천'에 대한 인식의 근본적 전환은 공자에 이르러서였다. **공자는 '천'의 권위를 손상시키지 않으면서 신성성(神聖性)과 구극성(究極性)을 인간에게 내재화했다.** '천'은 외경적 존재임에 틀림없지만, **인간의 성숙(仁)과 주체적 각성(德)에 의해서 '천'의 세계가 열릴 수 있다고 보았다.**

공자는 천인관계(天人關係)에서 초월과 내재를 동시에 파악했다. 공자는 초월자에 대해 직접적으로 설명하지도, 특정한 예배의 형식을 요구하지도 않았다. '상제'에 대한 관념은 '천' 속에 수렴되고, 그것은 다시 인격 속에 내재되어 인간의 실질적 태도와 삶 자체가 중요시되었다. '하늘'의 문제를 인간의 삶의 행태 속에 수렴시킴으로써 인간 행위를 떠난 상념의 세계를 건설하지 않았다.

유교에서는 제사를 중요시한다. 일반적으로 **종교**에서 행하는 **제의(祭儀)는 기복행사(祈福行事)이지만, 유교의 제의는 윤리성과 도덕성을 기반으로 하고 있다.** 유교의 제의는 대가나 보상을 요구하는 구복(求福)으로 연결되지도 않는다. 유교의 제의는 주술적 요구를 배격하고 세속의 세계를 도덕화하려고 한다.

전통적인 습속, 오사(五祀)나 절사(節祀)와 같은 국가행사나 민간신앙과 습합(習合)한 부분이 있지만, 그것은 부차적인 것이라고 볼 수 있다.

유교의 제의는 건실한 윤리성을 기반으로 인간의 외형적·절차적 관계를 설정할 뿐만 아니라, '**고무진신(鼓舞盡神)**'하고 '**신이명지(神而明之)**'하는 **신명성(神明性)**을 다함으로써 인간의 주체적 체험을 강화하려고 하였다.

유교는 인간의 삶을 충실하게 하는 데 힘쓰기를 강조하며, 내세에 대해 유보적 태도를 취한다. 공자는 초인간적 존재나 내세의 삶에 대해 직접적으로 언표(言表)하지 않았다.

공자는 자신이 처한 곳에서 도리를 다하려고 했을 뿐, 내세의 영원한 삶을 기대하지 않았다. 오히려 죽음의 문제는 삶 속에서 논의되어야 한다고 보았다. 인간의 삶이 얼마나 실존적 깊이를 가지며, 어떤 의미를 가지느냐가 보다 중요한 관심사였다.

공자는 인간이 마땅히 가야 할 길을 도(道)라고 생각했기 때문에 "아침에 도를 깨달으면 저녁에 죽어도 좋다(朝間道, 夕死可矣조문도 석사가의)."고 할 정도로 인간의 인간다움, 즉 도와의 일치를 추구하였다. 공자는 인생에서 인격적으로 최고의 가치를 성취함으로써만 인생의 의미를 다할 수 있다고 보았다.

그래서 공자는 "믿음을 돈독히 하고 배우기를 좋아하며, 죽음을 당하더라도 도를 참되게 하라(篤信好學 守死善道돈신호학 사수선도)"고 했고, "몸을 죽여 인을 이룬다(殺身成仁살신성인)"고 말하였다. 누구나 스스로의 본분을 자각하고 실천함으로써 평화와 행복을 성취할 수 있다고 생각했다.

인간의 도리를 의미하는 인(仁)은 자식을 사랑하고(慈) 부모에게 효도하는(孝) 친자관계(親子關係)에서부터 시작한다. 자식은 부모의 몸에서 직접 탄생한 관계이므로 부모(親)-자식(子)은 무조건적 관계라고 할 수 있다. 이 관계에서 본질적 특성은 '사랑'과 '존경'이다.

인간관계는 일반 사물과 다르게 인격적으로 결합되어 있기 때문에 인격이 없으면 인간관계가 파괴될 수밖에 없다. 부모-자식 사이의 사랑과 존경이 사회로 확대되지 못하면 이기주의적 상업 정신으로 전락하기 쉽다.

자식이 부모에게 효도하는 마음은 부모가 죽어서도 제사의 형태로 유지됨으로써 사회의 정신적 방향이 정립된다. **조선**(祖先)에 대한 제사는 자신이 생겨난 근원을 반성(報本追遠)해서 자신의 존재 의미를 자각하는데 있다. 의례는 효성의 정감을 담는 그릇이요 그것이 나타나는 방식이다. 자신의 마음속에서 우러나오는 사랑과 존경으로부터 자신의 존재의의를 느낀다.

사후(死後)의 세계에 대해서도 그 객관적 존재 자체에 의미를 부여하기보다 현세에 살아 있는 이들의 진실성이 중요하다. 그래서 유교에서는 "**죽은 이 섬기기를 살아 있는 이 섬기기와 같이 한다**(事死如事生사사여사생)."고 했고, "**내가 직접 제사하지 않으면 제사지내지 않은 것과 같다**(吾不與祭如不祭오불여제여불제)."고 하였다. **효**(孝)는 존경의 마음이 조상뿐만 아니라 **천**(天)에까지 거슬러 올라가는 유교의 중요한 종교적 덕목이다.

3) 유교의 경전

유교의 교리는 한마디로 수기치인(修己治人)에 귀결되지만, **주요 경전으로는**『시경(詩經)』,『서경(書經)』,『**역경**(易經)』,『**예기**(禮記)』,『**춘추**(春秋)』의 오경(五經)과『논어(論語)』,『맹자(孟子)』,『중용(中庸)』,『대학(大學)』의 사서(四書)는 유교의 중요한 경전이다.

사서의 독서 순서는 송대(宋代)의 정주(程朱)이래로『대학』,『논어』,『맹자』,『중용』의 순이었으나, **명대**(明代)부터 지면의 다소, 제본의 편의를 위해 『대학』, 『중용』, 『논어』, 『맹자』의 순으로 편집 · 간행되기도 하였다.

사서의 주석서로는 송대 주희의 『사서혹문(四書或問)』, 진덕수(眞德秀)의 『사서집편(四書集編)』, 조순손(趙順孫)의 『사서찬소(四書纂疏)』, 원대(元代) 호병문(胡炳文)의 『사서통(四書通)』, 유인(劉因)의 『사서집의정요(四書集義精要)』, 진인석(陳仁錫)의 『사서고(四書考)』, 청대(淸代) 육룡기(陸隴其)의 『사서강의곤면록(四書講義困勉錄)』, 장겸의(張謙宜)의 『사서광주(四書廣註)』, 손기봉(孫奇逢)의 『사서근지(四書近指)』, 왕보청(王步淸)의 『사서본의회참(四書本義匯參)』, 이용(李容)의 『사서반신록(四書反身錄)』, 염약거(閻若璩)의 『사서석지(四書釋地)』, 진선(陣詵)의 『사서술(四書述)』, 모기령(毛奇齡)의 『사서잉언(四書賸言)』 등이 있다.

원대(元代) 인종(仁宗) 2년에 주희의 『사서집주(四書集註)』를 과거시험의 기본교재로 인정한 이래 학자들에 의해 크게 존숭받았다. 송대(宋代) 이후로는 반주자학파(反朱子學派)에서도 사서를 중시했으며, 청대(淸代)의 고염무(顧炎武) 등은 비록 이것이 경학(經學) 쇠퇴의 원인이라고 지적하였으나, 사서를 중시하는 학풍은 변함이 없었다.

공자가 죽은 뒤 유교가 천하에 전하여져 여러 학파가 함께 일어났는데, 증자(曾子)와 자사(子思)를 거쳐 맹자에게 전한 학(學)이 정통을 이루었다. 맹자는 인의(仁義)의 도(道)를 세워 성선(性善)과 양기(養氣)의 설을 주장하고 인정(仁政)의 필요성을 역설하였다.

순자(荀子)는 맹자의 성선설에 반하여 성악설(性惡說)을 말하고 예(禮)를 강조하며, 권학(勸學)의 중요성을 주장하였다. 그 후 진시황(秦始皇)의 '분서(焚書)의 액(厄)'을 만나 경서가 거의 소멸되었다가 한대

(漢代)에 이르러 무제(武帝)가 문교(文敎)를 장려함으로써 다시 부흥하였다.

4) 유교의 전래와 발전

유교가 언제 우리나라에 들어왔으며 어떻게 수용되었는가 하는 점은 알 수가 없다. **어떤 학자는 우리 조상이 이웃 중국 문자인 한자를 빌려 쓰는 과정에서 자연히 유교사상을 배우게 되었다고 주장하기도 하고, 어떤 이는 유교는 바로 우리의 고유사상이자 종교라고 주장하기도 한다.**

우리나라에 전래된 연대는 확실치 않으나 신라가 당나라에 유학생을 보내며 국자학(國子學)을 세운 것을 보면, 삼국시대에 이미 유교가 일반화되었음을 알 수 있다.

고구려는 372년(소수림왕 2년)에 **태학**(太學)을 세워 자제들을 교육했고, **백제**는 285년(고이왕 52년)에 **왕인**(王仁)이 벌써 **일본**에 『**논어**』와 『**천자문**(千字文)』을 전하였으며 **신라**는 비교적 늦은 682년(신문왕 2년)에 **국학**을 설립하였다.

당시 유학(儒學)의 목표는 첫째, 경전과 사기(史記)에 통달해 정치나 법률제도를 제정하고 그것을 운용할만한 관리가 되는 것이며 둘째, 사부(詞賦)와 문장을 능하게 하는 일이었다. 따라서 그 당시의 유교는 내구적(內求的)이 아니고 외구적(外求的)이었으며 목적을 위한 것이 아니고 수단을 위한 것이었다.

삼국시대의 대표적인 유가(儒家)로 신라의 설총(薛聰), 최치원(崔致遠) 등이며 고려 말에는 안향(安珦) 등에 의해 **성리학**(性理學)이 전래된 이후 정몽주(鄭夢周), 정도전(鄭道傳) 등 유학자들이 배출됐고, 조선시대에 숭유정책(崇儒政策)이 국시(國是)로 정해짐에 따라 유학은 치국(治國)의 원리가 되었으며 우리나라 유학의 전성시대를 이루었다.

그 중에서도 이황(李滉)과 이이(李珥)가 가장 출중했고 우리나라 유학사상(儒學史上) 대표적인 유자(儒者)로서 존경받고 있다. 그러나 유자들이 점차 학파를 형성하여 나중에는 동인과 서인 등으로 나뉘어 붕당으로 대립하는 당쟁의 씨앗이 되기도 했지만 우리나라 사상사에서 차지하는 위치는 매우 중요한 것이다.

5) 유교복원론

『유교복원론(儒教復原論)』은 이병헌(李炳憲)이 근대 유교 개혁사상의 이론을 체계화한 저서로서 1919년 중국 칭다오(青島)의 동문인쇄국(同文印刷局)에서 작은 책자(60쪽)로 간행된 활자본이 있고, 캉유웨이(康有爲)의 제자 왕량밍(王良鳴)의 서문(1925년)이 붙어 있는 필사본이 있다.

『유교복원론』은 이병헌이 당시 중국을 여러 차례 왕래하면서 변법사상(變法思想)과 공교운동(孔教運動)의 지도적 역할을 하던 캉유웨이를 찾아가 그의 지도를 받아 유교 개혁론을 전개한 것으로써, 이 시대 유교 개혁사상의 대표적 저술로 평가된다. 『유교복원론』의 구성은 '유고복원론'편의 끝에 '천학(天學)'편이 부록으로 붙어 있어서 사실상 2권의 책을 묶어 놓은 형식을 띠고 있다. 문체에서도 '유교복원론'편과 '천학'편이 모두 문답 형식으로 구성되어 있는 점이 특징이다.

이병헌은 '유교복원론'편 서언(敍言)에서 이 책을 저술한 목적을 "공자의 원상(原狀)에 회복되는 것"이라 밝히고 있다. 유교를 복원시키고 자 하는 목적의식은 **이 책을 일관하는 정신이다.** '복원'의 의미에는 당 시의 왜곡되고 붕괴된 유교에 대한 비판적 평가를 내포하고 있다. 유교 를 전제주의라 단정하면서 20세기에는 적용할 수 없다는 비판에 대응 해 그는 유교의 종교상과 사회적 역할을 회복시키고자 한다.

이 책의 3장 '**유교종지(儒教宗旨)**'에서는 긴 머리와 넓은 소매의 유교 적 복장은 형식주의이며, 따라서 **복식(服飾)은 시대에 맞게 고쳐야 한 다고 하였다.** 또한, **화이론(華夷論)**은 한 · 당(漢唐)이래 자기를 높이고 남을 낮추는 잘못된 습관이라고 보고, 외국인을 이적금수(夷狄禽獸)라 고 하는 것은 천하의 공리(公理)에 크게 어긋나며 『춘추(春秋)』의 주지 (主旨)를 상실한 것이라고 비판했다.

공자 이후에는 '**공자기원(孔子紀元)'을 써야 하며,** 유교의 심성론(心 性論)은 긍정하지만 **이기론(理氣論)**은 시비만 일삼아 이용후생(利用厚 生)의 방법을 저버렸다고 비판했다. 또 유교를 복원한다는 의미에 있어 서 **마틴 루터의 종교개혁은 개두환면(改頭換面)**하는 개교(改教)임에 비 해 자신의 입장은 반경귀본(反經歸本)하는 복원이라 구분하고 있다.

7장 '유교전포(儒教傳布)'에서는 공자의 철환천하(轍環天下)했던 정 신으로 유교를 포교해야 한다고 주장했다. 그는 유교의 교세가 불교나 기독교에 비해 뒤떨어진 원인으로 ①**교조를 숭배하는 신념의 부족** ② **사회공공사상의 부족** ③**주거교통(舟車交通)의 부족** ④**쇄국주의라고 지적했다.**

하지만 시대의 변천에 따라 쇄국정책에서 문호개방의 기세를 보이 자 전국의 유생들은 외세배척을 적극 주장하였으나 수구(守舊)운동은 성공하지 못하고 우리나라 **개화혁신의 공적보다는 도리어 장애물로**

전락되고 말았다.

　원인은 구한말 유교가 유신정신(維新精神)을 망각한 채 보수와 완고
만 고집했기 때문이다. 한일합방과 동시에 일본의 이른바 문화정책에
따른 **일부의 유학자류(儒學者類)**가 성균관을 경학원이라 개칭하고 명
륜전문학교(明倫專門學校)를 부설하여 공죄 상반적(功罪相半的)인 기
형적인 교육을 실시했다. 그러다 8·15해방 이후 전국 유림의 총의에
따라 경학원을 다시 **성균관으로 환원시키고 1946년 유림의 결합체인
유도회(儒道會)를 결성하고** 성균관대학이 창립되어 유학정신에 의한
새로운 민주교육을 실시하게 됐다. 이제는 유교도 제 모습을 찾아 현대
에 사는 우리들에게 알맞은 사상으로 면모를 새롭게 하고 있다.

2. 사기(史記)

　『사기(史記)』는 전한(前漢)의 **사마천**(司馬遷: 기원전 145~86)이 저
술한 역사서 130권으로, 전설시대로부터 한무제(漢武帝)까지의 역사를
통사적(通史的)으로 기술한 **기전체**(紀傳體)의 사서(史書)로서 이십오사
(二十史)중의 하나이다.

　처음에는 『**태사공서(太史公書)**』라고 불리어졌다. 본기(本紀) 12권,
서(書) 8권, 표(表) 10권, 세가(世家) 30권, 열전(列傳) 70권 등으로 구성
돼 있다.

　본래 『**사기**(史記)』는 **고사**(古史) 또는 사서의 통칭으로서 어떤 하나
의 지정된 서명(書名)은 아니었다.

　그러나 그것이 위(魏)에 이르러 『**태사공기**(太史空記)』의 약칭으로서

사마천의 글을 가리키게 되었던 것이다. 그는 사관(史官)이었던 아버지 사마담(司馬談)의 유지(遺志)를 계승하려 『사기』를 지었다고 하지만, 보다 직접적인 동기는 이릉(李陵)의 사건에 연관되어 궁형(宮刑)을 받은 굴욕 때문이었다고 사마천은 스스로 밝히고 있다.

『사기』의 사관(史觀)은 유교사상(儒敎思想)의 사조(思潮)를 반영하고 있다. 또 역사적 사실(歷史的 事實) 하나 하나에 도덕상의 평가를 내린『춘추(春秋)』와는 달리 사실을 있는 그대로 전하는 데 노력했다.

『사기』에서 다루고 있는 인물은 그 시대의 주류(主流)에 영향을 준 사람에 한정되지 않고, 비극 가운데 매몰된 인물을 발굴하여 기술(記述)하였는데, 이것은 사마천 자신의 원념(怨念)의 반영이라고도 볼 수 있다.

주석서로는 송대(宋代) 배인(裵駰)의 『사기집해(史記集解)』,『사기색은(史記索隱)』, 장수절(張守節)의 『사기정의(史記正義)』 등이 있다.

제2장

불교(佛敎)

1. 불교(佛敎)란 무엇인가

　불교(佛敎)라는 말은 부처(석가모니)가 설한 교법이라는 뜻(이런 의미에서 **석교**釋敎라고도 함)과 부처가 되기 위한 교법이라는 뜻이 포함된다. **불**(佛:불타)이란 **각성**(覺性)한 사람, 즉 **각자**(覺者)라는 산스크리트 · **팔리어**(語)의 보통명사로, 고대 인도에서 널리 쓰이던 말인데 뒤에는 특히 석가를 가리키는 말이 되었다.

　불교는 석가 생전에 이미 **교단**(敎團)이 조직되어 포교가 시작되었으나 이것이 발전하게 된 것은 그가 죽은 후이며, 기원 전후에 인도 · 스리랑카 등지로 전파되었고, 다시 동남아시아로, **서역**(西域)을 거쳐 중국으로, 중국에서 한국으로 들어왔고, 한국에서 일본으로 **교권**(敎圈)이 확대되어 세계적 종교로서 자리를 굳혔다. 그러나 14세기 이후로는 이슬람교에 밀려 점차 교권을 잠식당하고 오늘날에는 발상지인 **인도**에서는 세력이 약화되었으나, 아직 **스리랑카** · **미얀마** · **타이**(태국) · **캄보디아** · **티베트**에서 **몽골**에 걸친 지역, **한국**을 중심으로 한 동아시아

지역에 많은 신자가 있으며, 그리스도교 · 이슬람교와 함께 세계 3대 종교 중의 하나이다.

다른 여러 종교와 비교하여 불교가 지니는 중요한 특징은 다음과 같다. ①신(神)을 내세우지 않는다. 불타가 후에 이상화(理想化)되고 확대되어 절대(絶對) · 무한(無限) 및 그 밖의 성격이 부여되고, 각성과 구제의 근거가 되고 있으나 창조자 · 정복자와 같은 자세는 취하지 않는다. ② '지혜(智慧)'와 '자비(慈悲)'로 대표된다. ③자비는 무한이며 무상(無償)의 애정이라 할 수 있어, 증오(憎惡)나 원한을 전혀 가지지 않는다. 그런 까닭에 일반적으로 광신(狂信)을 배척하고 관용(寬容)인 동시에 일체의 평등을 관철하고자 한다. ④지혜의 내용은 여러 가지로 발전하는데, 일체를 종(縱)으로 절단하는 시간적 원리인 '무상(無常)'과, 일체를 횡(橫)으로 연결하는 공간적 원리인 '연기(緣起)'가 중심에 있어, 이것은 후에 '공(空)'으로 표현된다. ⑤현실을 직시(直視)하는 경향이 강하다. ⑥모든 일에 집착과 구애를 갖지 않는 실천이 강조되고 있다. ⑦조용하고 편안하며 흔들리지 않는 각성(覺性:解脫)을 이상의 경지(境地)로 삼아 이를 '열반(涅槃)'이라 한다.

그 교의(敎義)는 석가의 정각(正覺)에 기초를 둔다. 그러나 8만4000의 법문(法門)이라 일컫 듯이 오랜 역사 동안에 교의의 내용은 여러 형태로 갈라져 매우 복잡한 다양성을 띠게 되었다. 불(佛)도 본래는 석가 자체를 가리켰으나 그의 입적(入寂) 후 불신(佛身)에 대한 논의가 일어나 2신(身) · 3신 등의 논, 또는 과거불 · 미래불, 또는 타방세계(他方世界)의 불, 보살(菩薩) 등의 설이 나와 다신교적(多神敎的)으로 됐다

2. 붓다와 불교

불교는 붓다인 고타마 싯타르타에 의해 창시된 가르침이다. 그는 기원전 463년경에 네팔의 타라이 분지에 위치한 석가족의 중심지인 카필라성에서 국왕인 **정반왕**(淨飯王: Suddhodana, **백정왕**白淨王, 수두단輪頭檀, 수도타나首圖駝那, 설두屑頭 등의 異名이명이 있음)의 **장남으로 태어나 29세에 출가해서 6년간의 수행 끝에 갠지스강 중류에 있는 붓다 가야의 보리수 아래에서 깨달음을 얻어 붓다(覺者)가 되었다고** 한다.

이후 힌두교의 성지 베나레스로 가서 교외에 있는 녹야원에서 수행자 5인을 교화(敎化)하여 불교 교단이 최초로 성립되었다. 그 이후 매년 우기(雨期)에는 한 곳에 머물러 수행생활을 했으나 그 외에 여러 곳을 다니면서 교화하다가 80여세에 입멸했다.

후세 사람들은 그를 석가모니라고 불렀는데 이는 석가족의 성자(聖者)라는 뜻이다. 불교는 석가모니가 평생 동안 교화한 가르침을 중심으로 하고 있으며 그가 입멸한 후 그의 계승자들에 의해 전개된 교리가 종합된 사상체계이다.

붓다가 생존 당시에 설법했던 시기의 불교를 원시불교라고 하는데, 그 내용은 팔리어로 번역된 아함부(阿含部)의 경전들이 그것이다. 아함부의 경전에 나타난 원시 불교의 사상은 흔히 **사성제**(四聖諦), 삼법인(三法印), **오온설**(五蘊說), **십이처설**(十二處說), **십팔계설**(十八界說), **사선정설**(四禪定說) 등으로 집약된다.

불교의 실천적 인식이 최초로 당면한 문제는 고(苦)다. 원시경전에서는 대표적인 고(苦)로서 **생로병사의 사고(四苦)**를 들지만, 궁극적인 고의 원인은 집착이며 그것은 자기 자신과 모든 사물의 실체를 긍정하는 오류에서 발생한다고 한다. 즉, 모든 존재는 상호 의존성에 의해서 존재함에도 불구하고 존재가 독자적 실체를 갖고 있다고 인식함으로써 집착하게 되며 집착으로부터 애증의 욕망이 발생하여 모든 고뇌가 성립된다는 것이다.

존재의 상호의존성을 연기(緣起)라고 하며 이에 대하여 붓다는 "이 것이 있으므로 저것이 있고, 이것이 없으므로 저것이 없다"라고 설명했다. 불교에서는 실체를 자성(自性)이라고 하는데 이와 같이 모든 존재에 자성이 없음을 공(空)이라고 한다. 이로써 '연기가 곧 공이다(緣起卽空)'라는 독특한 세계관이 성립된다.

붓다가 생존할 당시 제자들에게 강조한 가르침은 형이상학적 사유나 편견에 빠지지 말고 논쟁을 초월해 자기 자신을 성찰해서 내면의 **적정**(寂靜)에 도달하라는 것이다. **이는 인간의 감각, 사유의 모든 인식**이 근본적으로 '연기즉공(緣起卽空)'의 실상을 왜곡하고 있다고 보기 때문이다.

붓다는 인식이 오류를 범하게 되는 원인이 인간의 심층의식에 자리 잡은 **무명**(無明)에 있으므로 심층의식에 도달하여 무명을 타파할 것을 설하였다. **불교에서는 "모든 존재는 오직 인식이다**(萬法唯識)"라고 언표하고 있으며 원시불교의 교설 중에서도 가장 근본적인 내용 중의 하나이다.

아쇼카왕시대(기원전 268~232)에 이미 **상좌부와 대중부의 2파가 분열되고 그 후 기원 전(BC) 1세기경까지 약 20개의 지파가 나뉘었다**고 하는데 이들 중에서 상좌부 계통의 설일체유부(說一切有部), 도자부(犢子部), 정량부(正量部) 등이 유력했다고 한다. 이들의 교설을 기술한 논서를 『아비달마(阿毘達磨)』라고 하는데, 이는 '존재에 대한 탐구'라는 의미이다.

기원 후(AD) 1세기를 지나면서 상좌부의 전통적·보수적 소승불교에 반대하는 대중 중심의 새로운 불교운동이 일어나게 된다. 이를 대승불교라고 하는데 그들은 소승불교가 국왕, 부호들의 지원을 받으며 거대한 승원(僧院)에서 홀로 명상에 잠기며 교리 연구에 종사했던 것과는 달리 이기적·독선적이라고 비판하고 이타행(利他行)을 강조하여 널리 중생을 제도하는 보살(菩薩)을 이상적인 수행자상으로 삼았다. 그리고 이른바 중관학파(中觀學派)라고 하는 반야경전(般若經典)의 공관(空觀)을 중심으로 하는 학파가 출현하였다.

기원 후 7세기경 용맹(龍猛)에 의해 창시되었다고 하는 밀교는 즉신성불(卽身成佛)을 근본 교리로 하여 주술과 의식(儀式)을 널리 수용하여 '세속 이대로 성불할 수 있다'는 독특한 교리를 발전시켰다.

밀교(密敎)는 인도가 무슬림의 침입으로 불교의 성장이 정지되면서 티베트로 옮겨져 발전하게 된다. 인도의 불교는 일찍부터 중국에 전래되어 기원 후 7세기경에는 최고도의 발전을 이룩했다.

모두 14개의 종파가 성립되었는데, 이 가운데 화엄종·천태종·선종·밀종이 가장 융성하였고, 또 중국 철학사에 미친 영향도 심원하다. 화엄, 천태, 선의, 교리는 송·명(宋明)의 이학(理學) 및 심학(心學)에 직접적인 영향을 미쳤다.

3. 남방 불교

스리랑카 · 미얀마 · 타이(태국) 등 동남아시아에 전파된 불교를 남방불교라 한다. 이 지역으로 불교를 전파하는 기지가 된 곳은 스리랑카이며 기원전(BC) 3세기 중엽, 아소카왕의 왕자 마힌다(Mahinda)가 파견되어 상좌부 불교를 전한 것이 효시가 된다. 이 불교는 팔리어(語) 경전을 믿기 때문에 팔리불교라고도 한다. 5세기에는 불음(佛音)이 인도로부터 건너와 팔리어 경전의 주석(注釋)을 집대성함으로써 상좌부 불교의 기초가 굳어지고 활기를 띠게 되었다. 미얀마와 태국에는 이 스리랑카의 상좌부 불교가 전해졌다. 5세기에 미얀마로 건너간 상좌부 불교는 그 후 밀교(密敎 · 大乘)로 바뀌었다가 11세기 파간조(朝)의 전(全)국토통일과 함께 재흥되었고, 후에 본가인 스리랑카불교가 쇠퇴하자 상좌부 불교가 스리랑카로 역수입되었다.

한편, 태국에는 8세기 무렵에 밀교가 전해져 번창하다가 후에 미얀마로부터 상좌부 불교가 진출하였고, 13세기 말에는 스리랑카의 상좌부 불교가 전해져, 그 후 왕조의 보호 밑에 발전하여 지금은 이 지역 제1의 불교국가가 되었다. 자바에는 8세기경 인도로부터 밀교가 전해져 번창하였으나 후에 이슬람권으로 바뀌었다. 캄보디아 · 라오스는 13세기 말부터 타이족의 침입으로 상좌부 불교가 전해져 오늘에 이른다. 인도차이나반도의 또하나의 지역인 베트남은 옛날부터 중국과의 교섭으로 6~7세기경 대승불교가 전해져 선종(禪宗)을 중심으로 번영하였다.

4. 중국 불교

중국에 처음 불교가 전해진 연대에 관해서는 여러 설이 있으나, 대체로 1세기 중엽 한(漢)나라 때 서역(西域:티베트)지방을 경유하여 들어온 것으로 추정된다. 서역지방은 옛날부터 인도와 중국을 연결하는 요로(要路)에 있어 양쪽 문화의 접촉 장소가 되어왔으므로 인도의 불교가 재빨리 서역에 전해지고 다시 중국으로 전래되었다.

서역 지방에도 독특한 불교문화가 개화하였는데, 그 서역불교의 발자취는 둔황(敦煌)을 비롯한 여러 곳의 유적에서 엿볼 수 있다. 초전기(初傳期)에서 4세기까지를 중국불교의 제1기라 할 수 있으며, 이 시대에는 서역 방면으로부터의 내입승(來入僧)의 활약이 눈에 띈다. 즉 안세고(安世高) · 지루가참(支婁迦懺) · 축법호(竺法護) · 불도징(佛圖澄) 등이며 그들은 대승 · 소승의 경전을 번역하여 불교에 대한 중국인의 이해를 넓히는 데 노력했다. 중국인 불도(佛徒)로 주사행(朱士行) · 도안(道安) · 혜원(慧遠) 등이 나왔고, 특히 도안 · 혜원 등은 학문적이고 이론적이었던 불교를 실천으로써 이해시키는 방향으로 나아갔다.

그러나 불교가 무조건 받아들여진 것은 아니며 고래(古來) 사상과의 유사점 때문에 받아들여지는 일도 있었다. 불타가 황제(黃帝) · 노자(老子)와 나란히 제향되는 예가 그것이며, 4세기 무렵부터는 불교의 '공(空)'을 노자의 '무(無)'로 해석하려는 격의불교(格義佛敎)도 생겨났다. 401년 구마라습(鳩摩羅什)이 장안(長安)에 들어와 대승경전의 번역을 시작한 때부터 중국불교는 제2기에 들어선다. 구마라습은 여러 경전의 뛰어난 한역(漢譯)을 행하여, 그 한문경전에 의한 불교 본래의 교리연구가 진행되었고, 중국인의 불교에 대한 이해도 넓어져, 이후 중국불교의 사상적 발전의 기틀을 마련하였다. 또 그 문하생은 3000여 명이라 하며 그 계통은 일대 교세를 이루고 제2기 불교의 중심세력이 되었다. 구마라습 외에도 각현(覺賢)·담무참(曇無讖)·보리류지(菩提流支)· 진제(眞諦) 등이 도래하여 경전의 한역을 행하고, 그 경전 연구에 따라 삼론(三論)·사론(四論)·성실(成實)·법화(法華) 등 많은 학파가 발생 했다.

또 우발적으로 전래된 여러 경전을 본래의 역사적 발전의 순서로 정리하고 체계를 세우기 위한 교판(敎判:敎相判釋)도 성행하게 되어 교학연구는 더욱 진전하였다. 수(隋)·당(唐)시대에는 전대의 교학연구를 기초로 소의(所依)의 경론(經論)에 의한 종파가 확립되어 국민의 올바른 이해와 실천에 입각한 불교의 성립을 보았으며, 이 시대는 중국불교의 황금시대가 되었다. 수나라 때는 우선 지의(智顗)가 『법화경』에 의해 천태종(天台宗)을 개종(開宗)하고, 이어서 길장(吉藏)은 용수의 삼론(三論)에 의한 삼론종(三論宗)을 확립시켰다. 당대(唐代)에는 화엄종·선종(禪宗)·정토종(淨土宗)·법상종(法相宗)·율종(律宗)·밀교의 각 파가 성립하였다.

화엄종은 『화엄경』 소의(所依)의 종파로 법장(法藏)이 그 교학의 대성자이며, 선종은 이전부터 달마(達磨)에 의해 전해져 오다가 5조(祖) 홍인(弘忍)에 이르러 크게 발전했고, 다시 그 제자인 혜능(慧能)과 신수(神秀)에 의하여 남종·북종의 2대 분파가 생겼다. 특히 남종파는 임제(臨濟)·위앙(潙仰)·조동(曹洞)·운문(雲門)·법안(法眼)과 임제에서 분파된 양기(楊岐)·황룡(黃龍) 등 이른바 5가7종(五家七宗)이 나와 크게 번영했다. 정토종은 담란(曇鸞)·도작(道綽)·선도(善導) 등에 의해 확립되었는데, 부처의 명호(名號)를 외우며 오로지 아미타불에 귀의하라는 간단한 교의(敎義)로써 민중 사이에 널리 퍼졌다.

법상종은 현장(玄奘)이 인도에서 가져온 유식론(唯識論) 관계의 경전을 기초로 그의 제자 규기(窺基)가 개종했고, 율종에서는 도선(道宣)의 계통, 즉 남산종(南山宗)이 번창했다. 밀교도 선무외(善無畏)·금강지(金剛智)·불공(不空) 등에 의해 인도에서 전래되었다. 수·당의 황금기를 지난 중국불교는 그 후 쇠퇴하기 시작해 몇 차례의 파불(破佛)을 겪고 또 명(明)나라 때는 중앙에서 통제가 가해지는 등 활발한 불교활동은 차차 자취를 감추고 다만 선종과 정토종만이 명맥을 유지하고 있었다. 지금의 중국 본토에서는 불교활동이 거의 자취를 감추었다.

5. 한국 불교

1) 삼국시대

한국에 불교가 전파된 것은 372년(고구려 소수림왕 2년) 6월 진(秦)나라의 순도(順道)와 아도(阿道)가 불경과 불상을 가지고 들어와 초문사(肖門寺)·이불란사(伊弗蘭寺) 등을 창건하고 설법을 시작한 것이 그 시초이다. 이들의 설법과 전도를 공허(公許)한 고구려에서는 그후 평양(平壤) 9사(寺)와 반룡사영탑(盤龍寺靈塔) 등을 짓는 한편 불교 전파에도 힘써 많은 고승이 배출되었고, 열반종(涅槃宗)·삼론종(三論宗)·천태종(天台宗)·살바다종(薩婆多宗) 등의 종파가 이루어졌다.

의연(義淵)은 불교역사 연구를 통해 많은 업적을 남겼고, 혜자(惠慈)·운총(雲聰)·혜편법사(惠便法師)·담징(曇徵)·법정(法定) 등은 일본에 불교를 전파하였고, 도림(道琳)·덕창(德昌)·혜량(惠亮)·신성(信誠) 등은 호국불교를 위한 실력 배양에 많은 힘을 기울였다. 백제는 384년(침류왕 1년) 인도의 승려 마라난타(摩羅難陀)가 동진(東晉)을 경유하여 입국, 왕의 우대를 받고 궁중에 머물다가 이듬해 남한산(南漢山)에 절을 짓고 포교를 시작하였다.

그 후 왕흥사(王興寺)·미륵사(彌勒寺)·한산불사(漢山佛寺)·경복사(景福寺)·수덕사(修德寺) 등 많은 사찰이 건립되고 교파도 삼론종·계율종·성실종(成實宗)의 세 종파가 성립되었다. 백제불교는 일본과 밀접한 관계를 맺어 많은 고승들이 일본에 건너가 불교 전파에 큰 공헌을 하였는데, 일본 성실종의 개조가 된 도장(道藏)을 비롯해 혜총(惠聰)·도림(道琳)·혜미(惠彌)·도흔(道欣)·담혜(曇慧)·도령(道寧)·상휘(常輝)·의각(義覺)·방제(放濟)·다상(多常) 등이 있다. 그밖에도 백제 멸망 후 그 재건을 위해 궐기하였던 승장(僧將) 도침(道琛), 인도에 유학하고 귀국 후 ≪율부(律部)≫ 72권을 번역한 겸익(謙益) 등도 유명하다.

신라는 삼국 중에서 불교가 가장 늦게 전파된 나라로 527년(법흥왕 14년) 이차돈(異次頓)의 순교가 있은 후 비로소 공인됐는데 그 후 급속히 발전해 국가적 종교로 존숭되고 승려와 사원이 국가의 두터운 보호를 받게 되었다. 많은 구법승(求法僧)이 인도와 당나라에 유학하였고 그들에 의하여 당나라의 13종(十三宗: 성실종(성실종)·삼논종(三論宗)·구사종(俱舍宗)·지논종(地論宗)·섭론종(攝論宗)·천태종(天台宗)·법상종(法相宗)·열반종(涅槃宗)·영불종(念佛宗)·밀종(密宗)·선종(禪宗)·화엄종(華嚴宗)·율종(律宗))이 도입돼 발전했으며, 그 중에서도 선종은 독자적으로 발전하여 이른바 구산선문(九山禪門)의 분파를 이루었다. 국가 안태(安泰)와 왕실의 번영을 비는 호국불교로서의 신라

불교는 사상 · 정치 · 문화 · 외교 · 국민생활에까지 지대한 영향을 끼쳤을 뿐만 아니라 건축 · 공예 방면에도 찬란한 예술의 꽃을 피웠다.

황룡사(皇龍寺) · 사천왕사(四天王寺) · 봉성사(奉聖寺) · 감은사(感恩寺) · 봉덕사(奉德寺) · 망덕사(望德寺) · 법주사(法住寺) · 통도사(通度寺) · 화엄사(華嚴寺) · 월정사(月精寺) · 부석사(浮石寺) · 불국사(佛國寺) · 장안사(長安寺) · 해인사(海印寺) · 보현사(普賢寺) · 범어사(梵魚寺) · 쌍계사(雙磎寺) 등 명찰(名刹)을 창건하였고, 탑 · 종 · 불상 등의 공예가 발달하여 불국사의 석가탑과 다보탑, 정혜사(淨惠寺)의 13층탑, 화엄사 쌍탑, 감은사 쌍탑, 무량사탑(無量寺塔), 동화사(桐華寺) 쌍탑, 금산사(金山寺)의 석탑 및 6각다보탑, 화엄사 사리탑 등을 비롯해 석굴암 석불, 황룡사 장륙금상(丈六金像), 봉덕사의 종, 금산사 부도(浮屠), 감산사(甘山寺)의 2불상, 백률사(栢栗寺)의 약사상(藥師像), 사천왕사의 사천왕상, 화엄사 석등 등은 귀중한 문화재로서 전승된다.

한편 수많은 고승이 배출되어, 원광(圓光)과 같은 대학승(大學僧)은 세속5계(世俗五戒)로 국민도의를 확립했고, 자장(慈藏)은 문물제도를 수립했으며, 의상(義湘)은 실천적인 수행(修行)과 사찰의 건립을 통해 화엄의 교리를 널리 펴는 한편 많은 학승을 양성했고, 원효(元曉)는 80여부의 논소(論疏)를 지어 불교의 대중화를 꾀하는 한편 통일불교 창조에 정력을 쏟았다.

의상과 원효는 그 학통이 중국과 일본에도 널리 알려졌으며, 원측(圓測)은 유식설(唯識說)에 통달하여 독특한 견해를 가졌고, 그 때문에 중국의 법상종 정통파에게는 비난을 받았으나 그의 저술 『해심밀경소(解深密經疏)』는 티베트어로 번역되어 전한다. 혜초(慧超)는 인도에 건너가 불적(佛蹟)을 순례하고 육로로 중앙아시아를 거쳐 귀국한 다음 『왕

오천축국전(往五天쓰國傳)』을 저술해 귀중한 자료를 남겼다.

그밖에 신라시대의 고승들로는 도증(道證)·경흥(憬興)·지통(智通)·표훈(表訓)·명랑(明朗)·승전(勝詮)·대현(大賢)·도의(道義)·신행(信行)·체징(體澄)·지증(智證)·혜소(慧昭)·현욱(玄昱)·개청(開淸)·낭공(朗空)·범일(梵日)·무염(無染)·원랑(圓郎)·진경(眞鏡) 등을 들 수 있으며 이들은 모두 당나라와 일본에까지 이름이 널리 알려졌다.

2) 고려시대

고려의 불교는 신라불교를 그대로 계승하는 한편, 송나라의 영향 아래 독자적인 발전을 이루었다. 태조 왕건(王建)은 불교를 국교로 정하고 새로 승과(僧科)를 제정해 승려를 우대했다. 연등회(燃燈會)·팔관회(八關會) 등을 연중행사로 개최하는 등 태조의 숭불정책은 고려 전반에 걸쳐 계승되면서 사상적 지주가 되었다. 당시에 건립된 사찰로는 개성의 왕륜사(王輪寺)·법왕사(法王寺)를 비롯한 16사(寺)와 봉은사(奉恩寺)·진관사(津寬寺)·부석사(浮石寺)·관음사(觀音寺)·숭교사(崇敎寺)·석왕사(釋王寺)·영명사(永明寺) 등이 있으며, 공예품으로는 관촉사(灌燭寺) 석등, 부석사 조사전벽화(祖師殿壁畵), 대흥사(大興寺)의 종 등 우수한 예술품을 낳았다.

특히 문종(文宗) 연대에는 고려판 팔만대장경(八萬大藏經)을 간행해 한국불교문화의 대표작을 남겼다. 고려는 불교를 국교로 삼았음에도 이름난 고승은 많이 배출되지 못했다. 그 중에서 체관(諦觀)은 천태종을 재흥(再興)시켰고, 대각국사(大覺國師) 의천(義天)은 문종의 아들로 일찍이 11세 때 승려가 되어 송나라에 유학한 후 교장도감(敎藏都監)을 설치, 교장(教藏) 4740여 권을 간행한 것은 특기할 만하며, 또 문하생이 1000명이 넘었다고 한다.

그밖에 중기에 이르러 지눌(知訥)·수기(守其)·균여(均如), 고려말기의 나옹(懶翁)·보우(普愚)·보조(普照)·백운(白雲) 등은 이름을 떨친 고승들이었다. 고려의 불교종파는 신라의 종파가 계승되었다가 말기에 다소 분화되어 조계종(曹溪宗)·천태법사종(天台法師宗)·천태소자종(天台疏子宗)·화엄종·총남종(摠南宗)·자은종(慈恩宗)·신인종(神印宗)·남산종(南山宗)·도문종(道門宗)·중신종(中神宗)·시흥종(始興宗)의 11종이 성립되었으며 그 중에 화엄·자은·총남·중신·시흥의 5종을 5교(教), 조계·천태의 2종을 양종(兩宗)이라 하여 5교 양종의 종파를 이루었다.

3) 조선시대와 그 이후

조선시대에 이르러 조정의 숭유억불(崇儒抑佛)정책으로 인해 불교는 미증유의 수난기를 맞이했으니 도첩제(度牒制)를 실시하는 한편, 함부로 승려가 되는 것을 금하고 사전(寺田)에도 과세를 하였으며 승려의 궁중 출입과 도성 내 출입을 금했다.

또한 연산군 때에는 승과(僧科)를 폐지하고, 삼각산의 여러 절의 승려들을 몰아내어 그곳을 놀이터로 삼았으며 원각사(圓覺寺)의 불상을 옮기고 그곳을 기관(妓館)으로 삼는가 하면 선종(禪宗)의 본산인 흥덕(興德)·흥천(興天) 두 절을 없애고 여승(女僧)은 궁중의 노비로 삼고 승려들도 모두 환속(還俗)시켰다. 중종(中宗)은 경주(慶州)의 동불상(銅佛

像)을 녹여 병기(兵器)로 만들고 원각사를 헐어 그 재목은 민가를 짓는 데 나누어 주었다.

그러나 이러한 강압에도 불구하고 불교신앙 자체를 말살하지는 못했으며, 특히 상류층 부인들의 신앙을 저지하기는 어려웠다. 더구나 역대왕 중에는 호법왕(護法王)도 있었으니, 태조는 석왕사(釋王寺)·태고사(太古寺)·해인사(海印寺) 등에 비판(婢板)을 하사했고, 세종·세조 때에는 간경도감(刊經都監)을 설치, 불경을 간행했다.

특히 세종은 불교 종파의 정비를 단행하여 조계·천태·총남의 3종을 선종(禪宗)으로, 화엄·자은·시흥·중신의 4종을 교종(敎宗)으로 통합해 선·교 양종을 성립시켰다. 이름 높은 명승도 많이 배출되어 무학(無學)·함허(涵虛)·보우(普雨) 등과 임진왜란 때의 승장(僧將) 서산(西山)·사명(四溟)·처영(處英)·영규(靈圭) 등은 특히 유명하다.

그 후 한국불교는 일제강점기에 사찰령(寺刹令)에 따라 31개 본사와 1200개의 말사(末寺)로 구분됐다. 특히 3·1독립운동 때에는 많은 승려가 가담했고 한용운(韓龍雲)·백용성(白龍成) 등은 33인에 포함됐다. 8·15광복 이후 전국불교대회를 열어 교구제(敎區制)를 정하고 중앙에는 총무원, 각 도에는 교무원을 설치, 종헌(宗憲)에 따라 조직을 강화했다.

6·25한국전쟁 후에는 파괴된 100여개의 사찰을 수축하는 한편 불교의 대중화운동을 전개했고, 고아원의 설립, 동국대·해인대학·경기대와 해동(海東)·용인(龍仁) 등 10여 고등학교 및 20여 개의 중학교를 운영, 문화사업에도 기여하고 있다. 1954년 이래 비구(比丘)·대처(帶妻) 두 파의 분쟁으로 분열된 후 여러 개의 종단으로 갈라졌다.

현재 문화체육관광부에 등록된 종파는 조계종을 비롯해 태고종(太

古宗) · 법화종(法華宗) · 미륵종(彌勒宗) · 법상종 · 보문종(普門宗) · 일승종(一乘宗) · 용화종(龍華宗) · 불입종(佛入宗) · 원효종(元曉宗) · 천태종(天台宗) · 화엄종(華嚴宗) · 정토종(淨土宗) · 진각종(眞覺宗) · 총화종(總和宗) · 진언종(眞言宗) · 천화불교(天華佛敎) · 한국불교법화종 등 18개 종파가 있다. 사찰의 수는 5700여 개소이며, 승려가 2만여 명, 신도수 1300만여 명으로 알려져 있다.

6. 일본 불교

일본의 불교는 538년 백제 성왕(聖王) 때에 도장(道藏)이 불상과 경전을 가지고 일본에 건너가 성실종(成實宗)의 개조가 된 때부터 시작되었다. 당시 백제는 일본과의 접촉이 빈번하여 관륵(觀勒)은 역법(曆法) · 천문 · 지리 · 술수(術數) 등을 일본에 전했고, 혜총(惠聰) · 도림(道琳) · 담혜(曇慧) · 혜미(慧彌) 등 많은 고승이 일본에 건너가 불교와 문화에 크게 공헌했다.

일본에 전해진 불교는 여러 호족(豪族)들의 지지를 얻어 마침내는 쇼토쿠(聖德)태자가 불교장려책을 쓰게 됨으로써 공식적인 지위를 굳혔다. 나라(奈良)시대에는 불교가 국가와의 연관을 더욱 굳혀 고쿠분사(國分寺)의 제도도 이 무렵의 산물이다.

이 시대는 중국불교가 황금시대를 이룬 때였으므로 그들의 여러 종지(宗旨)가 차례로 건너와 삼론(三論) · 법상 · 성실 · 구사(俱舍) · 율 · 화엄 등 이른바 남부6종(宗)이 성립했다. 헤이안(平安) 시대에 이르러 불교는 천태(天台) · 진언(眞言)의 2종이 중심이 되어 전개된다.

천태종의 사이초(最澄) 진언종의 구카이(空海) 등은 모두 입당(入唐)해 새로운 불법(佛法)을 구한 개조들이다. 남부6종은 이들 2개 종파의 발전에 따라 점차로 그 세력을 잃게 됐고, 특히 사이초가 대승계단(大乘戒壇)을 개설하고 그가 죽자 이것이 국가의 공인을 얻음으로써 남부 6종의 몰락은 결정적이 되었다. 또 헤이안불교는 귀족들의 열성적인 귀의와 보호를 받아 귀족불교라 일컬어졌는데, 귀족들은 조정의 본을 떠 조사(造寺)·조탑(造塔)에 힘쓰는 한편 기도(祈禱)와 법회를 자주 열어 그 권세를 자랑했다.

이렇게 귀족들과 깊은 관련을 갖게 된 승려들은 세속적 권위와 결탁하게 됐고, 절은 귀족으로부터 기부 받은 토지를 지키기 위해 승병(僧兵)을 두게 됨으로써 많은 폐단을 낳게 되는 근원이 됐다. 일본불교가 민중 속에 뿌리를 내리게 된것은 가마쿠라(鎌倉)시대이다. 말법사상(末法思想)을 배경으로 일어난 정토종이, 아미타불의 명호를 외우는 일만이 정토왕생(淨土往生)의 정정업(正定業)이라고 설하면서 급속히 교세를 넓히다가 기성종파의 반감을 사고 박해를 받게 됐다. 정토종을 확립한 겐쿠(源空:法然)의 문하에는 많은 인재가 모여 여러 종파로 분립되었으나, 그 중에서도 가장 주목되는 것은 정토진종(淨土眞宗)을 개설한 신란(親鸞)이다. 그도 스승과 마찬가지로 유형에 처해졌으나 그는 유형지에서 저술과 포교에 주력했다.

한편, 에이사이(榮西)·도겐(道元) 등에 의해 중국으로부터 전래된 선종(禪宗)은 계율에 엄격한 수양의 교법으로서 무사계급과 결부되어 발전하였다. 가마쿠라불교의 최후를 장식한 것은 니치렌종(日蓮宗)이다. 니치렌은 처음 진언밀교(眞言密敎)를 배우고 이어 천태(天台)를 배워『법화경』의 진리를 깨닫고 니치렌종을 개종(開宗)했다. 이 종파는 천태 이외의 종파를 부정하는 도전적인 언동 때문에 자주 법난(法難)을 받았다.

그러나 후에 민중들 사이에 교세가 확장되어 지금은 진종(眞宗)과 나란히 대종파를 이루고 있다. 무로마치(室町) 시대 이후 불교는 점차 쇠퇴하다가, 오다 노부나가(織田信長)와 도요토미 히데요시(豊臣秀吉)가 천하를 통일하자 완전히 교세가 꺾였으며, 에도(江戶)시대에는 정권의 도구로 타락했다. 이렇게 침체·부패한 불교에 대해 비난·배척의 운동도 자주 일어났으나, 메이지유신(明治維新) 이후 뜻있는 불제자들에 의해 혁신의 기운도 높아지고 여러 종파의 부흥운동도 추진되어 근대적 종교로서의 불교발전이 이룩됐다.

7. 티베트와 몽골 불교

티베트와 몽골의 불교는 라마교라고도 한다. 티베트에는 일찍이 네팔 등의 불교가 들어온 것으로 생각되는데 토속적 샤머니즘인 분교(笨敎)가 성행해 교세를 넓히지 못했다. 6~7세기 인도에서 공식적으로 불교가 들어왔고, 8세기경에는 다시 인도로부터 밀교와 중관계(中觀系) 대승불교가 전해졌고, 경전의 티베트어 번역도 진척되면서 불교는 널리 전파되었다.

10세기에 한때 쇠퇴했으나 11세기에 부흥해 밀교를 중심으로 발전했다. 15세기초에 종객파(宗喀巴)가 나와 종풍(宗風)을 쇄신, 교세를 크게 높였으며, 이후 그 법계(法系)는 대대로 달라이라마('큰 라마'라는 뜻)가 되어 종교와 정치의 실권을 잡았다.

한편, 몽골에는 13세기 파스파('Pags-pa: 八思巴)가 티베트불교를 원(元)나라 조정으로 전해왔고, 그 이후 각지로 퍼져 청(淸)나라 때 전성기를 맞이했다.

미국불교, 유럽불교, 영국불교, 프랑스불교, 이탈리아불교 기타 여러 나라에서 서구의 불교 열풍이 변화를 일으키고 있다.

8. 불교 용어 해설

불(佛)

진리를 깨달은 사람, 부처님을 뜻하는 '불(佛)'은 불타(佛陀)의 줄인 말로 각자(覺者), 즉 진리를 깨달은 사람을 의미한다. 불타는 범어 buddha의 음역(音譯)으로, 그밖에도 불태(佛馱), 부타(浮陀), 부도(浮屠), 부도(浮圖), 부두(浮頭), 몰태(沒馱), 발타(勃陀) 등 다양하게 음역된다. 부처님을 의미하는 '불(佛)'은 일반적으로는 석가모니 부처님으로 한정해서 불교의 창시자요, 신앙의 대상인 고유명사로 쓰이기도 하지만, 원래는 '진리를 깨달은 사람'이라는 보통명사로 다양한 의미를 가지고 있다.

다양한 의미 가운데에서 먼저 역사적 인물로서의 석가모니 부처님이 있다. 둘째로 석가모니 부처님과 동격으로 과거와 현재, 미래에 있다는 부처님이다. 과거에는 유명한 일곱 부처님이 있었다고 한다. 비바시불, 시기불, 비사부불, 구류손불, 구나함모니불, 가섭불, 석가모니불 등 이다. 미래에는 미륵불이 있다. 셋째는 부처님의 가르침에 따라 수행하여 깨달은 사람이다. 불교는 '모든 사람이 부처님이 될 수 있다(成

佛)'고 믿고 부처가 되는 것을 목표로 한다.

　'불(佛)'을 설명하면서, 사찰에 모셔진 불상에 의미를 되새겨 볼 필요가 있는데, 원래 부처님 자신은 그 스스로가 신앙의 대상이 되기를 거부했다. 오직 진리와 법 만을 등불로 삼아 정진하라고 부촉했다. 그러나 후대의 사람들로서는 불교의 가르침을 절실히 동감하면서 그 분에 대한 흠모와 숭배의 감정을 느끼지 않을 수 없었다. 그래서 초기에는 부처님의 일화를 조각으로 묘사하기 시작했고 대승불교가 발흥하면서 불상이 제작됐으며, 이와 동격인 여러 부처님이 신앙의 대상으로서 중요한 역할을 담당하게 됐다. 참된 불자는 신앙의 대상으로서의 부처님도 중요하지만, '불(佛)'의 본래 의미인 '진리를 깨달은 사람'을 잊어서는 안되며, 이를 위해 정진하고 수행에 힘써야 한다.

불타(佛陀 · Buddha)

　'깨달은 자'를 뜻하는 산스크리트어 '붓다buddha'의 음역으로, 약칭은 불(佛), 불타(佛馱), 부타(浮陀), 부도(浮屠), 부두(浮頭)라고도 한다. 한국에서는 예로부터 부처라고 하였다. 의역(意譯)하면 깨달은 사람(覺者), 환히 아는 사람(知者)이다. 우리가 흔히 말하는 부처, 즉 불타는 BC 6세기쯤에 인도 카필라국에서 출생하여 태자(太子)의 지위를 버리고 출가하여 일체의 번뇌를 끊고 우주의 참진리를 알아서 깨달음을 이루어 중생을 위해 설법하고 깨우쳐 주었던 석가세존을 존경하여 일컫는 것이다. 그러나 불타는 깨달은 사람, 아는 사람이라는 뜻에서 짐작할 수 있는 것처럼, 불타 즉 부처는 석존에게만 국한된 절대적인 명칭은 아니다. 다시 말해, 불타는 일체법(一切法), 즉 우주 만법의 참모습을 있는 그대로 보고 알아서 더할 수 없는 진리를 체득한 대성자(大聖者)를 의미하는 것이며, 그러한 대성자가 석존이기 때문에 그를 불타라고 하는 것이다. 따라서 누구나 석존처럼 우주 인생의 진리를 정확하게 관찰하고 진실되게 이해하여 실천 파악하고 자기화시켜 자율적이고 자주적인 인격을 완성한 이를 가리킨다.

≪대반야경(大般若經)≫, ≪선견율비바사(善見律毘婆沙)≫, ≪과거현재인과경(過去現在因果經)≫, ≪좌선삼매경(坐禪三昧經)≫, ≪대지도론(大智度論)≫ 등의 여러 경전에서 "일체지(一切智)를 얻었으므로 부처라 한다. 일체제법(一切諸法)을 앎으로 부처라 한다"라는 것을 많이 보게 된다. ≪대품반야경(大品般若經)≫에 "제법(諸法)의 실의(實義)를 알았으므로 부처라 하고, 제법의 실상(實相)을 얻었으므로 부처라 하며, 다시 실의에 통달하고 참된 그대로 일체법을 알았으므로 부처라 한다"고 하였다. 이러한 것은 모두 앞에서 본 불타의 뜻과 같은 말들이다.

이러한 부처의 이름(名號)에는 여러 가지가 있어서 여래(如來)·응공(應供)·정변지(正遍智)·명행족(明行足)·선서(善逝)·세간해(世間解)·무상사(無上士)·조어장부(調御丈夫)·천인사(天人師)·불(佛) ·세존(世尊)의 여래십호(如來十號)를 비롯해 대자비자(大慈悲者)·일체지자(一切智者)·일체견자(一切見者)·개도자(開道者)·대사문(大沙門)·대성인(大聖人)·양족존(兩足尊)·천중천(天中天)·인중인사자(人中人獅子) 등으로 많으며, 경전에 따라서는 60가지, 108가지, 또는 270가지나 있다. 이러한 것들은 모두 부처의 위대함을 찬양하여 표현한 이름들이다. 그러나 이와 같은 불타관(佛陀觀)은 시대와 종파에 따라 일정하지 않았다. 초기의 석존(釋尊)시대에는 불타라고 하면 석존을 가리켰고, 그 제자들에게서 불타는 오직 석존뿐이었다. 그러다가 나중에 대승불교 시대로 이르는 동안 불타관에도 적지 않은 변화를 가져왔다.

불타는 보통 사람으로서는 얻을 수 없는 덕상(德相), 즉 신체적 특성으로서 32상(相) 80종호(種好)를 갖추고 정신적인 특수성으로서의 덕성인 십력(十力)·사무외(四無畏)·삼념주(三念住) ·18불공법(十八不共法: 18가지 고유한 법으로, 불타 외에는 아무도 같을 수 없는 불타만의 특수한 18가지 덕성)을 성취했다는 것이다. 이러한 불타는 생신(生身)과 법신(法身)으로 나눌 수 있는데, 부처의 육신을 생신불(生身佛)이라 하고, 부처가 얻은 부처의 본성인 진리(法)를 법신불(法身佛)이라고 하여 2,500여년 전에 80세의 일기로 세상을 떠난 역사적 불타인 석존은 생신(육신)불이라고 하는 것이다. 그러나 우리가 불타라고 할 때에는 보통 법신불을 말하는데, 이 법신불은 늙지도, 병들지도, 죽지도 않는 상주불멸(常住不滅)의 존재라는 것이다.

이러한 불신관(佛身觀)에 의하여 삼신설(三身說), 즉 법신(法身)·보신(報身:應身)·화신(化身)이 나타났다. 실제에서 불타로서 인류 역사상에 나타나기는 오직 석존뿐이지만, 많은 불교경전에는 석존 이전에 이미 비바시불(毘婆尸佛)·연등불(燃燈佛) 등 과거의 부처와 미륵불(彌勒佛) 등 미래의 부처 그리고 아축불(阿閦佛)·아미타불(阿彌陀佛) 등 현재의 부처가 헤아릴 수 없이 많다. 이와 같이 많은 부처들은 모두 역사상의 불타인 석존을 기준으로 한 것으로서, 즉 과거의 여러 부처들은 석존이 인위(因位: 부처를 이루기 위해 수행하는 자리)에서 수행을 쌓을 때 받들어 공양하고 수기(授記)를 얻은 데에 관련이 되고, 또 장래의 부처인 미륵불을 비롯한 미래의 많은 부처들은 석존이 이미 세상을 떠났으나 그 실제의 몸은 오히려 온세계에 나타나서 교화를 쉬지 않는 모습을 표한 것이라고 할 수 있다.

일체 중생이 모두 부처의 성품(佛性)을 지녔으므로 과거부터 부처의 성품을 개발하여 성불(成佛)한 이가 많았을 것이고, 또 미래의 헤아릴 수 없는 동안에 발심수행(發心修行)하여 마땅히 성불할 자도 많을 것이다. 그렇다면 과거·현재·미래와 온세계에 모래알같이 헤아릴 수 없는 부처들이 출현한다는 것은 당연한 이치라고 할 수 있을 것이다. 이렇게 많은 부처가 출현하지만 이는 모두 큰 법신불일 뿐이다. 그리고 모든 부처는 세 가지의 공통된 것이 있으니, 어느 부처를 막론하고 모두 수행을 쌓는 것이 같고, 법신이 같고, 중생을 제도하는 것이 같다. 부처(불타)는 스스로 깨닫고, 남을 깨닫게 하여, 깨달음의 활동이 언제나 가득하여 부족함이 없이 원만무애(圓滿無碍)하다. 즉, 자기도 깨닫고 남도 깨우치는 온전한 인간상이다.

불멸기원(佛滅紀元)

석가모니가 입멸한 해를 기준으로 삼는 연대 표기법이다. 줄여서 불기(佛紀)라고 말한다. 서기(西紀)에 544년, 일부 국가에서는 543년을 더하면 불기의 연도가 된다.

멸(滅)은 적멸(寂滅, vyupaśama, vūpasama)의 줄임말로, 열반(涅槃)을 뜻한다. 또는 열반의 원어인 산스크리트어 니르바나(nirvāṇa) 또는 팔리어 니빠나(nibbāna)의 의역어들 중 하나이다. 예를 들어 생사윤회의 원인인 번뇌를 벗어나 적정(寂靜)의 무위의 상태 즉, 열반에 들어가는 것을 입멸(入滅)이라고 한다. 특히 석가모니의 최후의 입멸, 즉 육신의 죽음과 함께 반열반(般涅槃)으로 들어간 것, 즉 불생불멸의 법신(法身)의 상태로 들어간 것을 불멸(佛滅)이라고 한다.

염불(念佛)

　부처를 억념(憶念 : 단단히 기억하여 잊지 않음)하기 위한 염불은 부처의 상호(相好)를 생각하여 관(觀)하거나 부처의 명호를 부르는 것이다. 가장 초보적인 종교 의식으로 보편적인 염불수행의 궁극 목적은 번뇌를 버리고 열반(涅槃)에 들게 하는 데 있다. 따라서 우리나라에서는 선수행(禪修行)의 난해함보다는 쉬운 염불 쪽이 수행의 방법으로 더 많이 채택되었고, 선종(禪宗)의 고승들까지 이 염불수행을 권장하는 특이함을 보이게 되었다.

　염불은 여러 가지로 분류되고 있다. 시간적인 측면에서는 삼시염불(三時念佛)과 별시염불(別時念佛)로 분류된다. 삼시염불은 새벽과 낮, 황혼녘의 세 번으로 나누어 염불하는 것이고, 별시염불은 1일·3일·7일이나 14일·21일·100일 등으로 특별한 기간을 정하여 도량(道場)에 들어가서 몸과 마음을 깨끗이 하고 염불하는 것이다.

　별시염불의 경우, 우리나라에서는 사찰을 중심으로 백일기도·천일기도, 심지어는 만일염불도량(萬日念佛道場)까지 성행하게 되었다. 염불수행의 방법으로는 4종염불이 일반적인 분류로 채택되고 있다. 4종이란 칭명(稱名)·관상(觀像)·실상(實相)·관상(觀想)의 염불법이다.

　칭명염불은 부처의 명호를 부르는 칭념(稱念)의 염불을 말한다. 여기에는 산란한 마음으로 하는 산심염불(散心念佛)과 고요한 마음으로 하는 정심염불(定心念佛), 소리의 크고 작음으로 나누는 대념염불(大念念佛)과 소념염불(小念念佛), 한 부처의 명호만을 부르는 정행염불(正行念佛)과 여러 부처의 명호를 일컫는 잡행염불(雜行念佛)로 나누어진다.

　관상염불(觀像念佛)은 일심으로 한 부처의 불상을 관하고 생각하는 방법으로, 이 염불을 닦는 이는 죽은 뒤에 그 부처의 정토에 왕생한다고 한다. 실상염불은 자신과 아울러 일체 법의 진실한 자성(自性)인 법신을 관하는 것이다.

관상염불(觀想念佛)은 단정히 앉아 한결같은 마음으로 한 부처의 상호와 공덕을 관하여 생각하는 것이다. 그러는 가운데 삼매(三昧)에 들면 분명히 부처를 볼 수 있고, 한 부처를 보게 되면 모든 부처를 볼 수 있게 되며, 이렇게 닦은 이는 죄장(罪障)이 소멸되어 그 불토(佛土)에 왕생한다고 한다.

이상의 4종 염불 중 앞의 둘은 일반적으로 생각하는 염불의 뜻과 같으나, 뒤의 둘은 법신과 삼매의 증득이라는 점에서 자력적인 의미가 숨겨져 있다. 그리고 칭명염불 수행의 한 의식으로서 오회염불법(五會念佛法)이 있다. 다섯 음(音)의 곡조에 따라 늦고 급한 차례로 염불하는 것이다. 제1회는 평성(平聲)으로 '나무아미타불'을 느리게 부르고, 제2회에는 평성과 상성(上聲)으로 역시 느리게 부르며, 제3회에는 느리지도 급하지도 않게 부르고, 제4회에는 점점 급하게 부르고, 제5회에는 더욱 급하게 '아미타불' 넉 자만 부르는 것이다.

그밖에 중요한 염불법으로는 즉심염불(卽心念佛)과 사리쌍수염불(事理雙修念佛), 전수염불(專修念佛)을 꼽을 수 있다. 즉심염불은 마음이 법계(法界)에 두루 가득한 것이므로 10만억 국토를 지나서 있다는 아미타불도 나의 심불(心佛)에 불과하다는 염불관이다. 즉, 우리의 마음은 청정한 불체(佛體)이지만 무명(無明)의 번뇌가 덮여서 나타나지 못하는 것일 뿐이며, 그 나타나지 못하는 것을 10만억 국토의 서방에 있다고 표현한 것이다. 따라서 심불의 입장에서 내 몸이 곧 정토이며 내 마음이 곧 아미타불이라고 관하여, 자기 마음속의 부처를 염하는 것이다. 이는 선종의 즉심즉불(卽心卽佛)사상에 입각한 염불법이다.

사리쌍수염불은 이치(理)와 현상(事)을 함께 닦는 염불이다. 여기서 사(事)를 닦는다는 것은 입으로 부처의 명호를 부르는 것이고, 이(理)를 닦는 것은 불신(佛身)을 관하는 것이다. 곧 입으로 부처의 명호를 외우고 마음으로 관찰하여 쌍으로 닦는 염불법이다.

전수염불은 염불의 가지가지 방편을 버리고 오직 입으로 부처의 명호만을 부르는 칭명염불수행이다. 이 전수염불은 오직 아미타불의 본원력(本願力)에 순응하여 정토에 왕생하는 정정업염불(正定業念佛)로서, 일반적으로는 이 염불법을 가장 많이 채택하고 있다.

염불은 참선처럼 까다로운 위의(威儀)나 조용한 환경을 필요로 하지도 않고, 근기(根機)의 차별 없이 아무데서나 손쉽게 할 수 있을 뿐만아니라, 선을 통한 자력수행(自力修行)만으로 금생에 성불하는 것이 어렵다는 것을 인식하고 염불수행을 택하기 때문에 많은 수행자들을 점유하고 있다. 또한, 참선이 삼매로서 그 극치를 삼듯이 염불의 극치도 삼매에 들어가는 것이다.

그래서 고려 말의 고승 나옹(懶翁)은 아미타불이 어디에 계신가를 깊은 마음에 새겨 잊지 말고, 생각하고 또 생각하여 무념(無念)에 이르면 온몸이 항상 빛을 놓으리라 하여 염불삼매(念佛三昧)에 이르는 방법을 제시하였다. 염불할 때에는 갖추어야 할 기본적인 3요소가 있다.

첫째, 믿음(信)으로 서방 극락세계가 있다는 것을 확신하는 것이다. 둘째, 원(願)으로 현실의 괴로운 사바세계를 여의고 극락세계에 왕생하기를 바라는 것이다. 자신만의 왕생을 바라는 것이 아니라 가까운 부모나 친척, 나아가서는 뭇 생명있는 자들의 왕생을 바라는 것이다. 셋째, 행(行)으로 부처의 명호를 염하면서 마음에 부처를 떠나지 아니하게 하는 마음가짐으로 '나무아미타불'을 부르는 실천적인 행이다. 이때 불보살의 명호를 부르는 행이 잠시도 쉼이 없어야 할 뿐 아니라 부처를 부르는 소리가 입으로 나오지만 소리를 귀로 들어야 하며, 지극정성으로 염불해야만 한다.

또한 이 염불수행에는 세 가지 마음가짐이 필요하다. 첫째, 지성심(至誠心)이다. 지극정성으로 신명(身命)을 다 바쳐 부처를 믿고 의지하며, 성실한 마음으로 극락세계에 왕생하기를 바라는 마음이다. 둘째, 심심(深心)이다. 부처의 본원(本願)을 깊이 믿고 아미타불의 제도를 받기를 원하는 마음이다. 셋째, 회향발원심(廻向發願心)이다. 자기가 쌓은 공덕이 모든 중생에게 베풀어지기를 바라는 마음으로 모든 선근(善根)을 극락세계로 회향하여 극락왕생을 구하는 마음이다. 이 세 가지 마음을 가지고 염불하면 반드시 인격완성을 이룰 수 있다는 것이다.

염불을 권장하기 위한 한 방법으로서 염불하는 자에게 베풀어지는 각종 이익이 등장한다. 이 현세에서 모든 재난이 소멸되고 병이 없어지며 수명이 연장된다. 뿐만 아니라 가정에는 경사스러운 좋은 일들이 생겨나고 사계절 내내 편안하게 된다는 것이다. 죽음에 임할 때는 아미타 삼존불이 친히 서방 극락세계에 인도해 주며, 부처를 뵙고 법을 들으며 영원히 즐거움을 받게 되는 것이다.

또한 염불하는 자에게는 5종의 수승한 인연이 있다. 첫째 일체의 죄업을 소멸하게 되고, 둘째 불·보살의 호념(護念)을 받으며, 셋째 눈앞에 부처를 볼 수 있고, 넷째 정토에 왕생하며, 다섯째 왕생하는 것을 증명하는 것이다.

우리나라에서는 불교가 전래된 이래 염불수행이 널리 유포되었다. 특히, 염불수행이 보편화된 데에는 신라의 원효(元曉)대사가 지대한 역할을 하였다. 그는 복잡한 교학(敎學)보다는 일반 민중들이 쉽게 받아들일 수 있는 염불수행법을 민중 속에 전파하여 그들로 하여금 극락왕생의 꿈을 가지도록 하였다.

원효는 정토와 예토(穢土)가 한마음이라는 독특한 주장 아래에 염불수행을 권하였고, 구체적인 수행법으로서 삽관법(鍤觀法)을 광덕(廣德)과 엄장(嚴莊)에게 전하였다고 한다. 이 삽관법은 정관법(淨觀法)과 동의어로 해석되고 있는데, 이는 중생이 마음의 더러움을 없애고 깨끗한 몸으로 번뇌의 유혹을 끊는 가관(假觀)에 속한다. 원효의 삽관법은 징을 치면서 산란한 잡념을 없애면서 염불삼매의 경지에 들도록 하는 특수한 관법이 아닌가 추정하고 있다.

선종의 명맥을 이어받고 있는 우리나라 불교에서는 특히 '자성미타유심정토(自性彌陀唯心淨土)'에 입각한 염불수행이 많이 권장되고 있다. 이는 선정과 염불을 조화시킨 것으로 우리나라에서는 고려 중기의 지눌(知訥) 이후 유행하기 시작하여 나옹(懶翁)에 의해서 정착되었다.

나옹은 실제로 사바세계가 곧 정토임을 주장하는 '자성미타유심정토'를 화두로 삼기도 하였다. 이는 염불로써 왕생극락을 성취할 수 있다고 믿었던 당시 고려 불교계의 믿음을 선과 조화시킨 것이다. 이것을 염불선(念佛禪)이라고 한다. 따라서 염불은 잡념을 쉬게 하는 좋은 방편이요, 나옹에게 있어서 염불은 곧 참선인 것이다.

이와 같은 전통은 조선시대 불교계에 큰 영향을 미쳐 조선 중기 이후에는 대부분의 승려들이 화엄(華嚴), 염불과 선을 함께 중시하는 풍조가 성행하게 되었다. 특히, 조선 후기에는 많은 사찰에 염불당(念佛堂)이 있어서 만일회(萬日會)를 설하고 아미타불을 칭념하여 정토왕생을 원하는 염불의 모임들이 많이 생겨났다. 만일회는 뜻을 같이하는 불자들이 1만 일을 기한으로 하여 나무아미타불을 칭념하는 법회를 말한다.

우리나라의 염불에 대한 정의는 일반적으로 지눌의 설을 따르고 있다. 그는 행동이나 말로나 생각으로 하지 말도록 되어 있는 모든 잘못된 일을 단연코 하지 않는 것이 선행되지 않는다면 아무리 염불을 하여도 소용이 없다는 것을 강조했다. 또한 그는 염불이란 어묵동정(語默動靜), 어느 때이든지 부처의 마음을 본받아서 내 마음을 그렇게 맑고, 밝고, 환하게 하는 데에 주안을 두어야 한다고 가르쳤다. 그리하여 마침내 내 마음이 삼매의 경지를 거쳐 진여(眞如)한 원각(圓覺)의 마음이 되도록 하는 것, 그것이 최상의 염불이라고 하였다.

번뇌(煩惱)

원어인 산스크리트어 'Klésa 클레사'는 '고통스럽다', '더럽다'라는 동사의 명사형으로, '더러워진 마음', '괴로운 마음'이라는 것이 번뇌의 원뜻인데 우리를 괴롭히고 해쳐서 오류로 이끄는 불선(不善)의 마음을 번뇌라고 한다. 이를 정리하면 중생의 심신을 혼돈시키고 불교의 이상을 방해하는 장애를 말한다.

'혹(惑)·진로(塵勞)·염(染)' 등이라고도 한다. 중생은 사물을 대할 때에 그것을 욕심내어 소유하려 하고, 본능으로 그 욕망을 충족시키기 위해 마음을 애태우게 되며, 경쟁하고 싸움하고 심지어는 살생까지 하게 된다. 이와 같은 복잡한 과정 속에서 마음의 평온을 얻지 못하여 생겨나는 정신적인 모순 모두를 번뇌라고 한다.

그러나 번뇌의 정체를 확실히 안다는 것은 매우 어렵다. 인생의 모든 문제는 크고 작은 것을 물을 것 없이, 큰 문제는 큰 번뇌를 일으키고 작은 문제는 작은 번뇌를 일으켜서 인생 전체를 번뇌 속으로 빠뜨린다. 따라서 삶이 곧 번뇌요, 번뇌가 곧 삶이라는 논리까지 전개되었다. 결국 번뇌의 깊은 뿌리를 근원적으로 파악하여 해결한다는 것은 인생의 근본 문제를 해결하는 참다운 길이며, 그 지름길이 되는 것이다.

불교의 모든 법문은 이 번뇌를 다스리는 교훈이며, 번뇌가 다할 때 거기에는 해탈이 있다고 본 것도 이 때문이다. 이 번뇌와 같은 뜻으로 사용하는 말에 '수면(隨眠)'이 있다. 번뇌는 주로 표면에 나타나지 않고 마음속에 사악한 성격과 성벽(性癖)으로 잠재하며 기회가 있을 때마다 표면화되기 때문에 마음을 뒤따르며 잠자고 있다는 뜻으로 '수면'이라고 한다. 또한 잠재적인 경우와 구별하여 표면에 나타나는 번뇌를 전(纏)이라 하였다.

십이연기(十二緣起)의 12지(支)는 혹(惑)·업(業)·고(苦)의 3부분으로 나누어지는데, 혹이 곧 번뇌이며, 무명(無明)과 애(愛)와 취(取)의 3지가 있다. 이와 같은 번뇌가 바탕이 되어 노사(老死)의 고(苦)가 생긴다는 것이 십이연기의 해석이다. 이와 같이 마음속에 있는 아집을 중심으로 하는 그릇된 생각이나 성격을 모두 번뇌라고 한다.

이 번뇌의 분류법은 약 20여 가지에 이른다. 그러나 우리나라에서 널리 통용되고 있는 것은 이혹설(二惑說)과 이번뇌설(二煩惱說)이다. 2혹은 견혹(見惑)과 수혹(修惑)이다. 견혹은 이론적이고 지적인 미혹이며, 주로 후천적인 것으로서 바른 이론을 듣고 잘 이해하기만 하면 즉시 제거할 수 있는 것이다. 따라서 이것을 이사(利使 : 날카로운 번뇌)라고 한다. 수혹은 사혹(思惑)이라고도 하는데, 습관적이고 정의적(情意的)인 미혹으로서 선천적인 것으로 볼 수 있는 것도 있다. 그러므로 그릇되어 있는 것을 이론적으로 이해하더라도 좀처럼 고칠 수 없는 경우가 많다. 이는 습관과 성벽에 의한 끈질긴 미혹으로서 오랫동안의 수행 노력에 의해 점차 조금씩 제거되는 것이다. 이를 둔사(鈍使 : 그 성질이 둔한 번뇌)라고 한다.

또한 2번뇌는 근본번뇌(根本煩惱)와 수번뇌(隨煩惱)로 분류된다. 이들 각 번뇌가 갖는 뜻은 다음과 같다.

① 탐(貪 = 貪欲)은 애(愛)와 동의어이다. 욕계의 탐욕을 색탐(色貪), 무색계의 탐욕을 무색탐이라 하며 이 두 가지를 유애(有愛)라고 한다. 탐욕은 바람직스러운 대상에 대한 애착이다.

② 진(瞋 = 瞋恚, 성냄)은 바람직하지 않은 대상에 대한 반발·거부·배척이다. 소수번뇌(小隨煩惱)에서 설해지는 분(忿)·한(恨)·해(害) 등은 진에의 부류에 속한다. 분은 심한 분노이고, 한은 진에가 마음속에 생겨 계속되는 원한이며, 해는 진에가 행동화되어 타인을 가해하려고 하는 마음이다.

③ 만(慢)이란 스스로를 높이고 타인을 멸시하는 자기중심적인 심정이다. 이 만은 다시 3만·7만·9만 등으로 분류된다. 이 만과 비슷한 소수번뇌로는 교(憍)가 있다. 가문·재산·지위·권세·건강·지식·미모·능력·성장 등에 대한 교만이다. 그러나 근본번뇌의 만은 타인과 비교해 생기는 교만인데 비해 수번뇌의 교는 비교에 의해 생기는 것이 아닌 단순히 교만하다는 점이 다르다.

④ 무명(無明)은 우치이며 가장 근본인 번뇌이다. 이는 자기중심으로 인해 공평, 정확한 진실된 지견(知見)이 없는 것이다. 아집에 의한 삿된 분별성이 무명이며, 삿된 마음가짐이 무명의 몸이다. 일체의 사악과 번뇌의 근원이 무명에 있다.

⑤ 견(見)은 일체의 사악한 견해로서 넓게는 62견으로, 종합적으로는 5견으로 분류된다. 5견의 첫째인 신견(身見)은 오취온(五取蘊)에 대해 이것을 자아 또는 나의 소유라고 생각하는 실체적인 견해이다.

둘째의 변견(邊見)은 세상의 현상에 대해 극단적인 그릇된 생각을 가지는 것이며, 또 고락(苦樂)을 변견이라고도 한다.

셋째의 사견(邪見)은 선악도 업보도 삼세인과(三世因果)도 인정하지 않는 그릇된 견해이다. 이것은 인과와 인연을 설하는 부처의 교법(教法)과 수행에 의해 깨침을 얻은 부처와 승보(僧寶)를 인정하지 않는 삼보(三寶) 부정의 견해이기도 하고 인과를 부정하는 사견이기도 하다. 이는 결코 불교의 가르침에 들어갈 수 없는 가장 나쁜 번뇌로 지목된다.

넷째의 견취(見取)는 자기중심의 악견으로서, 자기의 설은 절대 확실한 진리이고 다른 설은 모두 그릇된 것이라는 견해이다. 다섯째의 계금취(戒禁取)는 외도(外道)가 해탈과 하늘에 태어나기 위해 서원을 일으켜서 지키는 그릇된 계율과 고행 등으로, 이것으로는 결코 해탈과 천상에 태어나는 일을 바랄 수 없는 그릇된 견해이다.

⑥ 의(疑)는 삼보, 선악업보, 삼세의 인과, 사제(四諦)와 연기(緣起) 등의 도리를 의심하는 것이다. 그밖에도 인색한 것을 간(慳), 마음속에 부끄럽지 않은 것을 무참(無慚), 외부사회에 부끄럽지 않은 것을 무괴(無愧)라고 하며, 마음이 우울해지는 것을 혼침(惛沈), 반대로 마음이 들떠서 침착하지 않은 것을 도거(掉擧)라고 한다.

또한 정진의 반대인 해태(懈怠)는 이상을 향해 노력하지 않는 것 또는 이상에 어긋나는 일에 힘쓰는 것이며, 방일(放逸)은 방자하여 규칙을 무시한 생각과 행동을 취하는 것이다. 번뇌는 성스러운 도를 방해하는 것이며, 바른 지혜를 방해하는 것이다. 따라서 지혜에 의해 번뇌를 단제(斷除 : 끊어버림)하게 되는데 이것을 해탈이라 한다. 마음이 번뇌의 속박에서 벗어나야 법에 맞는 이상적인 활동을 자유롭게 할 수 있는 것이다. 따라서 모든 번뇌의 불이 꺼진 상태를 열반(涅槃)이라 하며, 거기에서 이상적인 지혜의 활동이 잠재적으로나 표면적으로 이루어지기 때문에 보리(菩提)라고 하는 것이다.

불교 경전은 번뇌를 상세하게 분석하는데, 불교는 번뇌를 다함으로써 마음의 평정을 얻고, 해탈과 보리와 열반을 획득하는 종교이다. 즉, 번뇌는 방황이며 당혹이기 때문에 이 번뇌를 끊는 것이 방황의 '차안'에서 '피안'에 이르는 도피안(到彼岸, 바라밀다)인데 그 방법으로서 육바라밀이 주장된 것이며 이것이 보시, 지계, 인욕, 정진, 선정, 지혜이다. 이렇게 해서 번뇌를 다해 욕망을 끊고 정각(正覺)을 연 성자가 아라한으로, 다시 윤회의 고통에 빠지지는 않지만, 이를 소승의 각(覺)이라고 하는 것이 대승불교이다. 대승에서는 번뇌 즉 보리라고 하며, 번뇌에 고통을 겪고 있는 현실 중에 살아있는 보리가 있다고 하는 것으로, 악인정기(惡人正機)라는 주장도 나왔다.

번뇌심중의 악인일수록 아미타여래의 구제에 가장 먼저 관계된다는, 상식과 모순 등의 교리는 번뇌 즉 보리와 마찬가지로 대승불교의 논리에서 나온 것이다. 그러나 여기에서는 위험한 구멍도 있기 때문에, 신앙의 확립과 중생제도의 보살행 실천이라는 대승불교의 존립조건이 충족되어야 한다. 또한 밀교는 번뇌를 긍정한다고 하며, 애염명왕(愛染明王)은 번뇌 즉 보리를 표시한다고 하는데, 이는 즉신성불해서 이 몸채로 불이 된 입장에서의 번뇌긍정으로, 엄격한 수행과 금욕의 실천 없는 번뇌긍정은 좌도밀교(左道密教)로서 배제되었다.

공안(公案)

공안은 선불교, 특히 임제종(臨濟宗)에서 선(禪)을 시작하는 사람들에게 수행정진을 돕기 위해 사용하는 간결하고도 역설적인 문구나 물음으로 선가(禪家)에서 스승이 제자에게 깨우침을 얻도록 인도하기 위해 제시한 문제다. 인연 화두(因緣話頭)라고도 한다. 화두 또는 공안을 풀기 위해 분석적인 사고와 의지적인 노력을 다하는 동안 사고의 전환이 이루어져 직관 수준에서 적절한 답을 찾을 수 있는 준비가 이루어진다. 이러한 과정을 통해 선사(禪師)는 수행자에게 참선에서 얻은 경험의 어떤 부분을 전수해주고, 또한 수행자의 역량을 시험해본다.

예를 들면 '양손이 마주칠 때 소리가 난다. 한 손으로 손뼉을 칠 때 나는 소리를 들어보라'라고 문제를 제공하는 식이다. 때로는 문답식으로 된 경우도 있다. 이를테면 '부처란 무엇인가?'라는 질문에 '뜰 앞의 잣나무'라는 대답을 공안으로 들기도 한다. 공안(화두)은 깨우침의 기연(機緣)이 된다. 수많은 선사가 이 공안의 참구(參究)·연마(研磨)로 깨우쳤고, 수많은 제자들을 이 공안으로 깨우침의 세계로 인도했다. 공안은 선승들의 언행을 간단하게 표현한 것이다.

그래서 1,700공안이 표현은 각각이지만 그 해답의 궁극처는 하나이다. 곧 우리의 본래마음과 그 마음을 깨우치는 길을 인도하는 것이다. 공안은 글자 해석을 통해서는 그 뜻을 깨우칠 수 없다. 마음의 체험을 통해서 깨우치게 되는 것이다. 수많은 화두 중에서 어느 것 하나를 깨우칠 때까지 참구·연마하는 것이다. 글자 해석이 아니기 때문에 어느 공안이든지 하나만 깨우치면 다른 공안도 따라서 깨우치게 되는 것이다.

근래에 와서 글자 해석을 통해서 공안을 깨우치려 하는 경우가 흔히 있는데, 이는 불법(佛法)의 진리를 크게 그르치는 것이다. 공안이란 말의 기원은 원래 중국에서 '공부(公府)의 안독(案牘)'이라고 하는 말의 약칭이다, 곧 관공서의 문서 이름에서 나왔다. 선종에서 수학인(修學人)에게 깨달음을 열어주기 주는 문제, 곧 예로부터 조사(祖師)가 보여온 언어 또는 그 행위의 종요(宗要)를 모아 참선하는 사람들에게 공부의 과제로 주었다. 부처와 조사가 그 깨달음을 열어 진리를 나타내 보여준 고칙(古則)은 수도자에게 있어 가장 존엄한 것이므로 공안이라 한다.

현재 모두 1,700개의 공안이 전해지는데 이는 선사의 언행록에서 뽑아 모은 것이다. 널리 알려진 공안집으로는 1125년에 중국 승려 원오극근(圓悟克勤)이 이전부터 있던 공안집에서 100개 정도를 가려내어 편집 · 주석한 ≪벽암록(碧巖錄)≫과 1228년에 중국 승려 혜개(慧開)가 48개를 모은 ≪무문관(無門關)≫이 있다.

관세음(觀世音)

관세음(觀世音)은 산스크리트어로 Avalokiteśvara이고 관자재(觀自在) · 광세음(光世音) · 관세자재(觀世自在) · 관세음자재(觀世音自在) · 관음(觀音)이라 번역한다. 자비를 덕으로 하고, 가장 널리 신앙되는 보살이다. 아미타불의 협시로서 뿐만 아니라 단독으로도 신앙의 대상이 되는데 표준적인 모습의 성관음(聖觀音) 외에 이형(異形)의 관음이 많으며 관음의 기원에는 힌두교 시바신의 영향이 있었을 것으로 고려된다.

쿠샨왕조 시대의 화폐에 시바신의 상이 타각되어 있는데, 그 상에 오에쇼(Oesho)라는 신명(神名)이 새겨져 있다. 오에쇼는 산스크리트의 이샤(Īśa)의 방언으로 이샤는 '주인'을 의미하며, 시바신의 이칭(異稱)으로 되어 있다. 신도 일반에서는 이샤 대신에 이와 동일한 의미를 가진 이슈바라(Isvara)의 호칭도 이용되며, 이를 중국 불교에서는 '자재(自在)'라고 번역한다. 오에쇼의 상이 있는 화폐의 중요함에서 보아 당시 이 신에 대한 신앙이 매우 성행하였다는 것을 알 수 있으며, 이 신앙이 대승불교에 관세음보살을 낳는 계기가 되었다고 판단된다.

관세음은 대자대비(大慈大悲)를 근본 서원(誓願)으로 하는 보살의 각호(各號)이다. ≪무량수경(無量壽經)≫에 의하면 이 보살은 미타삼존(彌陀三尊)의 하나로 아미타불의 왼쪽 보처(補處)로서 부처의 교화를 돕고 있다. '관세음(觀世音)'이란 세간의 음성을 관(觀)하는 뜻으로 사바세계의 중생이 괴로울 때 그 이름을 일심으로 부르면 그 음성을 듣고 곧 구제한다고 한다. 관자재라고 함은 지혜로 관조하므로 자재(自在)한 묘과(妙果)를 증득한 뜻이다. 또 중생에게 일체 두려움이 없는 무외심(無畏心)을 베푼다는 뜻으로 시무외자(施無畏者)라 하고, 자비를 위주하는 뜻으로 대비성자(大悲聖者)라 하여, 세상을 구제하므로 구세대사(救世大士)라고도 한다.

이 보살이 세상을 교화함에는 중생의 근기에 맞추어 여러 가지 형체로 나타나므로, 이를 보문시현(普門示現)이라 하며 삼십삼신(三十三身)이 있다고 한다. 왼손에 든 연꽃은 중생이 본래 갖춘 불성을 표시하고, 그 꽃이 핀 것은 불성이 드러나서 성불한 뜻을 나타내며, 그 봉오리는 불성이 번뇌에 물들지 않고 장차 필 것을 나타낸다. 그 종류로는 육관음(六觀音), 즉 성(聖) · 천수(千手) · 마두(馬頭) · 십일면(十一面) · 준제(準提) · 여의륜(如意輪)이 보통이다. 그 중에 성관음(聖觀音)이 본신(本身)이고, 나머지는 보문시현(普門示現)의 변화신(變化身)이다.

오온(五蘊)

오온(五蘊)은 산스크리트어 pa~nca-skandha의 역어(譯語)로서 오음(五陰)이라고도 번역되는 불교 근본사상의 하나로 세계를 창조, 구성하고 있는 요소를 다섯 가지로 분류하고 있다.

skandha는 '집합'·'구성요소'라는 의미로서, 오온은 개인 존재를 구성하는 '5개의 집합', 즉 색(色), 수(受), 상(想), 행(行), 식(識)을 말한다. 색(rūpa)은 물질적 형태로서 육체를 의미한다. 수(vedanā)는 감수(感受) 작용인데, 의식 속에 어떤 인상을 받아들이는 것, 감각과 쾌·불쾌 등의 단순 감정을 포함한 작용을 말한다. 상(samj~nā)은 표상작용으로 의식 속에 상(象)을 구성하고 마음속에 어떤 것을 떠올려 관념을 형성하는 것, 지각·표상 등을 포함하는 작용이다.

행(samskāra)은 형성 작용으로, 능동성·잠재성 형성력을 의미하고, 우리가 경험하는 어떠한 것을 현재에 존재하는 것처럼 형성하는 작용을 말하며, 수·상·식 이외의 모든 마음의 작용을 총칭한 것으로서 특히 의지작용을 말한다. 식(vij~nāna)은 식별작용을 말하는 것으로서, 대상을 구별하고 인식·판단하는 작용, 혹은 마음의 작용 전반을 총괄하는 주체적인 마음의 활동을 말한다. '수' 이하의 사온(四蘊)은 정신적 요소로서 색온(色蘊)과 결합하여 심신(心身)을 이루기 때문에 '명색'(名色, nāmarūpa)이라고도 불린다.

개인의 존재는 이 오온에 의해 성립하는데, 세속적 입장에서는 이렇게 하여 성립한 모든 것을 총괄하여 '아'(我)·'자기'(自己)라고 부른다. 그러나 우리의 중심 주체는 이러한 '집합' 속에서 인식되지 않는다. 오온은 현상적인 존재로서 끊임없이 생멸·변화하기 때문에, 언제나 머물러 있는 불변의 실체는 존재하지 않는다. 개인적 존재는 오온이 임시로 모여 구성된 것(五蘊假和合)이고, 오온의 그 어느 것도 '아'로 불리울 수 없다(五蘊無我)고 한다. 오온은 또한 윤회 생존의 기반이라는 의미에서 '오취온'(五取蘊)이라고도 불린다. 후에 오온의 개념 내용이 확대되어, 현상세계의 모든 구성요소를 의미하는 것이 되었다. 대승에서는 오온 그 자체도 또한 공(空)이고 실재하지 않는다고 주장한다.

인연(因緣)

인연(因緣)은 산스크리트어 hetu-pratyaya(헤투 프라티야야)라고 한다. 인(因, hetu)이라는 것은 결과를 만들기 위한 직접적이고 내재적인 원인, 연(緣, pratyaya)은 인을 도와 결과를 만들어 내는 간접적이고 외적인 원인(즉 조건이나 상황)이다. 어떤 결과를 일으키는 직접 원인이나 내적 원인이 되는 인(因)과 간접 원인이나 외적 원인 또는 조건이 되는 연(緣)을 말한다. 그러나 넓은 뜻으로는 직접 원인이나 내적 원인, 간접 원인이나 외적 원인 또는 조건을 통틀어 인(因) 또는 연(緣)이라 한다.

불교적 사고방식에 의하면 이 세계에 존재하는 일체의 사물은 각각의 인연이 합해져 만들어지는 것으로, 항상 변화하고 일순간이라도 멈추지 않는다. 인연이 합해짐에 따라 생기(生起)하였던 것은 인연이 없어짐으로써 소멸한다. 인연에 의해 생기하는 것은 '인연생(因緣生)', '연생(緣生)', '연기(緣起)' 등으로 부른다. 대승에서는 인연에 의해 생기하는 일체의 존재를 공(空)이라 한다. 또 '인으로서의 연'의 의미로, 단지 인을 가리키는 것으로 인연을 말하는 경우도 있다.

인(因)과 연(緣). 곧 안에서 결과를 만드는 직접적인 원인과 그 인(因)

을 밖에서 도와 결과를 만드는 간접적인 힘이 되는 연줄, 모든 사물은 이 인연에 의해 생멸한다고 한다.

불교의 입장에서는 일체 만물은 모두 상대적 의존관계에 의해 형성된다고 한다. 동시적 의존관계(주관과 객관)와 이시적(異時的) 의존관계(원인과 결과)로 나누어진다. 어떤 결과를 만들어 내는 직접적인 원인을 인(因)이라 하고, 인과 협동하여 결과를 만드는 간접적인 원인을 연(緣)이라 한다. 가령 농사의 경우에 종자를 인이라 하고, 비료나 노동력 등을 연이라 한다. 이 경우 아무리 인이 좋다 할지라도 연을 만나지 못하면 결과를 가져올 수 없다. 따라서 인도 물론 좋아야 하지만 연도 또한 좋아야 좋은 결과를 가져올 수 있다. 그래서 사람이 행복하게 살려면 상생상화(相生相和의 선연을 맺어야 한다. 기계적 의미의 원인과 결과 관계가 아니라 인(因)이 있어서 연(緣)을 만나면 반드시 과(果)가 있다는 말인 인연과를 줄여서 인연이라고도 한다. 인 없이 연만으로는 과가 있을 수 없고, 인이 있다 할지라도 연을 만나지 못하면 역시 과가 있을 수 없다. 인과 연이 있으면 반드시 과가 있고, 과가 있다는 것은 인과 연이 만났다는 뜻이다

불교에서는 모든 것이 생기하거나 소멸하는 데는 반드시 원인이 있다고 보고, 생멸에 직접 관계하는 것을 인이라고 하며, 인을 도와서 결과를 낳는 간접적인 조건을 연으로서 구별하는데, 실제로 무엇이 인이고 무엇이 연인가를 확실히 구분하는 기준이 있는 것은 아니다. 인연은 <인과 연>과 <인으로서의 연>의 두 가지로 해석되는데, 이 양자를 일괄해서 연이라고 하며, 인연에 의해서 사물이 생기하는 것을 연기(緣起)라고 하며, 발생한 결과를 포함해서 인과라고도 한다. 인연, 연기, 인과는 불교 교리의 가장 근본적인 사고방식인데, 반드시 인(因)에서 과

(果)로 가는 시간적 관계만을 의미하는 것은 아니며, 동시적인 상호의
존관계, 조건도 의미하고 있다. 인연은 본래의 의미에서 더욱 확대되어
서 유래, 내력이나 사물의 도리의 의미로 이용되는데, 인연을 <트집>
의 의미로 이용하거나 <연기가 나쁘다>라는 표현방법은 본래의 의미
에서는 멀어진 뜻이다.

연기(緣起)

　연기(緣起)라는 단어는 산스크리트어 pratītyasamutpāda(프라티트야
삼무파다)를 뜻에 따라 번역한 것으로 인연생기(因緣生起: 인과 연에
의지하여 생겨남, 인연따라 생겨남)의 준말이다.[한역(漢譯) 경전에서
는 발랄저제야삼모파다(鉢剌底帝夜參牟播陀)로 음차하여 표기한 경우
도 있다. 산스크리트어: pratītya의 사전적인 뜻은 '의존하다'이고
samutpāda의 사전적인 뜻은 '생겨나다, 발생하다'이다.

　연기는 인연생기(因緣生起) 즉 인(因: 직접적 원인)과 연(緣: 간접적
원인)에 의지하여 생겨남 또는 인연(因緣: 통칭하여, 원인)따라 생겨남
의 준말로, '연(緣: 인과 연의 통칭으로서의 원인)해서 생겨나 있다' 혹
은 '타와의 관계에서 생겨나 있다'는 현상계의 존재 형태와 그 법칙을
말하는 것으로서 이 세상에 있어서의 존재는 반드시 그것이 생겨날 원
인(因)과 조건(緣) 하에서 연기의 법칙에 따라 생겨난다는 것을 말한다.
연기의 법칙, 즉 연기법(緣起法)을 원인과 결과의 법칙 또는 줄여서 인
과법칙(因果法則), 인과법(因果法), 인연법(因緣法)이라고도 한다. 엄밀
히 말하면, 고대 인도에서는 인과법에 대해 여러 이론들이 있었으므로,
연기법은 붓다가 설한 인과법, 또는 불교에서 주장하는 인과법이라 할

수 있다. 그런데 붓다는 ≪잡아함경≫ 제12권 제299경 <연기법경(緣起法經)>에서 연기법은 자신이나 다른 깨달은 이가 만들어낸 것이 아니며 여래가 세상에 출현하고 출현하지 않음에 관계없이 우주(법계)에 본래부터 존재하는 보편 법칙, 즉 우주적인 법칙이며, 자신은 단지 이 우주적인 법칙을 완전히 깨달은[等正覺] 후에 그것을 세상 사람들을 위해 12연기설의 형태로 세상에 드러낸 것일 뿐이라고 말하고 있다.

　연기관계(緣起關係)에는 유전연기(流轉緣起)와 환멸연기(還滅緣起)의 두 가지가 있다. 연기관계를 인과관계(因果關係)라고도 하는데, 예를 들어, 불교의 근본 교의인 사성제에서 고(苦)·집(集)의 2제(二諦)의 관계는 괴로움이라는 결과와 괴로움을 생겨나게 하는 원인으로서의 갈애 또는 망집의 관계로서, 미혹되게 하고 괴로움을 겪게 만드는 인과관계 즉 유전연기(流轉緣起)이며, 이에 대해 멸(滅)·도(道)의 2제(二諦)의 관계는 모든 괴로움이 소멸된 이상의 경지인 열반의 증득이라는 결과와 열반을 증득하게 하는 원인으로서의 불교의 수행의 관계로서, 미혹을 벗어나게 하고 괴로움을 벗어나게 하는 인과관계 즉 환멸연기(還滅緣起)이다.

　연기에 대한 불교 교의를 연기설(緣起說)이라고 한다. 붓다가 12인연(十二因緣) 또는 12연기(十二緣起)의 연기설을 가르친 이래 불교 역사에는 여러 가지의 연기설이 출현하였다. 부파불교의 업감연기(業感緣起), 중관파의 공사상(空思想), 유식유가행파의 아뢰야연기(阿賴耶緣起), ≪대승기신론≫의 진여연기(眞如緣起) 또는 여래장연기(如來藏緣起), 화엄종의 법계연기(法界緣起), 진언종의 육대연기(六大緣起) 등이 있다.

수행(修行)

종교적 · 도덕적으로 큰 인격을 이루기 위해 취해지는 특별한 훈련 방법을 말한다. 수도(修道) · 수신(修身)이라고도 한다. 인도의 고행자들과 같이 신체단련에 중점을 두어 신체에 고통을 가하여 그것을 이겨냄으로써 정신적 달관(達觀)을 체득하려는 것과 정신적 수련에 중점을 두어 명상(瞑想)이나 억념(憶念) 또는 일념(一念) 등으로 도(道)를 얻으려는 두 가지로 대별된다. 불교에서는 계정혜(戒 · 定 · 慧) 삼학(三學)을 비롯해 팔정도(八正道)가 그 덕목으로 되어 있고, 유가(儒家)에서는 삼강오륜(三綱五倫)의 실천, 선가(仙家)에서는 성명쌍수(性命雙修)가 강조되기도 한다.

일반적으로 육체를 훈련해서 생리적 욕구에 금압을 가함으로써 정신의 안정 및 신적인 교류나 합일(合一)을 달성하려는 자각적 행위. 무술이나 운동, 기예나 도덕, 그리고 종교 등 여러 영역에서 이용되는데, 여기에서는 종교의 수행에 대해 언급한다. 학술 · 기예를 수련하는 경우에는 '수업'이라는 말을 이용하기도 하는데 미개종교에서는 성인식이나 비밀결사에 대한 입단식 때 격리된 상태 중에서 할례나 단식 등의 시련이 부과된다.

고대 종교에서는 그리스의 오르페우스교나 그 영향을 받은 피타고라스 교단은 영육 이원론의 입장에 서서 신체상의 엄격한 금욕을 지킴으로써 영혼이나 신과의 합일을 얻으려는 밀의종교를 발달시켰다. 이런 사고방식은 후의 그리스도교나 이슬람교에도 적든 크든 영향을 미쳤다.

그리스도교에서는 신비주의적 묵상과 기도를 중심으로 하는 중세기의 승원에서 특히 금욕적인 수행이 중시되었다. 이에 대해 동양에서는 영육일월론(靈肉一元論)의 입장에 선 힌두교의 요가나 불교의 경우에서 볼 수 있듯이, 생리 · 심리적 훈련과 금욕이 그대로 영적으로 통합된 이상적인 신체(깨달음, 해탈 상태)를 낳는다고 생각되었다. 따라서 한마디로 수행을 통한 신비체험이라고 해도 그 점에서 그리스도교와 불교는 크게 다르다. 또한 수행의 종류로서는 정진, 참회, 독거, 기도, 순례, 삼림두수, 수행(水行), 좌선, 관상 등 다양한 방법을 들 수 있는데, 그 중에서 가장 중요한 것이 성교의 금지와 단식이다. 전자는 성을 극복함으로써 '인간'을 이탈하려는 행위이며, 후자는 영양의 정지에 의해서 '죽음'에 접근하려는 행위인데, 이 역설적인 금욕수행 중에 신의 계시가 찾아와서 영적인 변신이 실현되는 것이다. 수행 중에 특히 엄격하게 고통을 수반하는 것을 고행(苦行), 황행(荒行)이라고 하기도 한다.

법회(法會)

불경 또는 불교의 교리를 설하는 종교의식 행사로서 승려와 신도가 한곳에 모여 불사(佛事)를 하는 모임을 말하며 불법(佛法)에 관계되는 법사(法事) · 불사(佛事) · 재회(齋會) · 법요(法要) 등을 행하는 것을 뜻한다. 사찰 등의 일정한 장소에 모여 붓다의 강탄(降誕) 등을 경축하고 재(齋)를 열어 재시(財施) 등을 베풀며, 법론(法論)을 강설하게 된다.

인도에서는 불생일대회(佛生日大會) · 보리대회(菩提大會;成道會) · 전법륜대회(轉法輪大會;初轉法輪을 기념하는 것) 등의 붓다를 찬탄 · 공양하는 법회나 나후라 · 아난(阿難) 등의 탑소(塔所)에서 그 공양을 하는 나후라대회 · 아난대회 등이 행해졌다. 특히 아난은 여인의 출가를 출원한 일로 하여 많은 비구니가 공양했다. 법회로는 물건을 베푸는 재회가 많이 행해졌다.

법회는 인도 이래 성하게 행해져 온 것으로 그 종류도 다양하다. 『장아함경(長阿含經)』에는 "항하사의 북쪽 언덕에서 일체중생을 위하여 대시회(大施會)를 열었다."고 하였으며, 『유마경』에서는 "사문(沙門)과 바라문(婆羅門), 걸인들까지 모두 포함하여 7일 동안 공양(供養)하였으며 이를 무차대회(無遮大會)라 하였다"고 한다. 또 『십송률(十誦律)』에는 5세회(五歲會) 또는 6세회(六歲會), 2월회(二月會), 입사회(入舍會) 등을 기록하였고, 『마하승지율(摩訶僧祇律)』에는 불생일대회(佛生日大會)·보리대회(菩提大會)·전법륜대회(轉法輪大會)·라홀라대회(羅睺羅大會)·아난대회(阿難大會) 등이 있다고 하였다. 『불조통기(佛祖統紀)』에는 수륙회(水陸會)·방생회(放生會)·화엄회(華嚴會)·우란분회(盂蘭盆會)·두타회(頭陀會)·사자회(獅子會)·용화회(龍華會) 등의 법회가 기록되어 있다.

특히 우리나라 선종(禪宗)에 큰 영향을 미친 『칙수백장청규(勅修百丈淸規)』에는 선가(禪家)에서 행한 축성(祝聖)·불강탄회(佛降誕會)·성도회(成道會)·열반회(涅槃會)·국기(國忌)·기도회(祈禱會)·능엄회(楞嚴會)·백장기(百丈忌)·개산역대조기(開山歷代祖記)·달마기(達磨忌)·사법사기(嗣法師忌) 등의 제회(諸會)를 기술하고 매년 거행할 것을 강조하였는데 우리나라 선종에서는 이들이 대부분 채택되어 실행되었다.

신라시대에는 인왕법회(仁王法會)·금광명경법회(金光明經法會) 등의 호국법회가 성대하게 열렸고, 고려시대에는 여러 종류의 호국법회 이외에 경찬회(慶讚會)·문수회(文殊會)·담선법회(談禪法會)·용화회

(龍華會) · 축수법회(祝壽法會) · 우란분회(盂蘭盆會) · 화엄회(華嚴會) · 연성법회(連聲法會) 및 각종 밀교적 법회(密敎的法會) 등이 국가적 행사로 행하여졌다. 조선시대에는 국가적 행사로서의 법회는 중지되었으나, 전기(前期)에는 수륙재회(水陸齋會) · 무차대회 등을 국행(國行)으로 열기도 하였다.

오늘날에는 화엄회 · 관음회(觀音會) · 미타회(彌陀會) · 지장회(地藏會) · 능엄회 · 화엄신중회(華嚴神衆會) · 용화회 등의 법회와 영산재회(靈山齋會) · 수륙재회 · 예수재회(預修齋會) · 방생회 등의 법회가 성하게 열리고 있다. 그리고 각 사찰 및 불교단체 등에서는 불경을 강의하고 교리를 설명하는 정기법회가 많이 열리고 있다.

우리나라에서 현재 행하고 있는 법회는 ①삼귀의(三歸依), ②찬불가(讚佛歌), ③독경(讀經 ; 반야심경), ④입정(入定), ⑤청법가(請法歌), ⑥설법(說法), ⑦정근(精勤), ⑧발원(發願), ⑨산회가(散會歌), ⑩사홍서원(四弘誓願)의 순으로 진행된다.

일반적인 강설법회 외에도 현재 행해지는 법회는 크게 11가지로 나눌 수 있는데 다음과 같다. ①아침저녁의 예경의식(禮敬儀式)과 이에 따르는 종송(鐘頌) · 독경(讀經) · 송주(誦呪) · 상축(上祝) ②사후(死後) 49일 동안 영혼의 명복을 빌어 삼계육도(三界六道)의 윤회에서 벗어나 극락왕생하도록 비는 각종 재(齋) ③살아서는 금생의 수복(壽福)을 더하고 죽어서는 극락왕생을 비는 생전예수재(生前預修齋) ④수륙재(水陸齋) ⑤방생(放生)법회 ⑥다과진수(茶果珍羞)를 베풀어 독경과 염불로써 영혼을 천도하는 시식법회(施食法會) ⑦죄 업장(罪業障)을 참회(懺悔)하고 깨끗한 삶을 다짐하는 예문식(禮文式) ⑧불상을 조성했거나 가사(袈裟)를 지었거나 탑(塔)을 만들었을 때에 거행하는 점안식(點眼式)

⑨괘불(掛佛)을 모시거나 가사·사리(舍利) 등을 봉안할 때의 이운식(移運式) ⑩부처의 제자가 되기 위해 5계·10계·250계 등 각종 금계(禁戒)를 받는 수계식(受戒式) ⑪다비식(茶毘式) 등이 있다.

법공(法空)

색(色)·심(心)의 모든 법인 민유(萬有)는 모두 인연이 모여 생기는 비실재적인 존재로서 실체가 없는 것으로 만유의 체(體)가 공무(空無)한 것을 말한다. 모든 현상은 여러 인연의 일시적인 화합에 지나지 않으므로 거기에 불변하는 실체가 없다. 현상을 구성하는 요소에 불변하는 실체가 없다는 뜻이다

이공(二空)

아공(我空)과 법공(法空)의 이공(二空)으로서 아공(또는 人空)이란 중생은 오온(五蘊)이 화합한 것이므로 아(我)라고 하는 실체가 없다는 것이며, 법공이란 오온의 자성(自性)도 공하다는 것을 뜻한다.

단공(但空)과 부단공(不但空)의 이공(二空)은 천태가(天台家)에서 주장하는 것으로 사교(四教)에서는 각각 공리(空理)를 설하여 장통이교(藏通二教)의 공(空)을 단공(但空)이라 하고 별원이교(別圓二教)의 공을 부단공(不但空)이라 한다.

성공(性空)과 상공(相空)의 이공(二空)으로서 성공이란 법에 실성(實性)이 없는 것이며, 상공이란 법에 이미 실성이 없고 다만 가명자(假名

字)의 상(相)이 있을 뿐이며, 이 상도 또한 실(實)이 아니므로 상공(相空)
이라 한다.

육바라밀(六波羅密)

삼학(三學)이 해탈에 이르기 위한 불교일반의 수행의 길이라고 하면,
육바라밀은 대승불교일반의 수행도라고 할 수 있다. 해탈에 이르는 길
로 붓다가 제시한 것은 "여덟 가지 바른길[八正道]" 즉 계율과 선정 그
리고 지혜[戒 · 定 · 慧]의 삼학이었다. "보시(布施) · 지계(持戒) · 인욕
(忍辱) · 정진(精進) · 선정(禪定) · 지혜바라밀(智慧波羅密)"로 이루어
진 육바라밀 역시 그 내용상 계 · 정 · 혜(戒定慧) 삼학의 구조를 가지
고 있다.

언뜻 보기에도 육바라밀은 삼학을 확대 재편한 개념임이 드러난다.
다만 불교역사의 전개과정에서 삼학 중 어떤 요소를 특별히 강조하고
발전적으로 분화시킬 필요가 생겼고, 그 결과 전통적인 삼학을 대체하
며 나온 개념이 육바라밀이라고 할 수 있다. 그러면 그러한 수행관의
변화를 야기시킨 역사적 우연성이나 논리적 필연성은 무엇이고, 또 그
로 인해 강조된 삼학의 요소는 어떠한 것인가.

불교교단은 붓다 입멸 후 100년경부터 계율이나 교리를 둘러싼 이견
이 발생하여 분열하게 된다. 따라서 각 분파는 붓다의 가르침에 대해서
독자적이면서도 전문적인 연구를 진행하게 되었다. 그 과정에서 불교
의 이론은 복잡해지고 번쇄하게 되었으며, 붓다의 현실적이고 실용적
인 가르침은 형해화되었다. 그러한 이론이 일반대중들을 소외시키기
에 이른 것은 당연한 일이었다. 이때 붓다의 정신을 되찾고자 일어난

움직임이 '대승불교(大乘佛教)'이다. 그들은 대중을 소외시킨 채, 자기 혼자만의 열반을 추구하는 아라한(阿羅漢)의 길을 '소승(小乘)'이라고 비판하고, 깨달음을 구하면서 중생을 제도하는 즉 '자기도 이롭고 남도 이롭게 해주는[自利利他]' 보살을 이상적인 인간상으로 부각시켰다. 따라서 육바라밀은 아라한과 차별화된 보살을 위한 수행도로서 출현하게 되었던 것이다.

자리이타(自利利他)를 목표로 하는 보살에게 있어서, 기존의 계정혜 삼학에 비해 이타적 덕목이 더 선명하게 부각되는 것은 당연한 귀결이었다. 물론 전통적인 삼학에 이러한 이타적 요소가 결여되어 있다고 한다면 그것은 잘못된 얘기가 될 것이다. 다만 대승불교의 경우에는 그러한 이타적 요소가 보살의 길을 따르고 있는 수행인들에게 명시적으로 인식되고 또 수행되었다는 점이다.

기존의 "계율을 지킴[持戒]"이라는 덕목에 추가하여 새로이 수행인의 덕목으로 추가 된 것이 "타인에게 베풂[布施]"과 "고난과 고통을 잘 참음[忍辱]" 그리고 "꾸준히 힘써 행함[精進]"이었다. 그렇다면 보살에게 이러한 이타적 덕목이 가능하게 해주었던 것은 무엇일까? 그것은 바로 "자기와 남", "부처와 중생", "윤회와 열반"을 완전히 별개로 생각하지 않는 사고에 기인한 것이라고 할 수 있다.

만약 그것들이 서로 근본적으로 다른 것이라면 그것들은 서로에게 아무런 의미도 없는 것이 된다. 이 대립항들은 서로 상대적으로 얽혀있기 때문에 한 쪽이 없이는 다른 한 쪽도 있을 수가 없다. 우리가 괴로움으로 가득 찬 윤회의 세계에서 나 자신과 나의 것만을 생각하며 사는 태도는 이러한 상관관계를 충분히 인식하고 있지 못하기 때문이다. 모든 존재는 나와 '연기(緣起)'적으로 관계하고 있으며, 관계의 그물을 벗어나 독립적으로 존재하는 것은 하나도 없다. 이와 같은 사물의 연기적 인식이 바로 '지혜바라밀(知慧波羅密)'이 갖는 의미인 것이다. 보살들의 이타적 수행은 이러한 지혜를 바탕으로 하고 있는 것이다.

사성제(四聖諦)

불교의 가장 근본적인 교리로서 사제(四諦)라고도 한다. 고(苦)·집(集)·멸(滅)·도(道)의 네 가지 진리로 구성되어 있다. 석가모니의 성도(成道) 후 자기 자신의 자내증(自內證)을 고찰하여 설한 것이 십이인연(十二因緣)이라면, 사제설(四諦說)은 이 인연설을 알기 쉽게 타인에게 알리기 위해 체계를 세운 법문이다. 십이연기설이 이론적인 것임에 대해 사제설은 이론적인 동시에 실천적인 것이며, 오히려 실천을 주로 삼는 것이라 할 수 있다.

석가모니는 성도 후에 좌선사유(坐禪思惟)에 의해 스스로의 깨침을 즐겼으나, 인연의 이치가 매우 어려워 세상 사람들이 이해하기가 곤란하다는 것을 알고 설법 방법을 연구하여 사제설을 고안하였다. 그가 녹야원(鹿野苑)에서 다섯 비구(比丘)를 상대로 처음 설법한 것이 사제의 가르침이다.

사제의 첫째는 고제(苦諦)이다. 고제는 불완전하고 더러움과 고통으로 가득 차있는 현실을 바르게 보는 것이다. 이 고(苦)는 구체적으로 생·노·병·사(生老病死)의 4고(苦)와 원증회고(怨憎會苦)·애별리고(愛別離苦)·구부득고(求不得苦)·오온성고(五蘊盛苦)의 네 가지를 합한 8고로 하고 있다. 이 가운데 애별리고와 원증회고는 사랑하는 사람들과 이별하거나 사별하는 것, 그리고 싫어하고 미워하는 사람들을 만나고 함께 산다는 것을 말하며 이는 고뇌의 원인이 된다. 특히 자기중심적인 애증(愛憎)에 대한 집착이 강하면 강할수록 고뇌는 더욱 심해지는 것이다.

구부득고는 생각대로 되지 않기 때문에 생기는 것으로, 앞의 것과 같이 욕구가 충족되지 않을 때에 생기는 고통들이다. 오온성고는 앞의 일곱 가지를 개괄한 것으로, 오온(五蘊: 一切法)에 대한 자기중심적인 집착을 가진다면 모든 것이 고라는 것을 다시금 강조한 것이다.

둘째, 집제(集諦)이다. 집이란 집기(集起), 즉 사물이 모여 일어나기 위한 원인이므로 고의 원인이나 이유라는 뜻이 된다. 고의 원인으로서 '도처에서 열락(悅樂)을 추구하여 그치지 않는 갈애(渴愛)'를 뜻하는데, 십이연기설에서는 무명과 갈애를 고뇌의 원인으로 함께 보고 있다.

그러나 갈애는 무명에 의해 생기는 것이므로 그 속에 무명도 포함되어 있는 것으로 볼 수 있으며, 갈애는 모든 번뇌를 대표하는 것이다. 이 갈애는 욕애(欲愛), 유애(有愛)와 무유애(無有愛)의 삼애(三愛)가 있다. 욕애는 감각적 욕구인 오욕(五欲)에 대한 갈애로서, 현실에 있어서의 감각적 쾌락을 추구하는 애욕을 말한다. 유애는 존재를 뜻하는 유(有)에 대한 갈애로서, 사후에 천국 등의 훌륭한 곳에 태어나고 싶다는 욕구이다.

이것도 자기중심적인 욕구이며, 천국 등도 윤회계(輪廻界)에 속하는 것이므로 이상으로 삼아서는 안 된다고 보았다. 무유애의 무유는 비존재, 즉 허무를 말한다. 어떠한 존재도 절대 확실한 안온세계(安穩世界)가 아니기 때문에 꿈과 같이 아무것도 없는 허무계(虛無界)를 안주(安住)의 땅으로 삼는 것을 무유애라 하는데, 무유애 또한 자기중심적인 것이므로 이상(理想)으로 삼는 것을 금하고 있다.

무아(無我)나 현세적 입장에서 볼 때 이 갈애는 번뇌에 지나지 않는 것이다. 또한 괴로울 수밖에 없는 인간 존재의 고통의 원인을 탐(貪)·진(瞋)·치(癡)의 삼독(三毒)으로 풀이하는 경우도 많다. 자기에게 맞으므로 탐욕을 일으키고, 맞지 않기 때문에 분노하며, 그것이 다시 갖가지 어리석음을 불러일으킴으로써 괴로움이 생겨난다는 것이다.

셋째, 멸제(滅諦)이다. 멸제는 깨달음의 목표, 곧 이상향인 열반의 세계를 가리킨다. 즉 모든 번뇌를 대표하는 갈애를 남김없이 멸함으로써 청정무구(淸淨無垢)한 해탈을 얻음을 말한다.

넷째는 도제(道諦)이다. 도는 이상향인 열반에 도달하는 원인으로서의 수행방법이며, 구체적으로 팔정도(八正道)라는 여덟가지 수행법을 제시하고 있다. 팔정도는 바르게 보고(正見), 바르게 생각하고(正思惟), 바르게 말하고(正語), 바르게 행동하고(正業), 바른 수단으로 목숨을 유지하고(正命), 바르게 노력하고(正精進), 바른 신념을 가지며(正念), 바르게 마음을 안정시키는(正定)의 수행법이다. 이는 또 유(有)에도 무(無)에도 집착하지 않는 중도(中道)의 수행법으로서 원시불교의 근본교의를 이루고 있다. 사제 중의 고는 생사과(生死果)이고, 집은 생사인(生死因)이며, 멸은 열반과(涅槃果)이다. 이는 다시 유전연기(流轉緣起)와 환멸연기(還滅緣起)의 두 가지로 구분되는데, 두 가지는 생사유전의 고통과 그 원인을 말하고 멸과 도의 두 가지는 유전을 벗어나 무고안온(無故安穩)의 열반과에 도달할 수 있는 환멸의 수행법을 말한다.

팔정도(八正道)

산스크리트어 āryāṣṭāṅgika-mārga, 팔리어 ariya-aṭṭhaṅgika-maggo

로서 괴로움의 소멸에 이르는 여덟 가지 바른 길(八正道)이다. 이는 정견(正見)·정사유(正思惟)·정어(正語)·정업(正業)·정명(正命)·정념(正念)·정정진(正精進)·정정(正定)을 말한다. 우리나라 불교는 대승불교권에 속하지만, 불교를 믿는 사람은 무엇보다도 먼저 이 팔정도에 의해 수행하고 생활하도록 되어 있다. 팔정도는 팔지성도(八支聖道)라고도 하며, '여덟 개의 부분으로 이루어진 성스러운 도(道)'라는 뜻이다.

도는 팔리어로 막고(maggo)라는 단수형으로 표시되는데, 이는 8개의 것이 하나의 성스러운 도의 각 부분을 구성하고 있고, 8개 가운데 하나가 실천되면 다른 7개가 그 하나에 포함되어 동시에 행해진다는 상섭(相攝)관계에 있기 때문이다. 팔정도는 사성제(四聖諦 : 네 가지의 성스러운 진리. 즉, 苦·集·滅·道) 중 하나인 도제(道諦)의 구체적인 내용으로 설명된 것이다.

팔정도는 욕락과 고행 등의 극단을 떠난 중도(中道)이며, 올바른 깨침으로 인도하기 위한 가장 합리적인 올바른 방법으로 되어 있다. 이 팔정도는 중정(中正)·중도의 완전한 수행법이므로 정도, 성인의 도이므로 성도, 8종으로 나누었으므로 지(支), 또는 분(分)이라 한다.

(1) 정견(正見)

바른 견해이며, 불교의 바른 세계관과 인생관으로서의 인연과 사제에 관한 지혜이다. 그러나 아직도 이 지혜를 확립하지 않은 자에게는 바른 신앙으로 나타난다. 그리고 일상생활에서도 어떤 사업을 하는 경우의 전체적인 계획이나 전망이 정견에 해당된다.

(2) 정사유(正思惟)

몸과 말에 의한 행위를 하기 전의 바른 의사 또는 결의를 가리킨다. 출가자라면 출가자다운 유화(柔和 : 부드러운 조화)와 자비와 충정의 마음으로 사념사유(思念思惟 : 바르게 기억하고 바르게 생각함)하는 일이다. 일반 사회에서도 자기의 처지를 언제나 바르게 생각하고 의지를 바르게 갖는 것이 정사유이다.

(3) 정어(正語)

정사유 뒤에 생기는 바른 언어적 행위이다. 망어(妄語 : 거짓말)·악구(惡口 : 나쁜말)·양설(兩說 : 이간질 하는 말)·기어(綺語 : 속이는 말)를 하지 않고, 진실하고 남을 사랑하며 융화시키는 유익한 말을 하는 일이다.

(4) 정업(正業)

정사유 뒤에 생기는 바른 신체적 행위이다. 살생·투도(偸盜)·사음(邪淫)을 떠나서 생명의 애호(愛護), 시여자선(施與慈善 : 자비로 베풂), 성도덕을 지키는 등의 선행을 하는 일이다.

(5) 정명(正命)

바른 생활이다. 이것은 바른 직업에 의해 바르게 생활하는 것이지만 일상생활을 규칙적으로 하는 것이기도 하다. 수면·식사·업무·운동·

휴식 등에서 규칙적인 생활을 함으로써 건강이 증진되고 일의 능률도 향상되며, 경제생활과 가정생활이 건전하게 수행되는 것이다.

(6) 정정진(正精進)

용기를 가지고 바르게 노력하는 것이다. 정진은 이상을 향하여 노력하는 것이며, 그것은 종교·윤리·정치·경제·육체 건강상의 모든 면에서 이상으로서의 선(善)을 낳고 증대시키되, 이에 어긋나는 악(惡)을 줄이고 제거하도록 노력하는 것을 가리킨다.

(7) 정념(正念)

바른 의식을 가지고 이상과 목적을 언제나 잊지 않는 일이다. 그리고 일상생활에서도 맑은 정신으로 세상을 살아가되 무상(無常 : 모든 것은 항상 하지 않고 변화함)·고(苦 : 모든 것은 불완전하여 괴로움)·무아(無我 : 나라는 실체가 없음) 등을 언제나 염두에 두고 잊지 않는 일이다.

(8) 정정(正定)

정신통일을 말하며 선정(禪定)을 가리킨다. 깊은 선정은 일반인으로서는 얻을 수 없는 것이라고 하더라도 일상생활에서도 마음을 안정시키고 정신을 집중하는 것은 바른 지혜를 얻거나 지혜를 적절하게 활용하기 위해 필요하다. 명경지수(明鏡止水)와 같이 흐림이 없는 마음과 무념무상(無念無想)과 같은 마음의 상태는 정정이 진전된 것이다.

여기서 정견은 나머지 일곱을 달성하기 위한 목적이다. 그리고 팔정도는 여덟 가지 항목이지만, 이것은 하나의 성도를 이루는 각 부분이며, 여덟 가지는 일체로서 유기적으로 결합되어 있기 때문에 별개의 것이 아니다. 또한 팔정도를 계(戒) · 정(定) · 혜(慧) 삼학과 관계지어 보면 정견과 정사유는 혜(慧)이며, 정어 · 정업 · 정명은 계(戒)이며, 정정진은 삼학에 공통되고, 정념 · 정정은 정(定)과 관계 지을 수 있다. 곧 부처님의 최초의 법문은 이것을 설한 것이며, 사제 · 12연기와 함께 불교의 기본적 근본 교의가 된다. 팔정도는 중생을 미혹세계인 이곳에서 깨달음의 세계인 피안으로 건네주는 힘을 가지고 있어 선(船)이나 뗏목〔筏〕으로 비유되기도 한다.

계정혜(戒 · 定 · 慧)

부처는 불교의 궁극적 목적인 열반에 이르기 위한 길을 여덟 가지 바른길(八正道)로서 제시한다. 그 팔정도를 요소별로 다시 분류해 보면 계율과 선정 그리고 지혜(戒 · 定 · 慧)의 세 가지 배움(三學)이 된다. 즉 팔정도의 바른 말(正語) · 바른 일(正業) · 바른 생활[(正命)]은 계율을 통한 배움(戒學)에, 바른 노력(正精進) · 바른 알아챔(正念) · 바른 집중(正定)은 선정을 통한 배움(定學)에, 바른 견해(正見) · 바른 사유(正思惟)는 지혜를 통한 배움(慧學)에 속한다고 할 수 있다. 따라서 삼학은 '괴로움으로부터의 자유'를 얻기 위한 구체적 수행방법인 것이다. 계정혜 삼학은 보통 부처의 가르침에 따라 해탈을 추구하는 자가 배우고 지켜야 할 내용으로 인식되고 있다.

계(戒)는 우리의 근본적인 어리석음으로 인해 그동안 무반성적으로 저질러 왔던 몸과 마음의 잘못을 저지르지 않음으로써 정과 혜의 기초가 된다. 현생의 모든 행위는 전생의 행위로 인한 업이 드러나는 것이며, 동시에 내생에서 우리의 삶을 조건 지어주는 새로운 업이 된다. 계는 내용에 따라 다시 두 가지로 나누어 생각해 볼 수 있다. 첫째, 그릇되고 나쁜 것을 방지하는 금지 조항이다. 이는 부처의 가르침을 따르기로 한 재가신도나 출가승려라면 반드시 지켜야 하는 계율이다. 즉 이러한 계율에 의해 불교교단과 여타집단이 구별된다. 하지만 계율이 이처럼 '금지의 조항들'로만 이루어진 수동적이고 소극적인 것은 아니다. 둘째, 모든 선행을 받들어 행하는 계가 있다. 이것은 한정된 계율의 준수에만 머물지 말고 적극적으로 선을 행할 것을 권하는 것으로써, 이러한 적극적인 계율에 대한 자세가 자비라는 불교의 도덕적 이상(理想)에 보다 더 잘 부합하는 것이다.

혜(慧)는 이와 같은 무명과 미혹을 깨뜨리고 세계의 있는 그대로의 진실을 깨닫는 것이다. 혜는 역사상의 붓다가 깨달았던 이 세계의 진실한 모습이자, 앞서 두 단계의 수행과 동시에 일어나게 되는 지혜 · 통찰을 말한다. 즉 그것은 이 세상에서 연기법의 이치와 네 가지 성스러운 진리 등을 발견하는 것이며 또한 그런 가르침을 구체적으로 확인하는 방법이기도 한 것이다.

정(定)은 평소의 산란한 마음을 일정한 대상에 집중함으로써 고요한 가운데 진리를 관찰하게 하는 수행을 말한다. 평상시의 우리의 삶은 전생에서의 그릇된 행위들로 인한 업으로 인해 잠시도 멈춤이 없는 번뇌의 침범을 받게 된다. 그러한 번뇌는 우리 자신을 포함한 모든 사물의 실상을 파악하지 못하도록 막고 있으며, 또한 끊임없이 그릇된 행위를 계속하게 하여 우리로 하여금 윤회의 질곡에서 벗어나지 못하도록 한다. 이와 같은 번뇌의 침입을 막아주는 것이 바로 정이다.

계율과 마찬가지로 선정 역시 역사적으로 다양한 해석이 존재해왔다. 예를 들어 중국의 선종은 '선(禪)'으로 종파의 이름을 삼고 '자기의 본래 성품을 보는 것(見性)'을 중시하여, 단순히 정좌하여 마음을 모아 대상을 주의깊게 관찰한다는 형식에 제한되지 않고 한 걸음 더 나아가 선정의 의미와 범위를 확대시켰다. 그렇지만 진실의 모습을 왜곡시키는 번뇌의 침입을 막고, 그로 인해 자연스럽게 있는 그대로의 세계를 볼 수 있게 해준다는 선정의 근본적인 의미에는 변동이 없었다.

고(苦), 무아(無我), 무상(無常)이라는 인간과 세계에 대한 세 가지 진리(三法印) 역시 명상이나 선정 속에서 관찰되어지는 측면에서 얘기할 수 있다.

선(善)

우리가 사용하는 '선(善)'이라는 단어는 가끔 불교어로서의 선이다. 이는 산스크리트어 '푸니야(punya)'나 '수크르타(sukrta)' 등의 한역(漢譯)이며, 모두 '선업(善業)'을 가리키고 있다. 업(카르마)이라는 것은 직접적으로는 외적인 행위를 말하는데, 동시에 그 행위가 남는다는, 실체라고도 할 수 있는 잠재적인 힘도 의미한다. 이 잠재적인 힘은 결국 당연한 결과를 그 행위를 행한 사람에게 가져온다고 생각되었다. 좋은 행위, 즉 선업은 좋은 결과를 가져오고, 좋지 않은 행위, 즉 악업은 좋지 않은 결과를 가져온다는 것이다. 시대에 따라 변천이 있지만, 인도에서는 통상 선으로서는 불살생, 불유도, 불사음, 불망언(진실어), 불음주, 자제, 서계, 보시, 인내, 목욕, 제식, 고행, 유행 등이 생각되며 이 중의 최초 5가지의 선은 불교의 오계 그 자체이기도 하다.

선(善)은 불선(不善)과 무기(無起: 선도 불선도 아닌 것)를 더하여 삼성(三性)이라고 한다. 현재, 미래에 걸쳐서 자타(自他)에 이익을 주는 백정(白淨)의 법(法)을 선이라 하고, 이에 반(反)하는 것을 불선이라 한다.

또한 힌두교에서는 법전이 전하는 바에 따라서 각 계급(바르나, 자티)에 부과된 사회적 의무(다르마)를 수행하는 것이 바로 선이라고 하였으며 선을 행하는 목적은 일반적으로는 내세에 천계에서 태어나는 것이다. 그러나 해탈을 원하는 사람에 있어서 윤회의 틀 안에 있는 천계는 결코 목표가 될 수 없는데 선은 업이며, 그 업은 윤회의 원인이기 때문에, 그들은 선조차도 멸각이나 초월하고자 한다. 선악을 초월하는 곳에 해탈이 있다고 하여 그들도 잠정적으로는 선을 행하였는데 그것은 신심을 청정히 하여 해탈의 길로 나아가기 때문으로 선은 계량될 수 있는 것이며, 이행가능하다고 생각된다. 불교에서 말하는 회향(추선회향)이라는 것은 스스로 유지하고 있는 선의 일부를 타인(사자도 포함)에게 양도하는 것이다.

선(禪)

불교의 수행법의 하나로서 명상 또는 좌선이라고도 한다. 원어 dhyāna는 조용하게 생각한다는 뜻으로, 그 속어형 jhāna가 서북 인도에서 jhān라고 발음된 것을 중국의 한자로 선(禪)으로 표기한 것이다.

고대 인도문명은 명상의 실천과 함께 일어났다.

　마음을 가다듬고 정신을 통일하여 무아적정(無我寂靜), 즉 깨달음의
경지에 도달케 하는 정신집중 수행법을 말한다. 범어로는 디야나
(Dhyana), 팔리어로는 쟈나(Jhana)이다. 이를 음사(音寫)하여 선나(禪
那), 사유수(思惟修)라 하며 음사와 의역을 합하여 선정(禪定)이라고도
한다.

　　◆선나(禪那): 산스크리트어 dhyāna 팔리어 jhāna의 음사. 정(定)
　·정려(靜慮)·사유수(思惟修)라 번역하고 마음을 한곳에 집중하여
　산란하지 않는 상태. 마음을 고요히 가라앉히고 한곳에 집중함을 말
　한다. 마음의 통일 상태이다.
　　◆사유수(思惟修): 마음을 한곳에 집중하여 산란하지 않는 상태.
　마음을 고요히 가라앉히고 한곳에 집중함을 말한다.
　　◆정려(靜慮): 산스크리트어 dhyāna 마음을 한곳에 집중시켜 산
　란하지 않게 한다는 뜻이다. 마음을 가라앉히고 고요히 생각함을 말
　한다.

참선(參禪 · meditation, contemplation)

　'선에 들어가 참여하다'는 의미로서, 자기의 본래면목을 참구하는 깨
달음의 수행법이다. 참선(參禪)과 선(禪)은 거의 동일한 의미로 사용된
다. 선이 마음의 어떤 특정한 상태를 말한다면, 참선이라고 했을 때에
는 마음의 특정한 상태, 곧 자기의 본성을 참구한다는 적극적인 의미로
사용한다. 오늘날 참선이란 용어는 간화선(看話禪)에서 주로 사용하지
만 시대나 문맥에 따라서 뜻이 다양한 방식으로 변천해 왔다. 일상에서

참선이란 말은 궁극적인 진리를 탐구하는 종교적인 실천 수행을 의미한다. 그럼에도 불구하고 '참선'이란 말은 사람에 따라서 다양한 의미를 함축하고 있기에, 그것이 어떤 의미로 사용되는지 전후 맥락을 자세하게 살펴볼 필요가 있다.

참선에서 '선'이란 용어의 원류는 팔리어 'Jhana', 범어 'Dhyana'이다. 이것을 선나(禪那)로 음역하고 축약하여 '선'이라 한 것이다. 선은 고요함과 같은 마음 상태를 말하는데, 영어로는 'meditation'이나 'contemplation'이란 용어로 번역하여 사용한다. 이것을 한글로 번역하여 '명상'이란 용어를 사용한다. 선의 일본식 발음 zen을 사용하여 'zen meditation'으로 번역하기도 하고, 간화선의 경우는 'hwadu meditation(화두명상)'이라고 번역한다.

참선이란 용어는 오랜 역사 속에서 매우 다양한 방식으로 뜻이 변천되어 왔다. 첫째, 참선이란 혼란한 마음을 고요하게 한다는 선정(禪定)의 의미를 지칭한다. 이는 선이란 용어의 어원에 충실한 관점이다. 선이란 용어는 주지하다시피 원어가 jhana(팔리어), dhyana(범어)이다. 이것은 음역하여 선나로, 의역하여 고요할 정(定)으로 번역한다. 곧 특정한 대상에 대한 집중에서 오는 마음의 고요함을 의미한다. 이런 관점에서 보면 참선이란 마음의 고요함, 곧 선정에 든다는 의미이다.

둘째, 참선이란 단순히 고요함에 들어간다는 의미뿐만 아니라 일상에서의 활발한 지혜를 드러낸다는 의미를 포함한다. 화엄교학과 선종을 통합하려는 노력을 했던 송나라 승려 종밀(宗密: 780~841)은 전통 강원의 교재이기도 한 『법집별행록절요(法集別行錄節要)』에서 선(禪)을 '선정과 지혜의 통칭'이라고 정의하였다. 이런 관점에서 보면 참선은 단순하게 선정만을 의미하지 않고, 지혜의 작용을 포함한다. 참선공부를 한다는 말은 새의 양 날개처럼 선정뿐만 아니라, 지혜를 함께 닦는 것을 말한다. 정혜쌍수(定慧雙修)나 성성적적(惺惺寂寂)이란 말은 바로 이런 뜻이다. 선이란 선정과 지혜를 함께 닦아 고요한 가운데 깨어있고, 깨어있는 가운데 적적하다는 것이다.

셋째, 참선이란 주로 간화선에서 화두(話頭), 곧 '무엇이 나인가?'와 같이 자기의 본래면목(本來面目)을 참구하는 수행법을 지칭한다. 이때는 몸과 마음보다는 제3의 관점인 인간의 본성, 본래면목에 대한 관심을 가지고 참구하는 것을 의미한다. 고요함과 지혜와 같은 특별한 마음 현상(別境心所)을 중시하지 않는 것은 아니지만, 오히려 궁극적인 인간의 마음자리(心地), 본성에 초점을 맞춘 점에서 참선은 깨달음의 공부법이다. 이것이 동북아시아에서 참선이라고 했을 때 가장 적절한 의미이다.

오늘날 참선과 명상이란 용어가 함께 사용되어 혼란을 주기도 한다. 어떤 이들은 명상에는 본성에 대한 참구가 없기에 낮은 단계라고 말하고, 어떤 이들은 참선은 전문 수행자들만을 위한 고원한 상태를 추구한다고 비판한다. 참선과 명상은 서로 호불호에 따라서 갈등하고 논쟁이 되고 있는 상황이다. 마음의 본질에 대한 깨달음을 추구하는 전문 수행자들은 참선이란 용어를 더 선호하고, 마음의 평화를 원하는 일반 대중은 근래에 명상이란 용어를 훨씬 더 잘 사용한다.

국어사전에는 명상을 '눈을 감고 차분한 마음으로 깊이 생각함'이라고 정의하고 있다. '차분한 마음'으로는 첫 번째 선정의 의미와 연결되고, '깊이 생각함'은 두 번째 지혜의 작용으로 이해한다. 하지만 이런 정의라면 세 번째에서 추구하는 인간의 본성이나, 영적 본질을 담지는 못한다. 그렇기 때문에 참선과 명상은 확연하게 다른 용어라고 해서, 이들을 엄격하게 구분하는 것도 나쁘지는 않다. 하지만 간화선의 경우도 참선이란 동일한 어원 '선나'에 기반하고 있기에 '명상'의 범주와 다르지 않다. 세계보건기구(WHO)는 인간의 건강을 몸, 마음, 성품(영성), 사회라는 관점에서 설명하고 있다. 명상이 인간의 건강에 기여하는 좋은 도구라는 점에서, 성품을 참구(參究)하는 참선이 가지는 함축적인 의미를 포섭하여 확장하는 대안도 현실적으로 중요하다고 본다.

인도교(印度敎 · Hinduism)

브라만교의 철학을 배경으로 하는 전통적이고 민족적인 제도와 관·습을 망라한 인도의 민족종교로서 인도교라는 것은 명확하게 체계화된 하나의 종교 체계를 말하는 것은 아니다. 그것은 인도 고래(古來)의 정통 사상인 브라흐마니즘(Brahmanism, 바라문교)이 복잡한 민간신앙을 성취해서 발전한 결과를 두고 하는 말이다. 거기에는 다양한 교리와 의례를 비롯해 제도·풍습·습관의 일체가 포함돼 있다. 인도의 여러 중교 중 이단시되는 불교·자이나교를 제외하고 정통적인 브라흐마니즘의 발전 단계를 전후 2기 전·중·후 3기로 나누고 마지막 후기의 발전 단계를 가리켜 특히 인도교(또는 힌두이즘)라고 부르는 경우가 있다.

힌두란 본래 인더스강의 산스크리트 명칭인 신두(Sindhu; 大河의 뜻)의 페르시아 발음으로 인도를 가리키는 말이다. 따라서 힌두교는 넓은 의미로 인도에서 발생한 모든 종교를 포함하는 말이 될 수 있으나, 일반적으로는 베다의 권위를 인정하지 않는 불교·자이나교를 배제한 좁은 의미로 사용된다. 또한 실제에 있어 힌두교는 하나의 종교를 넘어서 인도인의 삶 전체를 지배해온 성스럽고 다양한 사상적 전통들과 행위의 관습들을 총망라한 매우 포괄적인 문화적 전통을 가리킨다.

BC 2300~1800년 모헨조다로 · 하라파를 중심으로 인더스문명이 번영하였는데, BC 1500년 무렵 아리아인이 서북인도에 진입해 인더스문명 유적 근처인 펀자브지방에 정착하여 BC1200년 무렵 ≪리그베다≫를 편찬하였다. 그 뒤 BC 500년 무렵까지 주요 베다성전(聖典)이 편찬되었으며, 브라만계급을 정점으로 한 브라만교가 전성시대를 맞았다.

하지만 BC 500년 무렵부터는 사회적 대변동을 배경으로 반(反)브라만교적인 자유사상가가 배출되면서 불교 · 자이나교가 성립하였다. 불교가 종교 · 사상계의 주류를 이루던 BC 2~AD 3세기 무렵 베다문화의 틀이 붕괴되고 브라만교가 토착의 비(非)아리아적 민간신앙 · 습속 등을 흡수하면서 크게 변모하여 힌두교가 성립하였다.

브라만교를 기반으로 하면서 ①힌두교의 핵심을 이루는 성전의 성립(기원 전후 이후) ②종파의 성립(1~2세기 이후) ③강한 바그티(信愛)사상의 대두(6~8세기 이후) ④탄트리즘 형성(8세기 이후) ⑤이슬람 침투(13세기 이후) ⑥영국의 지배, 서양문명과의 접촉(18세기 이후) 과정을 거쳐 오늘날의 힌두교가 성립되기에 이르렀다.

인도철학

고대 인도에서 발생한 종교적 배경을 가지고 전개된 것을 특징으로 하는 철학이다. 인도에는 역사상 여러 철학들이 등장했었다. 범아일여(梵我一如)를 주장하는 상고시대의 바라문교가 있었는가 하면, BC 6세기경에는 고행주의를 표방하는 자이나교와 무아(無我) · 연기(緣起)를 주장하는 불교가 크게 일어났다. 바라문교는 불교와 자이나교의 흥성으로 쇠퇴하였다. 2세기 이후에 여러 철학들이 나타났는데 그 가운데 가장 중요한 것들이 전사유파(前思惟派)·후사유파(後思惟派)·수론파(數論派)·유가파(瑜伽派)·승론파(勝論派)·정리파(正理派)의 이른바 육파철학(六派哲學)이다. 1세기경에는 바라문교가 민간신앙과 결합되어 비시누(Visnu)와 시바(Siva)를 주신(主神)으로 믿는 인도교(印度敎)가 나타났다.

이러한 여러 철학사상이 나타났으나, 인도철학에 있어서 중심이 되는 것은 바라문교로부터 인도교에 이르는 사상으로, 자이나교나 불교는 흔히 방계의 이단으로 보고 있다. 대체로 인도철학은 종교적 신앙생활과 철학적 이론이 분리되지 않는 경향을 보이고 있다. 따라서 철학적인 이론이 밑받침되지 않는 종교적 신앙생활이나 종교적 신앙생활의 실천이 없는 순수한 철학적 이론은 상상할 수 없는 것이 전반적인 특징이다.

자연과학적 사고는 비교적 약한 반면 내면적 관조나 명상이 강한 경향을 보이고 있으며, 윤회로부터의 해탈을 이상으로 삼고, 자비를 강조하며 폭력을 죄악시하는 경향이 농후한 공통성을 보여주고 있다.

인도불교

인도는 붓다의 탄생지로서 불교사에서 가장 중요한 지위를 점하고 있다. 이러한 인도에서의 불교를 원시불교·부파불교·대승불교로 나누면 다음과 같다.

◆ **원시불교** : 창시기의 불교로, 석가모니(석존) 생애 중의 가르침

을 스승이 입멸한 후에 제자들이 수집·정리하였다. 교단도 이미 발족되어 석존 입적 후 약 100년 동안 완전한 통일이 유지되었다. 불(佛)·법(法)·승(僧)의 3보(寶)는 불교를 구성하는 기본요소인데, 승(僧, 교단敎壇)은 출가 신자인 비구·비구니와 재가 신자인 우바새·우바이로 이루어져 계율로 규제되며 부처를 중심으로 모여 그 법을 실천한다. 이 재가신자는 단가제도(檀家制度)에서의 신자와는 달리 3보에의 귀의를 서약할 뿐 아무런 속박도 없으며 그 대신 출가 신자에 대한 의식(衣食)의 재정적 지원이 있었다.

석존은 태자시대(太子時代)의 물질적으로 풍족하던 생활에서도 출가한 후의 고행에서도 만족을 얻지 못하고 고뇌하였으나, 그 두 극단의 고뇌를 버림으로써 중도(中道)를 깨닫고 붓다가 될 수 있었다. 중도란 일체 편견에 구애되지 않는 자세이며, 올바른 견해·결심·언어·행위·생활·노력·사념(思念)·명상의 팔정도(八正道)를 말한다. 이러한 사고방식이 원시불교의 사상적 입장이다.

◆ **부파불교** : 불멸(佛滅) 후 100년까지 교단은 착실하게 확대·발전을 이루어, 특히 기원전 3세기에는 마우리아 왕조의 아소카왕이 귀의하여 불교는 거의 인도 전체에 퍼져 교세는 비약적으로 확대되었다. 그러나 교단의 확대에 따라 내부에 의견의 대립이 나타나 불멸 후 100년이 지난 무렵부터 교단은 보수적인 상좌부(上座部)와 혁신적인 대중부(大衆部)의 두 집단으로 분열되었다. 또한 불멸 후 200년 무렵에는 대중부 속에서 재분열이 일어나 분파되었고, 상좌부도 불멸후 300년 무렵부터 분열이 시작되어 나누어진 이들 20개의 부파는 소승 20부라고도 부르며 이들을 총칭하여 부파불교라고 한다. 상좌부·대중부 사이에는 별로 근본적 차이는 없으나 다만 혁신적인 대중부에는 후일 대승불교로 발전할 기미가 엿보인다. 또한 상좌부 불교는 남방불교로서 오늘에 전한다.

◆ **대승불교** : 출가신자(승려) 중심인 종래의 불교에 대하여 기원

전·후부터 재가신자를 포함하는 신앙으로의 탈피를 원하는 대승의 운동이 인도 각지에서 일어났다. 그밖에 불탑을 중심으로 모여 불탑을 예배함으로써 불타(佛陀)에 대한 신앙을 높이는 재가 신자의 집단인 보살단이 있어, 이것도 대중운동에 합체하여 초기 대승불교가 성립되었다. 기원전 1세기부터 기원후 2세기에 걸쳐 반야경·법화경·유마경·화엄경·무량수경 등의 대승경전이 차례로 성립되어, 이들은 3세기 전후에 나가르주나(Nāgārjuna), 용수龍樹)에 의하여 이론적 근거가 부여되면서 대승불교의 확립을 보았다. 용수는 중론(中論)에서 모든 존재는 연기에 의해 생기는 것으로 단독으로 존재하는 일은 없으니, 이것을 깨달으면 진공중도(眞空中道)의 정관(正觀)을 얻을 수 있다는 선고공관(船苦空觀)을 설했는데, 이 설에 기초를 둔 학파를 중관파(中觀派)라고 한다.

이에 대하여 미륵이 시작하고 무착·세친 등이 전개시킨 학파를 유가파(瑜伽派) 또는 유식파(唯識派)라고 한다. 이 학파는 용수의 반야공관을 바탕으로 하면서도 관상(觀想) 등에 의한 수행인 유가행(瑜伽行), 외계에 실재한다고 생각되는 것은 다만 심식(心識)의 투영이며, 심식만이 실재한다는 유식설, 불성은 중생도 본래부터 갖추고 있는 것으로 중생 모두가 여래가 될 수 있다는 여래장연기 등을 설하고 있다. 이 두 학파가 중기 대승불교를 형성하였으며 그 후 세친의 학통을 이은 진나(陳那) 등에 의해 인명(因明, 불교논리학)이 확립됐다. 후기 대승불교에 이르면 인도교 등의 영향을 받아 다라니나 진언을 중심으로 하는 밀교가 주류를 이루어 점차 타락의 길을 걷다가 이슬람교의 인도 침입도 곁들여 13세기에 종말을 고하였다. 대승불교의 근본사상은 모든 존재는 실체(實體)·아(我)와 같은 것은 없다고 하는 공(空)의 사상이다. 또 보살(菩薩, 각성을 구하는 사람)의 실천 윤리덕목으로서 보시·지계·인욕·정진·선정·지혜의 육바라밀을 내세우는데, 그 첫째가 보시로 되어 있어 이타행위(利他行爲)를 강력히 요구하고 있다. 대승불교는 주로 북쪽으로 펴져 중국과 한국, 일본 등에 전해졌다

범어(梵語 · Sanskrit)

아리안계 인도 제어(諸語)의 조어(祖語)로서 원어명은 산스크리트 (Sanskrit)어로, '같이'를 뜻하는 '삼', '두다'를 뜻하는 '크르타'의 합성어 로 '같이 두어진 말' 즉 '잘 정돈된 말', '세련된 말'이라는 뜻이다. 고대 인도의 경전인 『리그베다』에 쓰인 언어인 '베다 산스크리트어'의 발전 형으로, 베다 산스크리트어와 구분하여 '고전 산스크리트어'라고도 한 다. BC 4세기에 파니니(Pāṇini)에 의해 고전 산스크리트어 문법이 완성 되면서 힌두교 · 대승불교 · 자이나교 등 인도의 전통종교의 경전들이 이 언어로 기록되었다. 산스크리트어는 한자문화권에서 '범어(梵語)'라 번역되어 사용되는데, 이는 인도의 전통 신분체계 및 종교체계를 가리 키는 '브라만'의 음역에서 유래한 것으로 '브라만 계층이 사용하는 말' 또는 '브라만교의 말'이라는 의미이다. 현대 사회 수많은 인도 제어의 고급어휘의 근간을 구성하는 인도의 고전어로, 현대사회에도 인도 공 용어의 하나로 사용되고 있으며, 일부 브라만에게는 모어(母語)로 사용 되고 있다.

대승불교의 전파와 함께 한반도에 유입되어 주로 불교의 불번어(不 飜語) 전통 속에서 한자화된 음차어로 한국어의 어휘 체계에 남겨졌다. 훈민정음 창제 이후 『진언집(眞言集)』 등에 범자로 기록되어 오랫동안 전승되었고 민간 불교의 염불 형식으로도 남겨져 있다.

범어는 늦어도 삼국시대에는 한반도에 유입된 것으로 보이며, 특히 불교가 국교였던 통일신라와 고려 시대를 통해 불교의 위세와 함께 범 어에 대한 지식과 어휘도 한반도와 한국어에 다양한 방식으로 확산된 것으로 판단된다. '가사, 건달, 나무아미타불, 다비, 달마, 반야, 바라밀,

보리, 비구, 비구니, 사리, 사바, 삼매, 열반, 탑' 등이 범어로부터 기원하여 한자를 통해 우리말에 유입된 단어들이다.

범어는 불교와 함께 한국어에 유입되어 한국어의 정신세계를 나타내는 주요한 언어의 하나로 자리 잡았다. 특히 범어를 적기 위해 사용된 범자(梵字)는 훈민정음의 창제에 적지 않은 영향을 미쳤을 것으로 추정된다는 점에서 멀리 인도로부터 기원하여 동북아시아의 끝자락, 한반도에 이르는 문화 전파의 양상을 상징적으로 나타낸다는 점에서 민족사적, 인류사적 의의를 지닌다. 현재 범어가 범자로 남겨진 조선시대의 『진언집』으로는 안심사본(安心寺本, 1569년), 신흥사본(神興寺本, 1658년), 보현사본(普賢寺本, 1688년), 금산사본(金山寺本, 1694년), 만연사본(萬淵寺本, 1777년), 망월사본(望月寺本, 1800년) 등이 존재한다.

불교문학

불교의 세계관과 종교사상 등을 주제로 하는 문예작품과 경전 전반을 말한다. 불교의 경전은 그 자체가 심오한 교리를 말하기 위해 애, 증오, 모략, 질투, 정의 등 인간의 모든 일을 재미있게 엮고 있어 일대 문학작품이라 할 수 있다.

불교문학은 불교와 문학 간의 관계를 전제로 하여 생겨난 용어이므로 양자의 관계를 어떻게 설정하는가에 따라 개념상의 차이가 발생한다. 불교와 문학 간의 대립을 전제로 한 시각은 논외로 하더라도, 불교를 중심에 두고 문학을 부차적인 것으로 파악하는 시각과 문학을 중심에 두고 불교를 부차적인 것으로 보는 시각, 두 가지로 구별된다. 지금까지 논의된 불교문학에 관한 개념 규정은 대략 세 가지로 나누어 생각해 볼 수 있다.

첫째, 불교의 경전 및 부처의 가르침에 관계되는 저작물 일체 둘째, 불교경전 및 불교적인 것을 표현한 문학 일체 셋째, 불교적인 관심을 문학 형식으로 창작한 것 등이다.

넓은 의미로는 불전(佛傳)의 모든 것을 가리키는데, 좁은 의미로는 드라마, 비유, 수사 등 일반통념으로서의 문학적 가치를 포함한 불전에 한정해서 이용된다. 그것은 이용된 언어에서 팔리어 불교문화와 산스크리트 불교문화로 대별되는데 전자(前者)의 예로서는 먼저 붓다의 생애의 사적을 이야기하는 불전문학을 들 수 있다. 이는 율장의 《대품(大品)》이나 경장의 《대반열반경》 등에 유래된 것이 보인다. 다음에 《자타카(본생담: 석가의 전생이야기)》는 석가가 석가족의 왕자로서 이 세상에 생을 받기 이전에 천인, 국왕, 대신, 장자, 도적 또는 토끼, 원숭이, 코끼리, 공작 등의 모습으로 보살의 훌륭한 자기희생의 행위를 행한 것을 이야기하는 교훈설화로, 그 중에는 많은 민간설화, 우화, 전설이 들어 있다. 이는 경장 중의 <쿠다카 니카야>에 들어있는데, 다른 인도문학 작품이나 《이솝이야기》, 《천일야화》에도 공통된 설화를 보유하고 있다는 점에서 세계문학사 상에서도 중요한 문헌이다. 그밖에 서사시 형식의 것으로서 스리랑카의 불교 교단의 역사를 그린 《디파반사》, 《마하반사》를 들 수 있다.

한편 산스크리트 불교문학은 기원전·후부터 나타나기 시작해서, 내용적으로는 불전, 찬불, 비유로 대별할 수 있는데 《마하바스투》, 《라리타비스타라》 등은 주로 이 중의 불전문학이라고 할 수 있다. 그러나 붓다를 초인적 존재로 보고, 많은 설화나 비유를 삽입하는 등 팔리어와는 취지를 달리한다. 2세기에 출현한 불교시인 아슈바고샤의 《부타차리타≫는 이런 경향을 더 한층 추진해서, 불전을 일대 문학으로서 확립한 작품으로 높이 평가받는다. ≪사운다라난다카비아≫, ≪샤리푸트라 프라카라나≫, ≪대장엄론경≫ 등도 마명(馬鳴: 산스크리트어로 아슈바고사Aśvaghosa이고 중인도 마가다 사람으로, 불멸 후 6백년 경에 출세한 대승의 논사論師)의 우수한 문학적 수사에 의해 씌어져 있으며, 인도 고전문학의 선구적 의의를 가진 문학작품으로서 중요하다.

◆ **연원 및 변천** : 석가모니 출현과 함께 시작된 불교문학은 유래하던 시와 신화 등의 영향을 받아 문학성을 풍부하게 간직할 수 있었다. 경전 중 ≪법화경(法華經)≫, ≪유마경(維摩經)≫, ≪화엄경(華嚴經)≫은 웅장한 구성력, 운문과 산문을 섞은 특유의 표현을 갖춘 것으로 널리 알려졌다. 석가에 대한 숭앙심에서 출발한 불전(佛傳)은 ≪자타카≫로 먼저 정리되었으며 이후 ≪불본행집경(佛本行集經)≫ 등으로 이어졌다. 문학성을 구비한 인도의 불교문학은 불교 전파와 더불어 동아시아 여러 나라에 심대한 영향을 끼쳤다.

중국은 인도 불교문학을 수용하면서 한편으로는 인도와 다른 경지를 개척했다. 중국은 구마라집(鳩摩羅什)과 같은 한역가(漢譯家)의 노력으로 경전의 가르침과 문학성을 고스란히 누릴 수 있었다. 자국 내 불교문화가 발전되면서부터 기행문, 고승전, 영험담, 선어록(禪語錄) 등 자생적 작품이 활발히 창작되었는데 선종의 성행과 더불어 오도(悟道)체험에 바탕을 둔 선시(禪詩), 공안이 나왔는가 하면 대중 전교(傳敎)에 목적을 둔 속강(俗講)도 널리 연행되었다. 후자는 대중에게 불교적 가르침과 호기심을 자극했을 뿐만 아니라 소설, 희곡을 흥성시키는 촉매 구실을 했다.

한국 불교문학의 성립에는 인도보다 중국의 영향이 컸다. 하지만 한국 나름의 불교문학을 개척하기도 했다. 삼국, 고려시대에는 한역(漢譯)경전을 수용하고 판각하는데 힘을 기울이는 한편 기행문, 향

가, 게송, 어록, 찬시(讚詩), 선시(禪詩) 등을 통해 불교의 종지(宗指)
와 함께 개인적 정서를 표현하는데 힘썼다. 특히 신라에서는 게송,
어록 같은 전통 운문에 그치지 않고 독창적 시가인 향가로서 불교적
신앙체험과 서정세계를 표출하여 중국 지성인들의 경탄마저 자아
냈다.

고려시대는 불교설화가 폭넓게 채록된 시기로 ≪삼국유사(三國
遺事)≫ 이야기 중에는 소설과 방불한 것도 발견된다. 시선일여(詩
禪一如: 시와 선은 같은 것임)의 정신을 투영해주는 선시, 여러 서술
방식의 승전(僧傳)이 나타난 것도 이때의 일이다. 조선 초에는 숭유
억불(崇儒抑佛)정책에도 불구하고 불전(佛傳)을 재창작한 소설이 등
장하는데 일부는 독창적 작품으로 판명되었다. 조선 중기이후에는
승려들도 문집 간행에 상당한 열의를 보였다. 승려문집에 오른 작품
들은 오도(悟道), 선취(禪趣)의 기운이 농후해 유자(儒者))들에게 불
교문학의 특성과 수준을 알리는데 효과적인 증거물이 되었다. 그밖
에 불교설화, 소설, 가사 등은 근대기 직전까지 널리 수용되었으며
현대 불교문학의 발달에 직 · 간접적인 영향을 끼쳤다.

◆내용 : 근대기 이후 불교문학은 갈래, 기법, 창작층에서 과거와
차이를 보여준다. 시, 소설을 중심으로 대략 근대이후의 작가, 작품
을 거론한다면 다음과 같다.

만해 한용운은 근대 불교시의 초석을 다진 인물이다. ≪님의 침
묵≫은 과거시(詩)의 전통을 넘어서 새로운 경지를 열었다. 여기에
서 님의 부재는 시공의 초월 끝에서 만나는 절대 무(無)나 공(空)이
거나 식민지 아래서나마 불국토의 실현을 역설적으로 노래한 것으
로 이해된다. 최남선은 시조집 ≪백팔번뇌≫에서 불타의 자비와 함
께 만남, 이별이란 제재를 통해 번뇌와 인간고에 시달리는 인간의
초극(超克)의지를 전했으며 이광수는 <촛불>, <무소구> 등의 시
조에서 불교적 세계관, 운명관을 제시하였다. 서정주는 시집 ≪신라
초≫에서 숙명적인 갈등과 고뇌, 윤회라는 불교종지의 형상화를 꾀
했으며 시집 ≪동천≫에서는 과거와 현재, 미래에 대한 불교적 시간

관념에 따라 윤회의 수레바퀴아래 놓여있는 나와 타자, 과거와 지금 사이의 접맥성을 밝혔다. <승무>, <고사> 등을 지은 조지훈은 전통미와 함께 선리(禪理), 선취(禪趣)의 분위기를 되살려내는데 힘을 기울였다.

소설 분야에서는 춘원 이광수가 개척자적인 역할을 했다. ≪꿈≫, ≪이차돈의 사(死)≫, ≪원효대사≫ 등은 ≪삼국유사≫ 소재 설화를 소설화한 것이며 ≪사랑≫, ≪유정≫, ≪무정≫ 또한 불교적 가르침이 중심적 주제로 제시된다. 특히 ≪무정≫은 불교사상적 형상화가 잘 이루어진 것으로 세상과 자신의 구원 혹은 고해로부터의 탈출이 전제되어야함을 일깨워준다. 김동리는 ≪등신불(等身佛)≫에서 독자에 대한 의문을 제기하는 방법으로 인간적 욕심을 버리고 청정한 자아를 찾으라는 점을 주지시켰다. 이후 불교소설로는 김정한의 ≪수라도≫, 김원일의 ≪파라암≫, 한승원의 ≪포구의 달≫, 고은의 ≪화엄경≫, 조정래의 ≪대장경≫ 등이 대표적 사례로 거론된다. 다른 장르인 수필, 희곡도 현대인들에게 가르침, 위무의 기능을 하며 꾸준히 창작되어왔다.

불교문학은 과거와 달리 현재에는 침체상태에 있다. 창작 열기는 약화되었으며 독자들도 불교문학의 독자성과 참된 의미를 간파하지 못하고 있다. 하지만 불교정신의 문학화는 여전히 높은 감응력을 기대할 수 있게 한다. 불교문학의 미래는 작가, 독자, 연구자들의 관심과 노력 여하에 달려 있다고 할 수 있다.

◆ **의의와 평가** : 불교문학은 불교의 전파라는 목적에만 머물지 않고 우리문학의 영역과 미적 범주를 확장시키는데 크게 기여하였다. 불교 특유의 상상력과 심오한 사상은 유교문화의 엄격성과 경직성을 넘어 다채로운 문학세계로 이끌어 준 것으로 이해된다. 현재에도 그 가치와 의미는 유효하다. 불교정신의 수용은 문학에 있어 감동과 미적 표현을 고양시킬 뿐만 아니라 문학이 궁극의 목표로 삼고 있는 인간주의적 정신을 드러내는데 유효하기 때문이다.

불교미술

　예배의 대상 또는 교화활동, 불교의식의 필요에 의해서 발생 · 전개되었다. 따라서 불교 미술은 불교의 성립과 동시에 시작되었다고 볼 수 있다. 초기에는 불상을 대신하여 불족(佛足)이나 법륜(法輪)을 그려 놓고 신앙하거나 보리수 등의 상징적 대상물을 예배하기도 하였다.

　이러한 초기의 조형예술이 점차 체계를 갖추어 감에 따라서 신앙의 2대 중심은 결국 불탑과 불상에 귀착되어졌다. 이들은 건축과 조각의 분야로, 이들이 당탑가람(堂塔伽藍)의 중심에 자리 잡고 수많은 장엄(장식미화)을 필요로 하게 됨에 따라 이곳에서 점차 불교미술이 발전하게 되었다. 또한 이와 함께 의식(儀式) 및 장엄구의 필요에 따라 공예의 발달을 보게 되었다. 이들이 바로 불교미술의 각 부문을 구성하는 것이다. 즉 불교미술은 분야별로 본다면 대략 건축 · 조각 · 회화 · 공예로 나눌 수가 있다.

　불교미술은 BC 2세기경 불교가 발생한 인도에서부터 비롯되어 인도뿐만 아니라 중국을 비롯한 동양 여러 나라에까지 지대한 영향을 주었다. 불교가 전파된 여러 나라에서는 불교를 바탕으로 삼아 각 민족 고유의 역사와 사상에 알맞은 독특한 믿음과 문화를 형성하였다.

　우리나라에서도 372년(소수림왕 2년) 고구려에 처음 불교가 수용될 때 순도(順道)가 불상과 경문을 함께 가지고 왔다. 또 375년에는 최초의 사원 초문사(肖門寺)가 건립되어 우리나라 불교 사원의 시초가 되었다. 그리고 백제와 신라에서도 불교미술의 조형 활동이 활발해졌다. 이후 통일신라와 고려는 물론 조선시대에까지도 불교의 발전 추이 및 사회적인 변화와 함께 다양한 발전과 변화를 거듭하였다. 이들이 우리나라 고미술(古美術)의 주류를 이루어 왔다.

원래 불교는 조형미술에 관심을 두지 않는 실천적 종교였으나, 교조 석가의 열반(BC 486년 내지 BC 473년경) 이후 속세의 신자들 사이에 석가 유물의 숭배, 특히 불(佛)의 사리를 넣은 스투파(불탑)의 숭배가 성해져 이 불탑의 조영과 장엄을 중심으로 불교도에 의한 조형 활동이 시작되기에 이르렀다. 처음 목조였던 건축이 석조로 바뀌게 되어 내구 적인 불교 석굴사원이 BC 2세기부터 일반화되었다. 그러나 처음에는 석가불의 모습을 절대로 표현하지 않는 것을 특색으로 하고 초기의 조 각·회화에는 불교적 상징 외에 본생도(本生圖)나 불전도(佛傳圖)를 다 루는 정도에 지나지 않았다. 불상의 출현은 1세기 말엽의 간다라나 마 투라에서이며, 이래로 불상은 급속히 발전하여 불(佛) 이외에 보살 이 하 제존(諸尊)의 상도 많이 만들어졌다.

(1) 불교건축

불교는 원래 그 자체에 독특한 건축양식을 지니지 못했다. 또 그 발 생국인 인도의 것을 고집하지도 아니하였다. 따라서 불교가 각국에 유 전(流轉)됨에 있어서는 그 도달된 지역의 건물이 그대로 불사(佛寺)로 서 전용되었다. 따라서 불교가 처음 전해졌을 때는 궁전 내지 관아 건 물이 그대로 '사(寺)'로서 등장하게 되었다.

우리나라의 불교건축은 크게 목조 건축과 석조 건축으로 구분할 수 있다. 목조 건물로서 고려 이전으로 올라가는 건물은 한 점도 전래하지 못하였다. 그래서 그 정확한 양식을 고찰할 수는 없으나 계속된 유구 (遺構: 인간의 활동에 의해 만들어진 것으로 파괴되지 않고서는 움직일 수 없는 잔존물)의 발굴을 통하여 그 전모와 배치 방안 등을 살펴볼 수 있게 되었다. 석조건축은 석굴 사원(石窟寺院)과 탑파(塔婆)로 대표된다. 석탑은 독특한 양식으로 볼 때 질과 양 모두 우리나라 문화재 중 으뜸가는 자리를 차지하고 있다.

(2) 목조건축

불교 전래와 함께 사원 건물이 이룩되었음은 앞서 지적한 바와 같다. 하지만 과연 그들이 어떠한 양식으로 건립되었는지에 대해선 자세하게 알 길이 없다. 삼국 가운데 가장 먼저 불교를 수용한 고구려는 평양에 9사(九寺)를 비롯해 상당수의 사원을 건립하였을 것으로 추정된다. 그러나 고구려 사원에 대하여는 간혹 문헌을 통하여 몇몇 사명(寺名)을 알 수 있을 뿐 사지(寺址)에 대하여는 정확하게 알지 못하고 있다. 다만 사지의 발굴을 통하여 가람 배치를 짐작할 수 있다. 그 대표적인 예가 평원군 원오리사지(元五里寺址, 1937년 발굴)와 평양 청암리사지(淸巖里寺址, 1938년 발굴) 그리고 대동군 임원면 상오리사지(上五里寺址) 등이다.

백제는 특히 건축술이 발달되어 그 당시의 장관(壯觀)을 알 수가 있다. 또 뛰어난 솜씨로 신라 황룡사의 9층탑을 건립했다는 백제의 아비지(阿非知)나 일본 초기 가람의 장엄을 통해서도 백제의 건축술이 탁월했던 사실을 짐작할 수 있다. 공주와 부여를 중심으로 많이 남아 있는 사지들 중 본격적인 발굴을 통하여 가람 배치가 확인되었다. 그 예로 부여 군수리사지(軍守里寺址)와, 동남리(東南里)의 폐사지 및 금강사지(金剛寺址) 등을 들 수 있다. 이들 중 군수리사지의 배치는 중문지 뒤쪽에 목탑지가 있고 북쪽에 금당지가 있다. 좌우에는 건물지가 알려져서 이른바 남북 일직선 위의 1탑식가람(一塔式伽藍)배치임이 밝혀졌다. 이러한 형식은 백제 가람배치의 기본으로, 부여 정림사지(定林寺址)에 서도 동일한 형식이 나타나고 있다.

신라의 사원 건축도 대략 고구려나 백제와 많은 유사점이 있었다고 추정된다. 황룡사의 조사에서 밝혀진 당탑의 배치는 이같은 사실을 뒷 받침하고 있다. 황룡사의 가람 배치는 고구려 청암리사지의 배치와 유 사하다. 탑 뒤에 금당과 그 좌우에 건물이 남향하고 있어 3금당식 가람 (三金堂式伽藍)배치임을 알 수 있다.

이들 삼국의 불교 건축에 있어서 가람의 중심을 차지하는 것이 목탑 이라는 사실에 주목할 수 있다. 초기의 목탑은 3국 모두 중국에서 전래 한 누각 형식을 따랐으며 방형(方形: 네모반듯한 모양)이나 다각의 다 층탑이 주류를 이루었다고 판단된다. 이러한 예는 고구려 청암리사지 와 백제 군수리사지 그리고 신라의 황룡사지에서 모두 공통된다.

신라가 삼국을 통일한 직후에 세운 사찰은 사천왕사(四天王寺) · 망 덕사(望德寺) · 감은사(感恩寺) 등이다. 이어 계속 고선사(高仙寺) · 불 국사(佛國寺) 등 경주를 중심으로 많은 사찰이 건립되었다. 이 가운데 고선사를 제외한 모든 사찰은 금당 앞에 탑이 동 · 서 두 곳에 세워지는 쌍탑식 가람 배치임이 밝혀졌다. 쌍탑식 가람 배치는 금당 앞 좌우에 탑을 배치하고 금당 뒤에 강당, 쌍탑 중심 앞쪽에 중문을 배치한다. 중 문에서는 동서로 파생한 회랑이 강당 좌우에 닿는다. 그리고 금당에서 도 역시 좌우 회랑으로 익랑(翼廊: 대문의 좌우 양편에 이어서 지은 행 랑)을 내는 배치이다.

고려 초기의 목조 건축은 신라시대의 건물을 그대로 계승한 것이다. 그 후 점차 부분적인 변화를 나타내어 고려의 개성이 가미된 건축상을 나타내게 되었을 것으로 생각된다. 그러나 오늘날에 그 유구가 남아 있지 않아 실태를 짐작하기는 매우 어렵다. 현존하는 고려시대의 목조 건축 중 대표적인 것 중의 하나가 봉정사극락전(鳳停寺極樂殿, 국보 제15호)으로 정면 3칸, 측면 4칸의 주심포(柱心包: 고려 시대의 건축양식으로 지붕의 무게를 분산시키기 위해 기둥 위에 짜임새(=공포栱包)를 만듦. 이 짜임새를 기둥 위에만 만든 건축 양식을 말함) 계통의 건물이다.

그밖에 역시 주심포 계통의 건물로 부석사(浮石寺)의 무량수전(無量壽殿)과 조사당(祖師堂)을 들 수 있다. 또한 1308년(충렬왕 34년)에 건립된 수덕사(修德寺)의 대웅전은 같은 주심포 계통이면서 지붕 추녀의 곡선, 가늘고 긴 기왓골의 섬세한 모습 등은 보는 이로 하여금 고려 목조 건축의 우수성을 실감하게 한다.

조선시대의 목조건축도 고려시대에 도입된 주심포 양식과 다포 양식이 주류를 이루었다. 이 두 양식은 도입된 직후에는 순수한 양식적 특징을 서로 간직하고 있었던 것으로 판단된다. 그러나 고려 말부터 서로 혼합·절충되어 한국적인 목조 건축으로서의 특징을 나타내게 되었다. 조선 초기의 건물로서는 도갑사해탈문(1473년, 국보 제50호), 무위사극락전(1476년, 국보 제13호) 및 송광사국사전(국보 제56호) 등을 들 수 있다. 이들은 모두 주심포계의 건물이다.

또한 개심사대웅전(1484년, 보물 제144호)과 관룡사대웅전(1617년 중창, 보물 제212호)은 이 시기의 다포계 양식으로 주목되는 건물이다. 그밖에 조선 중기 이후의 건물로는 내소사대웅전(보물 제291호), 통도사대웅전(보물 제144호) 및 우리나라의 유일한 목탑인 법주사팔상전(국보 제55호)과 금산사미륵전(국보 제62호)·화엄사각황전(국보 제67호) 등을 꼽을 수 있다.

(3) 석조건축

◆석굴사원

석굴사원이란 자연적이건 인공적이건, 암석으로 이루어진 석굴을 이용해 법당을 삼은 것을 말한다. 다시 말해 천연의 바위를 뚫어서 만들거나 아니면 석재로써 결구(結構)하여 그 공간이 법당이 되어서 예배장소로 쓰이는 것을 말한다. 따라서 석굴사원은 그 자체가 웅장하고 아름다운 건축이고 조각이다. 또 회화를 수반하는 종합적 조형물임은 말할 것도 없다. 이와 같은 석굴의 대표적인 것으로는 인도의 아잔타석굴 (Ajanta石窟), 중국의 돈황석굴(敦煌石窟) 그리고 한국의 석굴암(石窟庵)을 들 수 있다.

삼국시대의 석굴사원을 살펴보면, 고구려에서는 이렇다 할 문헌적 기록이나 유구를 발견하기 어려운 실정이다. 백제는 유구나 문헌에서 약간의 석굴사원을 짐작할 수 있다. 공주 남산의 남혈사(南穴寺), 망월산의 서혈사(西穴寺), 북혈사(北穴寺)와 동혈사(東穴寺) 등을 주목할 수 있다. 또 태안의 마애석불과 서산의 마애삼존불은 모두 거대한 바위를 파서 감실(龕室)을 마련해 불상을 부조(浮彫: 돌을새김)하였다. 그리고 여기에 목조전실(木造前室)을 조영하여 석굴로서의 변화상을 나타내고 있다. 신라에선 수많은 석굴사원이 조성되었다. 그 가운데 가장 오래된 것이 경북 경주시단석산 상인암(上人巖)의 석굴사원이다. 높이 827m 의 단석산 상봉 서남쪽 바로 아래 위치한 천연의 거대한 네 바위를 이용해 석굴을 조성하였다.

다음으로 주목할 수 있는 것은 인공으로 축조한 석굴사원이다. 즉, 크고 작은 돌을 쌓아서 인공적으로 석굴을 조성한 것이다. 이러한 기법은 인도나 중국에서도 일찍이 볼 수 없었고 오직 우리나라에서만 볼 수 있다. 가장 대표적인 예가 경주 석굴암 석굴이다. 석굴암의 내부 기본 구조는 전실(前室)과 석감형(石龕形)의 주실(主室)로 이루어져 있다. 전실과 주실 사이에는 너비 3.6m, 길이 2.9m의 연도(羨道)가 있어 두 실을 구분하고 있다. 전실은 너비 6.8m, 길이 4.8m의 직사각이며, 주실은 원형으로 반경이 3.6m이다.

석굴의 각 벽에는 모두 큰 판석을 짜 올렸다. 이 위에 인왕상(仁王像)·팔부중상(八部衆像)·사천왕상(四天王像) 그리고 10대 제자상과 보살상들을 조각하였다. 그리고 상단의 감실에는 보살 등의 독립상이, 그리고 주실에는 본존불이 위엄 있는 모습으로 자리하고 있다.

◆ 탑파

우리나라는 일찍부터 '석탑의 나라'로서 널리 알려져 있다. 전국 도처에서 생산되는 희고 견고한 화강석을 재료로 하여 우리나라 특유의 석탑을 조성하기에 이른 것이다. 우선 석탑의 발생국으로 백제를 지목한다. 사탑(寺塔)이 많은 나라로 외국에까지 알려졌던 백제는 목탑에 이어 석재로서 탑파(塔婆)를 건립한 우리나라 석탑의 발생국이다.

백제 땅에 남아 있는 가장 오래된 석탑으로는 전라북도 익산의 미륵사지석탑과 충청남도 부여의 정림사지탑을 들 수 있다. 미륵사지석탑은 규모가 매우 커서 일찍부터 '동양의 대탑'이라 불려 왔다. ≪동국여지승람≫에는 '동방석탑지최(東方石塔之最)'라고 기록되어 있다. 이 탑의 모범은 목탑에 있었다. 즉 다층 목탑의 각 부재를 모두 석재로 대용해서 건립한 것이다. 기단이 매우 낮은 점이나, 3칸 4면을 본떠 귀퉁이 기둥과 면석을 두른 점 등에서 목탑의 흔적을 엿볼 수 있다.

목탑을 모방한 백제 석탑과는 달리 신라의 석탑은 분황사석탑(국보 제30호)에서 보는 바와 같이 벽돌탑(전탑塼塔)에서 그 시원 양식을 찾을 수 있다. 통일신라의 석탑은 삼국통일을 계기로 백제와 신라의 각기 다른 양식을 종합해 '신라 탑 양식'이라 할 수 있는 특색 있는 양식을 갖추면서 전개되었다.

삼국통일의 새로운 계기를 맞아 건립된 석탑으로서는 먼저 감은사지삼층석탑(국보 제112호)과 고선사지삼층석탑을 들 수 있다. 이들은 신라석탑 전형양식(典型樣式)의 초기 예에 속한다.

이들의 가장 두드러진 특색은 기단이 2층이고, 탑신은 3층으로 줄어든 점, 옥석 받침이 5단이라는 점 등이다. 또한 넓고 든든한 기단과 상하간의 체감률이 낮아 신라탑 특유의 안정감을 주고 있다. 이러한 통일신라의 석탑 양식은 8세기 중엽의 불국사삼층석탑에서 웅대한 기단과 주체를 이루는 탑신이 조화돼 가장 세련된 양식으로 완성되었다. 또한 갈항사지석탑(葛項寺址石塔)도 이 시기의 대표적인 것이다. 758년(경덕왕 17)의 명문이 기록되어 있어 중요한 작품으로 손꼽힌다.

이같은 전형 양식은 9세기로 들어오면 신라 하대 석탑 양식으로 변모하게 된다. 우선 기단 폭이 좁아지고 탑의 크기가 작아지며 세부 수법이 간략화 돼 외양 위주의 장식성이 강조된다. 즉, 기단이나 탑신에 불상·12지상·사천왕상 등이 새겨진다. 그리고 옥개의 두께가 얇아지고, 층급 받침이 5단에서 점차 줄어들며 그 두께도 얇아져 초기탑보다 섬약한 느낌을 준다. 이러한 하대탑의 예로는 경주 남산 용장사곡삼층석탑, 동화사삼층석탑, 단속사지동·서삼층석탑, 화엄사동·서오층석탑, 보림사삼층석탑 등 많은 예를 찾아볼 수 있다.

그밖에 화엄사 사사자삼층석탑(四獅子三層石塔, 보물 제35호)과 같이 상층 기단의 우주를 대신하여 4마리 사자를 네 모퉁이에 안치한 형식, 또 정혜사지13층석탑(국보 제40호) 등 특이한 형식의 탑들도 조성되어 통일신라 건축술의 다양함과 우수함을 보여 주고 있다.

신라 하대에는 선종의 유행과 더불어 고승들의 묘탑(墓塔)인 부도가 많이 만들어진다. 형식은 염거화상부도(廉居和尙浮屠)와 같이 8각형연화좌 위에 기와지붕을 한 8각당(八角堂)을 올리는 것을 기본구조로 한다. 그리고 표면에 12지상 · 사천왕상 · 연화문을 비롯한 각종 문양 등을 조각해 그 형태와 아울러 더욱 장식성을 높여 주고 있다. 태안사적인선사탑(861년) · 쌍봉사철감선사탑(868년) · 보림사보조선사창성탑(880년) · 봉암사지증대사적조탑(882년) · 실상사수철화상능가보월탑(894년) 등이 이러한 양식에 속하는 부도들이다.

고려시대의 석탑은 신라 이래 전통양식을 계승했다. 그러나 점차 지방적인 특색이 가미되었으며, 그 분포도 지역적으로 3분할 수가 있다. 즉, 개성 이북에 조성된 고려 양식의 탑, 신라의 옛땅인 경상도를 중심으로 하는 신라 탑 양식의 석탑 그리고 충청도 · 전라도를 중심으로 하는 백제 탑 양식의 석탑 등으로 나누어진다.

개성을 중심으로 하는 석탑으로는 현화사칠층석탑 · 남계원칠층석탑 · 홍국사석탑 · 관음사석탑 등을 들 수 있다. 경상도를 중심으로 하는 석탑 중에 개심사지오층석탑(1010년)과 정토사지오층석탑(1031년)은 연대가 기록되어 있어 주목된다. 그리고 백제 석탑계의 양식을 따르는 석탑으로는 무량사오층석탑 · 장하리삼층석탑 · 계룡산남매탑 · 왕궁리오층석탑 및 보원사지오층석탑 등을 들 수 있다.

조선시대의 석탑 가운데 특히 주목할 수 있는 것은 고려 말의 경천사십층석탑과 같은 양식을 보이는 서울 원각사지십층석탑이다. 규모도 매우 크고 탑신 전면에 화려한 조각을 새긴 특이한 형태를 보이고 있다.

(4) 불교조각

우리나라의 불교미술 가운데 가장 주목되는 것은 건축에 이어 조각이라고 볼 수 있다. 불상은 불교도들의 직접적인 숭배 대상이므로, 불상 출현 이후 신앙의 중심이자 불교미술의 핵심을 이루었다고 해도 과언이 아니다.

◆ 삼국시대의 불교조각

불교가 우리나라에 수용될 당시 순도(順道)가 가지고 왔다는 불상이 어떠한 것인지는 확실하지 않다. 하지만 인도 불상이라기보다는 중국에서 변형된 양식의 불상일 것으로 짐작된다. 우리나라 불상은 초기에는 이처럼 중국 불상을 모범으로 삼았으나 불교가 성행하고 조각술이 발달함에 따라 점차 각국의 특성에 맞는 양식으로 변형하여 발전시켜 나아갔다.

현존 고구려 불상은 주로 소형이며 작품도 매우 적은 편이다. 그 가운데 가장 주목되는 것으로 먼저 연가칠년명금동여래입상(延嘉七年銘金銅如來立像, 국보 제119호)을 들 수 있다. 둥근 연화대좌 위에 직립하였으며 등 뒤에는 큰 주형광배(舟形光背)가 있다. 여기에 4행 47자의 명문이 새겨져 있어 더욱 중요시되고 있다. 긴 얼굴에 부푼 눈과 큰 귀, 미소 짓는 입 등에서 느껴지는 고격(高格)한 느낌을 준다. 직립한 자세, 두꺼운 불의(佛衣)가 아래로 내려오면서 힘찬 주름선을 이루는 모습 등이 고구려 불상으로서의 기백과 세련된 솜씨를 보여 주는 것이다. '연가(延嘉)'라는 연호는 기록에는 없으나 고구려 연호로서, 7년의 기미년은 불상 양식으로 보아 539년(안원왕 9), 또는 599년(영양왕 10)으로 비정(比定)된다.

또 황해도 곡산에서 발견된 금동신묘명삼존불입상을 들 수 있다. 현재 대좌는 잃어버렸으나 광배는 완존하고 있다. 삼존 모두 입상으로 본존불은 연가칠년명금동여래입상에 비해 양식상 연대가 내려와서 중국 육조시대 말 제(齊)·주(周)의 영향을 나타내고 있다.

그밖에 고구려 불상으로는 평양 평천리에서 발견된 금동미륵반가상(국보 제118호), 금동보살입상(보물 제333호), 평남 대동군 원오리에서 발견된 이조보살입상(泥造菩薩立像) 등이 있다.

백제의 불상은 주로 사비(泗沘)시대(538~660년)의 작품으로 고찰할 수 있다. 이 시기를 다시 전후의 2기로 구분해 전기는 위덕왕의 치세를 중심으로 한 6세기 후반까지, 후기는 무왕의 치세부터 백제 멸망기까지로 나눌 수 있다.

먼저 전기에 속하는 금동불로서는 금동관음보살입상(국보 제128호)과 부여박물관에 소장된 금동석가여래입상(보물 제196호)을 들 수 있다. 후자는 8.5㎝의 소상(小像)이지만 삼존상으로서 광배 뒷면에는 '정지원(鄭智遠)이 조성하였다'는 내용이 새겨져 있다. 조성 연대는 없으나 양식상 6세기 후반의 작품으로 추정된다. 또 이 시기의 불상으로 군수리금동미륵보살입상(보물 제330호)을 주목할 수 있다. 보관을 썼으며 X자형으로 교차된 천의(天衣: 천인天人이나 선녀의 옷)가 주목된다.

후기의 금동불로서는 부여군 규암면에서 발견된 보살입상 2구가 유명하다. 이들은 보관이나 상호(相好: 부처의 몸에 갖추어진 훌륭한 용모와 형상)의 솜씨와 긴 몸에 걸친 천의나 영락(瓔珞: 구슬을 꿰어 만든 장신구)의 양식 등이 매우 우수한 작품이다. 이러한 양식은 전기 불상의 엄격한 전통 양식에서 벗어난, 자유로운 자세와 화려한 장식 수법 등 백제 불상의 양식적 변천을 보여 주는 것이다. 또한 중국 수·당 이래의 새로운 양식과도 유사하다.

후기에서 한층 주목되는 것은 석조 불상의 조형이다. 특히 이들은 서산과 익산을 중심으로 하였다. 서산 지방에는 마애불이, 익산 지방에는 독립된 석상이 이루어졌다는 점이 특징이다.

또 하나의 마애불인 태안 마애삼존불(보물 제432호)도 주목된다. 좌우에 각 1구의 여래입상이 있고 그들 사이에 키가 작은 보살입상 1구를 배치한 특이한 형식이다. 이들 또한 서산 마애삼존불상과 같이 당시의 신앙에 따라서 삼존을 골라 새긴 것으로 추정된다. 이들은 석가 · 관음 · 약사라고 구전되고 있다. 이들 두 마애불은 백제에서뿐만 아니라 삼국시대 으뜸의 마애석상으로 추정되며 한국 석조미술의 초기 작품을 대표한다고 하겠다. 이와 같은 불상 외에 1983년에 새로 발견, 조사된 예산 화전리사면석불(四面石佛, 보물 제794호)이나 정읍 보화리 석불입상(石佛立像, 보물 제914호) 2구는 모두 거대한 작품으로 새롭게 주목받고 있다.

고신라의 불상 양식은 600년을 전후하여 살필 수 있다. 특히 600년 이전인 진평왕대는 불교 미술의 중요한 과도기이다. 이 시기에 신라 조각은 발전의 기반을 형성함과 동시에 외래 양식의 도입과 습득으로 꾸준한 기술의 연마가 이루어졌다고 판단된다. 그리하여 7세기 중엽으로 접어들면서 그 내실은 더욱 충실하게 형성되기 시작했다.

먼저 금동상으로는 국립중앙박물관의 약사여래입상 · 삼양동금동관음보살입상(국보 제127호), 경북 선산(지금의 구미) 출토의 금동보살입상(국보 제183호 · 184호) 2구 및 금동여래입상(국보 제182호), 양평 금동여래입상(국보 제186호) 등이 대표적인 작품으로 손꼽힌다.

다음으로 특기할 것은 미륵보살로 추정되는 반가사유상의 조성이다. 금동미륵보살반가상(국보 제78호)은 머리에 탑으로 장식된 보관(寶冠)을 썼는데 긴 얼굴에는 근엄한 기풍이 나타나 있다. 제작연대는 안동 옥동출토 금동반가사유상(국립경주박물관 소장)과 함께 6세기 후반으로 추정된다.

또다른 금동미륵보살반가상(국보 제83호)은 낮은 삼산관(三山冠)이나 상반신이 나체인 양식 또는 대좌에 걸친 옷무늬의 양식 등에서 국보 제78호인 금동미륵보살반가상보다 연대가 내려가 7세기 중엽의 작품으로 추정된다. 이들 두 반가사유상은 우리나라 고대 조각을 대표하는 걸작이라 할 수 있다.

석조불로서는 우선 단석산 신선사마애불상군(국보 제199호)을 들 수 있다. ㄷ자형의 천연적인 석굴사원에 총10구의 불보살상과 인물상들이 새겨져 있다. 굴의 북쪽 바위에는 약 7m나 되는 거대한 여래입상을 새기고, 동쪽과 남쪽 벽에는 보살입상이 각 1구씩 조각되어 삼존상을 이루고 있다. 이들은 명문에 의하여 미륵삼존 임을 알 수 있으며, 각 상의 양식 및 기법으로 볼 때 6세기 후반의 작품으로 추정된다.

그밖에 석불로는 경주남산 불곡석불좌상(보물 제198호)과 장창곡(長倉谷)에서 발견된 삼화령미륵세존(三花嶺彌勒世尊, 644년 추정) 및 송화산 금산재(金山齋)에서 전래하던 목 없는 반가상을 주목할 수 있다. 금산재는 김유신 장군묘의 재실로서 이곳은 그의 일가 누대(累代)의 원찰(願刹)이었던 송화방(松花房)이라는 사실과 그 불상이 미륵이라는 점에 주목해야 할 것이다. 단석산 신선사마애반가상과 비교할 때 7세기 전반의 작품으로 추정된다.

◆통일신라시대의 불교조각

통일신라시대의 불상조각은 대략 3기로 대별할 수 있다. 제1기는 통일 직후에서 700년까지, 제2기는 700년경부터 약100년, 제3기는 800년경에서 신라 말기인 10세기 초엽에 이르기까지이다.

제1기의 조각은 아직도 전대의 비사실적인 조법(彫法)과 경직된 의습(衣褶: 옷주름)이나 작고 둥근 동안(童顔)의 얼굴을 지니고 있다. 대좌 또한 옛 방식을 따라 낮고 둥글며 거의 단판(單瓣: 홑꽃잎)의 연꽃무늬로 장식되어 있다. 그중에서도 황복사지삼층석탑에서 발견된 경주구황리 금제여래좌상(국보 제79호)은 신라에서 유례가 없는 작품으로 광배와 대좌도 완전하다. 금동함 뚜껑에 새겨진 명문에 의하면 이 불상은 706년(성덕왕 5) 왕실의 발원으로 봉안된 것을 알 수 있다. 또한 감은사지삼층석탑에서 발견된 사천왕입상 4구는 680년(문무왕 20)경의 작품으로 주목된다.

이 시기의 석상으로는 경주서악리 마애석불상(보물 제62호), 봉화북지리 마애여래좌상(국보 제201호) 및 영주가흥리 마애삼존불상(보물 제221호) 등을 주목할 수 있다. 또 이 시기의 대표적인 석상으로는 군위삼존석굴(국보 제109호)의 삼존불을 들 수 있다. 이들은 관음·세지를 협시로 한 아미타삼존불이다. 석굴암 석굴보다 약 반세기 이상 앞선 것으로 매우 귀중한 작품이다.

제2기인 8세기에는 성덕왕과 경덕왕의 두 왕대를 중심으로 신라 조각미술의 꽃을 피운 시기이다. 이 시대의 금동불상으로는 불국사금동아미타여래좌상(국보 제27호)과 불국사금동비로자나불좌상(국보 제26호), 백률사금동약사여래입상(국보 제28호) 등을 들 수 있다. 모두 중후한 얼굴과 통견(通肩: 어깨에 걸침)의 옷주름 처리 등에서 우수한 작품이라 하겠다. 그밖에 소금동불들이 다수 전래되고 있어 이 시대 불상 연구에 큰 도움을 주고 있다.

8세기 전기 석상의 대표작은 감산사석조미륵보살입상(국보 제81호)과 감산사석조아미타불입상(국보 제82호)을 꼽을 수 있다. 불상 자체도 완전할 뿐 아니라 광배 뒷면에 조상기(造像記)까지 새겨져 있어 매우 중요한 자료로 평가된다. 명문에 의해 볼 때 이들은 719년(성덕왕 18) 김지성(金志誠)에 의하여 조성되었음을 알 수 있다.

감산사 불상에 이어 들 수 있는 것이 석굴암 안의 석상들이다. 석굴암에 대해서는 ≪삼국유사≫ 권5 대성효2세부모(大成孝二世父母)에 창건설화와 건립의 인연 등이 기록되어 있다. 본존인 여래좌상은 당당한 체구와 우아한 얼굴, 그리고 섬세한 옷무늬의 조각 등이 조화를 이루었다. 크고 둥근 연화좌와 후벽 천장 밑에 새겨진 연꽃무늬의 두광(頭光) 등도 우수한 기법을 보이고 있다.

본존을 중심으로 하는 주벽에는 보살·천부·10대제자 등의 입상과 그 위쪽의 작은 감실 속에 좌상 10구(현재 8구 유존)를 안치하였다. 이들은 모두 매우 우아하면서도 자유스런 모습으로 오랫동안 제자리를 지키고 있다. 뒷벽 중앙의 11면 관음보살상은 긴 체구에 가득히 늘인 영락의 장엄·우아하고 자비스러우며 기품이 높은 조상(造像)양식은 신라 조각의 명공만이 이룩할 수 있는 명작이다.

전방후원(前方後圓)을 기본으로 삼은 이 석굴 입구에는 사천왕상·인왕·팔부신장상이 좌우로 대립하고 있다. 이 가운데 팔부신장의 조각은 양식적으로 볼 때 다른 것보다 연대가 떨어짐을 알 수 있다. 이것은 석굴의 경영을 위해 수십 년의 긴 세월이 소요되었으나 김대성(金大城)이 완성을 보지 못하고 세상을 떠남에 따라 나라에서 완성했다는 기록을 참고할 수 있을 것이다. 이와 같은 석굴암 본존을 모범 삼아 이루어진 조각으로는 경주삼릉계석불좌상(보물 제666호)이나 경주남산미륵곡석불좌상(보물 136호)·청량사석조석가여래좌상(보물 제265호) 등을 꼽을 수 있다.

그러나 이러한 8세기 불상 조각은 석굴암 본존을 정점으로 점차 내리막길에 들어서 섬약(纖弱)과 장식에 흘렀다. 이러한 추세는 9세기에 들어서 더욱 두드러졌다. 9세기의 신라는 정치·사회적으로 크나큰 혼란의 시기였다. 왕권을 둘러싼 골육상쟁과 지방 분권화가 정착되어 갔다. 이러한 현상과 함께 불교계에서도 9산선문(九山禪門)이 성립되는 등 선종이 크게 대두되었다.

불교 조각에 있어서도 선종의 도입과 밀교의 유행으로 비로자나불이 주존으로 많이 조성되었다. 보림사철조비로자나불좌상(858년, 국보 제117호), 도피안사철조비로자나불좌상(865년, 국보 제63호) 및 동화사비로암석조비로자나불좌상(863년, 보물 제244호) 등이 그 대표적인 예라 할 수 있다. 또한 이들 불상에서 보듯 철불이 많이 조성된 것도 이 시대 불상 조각의 한 특징이라 하겠다.

그밖에 석상으로는 방어산마애불(801년, 보물 제159호)·고운사석조석가여래좌상(보물 제246호)·간월사지석조여래좌상(보물 제370호)·청룡사석조여래좌상(보물 제424호)·불곡사석조비로자나불좌상(보물 제436호) 등 수많은 작품을 열거할 수 있다.

◆ 고려시대 및 조선시대의 불교조각

통일신라의 뒤를 이어 새로운 왕조를 창건한 고려 태조 왕건은 통일 국가의 정신적 이념을 불교에 두었다. 그래서 수도인 개경에는 10대 사찰을 비롯해 수많은 사찰이 건립되었고 이에 따라 불교 미술 또한 크게 발달을 보게 되었다.

우선 이 시대의 금동상으로는 영탑사금동삼존불(보물 제409호)과 장곡사금동약사여래좌상(보물 제337호)을 들 수 있다. 후자는 근년에 발견된 복장의 조사에 의해 14세기 작품으로 밝혀졌다. 또한 신라 말부터 유행된 철불 조성의 전통이 이어져 춘궁리철조석가여래좌상(보물 제332호) 및 충주철불좌상(보물 제98호)을 비롯해 국립중앙박물관에 다수의 철불상이 진열되어 있다. 석불상 또한 많이 전해지는데 높이 18m의 국내 최대의 석상인 관촉사석조미륵보살입상(보물 제218호)은 각부의 균형은 불완전하나 이 시대 초기의 거작으로 특기할 만하다.

또 북한산구기리 마애석가여래좌상(보물 제215호)을 비롯해 11세기의 명문이 있는 태평이년명 마애약사불좌상(보물 제981호) 등 마애불상도 많이 있다. 이러한 원각 또는 마애거상으로 지방에 전래하고 있는 것은 거의 이 시대의 것으로 추정된다.

이들 중 중요한 예로는 관음사보살좌상·신복사지보살좌상(보물 제84호)·월정사석조보살좌상(보물 제139호)·안동 이천동석불상(보물 제115호)·거창 양평동석조여래입상(보물 제377호)과 거창 상동석조관음입상(보물 제378호) 그리고 개태사지석불입상(보물 제219호) 등을 들 수 있다. 또 소조상(塑造像)으로서 부석사소조여래좌상(국보 제45호)은 신라 이래의 오랜 기법을 이어받고 있는 국내 최대의 아미타여래 소조상이다. 거대한 광배가 완존하고 있어 주목된다.

조선 왕조는 유교를 국교로 삼아 불교를 배척하기에 이르렀다. 그러나 초기인 세조 때 불교 진흥의 기운이 있어 한때 사원의 수축(修築)과 조상(造像)이 이루어졌다. 이때를 전후한 작품으로서 수종사팔각석탑에서 나온 금동불상들은 15세기의 작품으로 추정된다. 그러나 석상으로는 특기할 만한 게 없고, 다만 목조상으로는 강원도 상원사의 문수동자상이 초기의 작품으로 주목된다.

그 뒤 임진왜란을 지나서는 전기(前期)의 여세를 이어서 많은 사원이 복구되었다. 그에 따라 오늘에 전하는 토불이나 목불을 남겼다. 그중에는 전대의 기법을 계승한 우수작이 들어 있다.

(5) 불교회화

◆ 삼국 및 통일신라시대의 불교회화

불교 회화(繪畫)는 사원의 건립과 함께 등장했을 것으로 사료된다. 그렇다면 삼국의 오랜 사원에는 불교 회화가 봉안되었다고 추정할 수 있다. 그러나 오늘날 삼국시대의 불교회화는 전하는 것이 없다. 다만 고분 벽화에 나타나는 불교적인 요소를 살펴보거나 기록에 의해 약간의 화적(畫籍)을 짐작할 뿐이다.

먼저 고구려에 있어선 일본에 건너간 화사(畫師)들, 그중에서도 담징의 영향을 받은 것으로 생각되는 일본 호류사(法隆寺) 금당 벽화가 있다. 이와 함께 고구려 무용총의 공양도나 쌍영총의 행렬도, 장천리 고분의 예불도 같은 고분벽화에서 불교 회화의 소재를 주목할 수 있다.

백제에 있어선 부소산 절터에서 발견된 사원 벽화의 파편 및 무령왕릉 유품이나 부여 능산리 고분벽화의 천장도에 나타난 연화문 등에서 백제 불교회화의 발달을 짐작할 수 있다.

고신라에 있어선 금관총이나 천마총, 고령의 벽화 고분, 순흥의 벽화 고분 등에서 발견된 연꽃무늬를 통해 당시의 화적을 다소 짐작할 수 있

을 뿐이다. 그런데 ≪삼국유사≫에는 고신라 및 통일신라시대의 불교
회화에 관한 기록이 산견되고 있다. 이들은 모두 사원의 벽화라는 점에
서 주목된다. 특히 황룡사의 노송도(老松圖), 분황사의 천수대비관음보
살도(千手大悲觀音菩薩圖)와 단속사의 유마상(維摩像)을 그린 솔거는
너무나 유명하다.

그밖에 경주 남항사(南巷寺)의 11면관음도, 내제석원(內帝釋院)의 미
륵상, 흥륜사 벽에 정화(靖和)와 홍계(弘繼)가 그렸다는 보현보살 벽화
등이 기록에 보인다. 이들 불화들의 양식은 당시의 조각과 같은 양식을
보였을 것으로 추정된다. 그것은 최근 발견된 대방광불화엄경변상도
(大方廣佛華嚴經變相圖, 744~745년, 호암미술관 소장)를 통해 알 수
있다. 자색(紫色)으로 물들인 닥종이에 금은니(金銀泥)로 불상·보살상
·역사상 등을 그렸다. 유려한 필선과 정교하고 화려한 세부 표현양식
등은 이 변상도의 우수함을 말함과 동시에 8세기 통일신라 불교 회화
의 높은 수준을 입증하고 있다.

◆ 고려시대의 불교회화

고려시대는 역대를 통해 많은 사원을 건립하였으므로 수많은 불화
가 조성되었다. 또한 불교 회화가 새로운 면모를 과시한 시대이다. 그
러나 국내에는 몇 점의 작품만 전하고 거의 일본에 전해지고 있는 실정
이다. 또한 사경변상도(寫經變相圖)나 불경 판화를 통해 이 시대 불교
회화의 면모를 살펴볼 수 있다.

먼저 벽화로는 영주 부석사의 조사당 벽화를 주목할 수 있다. 이 벽
화는 묵서명에 의해 1377년 작으로 밝혀졌다. 조사당의 조사도를 호위
하던 범천·제석천과 사천왕상으로 구성돼 있다. 범천·제석천의 정

적이고 유려한 선묘(線描: 선으로만 그림), 사천왕상의 힘찬 동적인 구성과 표현력 등은 고려 불화가 지니는 격조 높은 예술성을 잘 반영해 주고 있다.

현재 일본에 전하는 고려 불화는 대체로 관경변상도 · 미륵변상도 등의 변상도와 아미타도 · 양류관음도 · 지장보살도 및 지장시왕도 등 다양한 작품들이다. 이들 중 화기가 있는 작품 가운데 가장 연대가 올라가는 것은 1286년 작의 아미타여래도이다. 중생을 제도하고 있는 아미타여래의 활기찬 모습이 화려하면서도 박력있는 필치와 표현을 보여주는 걸작이다.

또한 일본 도쿄 아사구사사(淺草寺)의 양류관음도(楊柳觀音圖)는 특히 주목되는 작품이다. 섬세 · 유려한 고려 불화의 특색이 화면 전체에 잘 조화되어 매우 아름답고 귀족적인 기풍을 잘 나타내고 있다. 그리고 서구방(徐九方)이 그린 양류관음도(1323년)는 해변가 바위 위에 반가부좌 자세로 앉아 선재동자(善財童子: 구도求道의 보살 이름)를 내려다보는 모습의 관음보살을 그린 것이다. 이러한 도상을 가지는 유사한 그림들이 일본에 많이 전하고 있다.

그밖에 도쿄 세이카당(靜嘉堂)의 지장시왕도, 1306년에 그려진 아미타여래도(根津美術館 소장), 1309년의 아미타삼존도(上杉神社 소장), 1320년의 아미타팔대보살도(奈良松尾寺 소장), 지온원(知恩院)과 사이후쿠지(西福寺)의 16관경변상도 및 젠도사(善導寺)의 지장보살도 등이 주목되는 작품으로 꼽히고 있다.

또한 현재 국립중앙박물관에 소장된 노영(魯英) 작의 아미타팔대보살도(阿彌陀八大菩薩圖)를 주목할 수 있다. 이것은 검은 칠 바탕의 병풍(漆屛)에 금니로 그린 것이다. 그림의 체제는 사경변상도에서 볼 수 있는 것과 같이 그림의 주위를 금강저(金剛杵: 악마를 깨뜨리는 무기)로 결계(結界)하고 있다. 이 그림은 화기가 있어 1307년 선원사(禪源寺)의 반두(班頭) 노영이 그렸음을 알 수 있다. 이 시대의 사경변상도로는 화엄경변상도(趙明基 소장), 광덕사의 법화경변상도 등을 특히 주목할 수 있다.

◆ 조선시대의 불교회화

조선시대의 작품으로 상당수의 불화가 전해지고 있다. 이들은 대체로 임진왜란을 전후해 2기로 나누어 고찰될 수 있다. 전기의 작품은 그리 많은 편은 아니나 후기의 작품들은 전국 사찰에 다수 전해지고 있다.

먼저 전기에 속하는 것으로서 무위사(無爲寺) 극락전의 벽화를 들 수 있다. 이들은 본존 후불벽에 아미타후불 벽화와 그 뒷면에 있는 수월관음도 그리고 좌우벽에 있는 아미타내영도(阿彌陀來迎圖)와 석가설법도 등으로 나누어져 있다.

중앙의 아미타후불 벽화는 미타 좌우에 관음과 지장보살을 배치했다. 그 위에는 각각 3분씩 6분의 제자상을 나타냈다. 고려 불화에서 보이던 복잡하고 화려한 묘선이 많이 간명해지긴 했으나 아직도 섬세하고 우아한 화풍을 간직하고 있는 조선 초기의 우수작에 속하는 작품이다.

뒷벽의 관음도는 버들가지와 감로병을 들고 큰 원형 광배를 등지고 서있는 관음보살을 그린 그림이다. 흰 천의를 나타낸 먹선의 힘찬 필세와 당당한 기풍은 참으로 명공의 절묘한 표현 기법을 잘 나타내고 있다. 그밖에 국립중앙박물관에 소장된 1565년(명종 20)의 약사여래삼존도 역시 조선 초기 불화를 대표하는 가작(佳作)으로 꼽히고 있다. 그리고 전기에 속하는 탱화로서 일본 등 국외에서 전하고 있는 것이 몇 점 알려져 있다.

조선 후기에 이르면 불교 회화는 새로운 양식 변화를 겪게 된다. 임진왜란 당시 사원은 승병(僧兵)들의 본거지였다. 따라서 극심한 피해를 입어 이 시대 불교 미술, 특히 회화는 완전히 불타 버렸거나, 아니면 왜인(倭人)들이 닥치는 대로 약탈하여 큰 피해를 입었다. 초토화된 사원이 그나마 다소 복구 또는 중창되어 영·정조시대에 이르러 불교 미술은 새로운 발달을 보게 되었다. 오늘날 전국의 사찰에 전해지는 대부분의 불화는 이 시대 이후의 작품들이다.

이들은 대체로 일정한 양식 속에서 구도와 형태 그리고 채색 등이 전대(前代)와 다른 양식적 특징을 보인다. 즉, 고려의 불화가 주존과 협시보살과의 2단 구성임에 비해 이 시대에는 이러한 구도가 점차 무시되면서 화면에는 보살·사천왕 등 많은 구성 인물이 등장한다. 또 전대의 탱화가 주로 홍색을 많이 사용했음에 비해 이 시대에는 연분홍 계통과 녹색이 주조를 이루고 있다.

이 시기의 대표적인 작품으로는 봉정사 극락전의 아미타후불탱화(1712년), 운흥사 팔상탱화(1719년), 직지사 대웅전의 삼신후불탱화(1744년), 화엄사 대웅전의 삼신후불탱화(1757년), 장곡사의 영산탱화(1759년), 통도사의 삼장탱화(1792년) 그리고 동화사 극락전의 후불탱화, 쌍계사 대웅전의 삼신후불탱화 등 수많은 탱화를 열거할 수 있다.

사경변상도 가운데 초기에 속하는 것은 내소사 소장 법화경절본사본(보물 제278호)의 변상도가 있다. 전대의 광덕사 전래 변상도 등에는 미치지 못하나 아직까지 고려시대의 양식을 충실히 따르고 있는 중요한 변상도로서 1415년 작이다. 이들 사경변상도는 시대가 내려감에 따라 전대에 비해 그 섬세도가 떨어질 뿐만 아니라 재료에 있어서도 장지(丈紙) 또는 백지가 등장함을 볼 수 있다.

(6) 불교공예

불교 공예품은 대체로 의식을 위해 사용되는 불구(佛具)로서, 그 양에 있어서나 질에 있어서 매우 다양하다. 이들은 대체로 동종(銅鐘)·향로(香爐)·금고(金鼓) 그리고 사리장엄구(舍利莊嚴具) 등으로 나누어진다.

◆ 범종

불교 공예품 가운데 가장 대표적인 것이 범종(梵鐘)이다. 신라 범종은 그 세부에 있어 중국이나 일본과는 뚜렷하게 다르며 그 양식은 신라시대부터 고려시대에 걸쳐 '한국종'이라는 특유의 형식을 보여 주고 있다. 전체 모양은 둥근 통형을 이루었는데 어깨 부분과 아래쪽에 상대(上帶)·하대(下帶)라 불리는 문양대를 테처럼 두르고 있다. 또 상대에 붙여서 네 곳에 유곽(乳廓)이라고 불리는 4각형 속에 9개의 유두(乳頭)가 달려 있다.

그 아래쪽 종복(鐘腹)에는 2개의 당좌(撞座)와 함께 두 곳에 비천상(飛天像)을 상대하여 배치하고 있다. 종을 매다는 곳에는 허리를 구부린 한 마리의 용(龍)을 두는데 이를 용뉴(龍鈕)라고 한다. 또 그 옆에는 원통형의 용통(甬筒)을 세우고 있다. 특히 신라 범종에 나타나는 아름다운 비천상의 조각은 한국의 독창적인 것으로 보아야 할 것이다. 한국 범종의 우수한 제작 기술이나 형태 그리고 장식 무늬의 아름다움 등은 동양의 여러 불교국가에 비하여 월등히 우수함을 볼 수 있다.

그 가운데서도 성덕대왕신종(聖德大王神鐘, 771년, 국보 제29호)은 크기에 있어서는 물론, 형태에 있어서도 세부의 조각에 이르기까지 한국 금속공예의 걸작이라 할 수 있다. 이와 함께 상원사동종(725년, 국보 제36호)은 국내에 완존한 2구의 신라 범종 가운데 가장 오래되었을 뿐만 아니라 그 음향에 있어서도 가장 아름답고 우수하다.

고려시대의 동종은 신라의 기법을 충실히 지키고 있으나 대체로 10세기 이후의 범종은 그 문양이나 형태가 전대와 달리 축소되고 섬약해짐을 볼 수 있다. 또 비천상도 다소 조잡해지고 있어 대체로 주조술의 퇴화와 함께 문양대의 비정상적인 증대라든지, 비천과 종신 면적과의 조화를 이루지 못하는 엉성한 구성을 보게 된다. 또한 고려시대의 범종 중에는 30㎝ 내외의 소종이 등장하여 공예적인 성격을 지니게 되는 것도 있다. 이 시대의 동종으로는 천흥사동종(1010년, 국립중앙박물관 소장) · 내소사고려동종(1222년, 보물 제277호) · 대흥사에 보존된 탑산사동종(보물 제88호) 및 용주사범종(국보 제120호) 등을 주목할 수 있다.

조선시대의 동종으로는 홍천사범종(1462년), 봉선사대종(1469년, 보물 제397호) 등 다소 거종(巨鐘)이 전래하고 있어 주목된다. 그밖에 갑사동종(보물 제478호)을 위시해 상당수의 범종을 대소 사찰에서 볼 수 있다.

◆ 향로

불교 공예의 중요한 위치를 차지하는 것은 고려의 입배형(立杯形) 향로이다. 이 향로는 유독 고려시대에 성행하여 범종 다음으로 주목되는 불교 공예품들이다. 보통 향완(香垸)이라 불린다. 이들은 모두 고려시대의 것으로서 둥근 신부(身部)와 대좌(臺座)로 구분된다.

전면에 연화 · 보상화 · 용 등의 문양과 함께 범자(梵字)를 새기는데, 이들은 입사(入絲) 기법으로 화려한 효과를 나타내었다. 즉 은(銀)으로서 무늬를 나타내기 때문에 보통 은입사향로(銀入絲香爐)라고 부른다. 과연 이와 같은 향로가 신라시대에도 있었는지에 대해선 단정할 수 없다. 그러나 이와 같이 아름다운 공예품을 남기게 된 것은 역시 고려인들의 착상이다.

고려 향로 중 특히 우수한 기법을 보이는 것으로는 우선 표충사청동함은향완(表忠寺靑銅含銀香埦, 1177년, 국보 제75호)을 꼽을 수 있다. 이는 높이와 너비의 비례가 극히 아름다우며 또 은입사의 기법이 뛰어나 주목된다. 굵은 원 속의 범자, 구름 속의 용무늬, 연꽃무늬 등으로 전면을 꽉 채운 무늬는 세밀할 뿐만 아니라 굵고 가는 선을 적당히 배합하여 훌륭한 조화를 이루고 있다. 또한 구연부(口緣部) 안쪽 면에 50여 자의 은입사 명문이 있다.

조선시대의 대표적인 향로는 백장암청동은입사향로(1584년, 보물 제420호)를 들 수 있다. 이 작품은 고려 이래 향로의 형식을 충실히 이어받은 가작(佳作)이다. 형태는 위의 구연부가 다소 넓게 펴졌으며 신부에는 당초문(唐草文: 덩굴무늬)을 비롯한 연꽃·동심원 등을 새겨 범자를 넣었으며 명문이 있어 절대 연대를 명시하고 있다.

◆금고

일명 금구(禁口) 또는 반자(飯子)라고도 불리는데 금속으로 만든 북과 같은 데에서 금고(金鼓)라는 말이 유래한 듯하다. 금구에 대한 어원은 잘 알 수 없으나 반자는 사찰에서 이를 쳐서 공양시간을 알림으로 하여 붙여진 이름으로 생각된다. 형태는 둥근 대야같이 생겨 한 쪽만을 치게 된다.

넓은 구연부에 전이 달려 있으며 크기는 지름이 대체로 40㎝ 내외이고 표면에는 장식무늬를 새겼다. 무늬로는 당초문·연화문 등을 주로 시문하여 명문은 대체로 측면에 음각으로 연대·사명(寺名)·축원문·무게 등을 기록한다.

신라시대의 금고로는 함통6년명금고가 있다. 이는 매우 희귀한 신라시대 금고로서 표면에는 굵고 가는 줄을 번갈아 가면서 동심원을 쳤을 뿐 장식 무늬가 없다. 위쪽에는 고리 두 개가 붙어 있고 명문이 있어 865년(경문왕 5)의 작품임을 알 수 있다.

고려시대의 금고는 조사된 것만도 약 40구가 된다. 그들 가운데 주목되는 것은 경암사금고(1073년, 국립중앙박물관 소장)·중흥사금고(1103년, 호암미술관 소장)·자복사(資福寺)금고(1207년, 경희대학교 박물관 소장)·포계사(蒲溪寺)금고(1202년, 이화여자대학교박물관 소장)·죽주봉업사정우오년명반자(1217년, 보물 제570호, 연세대학교박물관 소장)·을사명금고(동국대학교박물관 소장) 등을 꼽을 수 있다.

◆사리장엄구

사리장엄구는 탑파에 봉안되는 사리를 장엄하기 위해 만들어진 사리기(舍利器)를 통틀어 말한다. 또 이들과 함께 탑 내에서는 법사리(法舍利)로서 불경 등을 볼 수 있다. 이 가운데 경주 불국사삼층석탑에서 발견된 무구정광대다라니경(無垢淨光大陀羅尼經)은 750년경의 것으로 세계 최고의 목판인쇄 경전임이 밝혀졌다. 때로는 불경과 함께 불상이나 소탑(小塔)도 같이 발견된다.

그러나 가장 주목되는 것은 역시 사리를 직접 납치(納置)한 사리병(舍利瓶)과 더불어 이를 다시 넣게 되는 금동제 등의 사리함이다. 보통 사리함은 내함과 외함으로 나누어진다. 그리고 드문 예로는 분황사탑에서와 같이 가위 · 침통 등을 함께 넣기도 하며, 동경(銅鏡)이나 청동비천상 그리고 금으로 만든 발(鉢) · 옥(玉) 등의 장식구들을 넣기도 한다. 따라서 이들 사리장엄구는 당시의 금속 공예의 발달상을 짐작하는 데도 귀중한 자료가 될 뿐만 아니라 탑파의 연대 추정에도 매우 중요하다.

대표적인 작품으로는 신라시대에 있어서는 경주 황룡사목탑사리구, 감은사 서쪽 삼층석탑사리기, 불국사삼층석탑사리장지, 경주 구황동삼층석탑사리기, 칠곡 송림사오층전탑사리기 등을 들 수 있다. 고려의 작품으로는 먼저 왕궁리오층석탑사리기를 그 대표적인 예로 볼 수 있다.

여기에서 발견된 일괄 유물 가운데 가장 주목되는 것은 금제금강경판(金製金剛經板)이다. 길이 14.8cm, 너비 13.7cm의 금판 각 장에 1행 17자의 금강경을 뚜렷하게 양각한 19장의 유품이다.

조선시대의 사리구로서는 크게 주목할 만한 것이 없다. 다만 간혹 귀족들의 발원에 따라서 봉안된 것으로 보이는 수정사리기나 염주, 또는 은제도금사리 등이 보인다. 그러나 이 시대의 작품 가운데 법주사팔상전에서 발견된 사리구는 현존 유일의 목탑사리구로서 특히 주목할 만하다.

고려대장경(高麗大藏經)

고려시대에 불경(佛經)과 장소(章疏)를 집대성하여 인간(印刊)한 불경이다. 이 거대한 역사(役事)는 불교를 홍왕(興旺)시키려는 목적도 있었지만 문화국으로서의 위력을 이웃나라에 선양하고, 불력(佛力)으로 국난을 타개함으로써 호국하겠다는 대발원(大發願)에서 이룩된 것이다. 이의 조조(雕造)는 오랜 시일 동안 여러 차례에 걸쳐 시행되었다. 제일 처음 조조된 것은 ≪초조대장경(初雕大藏經)≫ 또는 ≪초판고본대장경(初板古本大藏經)≫이라고 하는데, 1011년(현종 2년) 거란의 내침을 계기로 시작되어 1087년(선종 4년)까지 77년에 걸쳐 완성되었다.

이 초장경(약칭)은 대구 부인사(符仁寺)에 도감(都監)을 두고 송(宋)의 개보판(開寶板)·거란본(契丹本)과 종래부터 전해 내려오던 국내본(國內本) 등을 저본(底本)으로 하여 ≪대반야경(大般若經)≫(600권), ≪화엄경(華嚴經)≫, ≪금광명경(金光明經)≫, ≪묘법연화경(妙法蓮華經)≫ 등 6,000여 권의 경판(經板)을 만들었다.

그 후 문종(文宗)의 제4왕자인 대각국사(大覺國師) 의천(義天)이 송나라에서 각종 장서 3,000여 권을 모아 가지고 돌아와 1073년(문종 27년)부터 1090년(선종 7년)까지 이 교장(教藏)과 불서(佛書) 모은 것을 엮어 이를 ≪신편제종교장총록(新編諸宗教藏總錄)≫이라 하고 이 목록에 의하여 차례대로 인간(印刊)한 것을 ≪속장경(續藏經)≫이라고 한다. 그 후로도 흩어져 있는 불서를 모아 간행하였는데, 그 일은 그가 죽기 2년 전인 1099년(숙종 4년)까지 계속되어, 모두 1,010부 4,740여 권이 인간되었다.

제1차로 완성된 이 정장(正藏)은 그 경판이 부인사에 이관, 소장되어 있었으나 1232년(고종 19년) 몽골군의 침입으로 소실되었으며, ≪초조대장경≫은 일본 교토(京都)의 난젠사[南禪寺]에 1,715권이 남아 있고 ≪속대장경≫은 순천 송광사(松廣寺)와 고려대학교 도서관 및 일본 나라(奈良)의 도다이사(東大寺), 나고야(名古屋)의 신후쿠사(眞福寺) 등에 각각 흩어져서 겨우 47권이 남아 있을 뿐이다.

몽골군의 침입으로 서울을 강화도로 옮긴 고려는 호국(護國)을 위한 부인사의 ≪대장경≫이 소실되자, 이 외침을 물리치기 위해 다시 대장경을 조조하여 불력(佛力)의 가호를 빌기로 하였다. 그리하여 대장도감(大藏都監)을 새로이 설치하고, 1236년(고종 23)부터 1251년(고종 38)까지 재조(再雕)대장경을 완성시켰다. 이것은 처음 강화도성(江華都城) 서문(西門) 밖의 대장경 판당(板堂)에 수장되어 있었는데 후에 강화의 선원사(禪源寺)로 옮겨졌고, 그 후 조선 초기에 서울의 서대문 밖 지천사(支天寺)로 옮겼다가 다시 합천 해인사(海印寺)로 옮겨 지금까지 보존되고 있다.

이 ≪재조대장경≫은 구목록(舊目錄)의 천(天)~동함(洞函)에 이르기까지 639함(函)에 엮어져 부수는 1,547부(部), 6,547권(卷)이며, 추가목록의 동(洞)~무(務) 및 중복된 녹(祿)~무함(務函) 24함에 들어있는 15부, 231권(혹은 236권)을 합하면, 모두 663함 1,562부, 6,778권(혹은 6,783권)이며, 경판의 수는 8만1258판이 되고, 이것이 안팎으로 새겨져서 16만여 쪽을 이루고 있다. 그래서 이것을 세칭 ≪팔만대장경≫이라고 한다.

이 재조대장경은 초조대장경을 그대로 다시 조조한 것은 아니다. 그 것을 저본으로 한 것은 사실이나, 송·거란본과도 대교(對校)하여 잘못된 것은 바로잡아 고쳤고, 빠진 것은 그것을 보완하였다. 그리고 초장경 때에는 없었던 ≪송조신역경(宋朝新譯經)≫과도 대교(對校)·고감(考勘)하였고 ≪개원록(開元錄)≫, ≪속정원록(續貞元錄)≫ 등의 불서목(佛書目)도 참고하여 본문을 다양하게 보완하였다.

이런 노력 끝에 이루어진 이 대장경은, 중국 북송(北宋)의 ≪개보칙판대장경(開寶勅版大藏經)≫ 이후 각종 ≪대장경≫이 잇달아 조조되었지만, 그 어느 것보다도 본문이 충실하며 오탈(誤脫)이 적다는 것이, 국내외 학자들의 정평(定評)이다. 그래서 일본에서도 이것을 저본으로 하여

≪축쇄장경(縮刷藏經)≫을 만들어내었고, 잇달아 중국에서도 청나라 말에 ≪빈가정사장판(頻伽精舍藏板)≫을 내놓았다.

≪대장경≫의 조조는 고려가 가장 어려웠던 국난의 시기에 초조판부터 헤아려 실로 240년이라는 장구한 시일을 통하여 이룩한 거국적 대사업으로, 대장경의 인쇄를 둘러싸고 경쟁하였던 송, 거란에 대해 문화국으로서의 위신을 드높였을 뿐만 아니라, 인쇄술과 출판술의 발전에도 크게 공헌하였다.

원효(元曉)

원효(元曉: 617~ 686)는 신라의 고승으로 일심(一心)과 화쟁(和諍) 사상을 중심으로 불교의 대중화에 힘썼으며 수많은 저술을 남겨 불교 사상의 발전에 크게 기여했다.

속성(俗姓)은 설(薛), 아명(兒名)은 서당(誓幢)·신당(新幢)이다. 법명(法名)은 스스로 원효(元曉)라고 지었는데, 이는 불교를 새로 빛나게 한다는 뜻이며 당시 사람들은 '새벽(始旦.)'이라는 뜻의 우리말로 불렀다고 전해진다. 617년(진평왕 39년) 압량군(押梁郡) 불지촌(佛地村, 지금의 경북 경산시 자인면) 북쪽 율곡(栗谷)에서 태어났으며, 조부는 잉피공(仍皮公, 赤大公이라고도 함)이고, 아버지는 신라 17관등 가운데 11위 내마(柰麻)의 지위에 있던 담날(談捺)이다. 설총(薛聰)을 낳은 뒤에 스스로 소성거사(小性居士)·복성거사(卜性居士)라고 칭하기도 했으며, 고려 숙종 때(1101년)에는 대성화쟁국사(大聖和諍國師)라는 시호(諡號)를 받았다. 한국 불교사상의 발달에 크게 기여하여 해동보살(海東菩薩), 해동종주(海東宗主)라고도 불린다.

15세 무렵에 집안의 재산을 희사하고 출가하여 자신의 집을 절로 지어 초개사(初開寺)라고 하였다. 그리고 자신이 태어난 사라수(娑羅樹) 곁에 사라사(沙羅寺)를 세웠다. ≪삼국유사≫에 따르면 낭지(朗智)와 혜공(惠空) 등의 고승에게 불법을 배웠다고 전해지며, 완산주(完山州)에 머무르며 열반종(涅槃宗)을 강론하던 고구려의 승려 보덕(普德)에게 ≪열반경(涅槃經)≫과 ≪유마경(維摩經)≫ 등을 배웠다는 기록도 있다. 그러나 특별하게 한 명의 스승을 정해 놓고 배우지는 않았으며, 스스로 깨달음을 얻었다고 전해진다. 648년(진덕여왕 2년)에는 황룡사(皇龍寺)에서 불경을 연구하며 수도하였다.

650년 의상(義湘)과 함께 현장(玄奘)이 인도에서 새로 들여온 신유식(新唯識)을 배우기 위해 중국의 당(唐)나라로 유학을 떠나려 했으나 요동(遼東)에서 첩자(諜者)로 몰려 사로잡히면서 실패했다. 661년(문무왕 원년)에 다시 의상과 함께 당 나라로 떠나려 했으나, 배를 타러 당항성(唐項城, 지금의 경기도 화성시)으로 가던 길에서 진리는 밖에서가 아니라 자기 자신에게서 찾아야 한다는 깨달음을 얻고 되돌아왔다. 밤에 오래된 무덤에서 잠을 자다가 잠결에 해골에 괸 물을 마시고 '이 세상의 온갖 현상은 모두 마음에서 일어나며, 모든 법은 오직 인식일 뿐이다. 마음 밖에 법이 없는데, 어찌 따로 구할 필요가 있겠는가(三界唯心 萬法唯識 心外無法 胡用別求)'라는 깨달음을 얻었다는 일화가 전해진다.

그 뒤 분황사(芬皇寺) 등에 머무르며 불경의 연구와 ≪화엄경소(華嚴經疏)≫ 등의 저술에 힘쓰기도 하였으나, 요석공주와의 사이에서 설총을 낳은 뒤에는 스스로 소성거사, 복성거사라고 칭하며 서민 속으로 들어가 불교의 대중화에 힘썼다. 광대들이 가지고 노는 큰 박으로 도구를 만들어 이를 '무애(無礙)'라 하였다. 무애는 '일체의 거리낌이 없는 사람이 한 길로 삶과 죽음을 넘어설 수 있다(一切無碍人 一道出生死)'는 ≪화엄경(華嚴經)≫의 구절에서 비롯된 것이다. 이를 가지고 각지를 떠돌며 불교의 교리를 쉬운 노래로 만들어 전했다. 그는 사람들에게 본래의 마음을 깨달으면 정토(淨土)를 이룰 수 있으며, 입으로 부처의 이름을 외우고 귀로 부처의 가르침을 들으면 성불할 수 있다고 가르쳤다. 이러한 원효의 활동으로 신라의 백성들은 모두 부처의 이름을 알고 '나무아미타불'의 염불을 외우게 되었다고 전해진다.

만년에는 경주 고선사(高仙寺)에 머무르다가 686년(신문왕 6년) 3월 30일 혈사(穴寺)에서 70세의 나이로 입적하였다. 그가 죽은 뒤에 아들인 설총이 유골을 빻아 소상(塑像)을 만들어 분황사에 안치하였다고 전해진다. 그리고 신라 애장왕(哀莊王) 때에 그의 후손인 설중업(薛仲業)이 당시 실권자였던 각간(角干) 김언승(金彦昇, 뒷날의 헌덕왕)의 후원으로 고선사(高仙寺)에 서당화상비(誓幢和尙碑)를 세웠다. 이 비석은 오늘날에도 일부가 훼손되어 전해지는데, 원효의 전기에 관한 가장 오래된 자료로서의 의의를 지닌다. 고려 명종(明宗) 때에도 분황사에 화쟁국사비(和諍國師碑)를 세웠다고 전해지지만, 오늘날에는 남아 있지 않다.

원효에 관한 기록은 ≪삼국유사≫와 '서당화상비' 이외에 중국의 송(宋)나라 때에 찬녕(贊寧)이 편찬한 ≪송고승전(宋高僧傳)≫ 등에도 전해진다. ≪삼국유사≫에는 '원효불기(元曉不羈)' 이외에 '낭지승운보현수(朗智乘雲普賢樹)', '사복불언(蛇福不言)', '의상전교(義湘傳教)', '이혜동진(二惠同塵)', '낙산이대성관음정취조신(洛山二大聖觀音正趣調信), '광덕엄장(廣德嚴莊)'조(條) 등에 원효와 관련된 일화가 소개되어 있다.

◆ 일심사상과 화쟁사상

원효 사상의 핵심은 '일심(一心)'과 '화쟁(和諍)'이라 할 수 있다. 그는 '도는 모든 존재에 미치지만, 결국은 하나의 마음의 근원으로 돌아간다'(대승기신론소)며 만물을 차별없이 사랑하는 삶을 강조했다. 그리고 종파들의 서로 다른 이론을 인정하면서도 이들을 좀 더 높은 차원에서 통합하기 위해 노력하였는데, 이것을 '화쟁사상(和諍思想)' 또는 '원융회통사상(圓融會通思想)'이라고 한다.

'일심(一心)'은 원효 사상의 밑바탕을 이루고 있다. 원효는 인간은 누구나 불성을 가지고 있으며, 이러한 마음의 근원을 회복하면 누구나 부처가 될 수 있다고 하였다. 이 마음의 근원이 바로 '일심'이다. 원효에 따르면 일심은 모든 법(法), 즉 모든 존재와 현상의 근거이며, 일심이 구현된 세계가 바로 정토(淨土)이다. 일심은 평등하고 무차별하며, 일심에서 보면 진여(眞如)와 생멸(生滅)이 다르지 않다. 따라서 마음의 근원을 회복한다는 것은 일체의 차별을 없애고, 만물이 평등하다는 것을 깨우치고, 차별 없이 사랑하는 자비의 마음을 얻는 것이다. '이와 같이 마음을 다스리는 중생은 반드시 큰 깨달음을 이룰 수 있다.'(열반경종요)

'화쟁(和諍)'은 다양한 불교이론들 사이의 다툼을 화해시키는 것이다. 그는 이제까지의 여러 불교이론들이 서로 다투어서 쟁론이 끊이지 않는 이유는 집착 때문이라며, 마음의 근원을 향하면 쟁론을 극복할 수 있다고 보았다. '일심'과 '화쟁'을 강조한 원효의 사상은 당시 중국 불교의 중요한 쟁점이었던 중관론(中觀論)과 유식론(唯識論)의 대립을 독창적으로 종합하는 의미를 지녔다. 원효는 발생과 소멸이 없는 진여(眞如)와 상대적이고 현상적인 생멸(生滅)이 모두 일심(一心)의 두 가지 측면에 불과하며, 이것들이 하나이면서도 둘이며 둘이면서도 하나의 관계에 있다고 하였다. 이는 '모든 것은 본성적으로 실체가 없다(諸法性空)'는 것을 전제로 '연기(緣起)'를 중심으로 하는 중관론과 '마음의 본체인 식(識)을 떠나서는 어떠한 실재(實在)도 없다'는 것을 전제로 청정한 마음을 강조하는 유식론의 대립을 나름의 방법으로 극복하려 했던 것으로 볼 수 있다. 이러한 원효의 사상은 중국의 법장(法藏)과 징관(澄觀) 등에게도 큰 영향을 주었다.

◆ 저술

원효는 불교를 널리 보급하는 한편, 불교 경전의 연구에도 힘을 기울여 당시 전해진 거의 모든 경론(經論)들에 대한 주석서(註釋書)를 저술하였다. 원효가 남긴 저술에 대해서는 학자들마다 견해가 다르지만, 모두 100여종 240여권에 이르는 것으로 알려져 있다. 하지만 오늘날에는 그 가운데 일부만 전해진다.

현재 전해지고 있는 저술은 ≪금강삼매경론(金剛三昧經論)≫, ≪기신론별기(起信論別記)≫, ≪대승기신론소(大乘起信論疏)≫, ≪대승육정참회(大乘六情懺悔)≫ 등이 있고, 이 가운데 ≪대승기신론소≫, ≪금강삼매경론≫ 등은 중국의 고승들도 '해동소(海東疏)'라 칭하며 즐겨 인용하였다. 특히 ≪금강삼매경론≫은 원효가 ≪금강삼매경≫에 대해 주석(註釋)을 한 것으로, ≪삼국유사≫에도 '삼매경소(三昧經疏)'라고 기록되어 있다.

── 제3장

도교(道教)

1. 도교(道教)란 무엇인가

신선사상(神仙思想)을 기반으로 자연 발생해 거기에 노장(老莊)사상 · 유교 · 불교 그리고 통속적인 여러 신앙 요소들을 받아 들여 형성된 종교이다.

중국 고대의 민간신앙을 기초로 하고 신선설을 중심으로 도가(道家)의 학설이나 음양오행설(陰陽五行說), 참위설(讖緯說) 등을 가미한 자연종교(自然宗教), 불로장생(不老長生)을 주요 목적으로 하여 현세적(現世的)이익을 추구하는 것이 특징이다.

'도교'라는 말은 원래 한 집단이 근거하고 있는 가르침을 가리키는 보통명사였으나 대략 5세기경부터 유(儒), 불(佛)에 대립하는 교파를 가리키는 협의적 의미로 사용됐다.

전설적으로는 황제(黃帝)에서부터 시작되어 노자에게 이어졌고, 후한(後漢)의 장릉(張陵)에 의해 교단으로서 창설됐다고 한다. 그래서 도교들은 기원전 2697년을 황제기원(黃帝紀元)으로 하는 '도력(道曆)'을 사용하고 있다.

그러나 문헌자료에 의하면 도교는 후한시대인 2세기경 태평도(太平道)와 오두미도(五斗米道) 등 두 개 교단으로부터 시작된 것으로 볼 수 있다. 3~4세기경에는 위백양(魏伯陽)과 갈홍(葛洪)이 『참동계(參同契)』와 『포박자(包朴子)』를 저술하여 사상적 기초를 제공했으며, 북위의 구겸지(寇謙之)는 오두미도를 천사도(天師道)로 개칭하고 그것을 개혁·발전시켜 처음으로 국교로 삼았다.

천사도로 원대(元代)에서부터 정일교(正一敎)라고 공식적으로 호칭되어 현대까지 전해진다. 북송(北宋)말기에 등장한 소포진(蕭包珍)의 태일교(太一敎), 유덕인(劉德仁)의 진대도교(眞大道敎), 왕중양(王重陽)의 전진교(全眞敎) 등도 도교의 교리를 표방한 신도교(新道敎)였는데, 그 중에 전진교는 전술(前述)한 천사도와 함께 원대에서부터 중국 도교계를 남북으로 이분했다. 도교의 경전은 체제면에서 불교의 그것과 유사하다 그것을 집대성한 것을 『도장(道藏)』이라고 하는데, 현존하는 것은 5485권 1120책으로 삼동(三洞)·사보(四補)·십이류(十二類)로 분류된다.

그밖에도 선한 행동을 장려하는 서적인 『선서(善書)』가 있다. 도교는 기본적으로 다신교(多神敎)이지만 그 중심이 되는 시능로는 노자를 신격화한 노군(老君) 또는 태상노군(太上老君), 우주의 도(道)를 신격화한 원시천존(元始天尊), 황제를 신격화한 옥황상제(玉皇上帝)를 꼽을 수 있다.

2. 도교의 기원과 특색

1) 신선방술과 도교

기원전 3세기 무렵 중국에서는 신선설(神仙說)이 생겨났다. 이 신선설은 중국 고대에 있었던 산악신앙(山嶽信仰)과 깊은 관계가 있다. 여기에다 중국 종교의 원초적 형태인 무술(巫術)·자연숭배 등이 혼합돼 사람의 힘이 미치지 못하는 모든 문제를 해결한다는 방술(方術)이 생겨났다. 이 방술은 전국시대(戰國時代)에 이미 성립되어 민간에도 널리 알려져 있었다.

방술을 행사하는 사람을 방사(方士)라고 하는데, 방사가 제왕과 밀접하게 된 것은 진시황(秦始皇)때부터였고, 한무제(漢武帝) 때에는 제왕측근에서 거의 떠나지 않을 정도였으므로 방술은 상층사회에 굳게 뿌리 내리게 되었다.

한편, 신선설이나 방술은 호소할 곳 없는 일반백성들의 마음까지 사로잡기에 이르렀고 종교적인 힘을 발휘하는 방향으로 변천했다.

전한(前漢) 말부터 전설의 임금인 황제(黃帝)와 『도덕경(道德經)』의 저자로 전해지는 노자가 초인적인 존재로 여겨지고 신선으로 꼽혀 황로신앙(黃老信仰)이 대두했다. 방사들의 조작적인 선전과 참위설(讖緯說)의 유행이 황로신앙을 가열시켰다. 이러한 황로신앙을 가미시킨 신선방술의 내용이 조정·확대되고 신흥종교였던 불교의 영향을 받아 도교로 개괄되는 한 종교로 형태를 갖추어 나가게 되었다. 그러나 우리나라의 신선사상은 중국의 그것과는 성격을 달리한다.

2) 도교와 도가사상

도교가 종교의 형태로 형성되기 이전에 이미 노자의 『도덕경』과 『장자(莊子)』·『열자(列子)』 등에 드러나 있는 도가사상은 존재하고 있었다. 동서고금에 도교와 도가사상을 혼동하는 예가 많다.

도교와 도가사상은 밀접한 관계가 있지만, 도교는 어디까지나 종교이므로 근본적으로는 도가사상과 뚜렷하게 구별돼야 한다.

도교는 본래 피안(彼岸)의 관념이 의외로 희박하고, 오히려 현세의 길복(吉福)을 추구하는 것이 특징이기 때문에 종교로서의 이론을 보강할 필요가 생겼던 것이고, 그러한 요구를 충족시키는 방편으로 도가의 사상이나 논리를 받아들이게 되었으므로 도교와 도가사상은 그 관계가 밀접해졌다.

도교는 마치 큰 바다가 작고 큰 물줄기들을 두루 받아들이는 것같이, 온갖 종교·사상·풍속 등을 자체에 편리하게 흡수, 조절하는 특이한 성질을 지니고 변천해 왔다.

도가사상은 도교가 흡수, 조절한 주요한 사상의 하나이지 본래부터 도교가 곧 도가사상이었던 것은 결코 아니다. 도가사상은 도교가 그 사상과 논리를 흡수한 이후에도 사상·문학·예술 등 각 방면에 작용하면서 독자적으로 전개되었다.

우리나라에서도 도가사상은 도교라는 종교와는 엄연히 구별되어서 역대 지식인들에 의해 연구, 수용되어 한국사상 형성에 일익을 담당했다.

3) 도교의 정착과 특색

도교는 4세기 이후 비로소 불교의 체제와 조직을 모방하고 불법(佛法)의 전개방식 등을 받아 들여 교리의 체계화와 종교체제의 정비를 꾀하였다.

도교는 본래 자연발생적인 종교였기 때문에 엄밀하게 따질 경우, 교조(敎祖)라든가 개산조(開山祖)라고 하는 것을 밝혀낼 수는 없다. 노자를 교조로 내세우기도 하지만 그것 역시 종교의 체제를 갖추게 하려는 의식이 생겨난 뒤의 일이다.

도교라는 종교의 성립과정과 그것이 목적하는 바를 요약해 보면, 도교는 고대의 민간신앙을 기반으로 하여 신선설을 중심에 두고, 거기에다 도가 · 역리 · 음양오행 · 참위 · 의술 · 점성 등의 법술과 무술적인 신앙을 보태고, 그것을 불교의 체제와 조직을 본받아 뭉뚱그린 종교로, 불로장생을 주요 목적으로 삼고 현세의 길복을 추구하는 것이 특징이다. 따라서, 도교는 유교와 불교는 물론 다른 신앙까지 큰 마찰 없이 받아들여서 포괄할 수 있었다.

그 결과, 도교라는 명목으로 포괄되는 신앙이나 행사의 내용이 매우 복잡해졌다. 도교는 신선설과 연결되어 불로장생을 이룩하는 것을 목적으로 삼게 됨에 따라 건강관리를 중시하여, 심리적으로는 사과신적 신앙(司過神的信仰)과 주술적인 방법이 도입되었고, 물리적으로는 호흡조절(調息), 곡식 먹지않기(辟穀), 관절의 조절(導引), 남녀 방사의 조화(房中) 등의 방법이 채택됐다.

여기에서 질병치료에서 불로장생까지 연결되는 도교의학의 성립을 보게 되는데, 그 극치가 금단(金丹)이다. 그러나 금단은 현실적으로는 생명을 잃게 하는 독극물일 경우가 대부분이어서, 그러한 위험을 극복하기 위해 금단의 연조(煉造)를 연금술 같은 물리·화학적인 방술에서 끌어내면서 수련적인 단학(丹學)으로 전개하여, 도법을 닦는 의의와 결합시키는 데로 기울어졌다.

이렇게 하여 도교의 금단도(金丹道)는 연금술적인 외단(外丹)과 수련적인 내단(內丹)으로 크게 나누어졌고, 결국은 내·외단의 통섭(統攝)이라는 방향으로 이론체계를 정립시켰다.

① 비승(飛升) 은화(隱化) 및 시해(尸解)

선단을 먹거나 수련을 통해 공행(功行)을 쌓아 득도하거나 하여 신선이 되는 계제도 여러 가지로 다루어졌다. 가장 화려하고 찬란한 것은 비승(飛升)이다. 비승은 신선이 되어 날아서 천상선계로 올라가는 것으로 그 실례가 몇 가지 전해진다.

환진인(桓眞人)의 경우 도교의 대인물인 도홍경(陶弘景, 456~536)의 등외(等外) 제자로 있으면서 진실한 마음으로 공행을 쌓아 그의 스승인 도홍경을 제쳐 놓고 선계 천존(天尊)의 부름을 받아 동자(童子)가 이끄는 선가(仙駕)와 의장(儀仗)의 영접을 받고 동자가 주는 선단을 마시고 선가(仙駕)에 올라타고 선계로 날아올라 갔다.

당나라 말기의 신라 유당(留唐) 학생인 김가기(金可記)는 내단 수련에 성공하고 공행이 차서 미리 정해진 날짜에 당나라의 장안 종남산(終南山)에서 선계의 의장에 옹위되어 선단의 복용이라는 절차를 거치는 일 없이 백주에 만인이 지켜보는 가운데 천상선계로 곧장 날아올라 갔다. 이러한 비승(飛升)의 예는 그밖에도 몇 가지 전해진다.

은화는 비승같이 유별나게 선화(仙化)하는 것이 아니고 세상에 드러나지 않는 길로 신선이 되는 것이다. 다만 비승의 경우와 같이 죽음의 형식을 전연 취하지 않고 곧장 신선이 되어 선계(仙界)로 날아 올라가는 사례는 그리 흔하지 않으며 그렇다고 그밖에는 신선이 되는 일이 없다고 하기에는 아쉬움이 없지 않으므로 죽는 형식만 취하고 실제로는 죽지 않고 신선이 되는 길을 터놓았다.

시해(尸解)가 그것이다. 시해에는 금·목·수·화·토 오행에 걸친 각기 다른 방법이 있는 것으로 알려져 있다. 일례로 검시해(劍尸解)는 평소 지니고 다니던 검을 임종하는 자리에 세워 놓고 임종을 하면 사람은 신선이 되어 선계로 올라가고 지켜보는 가족에게는 그 검이 시신으로 보여 그것을 매장한다는 것이다. 이것은 말하자면 오행의 금시해(金尸解)에 속한다고 하겠다.

②천계(天界) 삼십육천(三十六天)과 동천복지(洞天福地)

도교는 신선설을 기조로 하고 있으므로 불로장생과 연결되는 선단(仙丹), 불로초, 신비한 의약, 각 계층의 신선, 초능력이 따르는 각종 도술, 천상과 지상의 허다한 선계 등등 환상적인 경지를 크게 개척해 놓았다.

건강하게 장수하고 싶은 것은 인간의 공통된 욕구이므로 도교에서 개척한 불로장생과 연결되는 환상의 세계가 허황되기는 하나 그 나름대로 위안과 희열을 가져다주었으므로 사람들의 이목을 끌 수 있었다.

도교에서는 천계가 욕계육천(欲界六天), 색계십팔천(色界十八天), 무색계사천(無色界四天), 상사천(上四天 또는 四梵天), 삼청경(三淸境), 대

라천(大羅天) 도합 36천이 있는 것으로 되어 있다.

최하위의 욕계 육천에 사는 사람도 수명이 1만년이고, 그 위의 색계 십팔천의 사람은 수명이 1억만 년이며, 무색계 사천에 사는 사람은 수명이 억겁년(億劫年)이다. 상사천부터는 사람을 죽게 하는 삼재(三災)가 없어서 죽음이 취소되고 그야말로 장생불사하여 무량수를 누리는 것으로 이해되고 있다.

득도하여 신선이 되어 천계에 오르면 수명은 문제가 되지 않는다. 대라천에는 도교의 최고신인 원시천존(元始天尊)이 있고, 그 아래의 옥청(玉淸 : 淸微天, 元始天尊) 상청(上淸 : 禹餘天, 靈寶天尊) 태청(太淸 : 大赤天, 道德天尊) 세 군데로 이루어진 삼청경에는 각각 중앙과 좌우의 세 궁전이 있고 그 궁전에는 선왕(仙王) · 선공(仙公) · 선경(仙卿) · 선백(仙伯) · 선대부(仙大夫)가 있어 현세의 궁정조직 같이 되어 있다.

한편, 도교에서는 또 십주(十洲), 삼도(三島), 십대동천(十大洞天), 삼십육동천(三十六洞天), 칠십이복지(七十二福地) 등 지상에도 선진인(仙眞人)이 사는 동천복지로 불리는 각종의 낙원이 있다고 한다.

이러한 선진인이 사는 천지간의 선계와 그밖에 있는 속계가 있는데, 선계와 속계 사이에는 내왕이 있는 것으로 되어 있다.

그밖에 도교에서는 성수신앙(星宿信仰)을 받아 들여, 북극성(北極星 : 玄天上帝), 북두성(北斗星 : 北斗神君), 남두성(南斗星 : 南極長生大帝), 문창성(文昌星 : 文昌帝君) 삼태성(三台星) 등을 경배한다.

한편, 도교에서 받드는 신은 성황신(城隍神) · 토지신 · 삼관(三官) · 사어(四御) · 재신(財神) · 문신(門神) · 조신(竈神) · 왕령관(王靈官) · 관제(關帝) · 낭낭(娘娘) · 용왕 · 팔선(八仙) · 여조(呂祖) · 마조(媽祖) 등 그 수효가 적지 않다.

4. 중국 도교 교단의 성립과 변천

1) 원시 도교 교단

후한(後漢) 말기(2세기에서 3세기 초에 걸친 시기)에는 정치의 난맥으로 혼란이 극심해지고 환관(宦官)의 횡포와 부호들의 방종이 심해서 일반 백성들은 도탄에 빠져 허덕이고 의지할 곳을 찾지 못했다. 이러한 시대상을 배경으로, 도교의 원류라고 할 수 있는 태평도(太平道)와 오두미도(五斗米道)라는 종교 집단이 생겨났다.

후한 순제(順帝 : 125~144년 재위) 때 우길(于吉 또는 干吉)이 『태평청령서 太平淸領書』를 감득(感得)해 그것을 바탕으로 종교집단을 만들고 그 도서명(道書名)을 따서 태평도를 표방했다.

우길의 뒤를 이어 장각(張角)이 교주가 되어 태평도의 조직을 굳히고 도서(道書) · 부적(符籍) · 참회(懺悔) 등을 사용하여 시행한 질병치료의 방법이 주효해서 많은 도당을 얻어 왕실을 타도하고 자기가 천하를 잡을 욕심으로 무장봉기했다. 이른바 황건적(黃巾賊)의 난(亂)이다. 장각이 전사한 후 태평도는 몰락하고 말았다.

태평도보다는 좀 늦게 장능(張陵, 또는 張道陵 : ?~178년)이 후한(後漢) · 환(桓) · 영제(靈帝 : 147~189년) 때에 오두미도를 시작했다. 오두미도가 태평도와 계승관계가 있다고 보는 견해도 있다.

장능은 만년에 유학을 버리고 장생법을 배워 황제(黃帝)의 구정단법(九鼎丹法)을 터득했고, 또 사천(四川) 학명산(鶴鳴山)에서 책의 저술과 수도에 전념한 끝에 수많은 신이 강림해서 신출정일맹위법(新出正一盟威法)을 그에게 전수했다는 것이다.

장능은 이 법으로 질병을 고쳐 주어 수많은 신도를 얻어 쌀과 비단을 바치는 법을 정하고, 신도를 통할하는 직책을 만들어 종교집단을 이루었다. 장능의 손자 장노(張魯)가 오두미도를 계승하여 그 교법과 조직을 완성시켜, 한 왕국을 방불케 하는 조직화된 종교집단을 성립시켰다. 장노가 조부 장능을 천사(天師)라 칭해 오두미도를 천사도(天師道)라고도 불렀다. 부(父) 장형(張衡)을 사사(嗣師), 자신을 계사(系師)라 하여 조부손(祖父孫)이 법계(法系)를 계승한 것같이 말해 삼장(三張)으로 합칭하기도 한다.

　　장노가 조조(曹操, 155~220년)에게 굴복해 죽으면서 교세가 약해졌으나 천사도는 지금까지 남아 있는 정일교(正一敎)의 전신으로 도교 정통의 자리를 차지해 내려왔다. 태평도와 오두미도 내지 천사도는 부적과 도록(道籙)을 존중한다 하여 부록파(符籙派)로 불리기도 한다.

2) 단정파

　　복용하면 불로장생하는 신선이 된다는 선단 또는 금단(金丹)으로 불리는 영약(靈藥)의 연조(煉造)는 선진(先秦)시대부터 전해지지만 후한 말기 오(吳)의 위백양(魏伯陽, 147~167 ?)이 저술한 『주역참동계(周易參同契)』(약칭 참동계)는 금단도(金丹道 : 금단을 연조하는 방법)를 천명한 대표적인 도서(道書)로 받들어진다. 다만 위백양은 자기가 저술한 『주역참동계』의 방법에 따라 연조한 금단을 먹고 일단은 죽었다가 되살아나 다시 약을 먹고 진인(眞人)이 된 것으로 전해진다.

　　금단 연조에 주력하는 이 계열의 도인(道人)들을 단정파(丹鼎派)라고 부르기도 한다. 진(晉)의 갈홍(葛洪, 283~343년)이 저술한 『포박자(抱

朴子)』'금단'편에는 금단도가 자신 있고, 구체적으로 제시돼 있다.

그는 후한 말기의 좌원방(左元放)으로부터 그의 종조(從祖) 갈선공(葛仙公)과 갈선공의 제자 정군(鄭君)을 통해 전해진『태청단경(太淸丹經)』3권,『구정단경(九鼎丹經)』1권,『금액단경(金液丹經)』1권 및 구결(口訣)을 전수해서 금단도에 달통할 수 있었다고 자술했다.

북송 초기의 장군방(張君房, 1004 진사 급제)의『운급칠첨(雲笈七籤)』에도 금단의 연조방법 등이 비교적 상세하게 기술되어 있다. 금단은 외물(外物)의 도움을 받아 불로장생을 기하는 것으로 곧 외단(外丹)인데, 독성이 심한 광물의 합금으로 연조된 것이므로 복용하면 목숨을 잃을 위험이 있다. 금단도는 후세의 도사들에게 전해져 금단이 연조되기도 하였으나 그 금단으로 황제들까지 목숨을 잃고는 하였다.

3) 도교학(道敎學)의 개발

서진(西晉)과 동진(東晉)을 거쳐 남북조시대로 내려오는 동안 천사도는 변화를 거듭해 가며 상층사회와 민간에 두루 전파되어 신봉됐다.

천사도에서는 진나라 때 특히『상청경(上淸經)』을 받드는 상청파(上淸派)가 생겨 전승되어 내려와 남조송(南朝宋)의 도사인 육수정(陸修靜, 406~477년)에 이르러 대량의 도경(道經)을 수집 · 정리했고 배례(拜禮) · 송경(誦經) · 사신(思神)의 세가지 방법으로 수도하여 마음을 닦고 행실을 깨끗이 하기를 강조하여 도교의 신학적인 수준이 제고되기 시작했다.

상청파의 도법은 양대(梁代)로 내려와 도교학자이며 연단과 의약에도 조예가 깊었던 도홍경(陶弘景, 456~536년)에게 전수됐다. 도교의 신학은 도홍경에 이르러 집대성되었고, 그는 강소(江蘇)의 모산(茅山)에 은거하여 육수정의 도경정리사업을 크게 진전시키고 도교의 교학 체계와 금단도까지 정비해서 모산종(茅山宗, 茅山派라고도 함)의 창시자가 됐다.

4) 신천사도(新天師道)

북조에서는 북위(北魏)의 도사인 구겸지(寇謙之, 365～448년)가 신천사도(新天師道)를 내세워 도교를 철저하게 개혁하고 나섰다. 그는 태상노군(太上老君)으로부터 운중음송신과지계(雲中音誦新科之誡)를 받았고, 천사도 개혁의 사명이 부여됐으며, 거기다 천사의 지위가 수여됐다고 한다. 신천사도에서는 신선설을 중심으로 불로장생을 목적으로 삼고 복이(服餌)·복기(服氣)·도인·벽곡 등 양생법을 채택했다.

불교의 체제·의식·조직 등을 모방하고, 유교의 예도(禮度)를 강조했으며 청허(淸虛) 등을 높여 도가사상을 끌어 들였고 노자를 도교의 시조 자리에 확고하게 앉혀 놓았다. 조미(租米), 전세(錢稅)와 방중술 같은 오두미도의 폐단을 배제하여 청정한 도교를 확립하려고 했다. 말하자면 신천사도는 부록파와 단정파의 교법을 조정·융합하기에 이른 것이다.

구겸지는 최호(崔浩, ?～450년)의 힘을 얻어 북위 태무제(太武帝, 440～451년 재위)의 귀의를 받고 도교를 국가적인 종교로 만드는데 성공했다. 신천사도의 단계에 와서 처음으로 조건을 갖춘 도교가 정립됐다고 해도 과언이 아니다.

5) 수당(隋唐) 시대의 도교

수(隋)의 왕조도 도교 교학을 연구하는 현도관(玄都觀)을 설치하고
『현도관일체경 (玄都觀一切經)』을 완성시키는 등 도교에 대한 관심을
나타냈다.

도교는 수를 거쳐 당(唐)에 내려와 북조의 신천사도와 남조의 교학
체계의 종합을 보게 되었다. 이때 지도적인 위치에 있던 도사 왕원지
(王遠知, 530~635년)와 반사정(潘師正, 586~684년)이 국가의 도교정
책을 그러한 방향으로 유도해 나갔다.

당대(唐代)에는 도교를 중요시하는 정책을 썼는데 그 밑바탕에는 도
교교단을 국가의 행정지배 하에 예속시키기 위한 엄격한 정책이 깔려
있었다. 도교교단이 국가에 예속되어 1만5000명이 넘는 도사가 양성됐
으며 2000명이 넘는 전국의 도관(道觀)에 배속되어 주로 국가를 위해
양재기복(禳災祈福)하는 재초(齋醮)를 거행하게 했고 기타 도교의 행사
와 습속을 관장케 했다. 그리고 당실(唐室)의 조상으로 받드는 노자(老
子：李耳)에게 태상현원황제(太上玄元皇帝)의 존호를 올리고 노자의『
도덕경(道德經)』을 민가에 두루 비치시키고 과거의 과목으로 넣었다.

도교를 연구하는 기관인 숭현학(崇玄學)을 설치하여 도력(道曆)을 제
정하기까지 하였다. 민간에서 자연발생적으로 생겨난 도교는 이렇게
해서 민간을 대상으로 하는 종교적이며 사회적인 사명은 퇴색해 버리
고, 국가가 관장하는 관방도교(官方道敎)로 변모했다.

그러나 당나라 때라고 해서 국가에 예속되지 않고 자유롭게 활동하
는 도사가 전혀 없었던 것은 아니다. 특히 안사란(安史亂, 755~763년)
을 경계로 해서 도교교단에 대한 당 왕조의 규제가 약화되면서 도교는

다시 서민화의 현상을 다소간 드러낸다.

당나라 말기에 국가 통제하의 도사가 아니고 도교에 지대한 영향을 끼친 인물로 종리권(鍾離權)과 여암(呂嵒) 두 사람이 있다.

종리권의 자는 운방(雲房)으로 그에 관해서는 한대(漢代) 이래로 생존했던 인물로 보는 전설까지 있는데, 그는 여러 가지 진결(眞訣)과 도법(道法)을 얻고 마지막에는 공동산(崆峒山)에서 옥갑비결(玉匣秘訣)을 얻어 진선(眞仙)이 됐다고 한다. 종리권은 여암을 계도하여 그를 도인(道人)으로 도화(度化)시킨 것으로 알려져 있다.

그리고 종리권은 신라의 유당학인(留唐學人)스님 자혜(慈惠) · 최승우(崔承祐) · 김가기(金可記) 세 사람을 종남산 광법사(終南山 廣法寺)에서 만나 많은 도서(道書)와 비결을 주고 내단수련을 위한 도법을 전수한 것으로 되어 있다. 도교에서는 종리권이 정양제군(正陽帝君)으로 받들어진다.

여암의 자는 동빈(洞賓)으로 종리권에 의해 도화되기는 하였으나 다시 여러 가지 도법과 비결을 얻어 초능력을 행사하기에 이르렀다. 이 때문에 특히 민간에서 많이 받들어졌다. 그는 순양연정경화부우제군(純陽演正警化孚佑帝君)으로 받들어진다. 이들은 수련적인 도교를 개발하여 전진교(全眞敎) 등 후대에 생겨난 도교 유파의 북오조(北五祖)로 추앙받으면서 조사(祖師)로 받들어지기까지 했다. 오대(五代)의 도교는 서민화의 경향이 더욱 뚜렷해졌다.

6) 송원(宋元)의 도교

송대(宋代)에도 진종(眞宗, 997~1021년 재위)과 휘종(徽宗, 1100~

1126년 재위)과 같은 도교를 좋아하는 임금이 있어 도교는 국가의 비호를 받아 관방 도교의 색채를 다분히 드러내기는 했으나 당 나라 때와는 상황이 달라졌다.

당실에서 노자를 숭상한 것과는 달리 송실에서는 조신(祖神) 내지 수호신인 조현랑(趙玄朗)에게 호천옥황대제(昊天玉皇大帝)로 존호를 올려, 최고신의 호칭으로 천존(天尊) 대신 옥황(玉皇)이 정착하게 된다. 진종 때부터 전국 각지에 만수궁관(萬壽宮觀)을 설치케 해서 천자의 무병장수를 기원케 하고 각지의 도관에는 국가에서 제거(提擧)를 파견하여 보호와 관리를 담당케 했다.

또한, 『대송천궁보장(大宋天宮寶藏)』과 『만수도장(萬壽道藏)』 같은 대규모의 도교 일체경(一切經)의 편찬이 있었는데 지금은 다 전해지지 않으나, 대체적인 내용은 장군방의 『운급칠첨』을 통해 알아볼 수 있다.

북송은 금(金)에 멸망하고 남송으로 들어가 국가는 극도로 쇠미해졌는데 이 시기에 정명도(淨明道), 태일교(太一敎), 진대도교(眞大道敎), 전진교(全眞敎), 무당도(武堂道) 등 새로운 도교 교파가 무성하게 생겨난다. 이들 새로운 교파들의 공통된 특징은 삼교 혼합(三敎混合)의 방향이다. 원대(元代)에는 세조(世祖, 1260~1294년)가 천사도를 정일교(正一敎)로 개칭하면서 보호해 주었고, 전진교도 번성하기는 했으나, 그보다 앞서 원의 태종 10년(1238) 태종(太宗, 1234~1241년)의 어전에서 불교와의 교리 논쟁이 있은 뒤부터는 도교는 대체로 퇴색의 길을 걸었다.

7) 명청(明淸)의 도교

명나라 태조(太祖, 1368~1398년)는 즉위 후 곧 도교교단을 통제하는 현교원(玄敎院)을 설치하여 도교를 엄격하게 통제했고, 다시 도록사(道錄司)로 개편해 통제를 강화했으며 각 지방에 도기사(道紀司)를 두어 도교교단의 행정을 관할하게 했다.

도사의 최고 칭호인 천사(天師)라는 호를 천자의 권위를 침범한다 하여 사용을 폐지하고 진인(眞人)으로 고쳐 쓰게 했다. 헌종(憲宗, 1164~1187) 때에는 국가에서 공공연하게 도사와 불승(佛僧)의 도첩(度牒: 면허장)을 팔기 시작해 도사와 불승의 질적 저하를 초래했다.

그러나 한편으로는 명조에서 정명도와 정일교의 지도자들을 도교교단의 최고 행정관직인 우정일(右正一)이나 좌정일(左正一)에 임명하는 등 도교교단의 세력을 이용하기도 했다.

명 왕실에서는 화북(華北) 지방의 도교를 전진교가, 강남 지방을 정일교가 각각 나눠 맡게 하는 것을 기본 방침으로 세웠으나 실제로 전진교의 세력은 극히 약화되고 정일교가 주도권을 잡고 있었다. 정통(正統) 10년(1445)에 『정통도장(正統道藏)』 5305권과 만력(萬曆) 35년(1601)에 『속장(續藏)』 180권을 편찬·간행하여 유일한 도교 일체경(一切經)으로 오늘날까지 남게 되었다.

청대(淸代)에 내려와서는 정일교에 대한 청실의 태도도 냉각되고 전진교도 금단도에 기울어지는 등 도교 교학의 지도적인 지위를 잃게 되었다. 청대의 도교는 대체로 삼교 혼합의 방향이 현저해지고 서민화의 경향이 실질적으로 뚜렷해진 점을 특색으로 들 수 있다.

5. 한국 도교의 성격과 특징

1) 단군신화와 신선설

중국 신선방술의 발생과는 별도로 우리나라에는 고대로부터 도교를 수용하기에 적합한 토착적 고유 문화현상으로서 산악신앙 · 신선설 및 그것들과 연관이 있는 각종의 방술이 있었던 것으로 전해진다. 우선 고대의 건국신화가 산악신앙 및 신선사상과 직결되어 있으니, 단군신화를 보면 그것을 곧 알게 된다.

천제 환인(桓因)의 서자인 환웅(桓雄)이 3000명의 무리를 거느리고 강림한 곳은 태백산 정상의 신단수(神檀樹) 밑이었다. 환웅의 아들로 태어난 단군을 본원으로 하여 이 땅 특유의 신선사상이 전개되고 이 땅의 선파(仙派)가 생겨나게 된다.

단군신화에 언급된 '홍익인간(弘益人間)'이라는 이념은 한국 신선사상의 특징을 단적으로 표현한 것이라 하겠고, 후세 선파에서 내세운 환인과 환웅으로 연결시킨 단군의 정신과 교훈은 인간만사의 도리와 우주 삼라만상의 이치를 두루 포괄하는 것이었다.

'결청지학(潔淸之學)' · '연양지도(鍊養之道)' · '인간선사(人間善事)' · '신도묘덕지훈(神道妙德之訓)' 등의 용어가 보이는 것만으로도 그것을 짐작할 수 있다. 환인의 도가 환웅과 단군을 거쳐 전해져서 그것이 다시 문박씨(文朴氏) · 을밀(乙密) · 영랑(永郞) · 안류(晏留) · 보덕성녀(普德聖女) 등으로 이어져 내려 왔다고 여겨지고 있다.

이와 같은 선가설은 아주 오래 전부터 전승된 것으로 짐작된다. 선파로 지목된 인물은 신라와 고려를 거쳐 조선시대까지도 이어져 내려 온 것 같은데, 이 부류에 속하는 인물들은 대체로 불우한 은자들이 주종을 이루고 있다. 이들 선파 사이에서는 중국의 지배를 배격하는 주체적 사관이 선명하게 부각 되어있고, 중국문화로 동화되는 것을 경계하며 자주적인 문화의 건설을 모색하려는 경향을 나타내기도 했다.

그들은 우리 민족의 무한한 저력에 대한 신심과 우리 겨레가 세계를 영도하는 지위에 오를 영광된 장래가 있으리라는 것을 확신하고 있다. 그밖에도 신선과 결부시켜 예술가를 경애하는 등 우리 고유의 선가설과 관련된 특징이 내포되어 있다.

이러한 우리 고유의 신선사상은 그 전승과정에서, 수련적인 도교와 습합하면서 변천해 내려왔다. 따라서 이러한 신선사상은 도교적인 문화현상으로 간주하여 한국 도교의 특징 중 하나로 다루어져야 할 것이다.

2) 수련적 도교

한국 도교의 두번째 특징으로 수련적인 도교가 우리 지식인들에게 끼친 영향을 들 수 있다. 『해동전도록』에 따르면, 수련적인 도교는 신라 말기 유당학인(留唐學人)들이 당나라에서 도입한 것으로 되어 있고 이 땅의 도맥(道脈)도 이로부터 형성되었다.

이 도맥을 보면 신라 때에는 최치원(崔致遠)이 주요한 지위를 차지하고 있고, 고려시대는 비약이 심하여 보잘 것이 없으며, 조선 초기로 내려와서는 김시습(金時習)이 중흥시조 같은 지위를 차지하여 그 전승이 뚜렷해진다.

불로장생 같은 현세적인 이익의 추구가 그 중심이 되는 도교에서 수련을 통해 불로장생을 획득하는 방법은 여러 가지가 있으나, 그것들은 결국 마음의 평정과 신체의 건강에 이바지하는 수단이라고 할 수 있다.

수련적인 도교는 우리의 옛 지식인들에게 어느 면으로는 인생의 운치나 위안을 가져다 주는 것으로 이해되었고, 동시에 좋은 건강관리법으로 받아 들여졌다. 그들은 수련적인 도교에 양생법이 있음을 인식하고, 심지어 이황(李滉)·이이(李珥) 같은 학자들까지 그것을 받아 들여 실생활에 응용하기를 주저하지 않았다.

한편, 도교에서는 불로장생을 목적으로 수련을 통한 건강관리법을 개발하는데 그치지 않고 독특한 의학을 수립하기까지 하였다. 도교의학은 고려시대에 이미 들어온 바 있지만, 조선시대에는 우리 의학이 도교의 이론에 따라 철저하게 체계화됐다. 도교에서는 예방의학이 대단히 강조되어, 평소에 신체의 조화를 깨서 질병에 걸리는 일이 없도록 생활하는 것이 최상의 방편으로 간주되었다.

이러한 도교적인 의학사상이 조선시대의 대표적인 의서인 허준의『동의보감(東醫寶鑑)』편찬에 수용되어 엄연한 체계를 갖추게 된 것이다.

2) 과의적 도교

이 땅에 도교가 정식으로 도입된 것은 고구려 말기였고, 그것은 주로 국가를 위해 재초(齋醮: 양재기복禳災祈福 하는 일을 당사자를 대신해 도사道士가 제신諸神에게 빌어 주는 도교 제례의식)를 중심으로 한 과의적(科儀的)인 도교였다.

이 시기는 고구려가 대륙 깊숙이까지 파고 들어 큰 판도를 차지하고 있었다. 당나라에서 도교를 도입해 당시의 고구려 사상계를 개편함으로써 정권을 성공적으로 확보했던 연개소문(淵蓋蘇文)은 큰 판도를 지탱해 나가는 국력을 길러 중국의 침략을 분쇄할 수 있었다.

신라가 당나라와 합세하여 고구려를 토멸한 뒤 신라는 고구려가 차지했던 대륙의 강역은 당나라에 빼앗기고 장악하지 못했다. 그리고 지금까지의 조사로는 국가를 위하여 양재기복하는 도교의 재초가 신라에서 행해진 기록은 발견되지 않고 있다. 그런데 고려시대에는 도교의 재초가 극히 빈번하게 거행되었다. 그리고 예종 때에 와서는 도관인 복원궁(福源宮)을 건립하는 등 국가적 종교로서의 도교가 강화되었다. 대외정책도 한때 고구려의 옛 강토를 회복하려는 방향으로 추진되었다.

고구려의 유민이 발해국을 창건하고, 고려는 발해의 혈통을 이어 결국 고려가 고구려를 계승한 것으로 보는 견해도 있는데, 도교와 관련시켜 볼 때 생각해 볼 여지가 있다.

조선시대 초기에는 과의적인 도교가 국가의 비호 아래 그 명맥을 유지했다. 그러나 유신(儒臣)들 사이에서는 한낱 제후국에 지나지 않는 조선에서 하늘을 제사한다는 것은 주제 넘는 일이라 하여 도교의 재초를 극렬하게 반대하였고, 대단한 논란이 되풀이된 끝에 소격서(昭格署)가 혁파되고 말았다. 과의도교는 한국 도교의 한 특징으로 꼽히게 된다.

6. 수련적 도교와 방술(신라의 도교)

1) 도교의 잡술

신라시대는 도교의 잡술을 연상시키는 기적을 나타내고 신이한 방술을 구사한 인물이 많았던 것으로 전해진다. 우선, 신라초의 호공(瓠

公)은 박혁거세(朴赫居世)를 도와 인접국과 수교의 사명을 수행하여 신라의 국위를 떨친 인물인데 바람과 비, 새와 짐승을 마음대로 부리는 대단한 방술을 행사했다고 전한다.

삼국통일에 큰 공을 세운 김유신(金庾信)에 관해서도 방술의 신비성을 띤 설화가 『삼국사기』 권41~43의 본전과 『삼국유사』 김유신조 등에 전한다. 김유신은 등에 칠성문(七星文)이 있었는데, 그것은 칠요(七曜)에서 정기를 받은 표시라고 하여 생래적으로 신이성을 지니고 있었다고 여겨졌다.

그는 17세 때 이미 큰 뜻을 품고 단신으로 중악(中嶽)의 석굴에 들어가서 통삼대공(統三大功)을 성취할 힘을 내려 주기를 기도했는데, 신이한 노인이 나타나 김유신의 요청대로 방술의 비법을 전수했다. 그 뒤 또 열박산(咽薄山) 깊은 골짜기에 들어가 천관(天官)에게 빛을 드리워 자기 보검에 강령(降靈)해 달라고 빌었는 데, 두 별에서 광채가 내려와 그의 보검을 동요시켜 신령한 기운을 내려 주었다.

김유신의 보검은 고구려군과의 접전에서 신비한 위력을 발휘했다. 또한, 그는 항시 음병(陰兵)의 호위를 받고 살았다고 한다. 이러한 김유신과 관련된 신이한 설화들은 도교적인 색조가 농후하고 도교의 잡술과 일맥상통하는 점이 있다.

김유신의 증손 김암(金巖)도 방술을 좋아하여 숙위(宿衛)로 당나라에 가 있을 때 도교 방술에 포괄되는 음양가법을 배우고 둔갑입성법(遁甲立成法)을 터득하였다. 그는 귀국 후 사천대박사(司天臺博士)로 팔진병법(八陣兵法)을 가르쳤으며, 하늘에 빌어 메뚜기의 재해를 물리치는 등 방술을 구사했다.

그밖에도 신라시대는 시가(詩歌)와 결부된 이적도 많았던 것으로 전해진다. 해가 둘이 떠서 10여일간 없어지지 않았던 것을 월명사(月明師)가 '도솔가(兜率歌)'를 지어 괴변을 없앴고, 융천사(融天師)가 '혜성가(彗星歌)'를 지어 혜성을 없애고 침범해 온 왜군을 제 발로 물러가게 하였다는, 향가를 둘러싼 전설을 그 대표적인 예로 들 수 있다. 이러한 일들을 방술만으로 처리하기에는 무리가 있으나, 그렇다고 방술과 전혀 무관하다고 할 수는 없다.

2) 나말(羅末) 학인들과 도교

신라 말기 당나라에 유학한 신라의 학인(學人)들 가운데 수련적인 도교를 이 땅으로 전한 인물들이 있었던 것으로 알려진다.

『해동전도록』같은 우리나라의 도서(道書)에 그 경위가 비교적 소상하게 다뤄져 있다. 당시 당나라에는 각처에 도교 사원인 도관이 건립되어서 국가나 개인이나 양재기복하는 재초, 곧 과의적인 도교의 제례행사가 매우 빈번하게 거행되었다.

그래서 당시 당나라에 유학한 신라의 학인들에게는 도관의 재초는 결코 생소한 것이 아니었다. 도교의 재초에 사용하는 제문이나 축문은 재사(齋詞)니 청사(靑詞)니 하여 불가의 도량문(道場文) 등과 구별된다.

최치원과 같이 한때 당나라에서 벼슬을 하면서 문한(文翰)을 다루던 사람은 당나라에 있을 때 이미 적지 않은 재사나 청사를 짓기까지 하였고, 그 글이 문집 등에 수록되어 오늘날까지도 전해진다.

그러한 상황이었으므로 당나라에 유학했던 신라의 학인들에 의해 수련적인 도교가 이 땅에 이입되었다고 보는 것은 오히려 자연스러운 견해라고 할 만하다. 9세기 중엽 신라의 학인 최승우(崔承祐)·김가기(金可記)와 승려 자혜(慈惠) 등 3인이 중국에 유학하여 종남산(終南山) 광법사(廣法寺)에서 천사(天師) 신원지(申元之)를 만난 것이 기연이 되어 신원지의 알선으로 종리권(鍾離權)으로부터 '청화비문(靑華祕文)'을 비롯한 여러 가지 도서(道書)와 구결(口訣)의 전수를 받았고, 3년 동안 수련한 끝에 단(丹)을 이룩하였다.

여기에서 단을 이룩하였다고 한 것은 신선이 되는 약인 금단연조에 성공했다는 뜻이 아니라, 심신의 수련을 통한 공행이 양전한 득도의 경지에 도달했음을 말한다.

김가기는 한때 신라에 다녀갔으나 『속선전(續仙傳)』 등의 기사를 보면 858년 2월 25일 당나라에서 백주에 신선이 되어 올라간 것으로 되어 있다.

그런데 그보다 11년 뒤인 869년 당나라에서 유학한 최치원과 역시 유당학인인 이청(李淸)에게 김가기가 구결을 전수한 것으로 기록돼 있다. 최승우는 신라로 돌아와 태위(太尉) 벼슬까지 지냈는데, 그도 귀국하여 최치원과 이청에게 구결을 전수하고 93세의 장수를 누렸다.

자혜는 의상(義湘)과 동일인으로 보기도 하는데 맞는 견해라고는 할 수 없고, 그는 귀국 후 오대산으로 들어가 승려 명법(明法)에게 도요(道要)를 전수하고 145세에 태백산에서 입적(入寂)하였다.

환인 이래, 이 땅에 고유의 도맥 이외에 유당학인을 통해 수련적인 도교가 흘러 들어와 새로운 도맥을 이어 나가게 된 것이다. 최치원은 김가기와 최승우 두 선배로부터 도요를 전수받았을 뿐 아니라, 자혜의 계통에 속하는 권청(權淸)과도 접촉이 있어 도법을 연마한 것으로 전해진다.

유당학인이 이 땅에 형성한 새로운 도맥은 고려와 조선에까지 전승되었는데, 그 계보는 최치원에서 직접 뻗어나가지 않고 이청으로부터 이어져 내려갔다. 이청은 명법에게 구결을 전수하고, 명법은 다시 자혜로부터 도요를 배운 뒤 권청에게 전수하였고, 권청은 최치원과 도법을 연마한 뒤 그것을 후대에 전한 것으로 되어 있다.

이렇게 해서 이 땅에 들어온 수련적인 도교는 기인괴사들의 단학설화(丹學說話)도 생겨나게 하고, 도교를 학술적으로 연구하는 기풍을 조성해서 일반 학인들이 흥취를 구하는 한 가지 독특한 경지를 개척했다.

3) 수련적인 도교의 전승

『해동전도록』은 규장각본에 조선 중기의 한무외(韓無畏)가 기술한 것으로 되어 있다. 한무외는 곽치허(郭致虛)로부터 도요를 전수한 것으로 되어 있고, 곽치허가 그에게 한 부탁이 "정양(正陽)의 한 줄기 맥이 실추되지 않으리니 힘쓰고 힘쓰라."로 맺어져 있다. 정양은 중국 당나라 때 사람 종리권의 존호이다.

본성적인 단학은 중국에서는 금대(金代)에 성립된 도교의 한 종파인 전진교(全眞敎)에서 본격적으로 개발되었다. 전진교에서는 여동빈(呂洞賓)을 종조(宗祖)로 받드는데, 여동빈은 종리권의 전수로 득도하여 선화(仙化)하였다고 한다. 그래서 전진교에서는 종리권을 정양제군(正陽帝君)으로 존칭하기까지 하였다.

그런데 전진교의 성립은 12세기 초부터 시작되는 금대에 내려와서이므로, 김가기 등 신라의 유당학인들이 본성적인 단학을 중심으로 한 도교를 수련한 일을 전진교와 결부시켜 논할 수는 없다.

우리가 생각해 볼 수 있는 것은 전진교의 원류라고 할 수 있는 내단 수련을 중심으로 하는 도교의 일파가 당대에 이미 형성돼 있어서, 김가기 등 신라의 유당학인들이 그 계통의 도교와 접촉을 갖지 않았나 하는 점이다.

부정적인 측면에서 따진다면, 그러한 도법이 유당학인에게 전수되었다는 것은 전혀 무근한 일이고, 금대에 시작된 전진교의 한 분파의 교법이 고려 말과 조선 초에 중국에서 들어온 뒤 이 땅에서 그 계통의 도맥을 소급 설정하기 위한 방편으로 그러한 내력을 조작한 것이라고 볼 수도 있다.

이들이 전승한 단학은 환반지학(還返之學)과 시해(尸解)의 두 가지로 나누어진다고 하지만, 전수된 도서와 저술된 도법은 다양하다.

수련적인 도교에서의 환반의 뜻은 금단연조에서의 칠반구환(七返九還)의 법을 본성적으로 해석한 것으로, 대체로 심신 · 성정 · 육체에 걸쳐 분산된 정력을 수습해서 응집된 상태에서 유지 · 보존하여 장생불로에 이르게 하는 수련방법이라 하겠다. 시해는 도법을 수련한 끝에 죽는 형식만을 빌려 신선이 되는 방법이다.

4) 도교의 습속

고려시대 도교의 장생법과 사과신적(司過神的) 신앙에서 생겨난 수경신(守庚申)의 습속이 상하계층에 널리 퍼져 있었고, 그것이 조선시대까지도 지속되었다.

수경신은 경신수야(庚申守夜) 곧 경신일마다 잠을 자지 않고 밤을 새우는 습속이다. 도교에서는 사람마다 주어진 수명은 2주갑, 즉 120세인데 그가 저지르는 악행의 정도에 따라 그 비례로 수명이 단축된다고 본다.

사람은 악행에서 완전히 벗어나 살기는 어려운데, 삼시충(三尸蟲)이라는 눈에 보이지 않는 벌레가 인체 내에 기생하면서 그 숙주(宿主)가 저지른 악행을 살펴 60일마다 오는 경신일 밤 숙주가 잠든 사이에 빠져나가 천제에게 그것을 고해 바친다는 것이다.

이러한 정례보고를 막기 위해 삼시충이 체내에서 빠져나가지 못하도록 경신일 밤을 자지 않고 지새우는 것이 수경신이다. 밤을 새우는 일은 무료하므로 주연을 벌여 노는 축제 성격을 띠게까지 되었다. 『고려사』1265년(원종 6) 4월조에 '경신일에 태자가 안경공(安慶公)을 맞아다가 잔치를 베풀고 날이 샐 때까지 음악을 연주했다.'는 기사가 나온다. 경신일에 수야하는 습속을 태자까지 따른 것을 지탄한 것이다.

이러한 수경신의 습속은 조선 초에 이르는 동안 1년의 6경신을 다 수야하는 일은 줄어 들고, 연말 무렵의 마지막 경신일을 철야 축제행사로 지키게 되었다.

조선시대 민간에서는 경신수야의 습속이 널리 퍼져 있었으며, 제가의 문집에 경신수야를 읊은 한시가 많이 수록되어 있다.

7. 도교 양생론과 도교 의학

1) 도교의 양생론

도교의 수련은 건강을 유지해 장수를 누리기 위한 방법이므로 그것은 곧 양생법(養生法)이라고 할 수 있다. 김시습(金時習)은 이론상으로는 불로장생을 꾀하는 것을 반박하였으나, 그의 잡저(雜著)『수진(修眞』과 『용호(龍虎)』에서 도교수련법의 요체를 천명했다.

『수진』에서 '신선이란 양성복기(養性服氣)하고 용호를 수련해서 늙음을 물리치는 사람이다.'라고 전제하고 『양생결』을 인용해 '본성을 기르는 사람은 늘 약간의 노력을 원하나 지나치게 무리한 행위를 억지로 하지 않는다.'고 일러주고 기행좌와(起行坐臥)에 걸친 주의사항을 나열했다.

그리고 모든 일에 걸쳐 과도한 일을 하지 않으며, 자기의 정(精)을 동요시키지 않고 마음을 적묵(寂默)으로 돌아가게 하면 장생하게 될 것임을 말하였다.

『용호』에서는 수련해서 장생하는 것은 천지의 정기(正氣)를 훔쳐내는 것임을 말하고, 그 요체는 호흡을 통해 음진양순(陰盡陽純)해짐에 있고 공행이 차면 장생초탈(長生超脫)의 경지에 이른다고 하였다.

이러한 것은 결국 일종의 양생론이다. 한편, 주희(朱熹)가 『참동계(參同契)』와 『음부경(陰符經)』같은 도서에 관심을 갖고 교주(校注)작업을 한 것 등에 영향을 받아 조선시대의 성리학자들까지도 그러한 부류의 도서를 기탄없이 열람했고 도교적인 수련법에 대한 조예가 깊은 인사들도 나왔다.

이렇게 해서 일반 지식인들 사이에서도 심신수양, 건강관리 또는 생활의 운치 등 다양한 의의를 도교적인 수련법에 부여하게 되었고, 동시에 종교적인 의의가 극도로 희석된 상태에서 수련적인 도교가 받아들여지기도 했다.

율곡 이이(李珥)도 도교적인 방법을 감안한 의약책을 피력하였다. 그는 도교의 연단·등선의 설은 믿지 않으나, 도교에서 개발한 창양(昌

陽)·황정(黃精) 같은 연년익수(延年益壽 : 수명을 더 오래 늘여 나감)한다는 약물의 사용은 그것 나름의 이치가 있어 받아들일 만하다는 태도를 취하였다.

유교적인 효행이 강조되던 시대이므로 사친양로(事親養老 : 어버이를 섬기며 노인을 부양함)를 위하여 지식인들이 도교의 양생론과 의약에 깊은 관심을 가졌다.

퇴계 이황(李滉)도 이찬(李澯)의 8폭 양생설을 보고, 주희가 위백양(魏伯陽)의 『참동계』를 사랑하는 뜻을 알게 됐고, 자기인들 양생하여 지선(地仙)이 될 수 없겠는가 하였다. 당시 지식인들의 도교적인 수련법에 대한 의식을 짐작케 하는 말이다.

2) 도교 의학

정렴은 『북창비결』이라고도 하는 그의 저서 『용호비결』 제1장에서 내단을 수련하는 방법을 설명해 나가는 도중에 정기를 머물러 있게 하여, 풍사가 파고들지 못하도록 미리부터 방비하는 일종의 건강관리법과 양생법을 말하였다. 그리고 질병이 생겨난 뒤 의사를 찾아가 약을 쓴다 해도 이미 늦는다고 하였다.

그 착상법은 근대의학적 처지에서도 충분한 의의를 가진다. 이러한 양생론이나 보건법은 확대 세련되어서 조선시대 의학의 기본 체계를 확립시키기에 이르렀고, 나아가서는 의학의 본의를 해명하는 데까지 전개되었다. 조선시대는 의서의 번각교주 및 언해가 정력적으로 진행되었다.

그중에『동의보감』은 그 체계 정립에 도교의 철리(哲理)가 솔직하게 받아들여졌고, 후생과 실용을 존중하는 도교의 특성이 의약의 본의 천명에 적용되어 있으며, 심지어 도교 잡술에 속하는 방법까지 소개되어 있다.

『동의보감』내경편(內景篇) 집례(集例)에 "도교에서는 청정과 수양을 근본으로 삼고 의문에서는 약이(藥餌)와 침구로 치료를 한다. 이는 도는 그 정(精)을 얻었고, 의는 그 조(粗)를 얻은 것이다."라고 하였다.

그러한 견해를 살린 정연한 구성 밑에서 동양의약에 흔히 있는 허황하고 공상적인 의학론은 극력 배격하고, 의학에서 추구해야 할 궁극의 이치를 파악하여 당시 의학계의 온갖 지식을 총집결하고, 그 의의의 해명에는 도교의 후생과 실용을 존중하는 정신을 취하여 편찬한 것이다.

내경편에서는 도서를 많이 인용해서 신형(身形)과 정(精)·기(氣)·신(神)을 설명하고 의자(醫者)는 무엇보다도 이것들을 보양, 치료할 것을 강조했다.

외형·잡병·탕액·침구 제편은 실제에 맞는 일반적인 이론과 공평한 치료방법을 제시하기에 힘썼다. 본말과 정조의 구분이 엄연한 체계에 따라 편찬된 의서(醫書)이다.

『동의보감』은 허준(許浚)의 주편으로 1612년(광해군 5년) 내의원에서 그 초판이 간행되었다. 이 책의 편찬에 정렴의 아우 작(碏)이 참여하였으므로 정씨 형제의 도교적인 의학관이 충분히 반영될 수 있었을 것이다.

그밖에도 조선시대의 의서 가운데 도교적인 관점에서 쓰인 것이 많다. 이종준(李宗準)의『신선태을자금단방(神仙太乙紫金丹方)』, 박운(朴雲)의『위생방』, 정유인(鄭惟仁)의『이생록(頤生錄)』, 정사위(鄭士偉)의

『이양편(二養編)』, 이창정(李昌廷)의 『수양총서유집(壽養叢書類輯)』, 최규서(崔奎瑞)의『강기요결(降氣要訣)』, 서유구(徐有榘)의『임원십육지{林園十六志}』중 '보양지(葆養志)' 등은 모두 그러한 의서들이다.

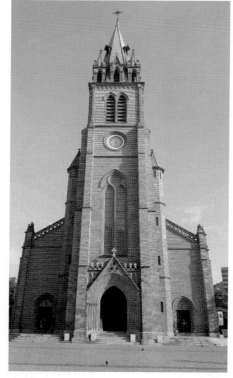

제4장

그리스도교

가톨릭교(천주교), 개신교, 정교회를 통틀어 그리스도교라고 부른다. 그리스도교는 세상을 창조한 유일한 신(神)은 하나님이라 믿고, 하나님의 사랑을 전파하기 위해 인간 세계에 나타난 하나님의 아들인 예수님의 말씀을 따르는 종교다. 예수님의 말씀을 따르는 생활을 하면 구원을 받을 수 있다고 믿는다.

그리스도교는 2000년에 달하는 긴 역사를 가진 종교로서 세계 여러 종교 중에 신자가 가장 많기도 하다. 전세계적으로는 15억명 정도가 그리스도교를 믿고, 우리나라만 해도 1300만 명 정도가 그리스도교 신자이다. 그러면 이렇게 많은 사람들이 믿는 그리스도교는 언제부터 시작됐을까? 답은 간단하다. 그리스도교에서 가장 중요한 인물인 예수님의 탄생이 곧 그리스도교의 시작이다. 예수님이 탄생한 후 하나님의 계시가 적혀 있는 책이 신약 성경이고, 그 이전의 유대 민족에 관한 역사와 하나님의 계시 등을 적은 책이 구약 성경이다.

여기서는 천주교와 개신교(또는 기독교)를 합해 그리스도교로 표기하고 하나의 장(章)으로 만들었다.

제1절 천주교(天主敎)

1. 가톨릭(천주교)이란 무엇인가

가톨릭(Catholic)이란 '모든 곳에 있는, 보편적'이라는 의미를 지닌 희랍어 카톨리코스(katholikos)에서 유래된 명칭으로, 로마 가톨릭 또는 가톨릭교회라고도 한다. 한국 · 중국 · 일본 등지에서는 구교(舊敎)나 천주교(天主敎)라고 한다.

천주교라는 말은 가톨릭교가 동양에 전래되면서 중국, 한국, 일본 등에서 불린 명칭이다. 따라서 천주교는 곧 가톨릭교를 뜻하는 말로서 로마가톨릭과 동방정교회(東方正敎會:그리스正敎會)의 총칭이며, 우리나라에서 말하는 천주교는 로마가톨릭을 가리키는 것이 통례이다.

가톨릭이라는 말은 2세기 무렵부터 교회를 나타내는 말로 쓰이기 시작했고 4세기에 이르러서는 예수그리스도(Jesus Christ)의 정통교회를 뜻하는 말이 됐다.

가톨릭이라는 말이 원래 그리스어로 '보편적'이라는 의미를 지니고 있기 때문에 예수그리스도의 구원사업이 인류 전체를 위한 것이라는 의미에서 이 명칭은 그 교회를 나타내는 가장 적합한 것으로 인식되었다. 교황을 수장으로 하는 로마가톨릭과 독립한 그리스정교로 대별되지만, 일반적으로 로마가톨릭을 일컫는 말로 쓰인다.

로마 가톨릭 고유의 특징은 마리아 신앙과 성찬의 화체설(빵과 포도주가 사제의 말씀과 동시에 그리스도의 실제 살과 피로 변한다는 설. 이러한 화체설은 성찬 자체에 구원이 있다고 하여 유아 성찬을 행하는 일로도 나타났다. 개혁교회에서는 이 주장을 받아들이지 않는다.), 그리스도에 의해 은혜받기 위한 방법인 비적(秘蹟: 영세, 견신, 성체, 고해, 결혼, 서품, 병자 등 7개의 성례전), 교황의 절대권위, 행위의인(行爲義人), 그리고 신부의 독신성(獨身性) 등이다.

2. 가톨릭의 역사

가톨릭교회의 역사는 기원후(A.D) 30년경 유대교의 축일인 오순절에 성령을 받은 사도들이 베드로를 중심으로 군중 앞에 나아가 예수의 부활을 증언하면서 구약의 메시아에 대한 예언이 그리스도 안에서 성취되었다는 복음을 선포함으로써 시작됐다. 이러한 복음을 경청하여 받아들인 이들이 사도들을 중심으로 사랑과 일치의 공동체를 형성했는데, 초창기 그리스도 공동체는 할손례·전화례·안식일 등 유대인의 종교적 의무를 성실하게 준수하여 유태교 종파 중의 하나로 간주되었다. 초대교회 신자들은 특수한 공동체를 이루고 고유한 신앙생활을 하면서 베드로를 대표로 하는 사도단과 그 밑에 야고보를 중심으로 하는 장로단과 스테파노를 지도자로 하는 부제단이 구성되어 있었다.

이들의 열성적인 선교활동을 통해 그리스도의 복음은 예루살렘 밖으로 전파되었는데 이때의 그리스도교 공동체는 두 그룹이 공존했다. 하나는 아직도 엄격한 유대사상을 보존하면서 실천하던 유대지방의 예루살렘교회·갈릴레아교회·사마리아와 요르단 서안(西岸) 지역의 교회 등 유대계 그리스도교 공동체이며, 다른 하나는 시리아의 다마스커스 교회와 안티오키아·로마교회 등 이방계 그리스도교 공동체로서,

이는 개종한 그리스인 · 헬레니스트, 민족주의의 등장과 사도 바울의 선교활동으로 인한 이방계 그리스도교 공동체이다. 70년 예루살렘의 멸망 후에 유대계 그리스도교 공동체는 쇠퇴하기 시작했다.

그 이후 2세기에 이르러 12사도들이 모두 사망함으로써 계시의 사도 시대가 끝나고 사도들로부터 물려받은 신앙을 후대에 전달하는 사도 후 시대가 시작됐다. 이때 주교, 장로(신부), 부제 등의 성직계급이 등장하여 교계제도가 확립됐으며, 복음이 로마제국의 영토 확장에 따라 널리 전파되어 교세가 급속히 성장했다.

한편, 교세의 확장이 로마제국 황제들에게 정치적 불안으로 작용하여 200년간 박해를 받게 되었다. 이 때 많은 교부들과 사도들이 희생되었으며 교회가 파괴되는 등 311년까지 박해가 계속되었다.

그러다가 311년에 갈릴레오 황제가 박해의 효과 없음을 인정했고, 4세기 초에 콘스탄티누스 황제의 등장으로 그리스도교에 대한 박해는 종식되었으며, 313년에 밀라노칙령을 통해 완전한 신앙의 자유를 얻게 되었고, 국가의 전폭적인 지지를 받게 되었다. 그리고 마침내 테오도시우스 황제는 329년에 포고령을 통해서 그리스도교를 로마제국의 국교로 선포했고, 그리스도교는 여러 분야에 걸쳐서 발전하게 된다. 이 때 많은 수도원이 창설되고 신앙생활의 활성화로 전례가 발전되기 시작했으며, 그 밖의 교리논쟁 등은 일련의 공의회를 통해 해결해감으로써 최종적인 정통 가톨릭 교리가 정립되었다.

이후로 그리스도교는 로마제국 황제들의 도움을 받으며 세계적 종교로 성장하기에 이른다. 5세기 중반에 게르만족의 대이동으로 로마제국이 멸망하자 그리스도교 자체도 붕괴될 위기에 처하게 된다. 그러나 교회의 본래 사명인 선교의 열의를 잃지 않고 유럽의 새 주인으로 등장한 게르만족을 개종시키고 특히 서부 게르만 계통인 프랑크족을 개종시켜 유럽의 역사에 새로운 중세문화를 탄생시켰다. 새로운 문화란 유럽의 각 국가들이 민족적 특성을 지니면서 같은 신앙을 갖게 됨을 의미한다. 프랑크왕국을 중심으로 서구 그리스도교 제국이 형성되면서 비약적인 외적 발전이 있었으나, 교회가 국가로부터 물질적 혜택을 받은 반면에 황제의 내정 간섭을 받아 교회의 세속화와 교권의 약화를 초래하여 교회는 암흑기를 맞이하게 되었다.

이 시기에 교회는 로마 귀족의 지배를 받았고, 신성로마제국 황제의 내정 간섭으로 자율성을 상실했으며, 한편으로 동방교회와 서방교회의 신학적 충돌로 서방 라틴교회와 동방 비잔틴교회로 나뉘어 각기 다른 노선을 걷게 되었다. 중세 후기(1054~1300)로 접어들어 그레고리오 7세의 교회쇄신으로 교회는 세속권의 지배에서 벗어나 자주권을 회복할 뿐만 아니라 오히려 세속권을 지배하게 된다. 11세기에 시작된 십자군 운동은 이슬람교도가 예루살렘을 점령하여 그리스도인들이 성지 순례에 불편을 느끼고 있던 중에 동로마제국의 알렉시오 황제가 콘스탄티노플이 함락될 위기에 처하자 서방교회에 구원을 요청하면서 시작되었다. 동방교회를 돕고 이교도들로부터 성지를 탈환하려는 열망이 국가의 장벽을 넘어 서구세계를 단결시켰다.

이 십자군운동은 대중의 종교적 운동으로 시작되어 그리스도교적 목적을 달성하자는 것이었지만 기사들의 모험심과 명예욕 등 세속적 동기도 크게 작용했다. 몇 세기에 걸쳐 8차례나 이어진 십자군운동은 비(非)그리스도교적인 광포로 나타나 십자군운동을 중세의 한 가지 잔인한 현상으로 변질시키기도 했으나, 결과적으로 비잔틴문화와 이슬람문화의 접촉을 가능케 했으며 학문, 특히 스콜라철학과 신학·예술의 발달에 이바지했다. 십자군 운동에서 돌아온 군인들은 예루살렘에서 본 그리스도의 생생한 모습을 그리면서 그리스도를 본받고자 하는 염원으로 청빈운동을 일으켜 교회의 혁신을 불러일으켰으나 지나친 주장은 이단으로 변질되었으며, 이러한 이단운동을 저지하기 위해 종교재판이 생겨났다.

긍정적 입장에서 탁발수도회가 창설되어 이단자의 개종과 선교활동 및 13세기에 설립되기 시작한 대학에서 학술활동을 통해 문화발달에 공헌했다. 14~15세기에 유럽의 그리스도교 세계는 중앙집권의 정치 체제 또는 지방분권화의 정치적 상황으로 단일성을 상실했다. 또한 교황청의 아비뇽천도와 대분규로 인한 교황권의 약화로 말미암아 공의회 우위사상의 흐름 속에서 이단운동이 발생하여 혼란에 빠졌다. 이러한 위기 상황은 결국 종교개혁의 외적 요인이 되었다. 더욱이 프랑스를 중심으로 아비뇽 교황청의 과세확장 징수방법이 전유럽에 걸쳐 교회에 대한 원성을 드높게 만들었다.

이러한 혼란 속에서 신학적 자유주의는 신학의 불확실성 시대를 초래했고, 이는 신학자들의 대립과 신학의 쇠퇴를 가져오게 된다. 교회생활에 있어서도 일부 르네상스 교황들은 문화적으로 업적을 쌓았지만 그들의 시대적 사명 곧 교회의 쇄신작업에 소홀했으며, 귀족출신인 고위 성직자들도 그들의 영성적 사명을 망각했다.

한편 신자들의 활동은 활발하여 수많은 성당의 건립, 자선활동, 성서의 번역, 성지순례 등이 활발하게 이루어졌으나, 그들의 신심은 개인주의적 특성을 지녔고 현세적 두려움을 피하고 물질적 이익을 추구하는 데 치중하여 미신적 요소를 많이 내포하고 있었다.

1517년 10월 독일의 성아우구스티노 은수사회의 수사신부이며 성서학 교수였던 마르틴 루터(Martin Luther)가 대사(大赦) 남용에 항의하면서 대사교리의 재정립을 제의하기 위해 그의 교구장과 동료·교수·신부에게 편지를 보냈다. 이 편지에는 유명한 95개 조항의 신앙 명제도 포함되어 있었는데, 이것은 정통신앙의 기저를 흔들어 놓았으며 그리스도교 교계를 가톨릭과 프로테스탄트로 분열시키는 종교개혁 시대를 열게 됐다.

대사란 가톨릭교회에서 인류구원 과정의 보조수단으로 교회가 간직하고 있는 현세 또는 사후에 연옥에서 받아야할 죄를 사해주는 것으로 초기에는 십자군에 참가한 군인들을 위해 재산을 기부한 자에게 주어졌으나, 15세기 중엽에는 대사를 남용하여 '면죄부'라는 증서를 발매했던 것이다. 프로테스탄트 종교개혁에 자극을 받아 가톨릭교회는 교회개혁에 박차를 가하여 1545년부터 1563년에 걸쳐 교회 쇄신공의회가 트리엔트에서 열려 타락한 교회에 대한 반성과 신학과 교리를 재정리하고 교회 규율을 혁신했다.

공의회 이후 가톨릭교회는 교황 중심의 강력한 중앙집권체제가 성립되면서 교황청을 중심으로 지방교회와 수도원에서 교회를 쇄신했으며, 종전에 유럽의 종교로 머물렀던 가톨릭교회는 이베리아반도의 가톨릭국가인 포르투갈과 스페인의 신대륙 탐험을 통해서 세계선교에 나섬으로써 세계적인 종교가 되었다. 19세기에 이르러 계몽주의의 신학적 도전을 받아 국교회사상과 정통 신학을 반대하는 이단운동이 일어났으며, 이에 맞서 제1차 바티칸공의회(1869~1870)를 열어 상처받은 교황 권위를 회복하고, 가난해진 교회는 근로대중이 깊은 관심을 갖기 시작했으며, 계시신앙과 교황 무류성(無謬性)과 수위권(首位權)에 대한 헌장을 반포했다.

이를 바탕으로 레오13세는 1891년에 '가톨릭 사회주의 대헌장' 또는 '노동헌장'이라 불리는 칙서를 반포하여 근로대중을 위한 사회의 개선을 요구했다. 이 칙서는 널리 유포되어 그리스도교 노동조합을 창설·발전시켰으며, 가톨릭 정신이 구현되는 사회를 이룩하기 위한 그리스도교적 정당을 탄생시켰다. 20세기에 들어서면서 교회는 새로운 모습을 갖추기 시작해 우선 성직자 중심의 교회체제에서 벗어나 평신도의 지위와 사명이 부각되었으며, 평신도 신학이 정립되어 평신도와 성직자가 교회에 대해 함께 책임을 지는 그리스도 공동체로 전환됐다.

요한 23세가 소집하여 바오로6세가 마무리 지은 제2차 바티칸공의회(1963~1978)에서는 교회의 가르침을 통일시키고 교회를 내적으로 쇄신하며, 외적으로는 문호를 개방하여 교회와 세계의 일치를 촉진시켰다. 제2차 바티칸공의회는 '사목헌장' 등 4개 헌장과 '일치운동에 관한 교령' 등 9개 교령, 그리고 '종교 자유에 관한 선언' 등 3개 선언을 발표했다. 결국 제2차 바티칸공의회는 화해와 쇄신을 통해 교회가 인류의 복지와 평화와 구원을 촉진시킬 수 있는 교회로 거듭나기 위한 공의회였다고 할 수 있다. 가톨릭교회는 베드로부터 시작해 프란체스코에 이르기까지 266대를 이어오고 있으며, 신자 수는 10억여 명으로 전세계 인구의 17%에 달한다.

3. 가톨릭 교계제도

교계제도(敎階制度, Hierarchia)란 하느님 백성을 가르치고 통치하기 위한 조직을 말하며, 넓은 의미로는 성직자 및 평신도를 포함한 교직

전체를 의미한다.

① 교황: 교황은 가톨릭교회의 최고 목자이며, 으뜸 사도였던 베드로의 후계자이다. 주교단의 단장인 교황은 수위권을 지니지만 교회의 일을 전체 주교들과 협력하여 전체 교회를 이끌고 있다. 교황의 사명은 그리스도 공동체인 교회를 신앙으로 인도하고 그 신앙에 따른 생활을 하도록 신자들을 가르치고 보호하는 일이다. 교황의 임기는 종신제이며 추기경회의에서 선출하는데, 선거권은 80세 미만의 추기경들만 가지며 그 수는 최대 120명이다.

선거방법은 바티칸 교황궁의 시스티나 성당(경당)에서 선거인 추기경들의 비밀투표로 출석한 선거인 총수를 기준으로 3분의 2 이상의 득표자가 나올 때까지 7회의 투표를 계속한다. 이렇게 해도 선출이 이루어지지 않을 경우는 교황 궁무처장이 선거인들의 의견을 물어 결정하되, 직전 투표결과 최다 득표자 2인을 대상으로 투표하여 과반수 득표자를 교황으로 선출한다. 교황을 선출하는 추기경들의 비밀회의를 열쇠로 잠그는 방이라는 뜻인 라틴어로 '콘클라베(conclave)'라고 한다.

② 주교: 주교는 사도들의 후계자이다. 사도들이 곳곳에 신자들의 공동체인 교회를 설립하고 그 곳에서 신자들을 가르치고 관리하며 봉사할 자신의 대리자를 세운 것이 주교이다. 초대교회 때부터 주교들은 각 지역 교회에서 사도들의 권위를 이어받아 사목했으며, 그 지역교회의 영신적 아버지로서 활동했다. 주교는 자기가 직접 사목하는 교회 곧 교구를 대표하고 교구에서는 고유하고 직접적인 교도권을 가진다.

주교의 직책에는 3가지가 있는데, 첫째는 교도직으로 복음을 전하며 하느님이 제시한 길을 가르치는 직무이다. 둘째는 사제직으로 지역교회의 신품성사를 주도하며, 성사의 으뜸 관리자이자 전례 생활을 감독하는 직무이다. 셋째는 사목직으로 신자들을 적절히 교회 일에 참여할 수 있도록 그들의 권리와 의무를 깨우치고 이끄는 일, 곧 자기가 맡고 있는 교구를 통치하고 전례를 집행하며 신품성사를 집전하는 등 사제직을 계승하는 직무이다.

③ **사제(신부)**: 지역교회의 사목은 주교의 책임이지만 주교들이 자신의 사목에 협조할 사람들을 임명한 것이 사제이다. 사제는 신품권에 의한 교계의 일부로서 신품성사에 의해 축성되며, 이들 주교와 사제를 성직자라고 한다.

④ **부제**: 부제는 주교와 사제의 협력자로서 전례 거행에서 주교와 사제를 보좌하고 세례성사를 집전하며, 성체를 보관하고 분배하며, 혼인과 장례식을 주례하고, 강론을 통해 복음을 해설한다. 이들은 사제직을 위해서가 아니라 봉사직을 위해서 안수를 받는다. 교계제도에서는 부제를 '최하위 성직자'라고 표현한다.

⑤ **평신도**: 평신도라는 개념은 제자 · 형제 · 성도 · 그리스도인 · 신자의 의미로 이해할 수 있다. 평신도는 세례로 그리스도와 합체된 자로서 하느님의 백성에 속하여 그들대로의 양식으로 사제직과 교도직과 사목직에 참여하며, 교회와 세계 안에서 분수대로 사명을 이행하는 그리스도 신자를 말한다.

⑥ **수도자**: 청빈·정결·순명의 세 가지 서원을 통해 자신을 오로지 하느님께 봉헌하여 복음적 권고를 실천하면서 완성된 교회의 모습을 미리 보여주는 사람들을 말한다. 수도생활의 의미는 하느님나라의 초월성을 자기의 서원을 통해 증거하는 것으로 그리스도의 가르침에 따라 재산, 의지, 육체적 욕망 등 모든 것을 포기하고 온전히 자신을 하느님께 봉헌하는 삶을 살아간다는 것이다. 교회의 역사를 통해 수도자들은 교회의 어려운 시기를 극복하는 영적인 원동력이 되었고, 이 수도자들 중에서 많은 성인 성녀들이 배출되었다.

4. 성사(聖事)

성사는 그리스도가 교회에 맡긴 '은총의 표징'들로 하느님의 은총을 풍부하게 받는 의식들을 말하며 일곱 가지가 있는데 이를 칠대성사라고 한다.

① **세례성사(洗禮聖事)**: 교회공동체에 속하여 신앙생활을 시작하려는 자가 일정 기간의 교육을 수료한 후 물로 씻는 예절을 통해 받는 성사이다.

② **견진성사(堅振聖事)**: 세례성사 다음으로 받는 성사로 그리스도와의 일치는 물론 성령의 특별한 은총을 받게 하는 성사이다.

③ **성체성사(聖體聖事)**: 성체라는 말은 감사하다는 의미의 그리스어

유카리스티아(Eucharistia)에서 유래한 말로 최고의 은혜를 주신 것에 대해 감사함을 뜻한다. 성체는 밀떡과 포도주로 상징되는 그리스도의 몸과 피를 가리키며, 이를 통해 그리스도의 실체를 받아 모시는 의식이 성체성사이다. 이는 하느님께 드리는 제사이며 동시에 은총의 성사이다. 성체성사는 모든 성사의 중심이며 가톨릭 신앙의 근거가 된다.

④ **고해성사(告解聖事)**: 세례성사를 받은 신자로 하여금 세례를 받은 이후의 죄에 대하여 하느님께 용서를 받으며, 교회와 화해하도록 하는 성사이다. 그런데 그리스도만이 죄를 용서할 권한을 갖고 있기 때문에 그를 대신해서 교회의 대표인 사제가 죄를 뉘우치고 고백하는 자를 용서한다.

⑤ **혼인성사(婚姻聖事)**: 이는 남편과 아내의 유일하고 영원한 관계를 성화하기 위함이며, 영구적인 결합으로 새로운 생명을 출산하고 부부가 하느님의 도구로서 고상한 협력을 이룰 수 있도록 하는 성사이다. 혼인성사의 특징은 유일성과 불가해소성에 있다.

⑥ **성품성사(聖品聖事)**: 그리스도를 대신하여 하느님 백성을 가르치고 거룩하게 하며 다스리는 임무를 수행하면서 사목하도록 축성하는 성사를 말한다. 주교·사제·부제의 품을 성품이라고 한다.

⑦ **병자성사(病者聖事)**: 병이나 사고, 노쇠 등으로 죽을 위험이 있는 신자에게 사제가 축성된 기름을 바르며, 그리스도에게 그의 죄를 용서하고 그를 구원해주도록 기도하며 믿음을 더욱 견고하게 하고 위로를

주는 성사이다.

5. 한국의 천주교

천주교는 한역사학서(漢譯西學書) 및 서양선교사들이 제작한 세계지
도를 비롯한 서구과학기술과 더불어 '서학(西學)'의 형태로 우리나라에
유입되기 시작했다.

조선왕조에 한문 천주교 서적이 전래된 이후 18세기 후반에 천주교
신앙을 실천해보려는 시도가 나타났다. 그 대표적 인물인 홍유한(洪儒
漢)은 교리서에 있는 대로 일곱째 날을 주일로 삼아 기도생활과 금욕을
하는 등 혼자서 천주교 신앙을 실천해나갔다. 천주교 교리를 연구한 지
식인들로 이익(李瀷)·권철신(權哲身)·정약전(丁若銓)·이벽(李檗) 등
이『천주실의』등의 서학서(西學書)를 연구하면서 인생에 대한 해답을
얻고 천주교를 신앙하고자 했다.

이벽의 동료인 이승훈(李承薰)이 중국 베이징(北京)에 가서 선교사를
만나 교리를 배우고 베드로라는 세례명을 받았으며, 이승훈은 이벽에
게 세례를 줌으로써 한국의 천주교 신앙공동체가 출발하게 됐다. 정식
사제가 없었던 조선교회는 가성직(假聖職)제도를 설정하여 이승훈으
로 하여금 성직 업무를 수행하게 하다가 베이징에 선교사 파견을 요청
하자, 베이징 주교는 선교사 파견의 약속과 함께 조상제사를 금지하도
록 했다. 조상제사 금지로 양반 사족 출신 신자들이 탈락하고 중인 이
하의 인물들이 교회를 지도하게 됐으며, 제사 문제로 윤지충과 권상연
이 1791년에 첫 순교자가 됐다.

베이징의 주교가 주문모 신부를 조선에 파견하면서 신자가 크게 늘었으나 천주교를 반(反)왕조적 종교로 규정한 조정의 탄압과 박해는 점점 규모가 커져 갔다. 박해를 피해 피난 중이던 황사영(黃嗣永)이 1801년에 '백서(帛書)'사건을 일으켰다. '백서'란 베이징의 주교에게 조선의 박해 상황을 알리고 구원을 요청하는 비단에 쓴 편지로서, 그 내용에 조선왕조의 존재를 부인하고 외세의 개입을 요청하는 강경한 말들이 포함돼 있었기 때문에 대규모 박해를 불러왔다.

1801년 신유박해(辛酉迫害)로 천주교는 큰 타격을 받았으나 한편으로는 신자들이 각지로 흩어져서 새로운 신앙공동체를 형성했기 때문에 오히려 천주교 신앙을 널리 전파하는 계기가 되었다. 박해 이후 교회 재건에 나선 정하상(丁夏祥) 등의 노력으로 1831년 조선교구가 설립되어 독자적인 발전을 할 수 있게 됐다.

1839년 기해박해(己亥迫害)로 앵베르(Imbert) 주교 등 프랑스 선교사 3명이 체포되어 처형당하는 등 다시 박해가 시작되자 정하상은 당시의 우의정에게 보내는 탄원서 '상재상서(上宰相書)'를 지어 천주교 신앙을 변호했으나 그도 역시 순교했다. 대원군 치세 동안의 극심한 박해는 1866년 병인박해(丙寅迫害)가 원인이 되어 병인양요를 불러왔고, 1868년에는 대원군의 생부인 남연군의 파묘사건까지 일어났으며, 그 여파로 충청도 해미에서 많은 신자들이 생매장 학살을 당했다.

이렇게 100여년 동안 이어진 박해로 순교한 사람 가운데 이름을 확인할 수 있는 사람은 1800여명이며, 이들 중에 김대건 신부 등 103명이 1984년에 성인으로 선포됐다.

한국의 천주교는 3개 관구와 19개 교구로 조직되어 있는데 서울관구에는 서울대교구를 비롯해 평양 · 춘천 · 함흥 · 대전 · 인천 · 수원 · 원주 · 의정부 · 덕원자치수도원구 등 10개 교구를 두고 있으며, 대구관구에는 대구대교구 · 부산 · 청주 · 마산 · 안동교구 등 5개 교구를, 광주관구에는 광주대교구 · 전주 · 제주교구 등 3개 교구를, 그리고 1개의 군종교구와 150여개의 수도회가 있다.

제2절 개신교(改新敎)

1. 개신교(프로테스탄티즘 · 기독교)란 무엇인가

예수님의 삶과 교훈이 후세에 편집되어 『성경(聖經 · Holy Bible)』으로 정경화(正經化)됐고, 기독교인들은 이것을 하나님의 인류구원에 대한 유일한 진리로 받든다.

그런데 이 진리에 대한 해석은 민족과 문화에 따라 차이가 생겨, 나중에 로마가톨릭교회 · 동방정교회 · 프로테스탄티즘(Protestantism)의 3대 교회로 분리됐고, 프로테스탄티즘은 그 성격으로 인해 다시 300여개의 교파로 나뉘어 있다.

일반적으로 기독교라고 하면 이들 모든 교파를 통괄해서 지칭한다. 그러나 우리나라에서 로마가톨릭교회는 보통 천주교(天主敎)로 알려져 있고, 프로테스탄티즘은 개신교(改新敎) 또는 기독교(基督敎)로 불리고 있다.

여기서 논하는 기독교의 개념은 프로테스탄티즘을 말하는데, 프로테스탄티즘이라는 말은 16세기 개혁운동으로 생긴 개신교를 총칭하는 말이다. 이는 로마가톨릭교회의 교리 및 제도와 생활을 개혁하기 위해 개혁자들이 전개한 운동을 지지하는 독일의 소수파 군주들이 로마가 톨릭교회를 지지하는 다수파 군주들에 의해 국회에서 통과된 결의에 대해 항의(protest)한다고 말한 데서 연유한다. 개신교는 로마가톨릭, 그리스정교회와 더불어 그리스도교 3대 교단의 하나이다.

2. 예수 그리스도의 사상

그리스도교의 하나님은 우주의 창조주이며 모든 존재의 근원으로 자존(自存)하는 신이라고 상정되어지며, 그 본질은 사랑(agape)이라고 규정된다.

그리스도교의 하나님은 인간과 인격적 관계를 맺는 신으로서, 그 자신이 삼위(三位)의 인격을 가지고 있다고 믿는다. 즉 성부(聖父)·성자(聖子)·성신(聖神)의 삼위(三位)로서 이들은 각기 독립적인 위격(位格)이면서도 별개의 존재가 아니고 삼위로써 하나님을 이룬다고 하는데, 이것이 그리스도교의 특징적인 신관(神觀)인 삼위일체(三位一體)의 교리이다. 그리스도교는 예수 그리스도가 살아있었을 때 그의 가르침을 통해 그 정신적인 기반이 이루어졌다.

그러나 그것이 종교적인 단체로 형성된 것은 예수님의 부활이후 신앙심이 굳어진 사도(使徒)들이 각지에서 전도를 시작하면서부터였다.

그리스도교는 예수 그리스도에 의해 창시된 계시의 종교이며 이슬람교, 불교와 함께 세계 3대 종교 중 하나이다. 많은 종파가 있는데, 크게 나누어 로마가톨릭교회, 동방교회(그리스정교), 프로테스탄트교회의 3대 교단이 있다. 신도 수는 약 10억명(2000년 기준)이며 세계의 정치, 경제, 문화에 가장 큰 영향을 주는 종교이다. 그리스도교가 어떤 종교인가에 대한 포인트는 그 명칭의 유래이기도 한 예수 그리스도라는 인물에 있다.

1) 예수님의 생애

예수님은 B.C(기원전) 7년~B.C 4년경에 지금의 이스라엘 남부 베들레헴에서 마리아의 아들로 탄생했다. 목수인 요셉이 마리아의 남편이었지만, 마리아는 "성령으로 잉태했다"고 신약성서에 기록되어 있다.

예수(Iesous)라는 말은 '신(神)은 구원한다'는 의미를 가지고 있으며, 그리스도(Cristos)는 '기름부음 받은 자'를 뜻하는 히브리어의 메시아(Masiah), 즉 구세주를 그리스어로 번역한 말이다. 즉, 예수 그리스도라는 이름은 예언자들에 의해 약속된 이스라엘의 구세주임을 나타낸다.

예수님은 서기 28년경부터 선교생활을 한다. 그전에 예수님은 요르단강(요단강)에서 요한에게 세례를 받고 황야에서 40일간 단식하며 악마의 유혹을 물리친다. 이어 12사도를 선택하고, 그들과 함께 '하느님 나라'의 복음을 전하며 많은 기적을 일으켰다. 환자를 치유하고, 악령을 내쫓고, 죽은 사람을 다시 살리며 물을 포도주로 바꾸는 등 여러 기적을 일으켰는데, 이것은 사람들에게 신을 알리기 위한 것이었다.

그의 가르침은 예루살렘의 많은 사람들에게 열렬한 지지를 받았으며, 구약성서에 기록된 대로 '메시아'의 강림으로 여겨졌다. 그러나 반발하는 유대교도도 많았다. 그들은 예수님의 제자 가운데 한 명인 유다를 매수해 그로 하여금 예수님을 고발하게 했다. 결국 예수님은 그를 적대시하는 로마제국 총독의 명령으로 사형을 선고받았다. 그리하여 사람들에게 비난받고 채찍질당하며 가시 면류관을 쓴 채 골고다 언덕에서 2명의 도둑과 함께 십자가에 못 박혀 죽으셨다.

2) 예수님의 가르침

이와 같은 일련의 '수난'을 예수님은 미리 알고 예언했다. 세상 모든 이의 '죄'를 속죄받기 위한 희생적 죽음임을 자각했던 것이다. 처형된 예수님의 육체는 바위 안의 묘에 매장되었는데, 죽은 지 3일 만에 본인의 예언대로 부활하여 사도들 앞에 나타났다. 그리고 40일 뒤에 사도들이 지켜보는 가운데 승천했다.

예수님은 사람들에게 무엇을 가르쳤는가? 단적으로 말하면, 다가오고 있는 '하나님 나라'와 구세(救世)의 길이다. 우주에 존재하는 모든 것을 창조하고 지배하는 유일신을 믿음으로써 영원한 생명과 지복(至福)의 은총인 '하나님 나라'로 들어갈 수 있기를 바라는 것이다. 이를 위해서는 전적으로 신에게 자신을 맡겨야 한다. 신의 뜻을 어기고 낙원에서 추방된 아담의 죄, 그 결과 전인류가 떠맡은 고난과 죽음에서 구제받기 위해서는 신과 인간에 대한 철저한 사랑이 요구된다. 때로는 "네 원수를 사랑하라"고 할 정도로 커다란 사랑 말이다. 그렇게 하는 것이야말로 넘치는 사랑과 연민을 끝없이 인류에게 베풀어주는 주에 대한 응답이기도 하다

3. 개신교의 성립

개신교(改新教)를 가리키는 프로테스탄티즘(Protestantism)이라는 말이 처음 쓰이게 된 것은 1529년 슈파이어의회에서였다. 이 회의에서 로마가톨릭 계열의 독일 제후들은 신성로마제국의 황제 카를5세와 함께 3년전 루터의 추종자들에게 허락했던 관용정책의 대부분을 무효화했다. 1529년 4월에는 독일의 14개 자유도시와 6명의 루터파 제후들이 대표가 되어 이 결정에 대한 항의서가 발표됐다.

이 항의서는 자신들이 그 결정에 참여하지 않았으므로 그 결정이 자신들을 구속할 수 없으며, 하느님에 대한 복종과 황제에 대한 복종 가운데 어느 하나를 택할 수밖에 없다면 하느님에 대한 복종을 선택하지 않을 수 없다고 선언했다. 또한 전그리스도교를 포괄하는 공의회나 전독일민족의 총회를 개최할 것을 호소했다. 이 항의서를 작성한 사람들은 프로테스탄트라는 이름으로 알려지게 됐다. 이 이름은 항거하는 사람들에 의해서가 아니라 그들의 적에 의해 채택되었고 점차 종교개혁의 교의(教義)를 신봉하는 사람들, 그 가운데서도 특히 독일 밖에 거주하는 사람들에게 적용되었다.

독일의 종교개혁 신봉자들은 복음파(Evangelicals)라는 이름을, 프랑스에서는 위그노파(Huguenots)라는 이름을 선호했다. 프로테스탄트라는 이름은 루터의 제자들뿐만 아니라 스위스의 쯔빙글리(Ulrich Zwingli)의 제자들, 나중에는 칼뱅(John Calvin)의 제자들도 일컫게 되었다. 스위스의 종교개혁자들과 그의 추종자들, 특히 17세기 이후 네덜란드 · 잉글랜드 · 스코틀랜드의 추종자들은 개혁파(Reformed)라는 이름을 더 좋아했다. 16세기만 해도 프로테스탄트라는 이름은 주로 종교개혁시대에 나타난 2개의 큰 사상, 곧 루터파 및 개혁파와 관련해 사용했으나 17세기초 잉글랜드에서는 영국 국교도들이 비정통으로 간주한 사람들, 곧 침례교도들이나 퀘이커교도들과 대비되는 '정통 프로테스탄트'라는 뜻으로 쓰였다.

한편, 로마가톨릭교회에서는 그리스도임을 주장하지만 가톨릭주의에 반대하는 사람들(단, 동방교회는 제외), 곧 침례교도, 퀘이커교도, 가톨릭 성향의 영국 국교도 모두를 포괄하는 뜻으로 프로테스탄트라는 이름을 썼다. 유니테리언파에게까지 적용되지는 않았지만 프로테스탄트라는 말이 이처럼 넓은 의미를 갖게 된 것은 1700년 이전이었다. 18세기 동안에는 프로테스탄트라는 이름이 여전히 16세기 종교개혁의 역사적 논거와 관련해 사용되었다. 그 당시의 사전들을 대표하는 새뮤얼 존슨의 사전(1755)은 프로테스탄트라는 용어를 '종교개혁 초기에 로마교회의 오류에 항거하는 사람들을 추종하는 사람들 가운데 하나'라고 정의하고 있다.

4. 종교개혁과 개신교의 흐름

개신교는 2017년 종교개혁 500주년을 맞이했다. 유럽에서 시작된 종교개혁에서 출발한 개신교는 근세와 현대에 이르기까지 복잡하고 다양한 변화의 흐름을 형성해왔으며, 끊임없이 새로운 변화를 모색하는 운동으로 이어져 왔다. 그중 몇 가지 큰 흐름과 운동을 통해 개신교의 변화를 개괄하면 다음과 같다.

①루터의 종교개혁: 종교개혁운동의 효시는 1517년 10월 31일 아우구스티누스회의 수도사이면서 신학교수인 루터가 면죄부(免罪符)에 관한 95개조 논제의 항의문을 비텐베르크대학의 교회 정문에 게시함으로써 비롯됐다. 이 항의문은 마인츠의 대주교 교회의 알 브레히트가 재정적 위기를 타개하기 위해 판매한 면죄부에 대해 루터가 그 성사(聖事)적 효과를 신학적으로 문제 삼은 것이었다. 이것이 루터 자신의 예상을 넘어 유럽 전체에 파급되는 대운동으로 발전한 것이다. 루터의 항의문에는 세 가지 주요 논점이 있다.

첫째, 재정 오용에 관한 것으로 그는 만일 교황이 독일 민중의 빈곤을 알고 있었다면 그가 기르는 양들의 피와 가죽으로 성베드로성당을 짓지 않았을 것이라고 했다.

둘째, 교의적 오용이다. 예를 들면 교황은 연옥에 대한 관할권이 없으며 있더라도 그곳에 있는 모든 사람들을 대가없이 풀어주어야 한다고 주장했다.

셋째, 종교적 오용이다. 예를 들면 교회의 보물은 복음이므로 성인들의 공로를 기리는 보물은 근거가 없다는 것이다.

교황권이 루터의 입장을 이단으로 선고했을 때 루터는 이에 맞서 교황의 무류성(無謬性)과 공의회의 결정을 부정하고 성서만이 유일한 권위임을 선언했다. 루터는 여러 지역에서 후원을 받아 가톨릭 성직자들의 도덕적 오용을 바로잡으려 했고, 성자와 그 유물에 대한 숭배, 종교적 순례 등과 연관된 대중의 미신을 비판했다. 이에 대해 교황 레오10세는 루터에게 교황의 권위에 복종하도록 명령했으나 루터는 교황에게 굴복하지 않고 오히려 1520년 12월 교회법 사본과 그의 굴복을 요구하는 교황의 교서를 불태웠다.

재판에 회부된 루터는 전통적 가톨릭 교설들을 거부하면서 "나는 성서와 명석한 이성에 의해 유죄 평결을 받지 않는 한, 나의 양심은 하느님의 말씀에 사로잡혀 있을 것입니다. 양심을 거슬러가는 것은 옳지도, 안전하지도 않기 때문에 나는 어느 것도 철회할 수도 철회하지도 않을 것입니다"라고 대답했다. 재판 결과로 파문당한 루터는 바르트부르크 성채에서 은신하면서 성경의 독일어 번역을 완성했다. 독일 민족운동이 붕괴되자 루터의 측근에서도 다양한 형태의 개신교들이 고개를 내밀기 시작하여 '종교개혁 좌파', '급진적 종교개혁' 등으로 묘사되지만 명확한 분류는 아니다.

②칼뱅의 종교개혁: 개신교 또 하나의 형태는 칼뱅주의로 프랑스 장 칼뱅의 이름을 딴 것이다. 그가 27세 때에 지은 『기독교강요(Institutes of the Christian Religion)』는 수세기에 걸쳐 프로테스탄트 신학의 교과서가 되었다. 그는 의인과 성서의 유일 권위에 대해서는 루터와 근본적으로 같은 입장을 취했으나, 주의 만찬에 대해서는 스위스 급진파와 루터파 견해의 중간적 입장을 취했다. 그는 그리스도의 몸이 모든 곳에 임재하는 것이 아니고 그의 영은 보편적이며 부활한 주와 진정한 합일이 존재한다고 믿었다.

칼뱅에게는 세 가지 시금석이 있었는데 첫째는 신앙고백이며, 둘째는 엄격하게 훈련된 그리스도적 품행, 그리고 셋째로 성례전에 대한 사랑이다. 그가 말한 성례전은 주의 만찬을 말한다. 칼뱅은 어떤 사람이든지 이 세 가지 시금석을 갖추었다면, 그는 선민임이 분명하므로 더이상 걱정하지 않아도 된다고 생각했다.

③영국의 종교개혁: 영국에서는 헨리8세의 정치적 의지에 의해 종교 개혁이 진행됐다. 그는 왕위 계승을 둘러싼 곤경에서 헤어나기 위해 1534년 그 자신이 국교회 수장이라고 선언했다. 영국 국교회의 성격과 지위, 로마 가톨릭과의 경쟁이 정치적 쟁점이었던 300여년 동안 보다 근본적인 발전은 개신교 내부에서 일어났다. 청교도 또는 분리주의자로 알려진 스코틀랜드의 존 녹스와 비국교도들은 장로교 및 회중교회 형태의 교회 조직과 예배를 발전시키고 이를 확립했다.

예배의 단순성과 하나님에 대한 직접적인 관계를 강조한 영국 청교도 경건주의는 수많은 종파들과 운동이 생겨나게 했으며, 이들의 공통점은 '마음의 종교', 곧 하나님의 은혜를 신자들이 마음으로 느낌으로서 만날 수 있다고 주장하는 데 있다. 이러한 경건주의는 존 웨슬리에게 영감을 주어 감리교운동을 창시하게 했다. 감리교운동은 프로테스탄트 정통주의가 조금 소홀히 여기는 감정과 양심을 중시했다. 감리교운동은 은혜의 교의에 새롭고 헌신적인 자극을 주었으며, 한때 경건주의에서 나타났던 도덕적 진지함을 중시하는 전통에 합리성을 부여했다. 개신교의 팽창과 다양성에 세속국가들의 지원이 적지 않았지만 동시에 교회들과 국가들은 새로운 문제들을 놓고 대결하게 되었다.

④기타 국가들과 20세기 개신교운동: 헌법으로 국가와 종교를 분리시킨 미국의 유형은 종교개혁 이래로 국가와 교회가 동맹관계에 있었던 유럽의 개신교 국가들에게 영향을 미쳤다.

첫째, 국가는 그 지역의 대표적인 교파들에 대해 더욱 중립적인 태도를 취하게 되었다. 둘째, 국가교회는 모든 형태의 국가 통제로부터 독립을 얻기 위해 더 강력한 압력을 가하게 되었다. 독일과 스코틀랜드에서 국가로부터 교회의 독립 또는 국교회를 떠나 독립교회를 창설했으며, 스위스에서는 개혁파 신학자들이 자유교회(Free Church)를 창설하기도 했다. 국가로부터 분리된 개신교 교회들은 팽창을 거듭하면서 도시들에서 대규모로 사회봉사를 전개했다. 병원, 고아원, 금주운동, 노인보호, 젊은이들과 성인 근로자들을 대상으로 한 교육의 확대, 교회학교, 도시 빈민지역에서 청소년 및 성인 클럽 운영, 19세기 새로운 도시 생활이 필요로 하는 무수한 조직체들의 설립이 그것이다.

해외에도 눈을 돌려 아프리카의 모든 지역에 전도했고, 영국과 미국의 재정지원으로 인도와 중국에서 선교사들이 교회를 일으켰으며, 그리스도교에 대해 폐쇄적이던 일본에서도 1859년 재개방 이후 교회를 창설했다. 이처럼 개신교 주요 교파들(루터교·장로교·성공회·회중교회·침례교·감리교)은 모두 세계적인 규모의 단체로 발전했으며, 자신들의 조직체가 여러 나라의 새로운 요구들을 충족시키도록 조정하는 데 노력을 기울였다. 20세기에 접어들어 발발한 제1차 세계대전은 그리스도교국가들 사이의 전쟁이었기 때문에 세계적으로 그리스도교를 약화시켰다.

공식적으로 무신론을 표방한 정부가 러시아에서 권력을 장악하자 그리스도 교권 세계에는 새로운 부정적 압력이 가해졌으며 서유럽과 미국에서는 사회적 갈등과 노동계급의 갈등이 첨예화되었다. 그 후 40년 동안 개신교 교회들은 엄청난 손실을 감내해야 했고 개신교의 종말을 예견하기도 했다. 하지만 보수적이고 복음주의적 형태의 개신교 운동이 일어나면서 개신교가 본거지인 유럽을 넘어서서 전세계로 확산하는데 중요한 역할을 하기도 했다.

이러한 운동의 하나인 오순절운동은 미국의 웨슬리파 성결운동에서 비롯돼 미국 남부 농촌과 도시의 흑인들을 선교했으며 카리브 연안, 남아메리카, 사하라 이남 아프리카 지역에서 큰 성공을 거두었다.

두번째 주요 운동인 근본주의는 19세기 후반 천년왕국설과 성서무류성을 다소 합리주의적으로 변호한 사상을 결합시켜 일어났는데 이 운동의 이름은 1910~1915년 미국에서 발간된 '근본주의자들(Funda-mentalists)'이라는 소논문에서 따온 것이다.

세번째는 복음주의 운동이다. 이 운동은 예수님의 동정녀 탄생, 대속(代贖), 예수님의 육체 부활 등 주요 교리에서 일치하지만 근본주의자들보다 온건했다. 이들은 근본주의자들이 문화에 대해 너무 부정적이고 종파화됐으며 무례하다고 비판했으나, 점차 문화·사회·정치세계에 참여하기 시작해 자유로운 인문학을 지원했고 일부 복음주의자들은 급진적 정치프로그램에 참여하여 미국과 그밖의 여러 나라에서 상당한 정치력을 갖게 되었다.

복음주의자들은 에큐메니컬 경향을 띠고 있었다. 대표적 인물인 빌리 그레이엄은 가톨릭 지도자들과 주류 개신교 지도자들이 자신의 강단에 서는 것을 환영했으며, 근본주의자들이 기피했던 여러 종파의 그리스도인들과 함께 기도했다. 그들은 국제운동을 형성하고 많은 나라의 그리스도인들이 함께 모일 수 있는 대회를 개최하는 등 여러 교파들과 지속적인 연관을 맺으면서 점차 주류를 이루어 갔다.

⑤ 에큐메니컬운동(교회일치운동): 이 운동의 배경으로는, 첫째 세계 전역에 걸쳐 이루어진 교통수단의 발달과 인구 이동으로 여러 교파들이 전례 없이 뒤섞이게 된 점, 둘째 전통적인 교파들의 세계적 확산, 셋째 미국 내 종교의 다양성과 이러한 다양성 때문에 발생된 문제점, 넷

째 아프리카 및 아시아에 비교적 근래에 세워진 교회들과 그들에게 특별한 관심사가 아닌 유럽의 역사적 사건에서 비롯된 장벽들에 대한 경멸 등에서 비롯되었다.

1910년 에든버러대회는 에큐메니컬운동의 효시인 세계선교대회였다. 이 대회에서 구체적인 생활태도와 사업문제를 다루는 협의회와 신학자들이 그들의 신학적 차이를 호의적인 태도로 검토하는 직제협의회가 발기되었다. 1945년 제2차 세계대전이 끝날 무렵 새로운 분위기가 나타났고 1948년 암스테르담대회에서는 세계교회협의회(WCC)가 공식 결성됐다. 이 운동은 대부분의 자금과 상당한 추진력을 미국에 의존했으며 본부는 제네바에 두었는데 이 운동의 성공 여부가 유럽 그리스도교의 전통적인 문제를 먼저 해결해야 한다고 보았기 때문이다. 로마가톨릭과 그리스정교회는 이 운동에 대해 대체로 공간적으로는 멀리 떨어져 있으나 WCC 같은 기구와 조직체를 통해서 서로를 이해하고 있다.

5. 개신교 주요 교파

① **장로교회**: 장로란 『신약성서』에 나오는 감독(bishop), 장로(elder) 등과 같은 의미로 장로교는 이러한 장로들에 의해 치리(治理)되는 교회를 말한다. 창시자는 종교개혁가인 칼뱅이며 그는 16세기 중엽에 장로회제도를 확립했다. 한국에는 19세기 말부터 선교가 시작됐으며 1912년에 총회가 창설됐다. 하나의 행정조직으로 운영되던 한국 장로교회는 광복 이후 신앙과 신학노선 등 여러 갈등 요인으로 분열되기 시작해

40여개의 교단이 활동하고 있다.

② **감리교회**: 영국의 요한 웨슬리가 옥스퍼드 재학시절 동생 찰스 웨슬리와 함께 신성클럽(Holy Club)이라는 모임을 만들고 일정한 방법을 통해 하나님을 직접 체험하려고 한 데서 비롯되었다. 그들의 신앙체험을 주위에 전하면서 따르는 사람이 많아지자 자연히 하나의 교파로 독립했다.

③ **침례교회**: 청교도혁명 이전에 네덜란드로 이주한 분리주의 청교도 존 스미스가 성경에 영아세례가 없다는 것을 발견하고 스스로 성경대로 물에 잠기는 '침례'를 받고 교인들에게도 침례를 주었으며, 이들이 영국으로 돌아와 1612년경 영국 침례교회를 설립했다. 한국에는 1890년 캐나다의 위크 선교사가 입국하여 원산에서 선교사업을 시작했으며 1905년 제1회 총회를 열면서 전교되었다.

④ **성결교회**: 4중복음(중생·성결·신유·재림)을 주요 명제로 삼고 하나님의 복음을 전파함으로써 영혼구제를 목적으로 설립됐다. 일본 도쿄에 있던 동양선교회 성서학원을 졸업한 김상준, 정빈 두 사람이 1907년 동양선교회 선교사 카우만 부부와 킬보른의 도움으로 서울 종로 무교동에 동양선교회 복음전도관을 설립한 것이 시초이다.

⑤ **제7일안식일재림교회**: 1830년대 말에 미국 뉴잉글랜드 지방을 중심으로 윌리엄 밀러 주도하에 일어난 예수재림의 대망을 강조하는 운동이 효시가 된다. 십계명 가운데 지금까지 무시되어온 네 번째 계명

인 제7일안식일 준수를 실천하려는 사람들이 무리를 이루었으며, '성경만으로'와 '믿음만으로'의 두 원리에 입각해 십계명을 준수할 것을 역설하고 특히 안식을 지키면서 그리스도가 개체를 가지고 재림할 것을 고대하며 그 사건을 큰 소망으로 여긴다. 한국에는 1904년 손흥조가 일본에서 교리를 전해 듣고 일본인 목사를 초청하여 전도회를 연데서 비롯됐다.

⑥ **구세군**: 런던에서 군대식 조직체계로 선교활동을 시작한 영국인 윌리엄 뿌드 대장이 창립자이며 한국에는 1907년 뿌드 대장의 일본 순회 집회 때 조선 유학생의 요청으로 허가두 사관이 한국선교를 시작했다. 문서선교와 구호활동이 특징이며, 1928년부터 자선냄비운동을 시작해 전국민적으로 사랑심기 운동을 펼쳐 오늘에 이르고 있다.

6. 한국의 개신교

한국의 개신교는 몇 가지 경로를 통해 수용됐다. 첫째, 중국의 선교사였던 귀츨라프, 윌리엄슨, 토머스 등이 한국 선교를 위해 노력했으나 구체적인 결실을 얻지 못했다. 둘째, 한국선교에 뜻을 둔 로스가 한국인 이응찬, 서상륜 등의 도움으로 1887년 최초의 한글 신약성경인 『예수성교전서』를 발간하는 등의 성경 번역 작업이다. 이들 성경 번역자를 권서인(勸書人)이라고 하는데 이들의 활동과 한글성경을 통한 한국인들의 개신교 수용으로 1884년에 황해도 장연군 송천에 최초의 한국인 교회가 세워졌다.

개화파 지식인인 이수정은 1882년 수신사 박영효를 따라 일본으로 건너가 입교한 후 마가복음서를 번역했는데 이 복음서를 가지고 북장로회 선교사 언더우드, 북감리교의 선교사 아펜젤러 등이 한국에 도착하여 활동했다. 이후 장로회는 미국의 남장로회와 북장로회, 캐나다 장로회, 호주장로회 등 4개 선교부에서, 감리교회의 경우는 미국의 남감리회와 북감리회 등 2개의 선교부에서 선교활동을 추진했으며, 침례교회는 1889년, 성공회는 1891년, 안식교회는 1904년, 성결교회는 1907년, 구세군은 1908년에 각각 선교활동을 시작했다.

한국 개신교의 선교정책은 각각의 선교부 특성에 따라 다양한 모습으로 전개되었다. 감리교회는 주로 교육과 부녀사업에 치중했으며, 장로교회는 교회의 토착과 자립원칙의 선교정책을 수행했다. 장로교회의 선교정책으로 알려진 '네비어스 선교정책(NeviusMethod)'은 자진전도(自進傳導, Self-Propagation) · 자력운영(自力運營, Self-Support) · 자주치리(自主治理, Self -Government) 등의 3대 이념을 근간으로 하는 것이었다. 구세군은 자선과 사회사업에 치중했고, 침례교회는 만주와 시베리아 선교에 관심을 쏟았다.

교파별로 독특한 선교정책에도 불구하고 한국 개신교의 선교전략은 몇 가지 공통점을 보인다. 적극적인 선교활동에 앞서 교육과 의료사업을 통한 간접적인 선교활동과, 먼저 선교했던 천주교와 다르다는 점을 부각시킨 점이다. 이는 한국 천주교가 초기에 심한 교난을 겪었음을 감안하여 처음부터 충돌을 피하려는 의도에서였다.

초기 한국 개신교의 가장 큰 과제는 민족의 자주독립을 지키는 것이었다. 실제로 많은 사람들이 이 목표를 가지고 입교했으며 교회와 기독교계 학교는 민족운동의 산실이었다. 이러한 한국 개신교의 민족주의적 성향 때문에 일제강점기에는 심각한 위기를 맞이하게 되었다. 일제의 탄압과 국가의 비운에 직면한 개신교는 물리적인 저항보다는 신앙적 차원에서 이를 극복하고자 했다.

1907년 평양에서 시작된 대부흥운동이 대표적인 예이다. 이 부흥운동으로 개신교 공동체의식이 구체화됐으며 한국인 신자와 선교사간의 이해가 크게 증진되었다. 또한 성경공부와 기도가 더욱 고양되어 교세 확장으로 이어졌다. 그러나 이 운동의 역기능으로 한국 개신교의 비정치화와 몰역사성 때문에 당시 한민족의 아픔을 종교적 차원에서 극복하는데 크게 기여하지 못했다. 물론 3·1운동을 계기로 다른 독립운동 세력과 연대하여 천도교와 함께 큰 역할을 했으나 그 이후 항일투쟁보다는 민족계몽운동을 통한 민족의식 고취라는 계몽주의 신앙형태로 크게 노선이 바뀌었다.

3·1운동 직후 문화통치를 표방한 일제의 민족말살정책으로 신사참배를 강요당하자 개신교는 이에 굴복했으나, 일부 신사참배 거부운동을 한 신학교가 폐쇄되고 언더우드를 마지막으로 선교사들이 추방당했으며, 조선예수연합공의회가 해산당하는 등 탄압을 당하다가 1945년 7월에 일제의 일본기독교조선교단으로 흡수되고 말았다. 8·15 광복 직후 교회의 재건을 도모했으나 한국전쟁으로 다시 위기에 직면한 개신교는 민족분열의 위기상황 속에서 교회분열이라는 한계를 노출했다.

한국전쟁 중인 1951년 장로교의 고려파가, 1953년에는 예수교장로회와 기독교장로회가 분립했으며, 감리교는 한국전쟁 휴전 직후인 1954년 감독 선출을 둘러싸고 총리원파와 호헌파가 분립했다.

이와 같은 교회의 분열은 전통교회에 대한 불신을 불러일으켜서 소종파운동이 일어나는 계기로 작용하기도 했다. 그밖에도 한국에서 많

은 교파가 발생했다. 특히 2017년은 마르틴 루터의 종교개혁 500주년
이 되는 해다. 500년 전 루터가 로마 가톨릭교회에 보낸 95개조의 건의
서에서 그토록 신랄하게 성토했던 면죄부 등 물질적 타락, 큰 교회 짓
기 경쟁에 대한 추궁을 한국 개신교는 어떻게 받아들여야 할까.

제5장

이스라엘 성전산과 예루살렘

1. 성경에 나타난 유대교와 그리스도교의 근원

교인이라 함은 유대교인, 천주교인과 개신교인을 모두 합해서 부르는 명칭이며 신봉하는 신(神)은 모두 같다고 할 수 있다.

유대교는 '야훼', 천주교(가톨릭)는 '하느님' 또는 '주님', 개신교는 '하나님' 또는 '여호와', 이슬람에서는 '알라'라고 부른다. 그러나 이 모두가 유일신(唯一神)이고 바로 한 분이시다.

그러나 각 종교마다 경전은 달리 보고 있다. 천주교는 구약 46권과 신약 27권 모두 73권의 성경의 묶음이다. (천주교는 그 외에 많은 전례(前例), 전승(傳承)들을 배척하지 않는다.)

개신교는 구약(舊約) 39권과 신약(新約) 27권 모두 66권 성경의 묶음이다. (마르틴 루터가 종교개혁을 했을 때 신·구약 중에 그리스어로 된 7권을 빼고 거기에 쓰여있는 교리가 프로테스탄트로서 받아들일 수 없다고 보았다.)

결정적인 것은 예수님에 관한 신성 문제에서 유대교는 예수님을 신성으로 인정하지 않으며 유대교에서 믿는 것은 오직 야훼 하느님 뿐이며 예수님을 성자로서 인정하지도 않으며 신성을 모독한 이단자로 몰아서 2000년전 정치-종교집단 유대교 제사장, 원로, 율법학자 바리새파인들이 합작하여 십자가에 처형했다.

다시 말하면, 예수님의 말씀과 행적인 신약은 그들이 인정할 수 없는 불온서적으로 보는 것이다.

예수님은 구약이 말한 메시아(강림하실 하나님)도 그리스도(구원자)도 아니기 때문에 아직도 유대교는 메시아 강림을 간절히 고대(苦待)하고 있다.

그리스도교는 당연히 예수님을 메시아로 믿는다. 성부(하나님), 성자(예수그리스도), 성신(협조자)을 삼위일체(三位一體) 하나님(주님)으로 믿는 것이다.

하나님께서 독생자 예수그리스도를 이 세상에 보내시어 우리의 죄를 사하여 주시기 위해 우리를 대신해 십자가에 못 박혀 돌아가시고 삼일만에 부활하시어 하나님의 아들임을 증명하고 구원을 실천하시며 50일동안 머무르시다가 이 세상 끝날에 재림하실 것을 예언하고 승천하셨다고 믿고 있다.

자신들의 주님이신 예수그리스도를 십자가에 못박아 죽이고 이단시하는 유대교와 어떤 교인들은 그들의 통곡의 벽에 가서 함께 울고 있는 것이다.

또한 이슬람에서는 여러 예언자나 선지자 중에 한 사람으로 인정할 뿐 예수님을 메시아로, 그리스도로도 인정하지 않는다는 사실이다.

성경 창세기 11장26절에 데라의 후손 아브라함과 나홀, 하란을 낳았다고 기록돼 있다. 아브라함의 부인 사라와의 사이에 늙도록 자식을 갖지 못하자 사라가 자신의 불경으로 생각하고 자신의 몸종 하갈(이집트 여인)을 소실로 맞이하여 아브라함과 동침하여 첫째 아들 이스마엘을 낳았다.

하지만 아이를 낳지 못할 것 같았던 사라가 90세(아브라함 100세)에 둘째 아들 이삭을 낳는다.

이렇게 되고 보니 자신의 몸종 하갈이 낳은 이스마엘이 장자로서 적통을 잇는 것을 질투하여 아브라함에게 간청하여 쫓겨난 하갈과 이스마엘은 사막을 전전하면서 생사(生死)의 길목에서 하느님의 뜻으로 살아남아 이스마엘이 이집트 여인과 결혼하여 민족을 세운 것이 아랍(아라비아)인들이다.

아브라함의 둘째 아들인 이삭은 리브가를 아내로 맞이하여 유대교의 뿌리인 이스라엘의 민족, 즉 유대인의 조상이다.

이삭은 리브가와의 사이에서 장자 에스(에돔, 쌍둥이), 둘째인 야곱은 장자권을 이어받으며 야곱은 네 명의 부인들(레아, 실바, 라헬과 빌하) 사이에서 12명의 아들을 낳았으니 이스라엘 12지파를 형성했으며 그 중에 하나가 요셉(에수님의 생부)이었다.

2. 성전산과 예루살렘

성전산은 구약시대에 성전이 있던 곳이었으나, 지금은 이슬람 사원이 있다. 솔로몬의 성전이 있던 터였다. 여기에 유대인들이 다시 성전을 만들고 싶어한다. 그러나 이슬람에게도 이곳은 매우 중요한 곳이다.(이슬람 성지 3곳–메디나, 메카, 예루살렘) 왜냐하면 무함마드가 황금돔 위에 와서 승천했다고 믿고 있기 때문이다.

지금 이 지역은 유대교가 모두 장악했으나, 성전산 지역만은 이슬람에게 돌려주었다고 한다. 왜냐하면 무슬림들이 성지 기도를 하기 때문에 자칫 세계적인 싸움이 될 전쟁을 피하기 위해 돌려준 것이다.

황금 돔은 아라베스크 양식(아랍전통 양식)으로 지어졌다. 안에 바위가 하나 있는데, 총기사고가 있어서 못 들어간다고 한다. 이 터를 파보면 솔로몬 시대의 돌들이 있다고 한다.

오말 모스크(Omar Mosque)라고 불리는 이 이슬람 사원의 터는 아브라함이 하나님의 지시에 따라 독자 이삭을 번제로 드리려던 바위이고 후에 다윗의 아들 솔로몬이 성전을 세웠던 자리이다. 유대가 바빌론에게 멸망할 때 파괴된 후, 스룹바벨(Zerubbabel)에 의해 재건되었으나 안티오쿠스 4세에 의하여 다시 파괴됐다.

예수님 당시의 성전은 헤롯왕이 46년간 건축한 웅장하고 화려한 성전이었지만 기원 후(A.D.) 70년경 로마의 티도(Titus) 장군에 의해 예수님의 예언대로 돌 하나도 돌 위에 남지 않고 다 파괴되었다. A.D. 637년에 이르러 무함마드의 계승자 오말교주(Omar Caliph)가 로마를 내쫓고 그리스도교인 9만명을 학살하고 모든 교회당을 파괴한 후 '오말 사원(Omar Mosque)'을 세워 오늘에 이르렀다고 한다.

현재 이스라엘의 국경과 주변 국가들

이스라엘 점령지대의 팔레스타인

1) 이스라엘의 땅

이스라엘의 땅은 하나님께서 이스라엘 백성에게 주기로 한 약속의 땅이다.

"여호와께서 아브람에게 이르시되 너는 눈을 들어 너 있는 곳에서 동서남북을 바라보라. 보이는 땅을 내가 너와 네 자손에게 주리니 영원히 이르리라"(창 14:15) 말씀하신 약속의 땅이다.

"너는 일어나 그 땅을 종과 횡으로 행하여 보라. 내가 그것을 네게 주리라. 이에 아브라함이 장막을 옮겨 헤브론에 있는 마므레 상수리 수풀에 이르러 거하며 거기서 여호와를 위하여 단을 쌓았더라"(창 14:17)

그 약속의 땅(가나안 땅) 이스라엘 땅은 여러 시대를 거쳐 수난의 역사 속에 흥망성쇠를 거듭했고 주변국가의 지배를 받아가면서 나라 없는 서러움속에 유리방랑(걸식)하다가 오늘날의 이스라엘 땅에 국가를 건설하였다.

또한, 창세기 15장18절에서 "그 날에 여호와께서 아브람으로 더불어 언약을 세워 가라사대 내가 이 땅을 애굽강에서부터 그 큰 강 유브라테까지 네 자손에게 주는 땅이라 유프라테스강까지의 넓은 땅은 그 후로부터 지금까지 4000년동안 한번도 이스라엘 땅으로 약속이 이루어진 사실이 없다. 그저 양속의 땅일 뿐이며 이스라엘 백성들에게는 소망의 땅이다.

이스라엘 국기

오늘날 유대인들이 나일강에서 유프라테스강사이의 땅이 약속의 땅이라고 노골적으로 주장한다면 국제적인 치소거리가 될 뿐아니라 그러나 이스라엘 각급 학교에서는 국기 왼쪽의 파란 굵은 두 줄은 출애굽 시 홍해물이 갈라져서 생긴 두 지역의 바닷물을 상징하여 갈라진 바다사이 육지의 중앙에 다윗별이 자리잡고 있다고 교육하고 있다.

이스라엘이라는 최초의 이름(창32:22-32)은 야곱이 하란(밧단아람)에서 돌아오다가 얍복강가의 브니엘에서 날이 새도록 천사와 씨름하여 야곱의 환도뼈가 위골되도록 겨루어 이기었음을 하나님의 축복으로 얻은 것이다.

그 이후부터 이 이름을 민족과 국가의 이름으로 삼아 이스라엘족속 또는 이스라엘 자손이라 부르고 있다.

성경에서 말하는 이스라엘은 가나안땅(Canaan,창16:3, 창17:8, 민34:1-12), 약속의 땅(출6:4)젖과 꿀이 흐르는 땅(출3:8, 민13:27), 에러쯔 이스라엘, 하 아레쯔(Ha Arets), 필리스티나(Philistina), 팔레스타인(Palestine), 사이땅(The land betweem), 성지(Holy land) 등의 여러 가지 이름으로 불렸다.

팔레스타인 또는 팔레스틴이라는 이름은 '블레세 땅' 또는 '블레셋 사람'이라는 뜻이며 히브리어 플리쉬팀(창10:14)에서 연유되어 필리스틴(Philistine)에서 유래되었다. 지중해 연안의 블레셋 땅에 살고 있던 사람들을 필리스티아(Philistia, 그리스어)라고 불렀다. '역사의 아버지'라 부르는 희랍의 역사가 헤로도투스(Herodotus, 기원전 484?~425?)에 의해 처음으로 성지(Holyland)를 '팔레스타인'이라 부르기 시작했다.

블레셋의 원주민은 그레데(갑돌)에서 살고 있었다. 그들이 이스라엘의 지중해 해안 땅을 점령하여 가사, 가드, 아스글론, 아스돗, 에글론 등의 다섯 성읍이 동맹을 유지하면서 정착하기 시작하였다.(신2:33)

노아의 아들 함에게는 네 명의 아들(구스, 미스라임, 붓, 가나안)이 있었다. 블레셋사람은 둘째 아들 미스라임의 후손들이고, 가나안 사람은 넷째 아들 가나안의 후손들이다.(창10:6-14) 그러나 현재의 팔레스타인 사람들과 성서의 블레셋 사람들과는 이름만 관련이 있을 뿐 혈통적으로는 상관이 없다.

블레셋족은 가나안 알곱족과 이미 역사에서 사라진지 오래이다. 그래서 현대의 블레셋 땅에는 사실상 아랍인들이 대다수 살고 있다. 로마시대 초기에 이스라엘의 남서쪽 해안 평야 블레셋 땅의 거주자들에게만 팔레스타인이라고 불렀다.

그러나 기원후(A.D) 132~135년에 로마 통치에 항거한 유대인들의 2차 반란이 일어나자 하드리안 황제는 '유대'라는 이름을 말살하고 지도에서 그 이름을 지우기 위하여 유대지역을 팔레스타인 지역에 포함시킨 후 '유대'라는 이름을 '팔레스타인(Palestine)'으로 바꿔버렸다. 그 이후 영국이 위임통치할 때(1920~1948)에도 팔레스타인으로 불렀다.

1917년 영국군 총사령관 알렌비(Allenby) 장군은 팔레스타인의 예루살렘을 점령하였다. 알렌비 장군이 예루살렘을 점령하기 1개월 전 영국군의 외무상 발포어(Balfour)는 1917년 11월 '발포어 선언'을 발표하고 팔레스타인 지역에서 유대인지역을 분리시켜 유대인 민족국가 건설의 허용을 선언하였다.

그러나 영국은 2년 전인 1915년 10월 팔레스타인 지역에 가주하고 있는 팔레스타인 사람들에게도 독립시켜 줄 것을 '맥마흔 선언'으로 약속하였다. 이 두 선언은 일관성이 없는 서로 모순되는 것이어서 팔레스타인 문제는 점차 해결이 어려운 상황으로 전개되었다.

이스라엘이 독립한 이후 아랍국가들과의 전쟁이 다섯 차례 있었지만 이스라엘은 매번 승리하였다. 최초의 독립전쟁으로 유엔에서 분할해 준 땅보다 약간 넓은 땅을 확보했으며, 6일전쟁 때에는 이집트(가자지구: 360㎢), 요단강(서안: 5878㎢) 그리고 시리아 (골란고원: 1150㎢) 땅을 점령하여 독립 당시 이스라엘 땅보다 넓게 영토를 확장하여 오늘에 이르고 있다.

그동안 6일전쟁 시에 시나이반도는 이집트에 반환되었고 요르단과는 평화협정이 체결되었다. 그러나 골란고원은 시리아와의 협상테이블에 계속 올려져 있다.

오늘날 유대인들은 하나님이 아브라함의 자손에게 허락한 약속의 땅(창13:4-15)이기 때문에 잃어버린 땅을 되찾은 주인이라고 생각한다. 팔레스타인사람들은 그들의 조상이 살아왔고 제2차세계대전 말까지 팔레스타인이라고 불러온 그들의 땅을 되찾기 위해 노력해 왔다. 반면에 아랍국가들은 팔레스타인을 지원하며 아랍인의 빼앗긴 땅을 회복하겠다는 생각을 버리지 않고 있다.

이스라엘의 국토 총면적은 27.716㎢(남한국토 99.268㎢의 4분의 1) 길고 좁은 형태로써 남북으로 그 길이가 450km이며 동서로 가장 넓은 곳의 폭이 135km이다. 또한 해발고도의 차이가 커서 해발 853m의 예루살렘과 지구상에서 가장 낮은 해저 398m의 사해(死海)는 예루살렘에서 불과 26km의 가까운 거리에 있다.

이스라엘의 지형과 지질은 매우 다양하다. 신생대(약6500만년전~현재)에 대륙의 분리와 이동이 더욱 활발해졌을 때에 아프리카로부터 아라비아반도가 분리되면서 현재의 홍해와 이스라엘의 땅이 형성되었다고 한다.

이스라엘의 주요 명산

산 이름	높이(해발)
감람산	▲ 830m
갈멜산	486m
그리심산	890m
길보아산	546m
느보산	710m
다볼산	588m
모래산	518m
모리아산	750m
시내산	2,285m
시온산	765m
에발산	930m
헬몬산	2,814m

세계에서 제일 낮은 저지대

지명	해저
사해	▼ -398m
갈릴리호수	-212m
여리고	-255m
벧스안	-120m

2) 이스라엘의 인구

이스라엘의 인구는 약 620만명이며 현대사회에서 세계적으로 막강하게 각광 받는 국가로 발전하였다.

인구의 구성분포를 보면 아래와 같이 유대인과 아랍인들이 주종을 이루고 있다. 다소 유동성이 있다.

◉ 유대인 : 약 5,000,000명(80.8%)

◉ 이슬람인 : 약 870,000명(14.1%)

◉ 기독교인 : 약 130,000명(2.1%)

◉ 두르즈인 : 약 100,000명(1.7%)

◉ 베두인 : 약 87,000명(1.4%)

◉ 사마리아인 : 약 300명

　총 계 : 약 6,187,300명

○ 점령지 아랍인 : 약 2,100,000명

○ 점령지 유대인 : 약 200,000명

○ 전세계 유대인 : 약 18,000,000명

○ 미국내 유대인 : 약 5,700,000명

3) 예루살렘의 역사

예루살렘은 히브리어로는 예루살레임, 헬라어로는 예로솔뤼미, 영어로는 쥬르살렘(Jerusalem)이라 부른다. 예루살렘은 지중해 연안으로부터 약63km, 여리고로부터 35km 떨어진 지역으로 해발 약853km의 산악지대에 위치하고 있다.

예루살렘은 기원전4000년 청동기시대 이전부터 사람이 정착한 것으로 고고학자들은 주장하고 있다.

여호수아가 가나안땅을 정복했을 때에 여부스족의 거주지인 예루살렘을 빼앗지 못하였다. 그러나 다윗이 헤브론에서 유다족속의 왕이 된 지 7년후인 기원전1000년경에 다윗왕이 점령하여 다윗성이라고 왕국의 수도로 삼았다.(삼하2:11)

예루살렘은 세계에서 오래된 도시 중의 하나이며 3000년의 역사를 간직한 채 고대로부터 현재에 이르기까지 역사의 중심지가 되어 전세계 인류에게 관심의 초점이 되고 있다.

아브라함시대에 예루살렘의 이름을 살렘(창14:18, 시76:2)이라 불렀다. 성경에 예루살렘이라는 이름으로 처음 기록된 것은 여호수아 10장 1절로서, 아도니세덱이라고 거명한 것이 효시이고 '여부스는 곧 예루살렘이다'(사사기19:10-11)라고 하였다. 예루살렘의 상징적인 이름으로 '오홀리바'(에스겔23:4)라고 기록되기도 하였다.

예루살렘은 하나님의 성으로 터가 높고 이름다우며(시48:1-2) 조밀한 성읍으로 건설되었고(시122:3), 산들이 예루살렘을 둘러싸고 있다.(시125:2)는 사실을 성경의 시편에서 잘 묘사해주고 있다.

예루살렘은 '평화의 도시'라는 뜻이다. 그러나 타민족의 침범으로 인하여 평화보다는 전쟁의 참화로 많은 수난을 당하게 되어 오늘날까지 무려 50차례 이상 무력에 의한 외침에 의해 36차례에 걸쳐 정복을 당하였고, 10차례에 걸쳐 심한 파괴를 당하는 역사적 비운을 맞게 되었다.

예루살렘성은 역사적인 변화가 극심할 때마다 성벽과 성진이 파괴되고 다시 재건되는 등 복잡다단하게 변천되어왔다.

오늘날의 예루살렘성은 세계 3대 유일신종교인 유대교, 그리스도교, 이슬람교의 중심지가 되어 전세계 25억 종교인들에게 신앙의 고향이 되고 있으나 보이지 않는 종교적 대립과 갈등이 심화되어 있는 곳이다.

예루살렘은 통상적으로 구(舊)예루살렘의 예루살렘성 내부지역이 중추적인 중심지역이 되며 구약시대의 성전산(모리아산)과 신약시대의 골고다 언덕(갈보리산)이 예루살렘의 핵심지역이다.

서(西)예루살렘은 이스라엘의 수도로서 정치, 행정, 종교의 중심지이며 입법, 사법, 행정의 3부 관서, 히브리대학교, 국립박물관, 유대교랍비본부, 세계 시온주의본부 등의 중추 핵심기관이 위치하고 있다.

그러나 이스라엘의 문화, 외교, 통상 및 상업의 중심지는 지중해 연안에 위치한 텔아비브(TelAviv)이다.

현재 예루살렘은 약56만 명의 유대인, 아랍인, 그리스도교인들이 어우러져 살고 있는데 유대인과 아랍인들 간의 대결과 갈등이 상존하고 있어 일촉즉발의 위기감이 항상 감돌고 있다.

예루살렘성은 6일전쟁에 의해 점령되었으나 오직 성전산은 아랍인들의 관할 하에 그대로 두고 있으며, 오늘날 황금사원과 엘악사사원은 팔레스타인이 보호 관리하고 있다. 그리하여 유대인(이스라엘)들은 성전산에 들어갈 수 없으며 오직 '통곡의 벽'에서 기도할 수밖에 없는 현실이 안타까울 따름이다.

성전산은 세계 3대 종교인 유대교, 그리스도교, 이슬람교의 중심적인 성지이다. 예루살렘은 전세계 인구 약 70억명 가운데 3대 종교인 약 33억2000명에게 신앙의 고향이기도 하다.

예루살렘이 신앙의 고향이라고 한다면, 기독교인 약20억명, 이슬람교 약13억명, 유대교인 약1800만명에게 지상에서 가장 아름답고 거룩한 성지로서 신앙의 심장부가 되고 있다.

3대 종교의 역학적 작용

예루살렘의 기(旗)

4) 성전산과 성문

성전산은 14만㎡로 예루살렘성 전체면적의 6분의 1에 해당되는 넓은 지역이다.

이 지역은 해발750m, 동쪽 길이는 474m, 북쪽 길이는 321m, 남쪽 길이는 490m의 둘레를 가진 넓은 지역이다.

성전산은 전통적으로 아브라함이 이삭을 번제로 드리려했던 모리아
산을 말한다.(창22:1-14)

성전산 전경

아랍인들은 성전산을 이스마엘을 바치려했던 곳인 동시에 무함마드
가 승천한 곳이라 주장하고 있다. 성전이 파괴되어 폐허가 된 그 터에
이슬람의 황금사원과 엘악사사원이 우뚝 세워져 있다.

황금사원(Golden Mosque)

5) 통곡의 벽

통곡의 벽이라고 불리고 있는 이 성벽은 예루살렘을 둘러싸고 있는 성벽 서쪽벽의 일부이기 때문에 서쪽벽(The Western Wall)이라 부르기도 한다. 이 서쪽벽은 헤롯왕 때에 쌓은 성벽 중에서 일부분이 남아 있다.

통곡의 벽(The Wailing Wall, Western Wall)

이스라엘이 멸망한 후에 유대인들에게 성전 출입이 금지되었으나 1년에 단 한 번 성전 파괴일인 아브월 9일(양력 7월25일 해진 이후부터 7월 26일 해지기 전까지)만은 하루 동안 예루살렘에 출입할 수 있게 해주었기에 많은 유대인들이 이 서쪽 벽 가까운 곳에 모여 성전이 파괴된 것을 슬퍼하며 울었다고 해서 통곡의 벽이라는 이름이 붙여졌다.

기원후 7세기경 회교의 오마르왕은 유대인들이 이곳에서 기도할 수 있도록 허락하였다. 그때부터 이 서쪽 벽은 유대인들에게 가장 거룩한 기도의 장소가 되었다. 유대인들은 성전산에 들어갈 수 없기 때문에 통곡의 벽에 가서 여호와께 그들의 소원을 빌고 또 기도의 제목을 종이쪽지에 써서 벽틈에 끼워두기도 한다.

통곡의 벽 밑의 지역 공간을 반으로 나누어 남쪽은 여자들이 기도하고 북쪽은 남자들이 기도하도록 구분되어 있다.

성지순례자들도 기도처에 들어갈 수 있으나 남자는 반드시 머리에 키파(둥근 작은 모자)나 모자를 쓰고 들어가야 하며 여자는 어깨와 무릎이 드러나지 않는 옷을 입고 들어가야 한다.

유대인들이 이 벽을 되찾은 것은 1967년 6일전쟁의 승리의 결과이다. 이스라엘 정예공수부대는 완강한 저항을 받으며 구(舊)예루살렘성의 사자문을 6월 7일 10시경 통과하여 입성하는 데 성공하였다. 2000여년 동안 잃었던 예루살렘성을 그날 정오에 완전 점령한 후 이스라엘 병사들은 통곡의 벽에서 감격의 눈물을 흘렸다고 한다.

6) 족장이전시대

(1) 아담의 고향땅

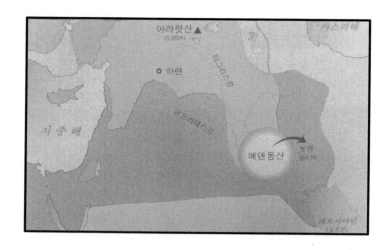

(2) 노아 계보와 종족 분포

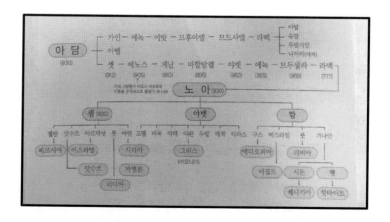

(3) 세계 고대문명 발상지

세계 7대 문명 발상지(4+3)

구분	문명별	강이름	강길이	비고
4 대 문 명	메소포타미아 문명	유프라테스강	2,700km	이라크 (바벨론)
		티그리스강	1,900km	
	이집트 문명	나일강	6,690km	이집트
	중국 문명	황하강	5,442km	중국
	인도 문명	인더스강	2,900km	인도
3 대 문 명	에게 문명	미노스문명, 그리스 및 트로이 일대		
	마야 문명	중앙 아프리카, 고대 멕시코 과테말라 중심지역, 벨리즈		
	안데스 문명	남 아메리카의 안데스 중심		

▶이집트 나일강
모든 문명은 강이
있는 곳에서 시작되었다.

7) 모세가 십계명을 받은 시내산(Mt.Sinail)

시내산은 이집트 카이로에서 415km지점, 척박한 시나이반도의 남쪽 황량한 검붉은 바위산 가운데 해발2.285km 높이의 호렙산(출3:1)을 말한다. 시내(Sinai)는 희브리어로 '가시덤불'이라는 뜻이며 호렙(Horeb)은 '원조한 곳'이라는 뜻이다.

출애굽을 해서 엘림과 시내산 사이 신 광야에서 최초로 시내산이라는 이름이 성경에 기록되었다.

애굽의 초기 콥틱교회의 수도사들은 이 산을 호렙산으로 부름과 동시에 여호와께서 강림하신 산이라하여 '하나님의 산'(Mt. of God: 출 3:1)이라 불렀다. 아랍인들은 게발무사(Gebal Musa)라고 불러왔는데 '모세의 산'이라는 뜻이다.

장엄한 시내산

8) 이스라엘 땅에 평화는 오는가

전세계에 흩어져 살던 유대인들은 1948년 5월 14일 팔레스타인 땅에 '이스라엘(The State of Israel)'을 건국하게 됨으로써 팔레스타인뿐만 아니라 이집트, 요르단, 시리아 등 아랍권과도 마찰을 빚었다.

이후 4차례 중동전쟁(1948년 독립 전쟁, 1956년 시나이 분쟁, 1967

년 6일 전쟁, 1973년 욤키프르 전쟁)과 팔레스타인해방기구(PLO)의 이스라엘에 대한 테러 행위가 계속되면서 이스라엘과 팔레스타인 간 분쟁은 중동 문제의 핵심 과제로 대두되었다.

팔레스타인들의 민중봉기인 인티파다(Intifada)가 1987년부터 1993년, 2000년부터 2005년까지 두 차례에 걸쳐 발생하여 이스라엘과 팔레스타인 간 분쟁이 악화되었다.

2011년부터 시작된 아랍의 중동, 북아프리카에서는 반정부 민주화 운동이 이라크나 시리아에서 내전이 오래 전부터 계속된 것은 주변국들의 이해관계에서 비롯하기 때문이다.

이 지역에서 발생한 유대교, 그리스도교, 이슬람교는 한 조상에 뿌리를 두고 있다. 하지만 서로 간에 갈등의 세월을 보내면서 로마제국이 그리스도교를 국교로 인정하면서 유대인에 대한 탄압이 시작되었고 그리스도교를 앞세운 국가들은 십자군전쟁을 일으켜 이슬람문명과 충돌하기도 했다.

3000년전 이복형제간의 피맺힌 결별이 열두 지파의 이스라엘 민족과 또다른 민족인 아랍인으로 만나 수천년을 함께 살아오다가 같은 조상의 하느님을 믿었으나 다른 종교가 된 이민족(異民族)이 되어 오늘날 유대교와 이슬람교로 만나 갈등이 끊이지 않고 계속되고 있다.

강대국들의 무기 공급과 이슬람국가들 가운데 중동지역의 패권을 잡기 위해 사우디 아라비아, 터키, 이란이 대립하면서 이라크는 원유 분배를 두고 내부 분쟁을 계속하고 있다.

———————— 제6장

이슬람(교)

1. 이슬람이란 무엇인가

이슬람은 아랍의 예언자 무함마드가 610년에 제창한 일신교(一神敎)이며 세계종교로서 서아시아, 아프리카, 인도대륙, 동남아시아를 중심으로 약 10억명의 신자를 보유하고 있다. 아라비아어로 정확하게는 이슬람이라고 하며, '유일한 신 알라에 절대적으로 복종하는 것'을 의미한다. 신자를 무슬림이라고 하는데, 그것은 '절대적으로 복종하는 자'라는 뜻이다. 이슬람 그 자체가 종교의 이름이기 때문에 이슬람교라고 할 필요는 없다. 과거에 서구에서는 모하메트교(Mohammedanism), 마호멧교(Mahometanism), 중국에서 청진교, 회회교, 회교, 일본에서도 회교라고 불리어지기도 했는데, 정확한 호칭은 아니기 때문에 현재는 거의 사용되지 않고 있으며, 영어로도 Islam이라고 표기된다.

이슬람(Islam)을 직역하면 '자신의 모든 것을 인도한다'는 의미로, '유일신인 알라(Allah)에 대한 절대적인 복종'이라는 내용을 담고 있다. 따라서 원래는 '이슬람교'라고 말하는 것이 적절하지 않다. '이슬람'이라는 말 자체가 그 종교를 가리키기 때문이다. 그리고 이슬람교의 신자는 아라비아어로 무슬림(Muslim)이라고 한다. 이들은 분파 활동도 왕성해 오늘날에는 최대 세력인 수니파를 비롯해 시아파, 알라위파, 드루즈파 등 그 사상과 주장이 여러 갈래로 나뉘어 있다.

2. 확대되는 이슬람

서기 610년 메카에서 무함마드가 이슬람을 제창했을 때, 그 가르침을 믿고 무슬림이 된 것은 아내 하디자, 사촌인 알리, 친구 아부 바르크 등 겨우 수명에 지나지 않았다. 622년 메디나로의 헤지라 때, 동행한 무슬림은 70여 명이었다. 당시 메디나에도 70여명의 무슬림이 있어서, 이슬람은 겨우 150명 정도의 신자를 가지고 그 기원 원년을 맞이한 것이다.

632년 무함마드의 사망 이후, 새로운 지도자로서 아부바르크를 칼리프로 선정한 무슬림은 그 지도하에 대규모적인 정복을 개시했다. 그들은 7세기 중반까지 사산조의 전영토를 점령하고, 시리아와 이집트를 비잔틴제국에서 빼앗았다. 옴미아드 왕조의 융성기인 8세기 초에는 중앙아시아, 서북 인도, 북아프리카, 이베리아 반도를 정복해서 그 판도는 서북 인도를 제외하고, 그대로 압바스 왕조에 의해서 계승되었다.

정복자인 아랍은 처음에 정복지 주민의 이슬람으로의 개종에 열의를 나타내지 않았다. 그러나 8세기 초부터 정복지 주민의 이슬람으로의 개종이 서서히 진행되고, 그것은 압바스 왕조의 성립에 의해 한층 촉진됐다. 9세기가 되자 압바스 왕조의 지배는 이완되고, 영내 각지에 사실상의 독립왕조가 자립해서 제국의 통일은 상실되었다.

그러나 이 무렵부터 동방에서는 터키인, 서방에서는 베르벨의 개종이 진행되고, 그들의 새로운 정복에 의해서 아나트리아, 북인도, 서수단이 이슬람 지배 하로 들어와 제국 분열에도 불구하고 이슬람 세계는 오히려 확대를 계속했다. 이와 같은 정복에 의한 이슬람 세계의 확대는 오스만제국에 의한 발칸 정복과 데리 술탄조(朝), 무굴제국에 의한 인도대륙의 정복에 의해서 정점에 이르렀다.

이슬람 세계를 확대시킨 것은 단순히 정복만은 아니었다. 무슬림의 상인들은 이슬람 세계를 넘어서 먼 이국에 자유롭게 진출했다. 그들의 식민지는 주위 이교도 개종의 거점이 되고, 그것이 진행되면 현지 정권의 이슬람화(化) 또는 스스로 이슬람 정권의 수립에 이르지만 단순히 상인만이 아니다. 교회 조직을 가지지 않은 이슬람이지만, 12세기에는 신비주의 교단이 계속해서 설립되고, 13~14세기에는 한카, 자위야 등으로 불린 수도장의 네트워크가 이슬람 세계가 이르는 곳에 뻗쳤다. 이교도의 교화에 가장 열심이었던 것은 이와 같은 신비주의 교단의 교단원이며, 그들은 순교를 원해서 이교도의 땅에 부임하고, 유일한 신에 대한 신앙을 정열적으로 설득했다. 내륙 아프리카, 터키스탄, 발칸, 인도대륙, 동남아시아 섬들의 이슬람화는 주로 그들의 노력에 의하는 바가 크다.

3. 무함마드

무함마드(Muhammad · 570~632)는 이슬람을 주창한 예언자이다. 코란에서 그는 '신의사도(rasūl Allāh)', '예언자', '경고자' 등의 이름으로 불리며 아브라함, 모세, 예수 등 일련의 예언자 계열에서 '최후의 예언자'로 위치지어졌다. 이슬람교도와 그 사회에 있어서, 일상생활에서 국가의 정치에 이르기까지 신의 의지가 절대적인데 그 의지는 예언자에게 내려진 계시에 제시된다.

예언자 이외의 인간에게는 신의 의지는 직접적으로 전해지지 않으며, 또한 최후의 예언자가 무함마드이기 때문에, 무함마드 이후의 인간은 무함마드에게 내려진 계시를 집성한 코란에 의해서 가장 올바르게 신의 의지를 알 수 있게 된다. 또한 신의 의지를 직접적으로 받은 예언자 무함마드의 언행(수나)에도 신의 의지는 나타나 있는데 그 언행에 관한 전승(하디스)도 신의 의지를 알 수 있는 단서가 된다.

수니파의 신학·법학 체계 중에서 이처럼 무함마드는 언행의 세부 사항에 이르기까지 중요한 인물로 여겨지고 있는데, 그는 어디까지나 '예언자', '경고자'이며, 결코 신성을 가진 것도 신앙 숭배의 대상도 되지 않았다

무함마드는 아라비아반도의 마을 메카에서 태어나서 자랐다. 메카는 카바가 있는 성지로, 매년 아라비아의 각지에서 순례자가 모여드는 마을이기도 하였다. 카바는 아브라함이 건설했다고 믿어지고 있으며, 많은 신들의 상이 받들어졌는데, 신전의 '주인'은 알라라고 하였다. 무함마드는 당시의 메카의 주민, 쿠라이시족의 하심가에서 태어났다. 쿠라이시족은 무함마드의 5대 전에 메카에 정착해서, 3대 전 시대부터 대상을 조직한 국제상인으로 성장하였다. 하심가는 쿠라이시족의 명문이었는데, 그 개인은 출생 전에 아버지를 잃고, 유년에 어머니도 잃어서 고아로서 조부와 숙모의 손에 자랐다.

무함마드는 25세경 부유한 미망인 하디자와 결혼해서 이후 평온하

며 안정된 생활을 보냈으며 어느 시기부터 그는 교외의 힐라산의 동굴에서 가끔 명상에 빠지게 되었다. 그러나 명상 중 갑자기 그는 이상한 경험을 한다. 전신이 눌려 으깨어지는 것 같은 감각이 있었으며, 대천사 가브리엘(지브릴)이 계시를 <읽어라>라고 명령했다고 전해지는데 최초의 계시는 그가 40세 때였다. 이후 계시는 그가 죽음을 맞이할 때까지 십수년간에 걸쳐서 단속적으로 있었다. 예언자로서 자각한 무함마드는 사람들에게 경고하기 시작했는데 주로 젊은이로 구성된 신도 집단이 형성되었다. 그러나 쿠라이시족 대부분의 사람들에게는 부조 이후의 종교를 버리는 것이 불가능하였다. 또한 무함마드의 설교는 카바를 가지며, 그곳에 모여든 순례자를 맞이하는 종교도시 메카의 기반을 저해하는 것으로 생각되었다. 무함마드는 또한 부를 독점하는 대상인을 비판하고, 내면적인 신앙만이 메카사회의 존재방식 그 자체를 문제로 한 것이기 때문에 그와 신도에 대한 박해는 급속히 엄격해졌다.

622년 무하마드와 70여 명의 신도와 그의 가족은 메카를 버리고 메디나로 이주했다. 그는 이주에서 죽을 때까지의 11년 정도의 기간에 메디나를 중심으로 한 교단국가를 건설했다. 이주(헤지라)는 국가건설의 계기가 된 중대사라는 인식이, 후에 이해를 기원으로 하는 헤지라력을 성립시켰는데 메디나에는 유대 교도와 아랍이 있었다. 후자는 오랫동안 내전을 계속하고, 그 조정자로서 무함마드를 초대한 것이다. 그가 이주한 당초, 신도는 소수였는데, 말년에는 메디나의 아랍은 거의 전원이 신도가 되었다.

한편, 유대교도는 무함마드를 예언자라고는 인정하지 않았다. 최초 단식이나 예루살렘을 향한 예배 등 유대교의 의례를 이슬람에 도입한 무함마드도 결국 유대교도에 대립하고 이슬람 독자의 길을 선택하고 메디나라는 도시로 이주하여 이슬람력(曆)이 시작되었으며 그로부터 몇 년이 지나 아라비아 반도 대부분을 정복한 무함마드는 최후의 순례를 하고 메디나로 돌아가서 얼마 후에 죽었다.

그때 후계자를 세우지 않고 세상을 떠나자 이슬람교도들은 족장선거를 통해 새로운 지도자인 칼리프를 선출했다. 무함마드는 첫째 아내와의 사이에 3남4녀를 두었으나 자손을 통해 오늘날까지 전승된 것은 막내딸 파티마 한 사람이었으며 메디나 시대에는 아시사 외에 10명이 넘는 아내가 있었다.

서기 661년 우마이야 왕조가 생길 때까지 4명의 칼리프가 선출되면서 4대 칼리프인 알리가 죽고 나자 이슬람교는 수니파와 시아파로 갈라지면서 갈등과 분쟁이 계속되고 있다. 수니파는 4명의 칼리프를 무함마드의 합법적인 혈통을 나눈 직계손이 아닌 무함마드의 율법과 정신을 계승 발전시켜야 한다고 주장하는가 하면, 시아파는 무함마드의 사위였던 알리와 직계손에 의해 계승 발전해 나가야 이슬람에 대한 지도권이 있다고 믿고 있다.

결국 수니파와 시아파는 이슬람의 한 갈래이며 이들은 똑같이 정통 이슬람으로 여겨지고 있다.

4. 코란의 성립

이슬람에서는 아담도, 노아도, 아브라함도, 그리고 예수도 인류를 내세의 천국으로 인도하기 위해 신이 지상으로 보낸 예언자라고 해석한다. 신은 사람들을 인도하기 위한 표시로 '계시의 책'을 인류에게 주었다. 그것은 모세에게 준 율법의 책(구약성경)과 예수에게 준 복음의 책(신약성경)이다.

그러나 유대교도와 기독교도는 그들에게 주어진 계시의 책을 왜곡하고 은닉했다고 한다. 아브라함은 계시의 책을 받지는 않았지만, 그의 아들인 이스마엘과 함께 메카에 카바 신전을 건설하고 자손 중 하나를 사도로 보내기 위해 신에게 기도했다. 그리고 제1장에서 소개한 것처럼, 신은 천사 지브릴(가브리엘)을 무하마드에게 보내 계시의 책(코란)을 주었다.

따라서 무하마드가 주장한 것은 아브라함 종교의 부활이며, 코란이야말로 가장 바른 인도의 책이라는 것이다. 왜냐하면 하늘의 신 옆에는 한 장의 석판이 보관되어 있고, 이것이 이른바 '계시의 책' 원형이기 때문이다. 코란은 구약성서와 신약성서의 잘못된 부분을 고친 뒤에 최후의 예언자인 무하마드에게 내려진 책이다. 이상은 코란에 기록된 유대교, 기독교에 대한 관점이다.

이슬람의 경전은 물론 코란이지만, 그것을 보조하는 것으로 『하디스(Hadith)』라는 제2의 성전이 있다. 코란은 무하마드가 받았던 계시인데 비해, 『하디스』는 무하마드 자신이 한 말과 행위를 기록한 책이다. '하디스'라는 말은 아라비아어로 '전승(傳承)'을 의미하고, 무하마드가 죽은 직후부터 구전되다가 8세기에 이르러 수집, 기록된 것이 그 시작이다.

많은 하디스가 존재하지만, 그 중에서도 가장 중요시되는 것은 『부하리(Bukhari)의 하디스』라는 책이다. 여기에는 이슬람의 백과사전과 같은 내용이 실려 있다.

5. 코란의 세계

무함마드는 610년의 어느 날, 유일신 알라의 계시를 받아서 스스로 신의 사도로서 자각하고, 최후 심판의 날에 대비하도록 사람들에게 경고했다. 신의 계시는 무함마드의 죽음시까지 그에게 계속 내려지고, 후에 이를 1권의 책으로 정리한 것이 코란이다. 따라서 역사적으로 이슬람은 610년에 무함마드에 의해서 제창되었다. 그러나 코란에 기록되어 무슬림이 믿는 신앙의 입장에서 보면 이슬람은 610년에 시작된 것이 아니다. 천지창조 이전부터 엄연히 존재하고 있으며, 신과 함께 영원한 이슬람이 610년에 신의 사도 무함마드에 의해서 재확인된 것이다.

아주 먼 옛날, 신은 천지를 창조하고, 하늘에는 해와 달과 별을, 땅에는 인류를 비롯한 생명을 창조했다. 신은 단지 자연과 인류를 창조한 것이 아니라, 자연에는 천체의 운행이나 사계, 풍우, 낮과 밤의 변화 등 질서를 주고, 인류에게는 내세의 천국을 보증하기 위해서 현세에서 준수해야 할 규범을 주었다. 신이 인류에게 준 규범이 샤리아이며, 샤리아에 따라서 사는 것이 이슬람이다.

자비심 깊은 신은 인류를 내세의 천국으로 이끌기 위해서 많은 예언자를 지상에 보냈다. 『구약성경』의 아담도, 노아도, 아브라함도 무녀 같은 예언자였다. 그것만이 아니라 신은 인류 인도의 표시로서 계시서도 인류에게 주었다. 모세에게 준 율법의 책(구약성경), 예수에게 준 복음서(신약성경)가 그것이다. 그러나 사람들은 참된 이슬람을 자각하지 못했다. 신이 보낸 예언자에 따르지 않아 절멸된 사람들도 있다. 아드의 민족, 사무드의 민족 등이 그 예이다. 유대 교도와 그리스도 교도도 그들에게 주어진 계시서를 왜곡해서 은닉했다.

아랍의 먼 선조 아브라함(코란에서는 이브라힘이라고 한다)은 그 아들 이스마엘(이스마일)과 함께 메카에 카바를 건설하고, 이를 거처로서 알라에게 헌상해서 자손 중 한 명을 사도로서 보내도록 기원했다. 아브라함은 계시서를 받지 못했지만, 모세(무사)보다 훨씬 오래된 예언자, 하니프, 무슬림이었다. 무함마드가 주장한 것은 아브라함의 종교의 부활이며, 그에게 준 계시서 코란은 그에 앞선 계시서를 개정한 것이다. 왜 이와 같은 것을 말할 수 있는 것인가.

하늘의 천상인 신 옆에는 1장의 석판이 중요하게 보관되어 있는데, 이것이 바로 『구약성경』과 『신약성경』의 원전이 된 계전의 모체인 움 알키타브(Ummal-Kitāb)이다. 신은 인류를 이슬람으로 이끌기 위해서 무함마드를 최후의 예언자로서 아랍민족에게 보내고, 계전의 모체를 아라비아어의 코란으로서 그에게 주었다. 코란과 그에 앞선 『구약성경』, 『신약성경』과의 사이에 차이가 있는 경우에는 신이 계전의 모체에 의거해서 개정한 것이기 때문에 마지막에 인류에게 내린 계시서 코란이 가장 정확한데 코란에는 이와 같이 기록되어 있다.

후의 울라마(학자, 종교지도자)가 정리한 바에 의하면 코란에 기록된 이슬람의 교의는 이만(īmān, 신앙), 이바다트('ibādāt), 무아말라트(mu'āmalāt)로 이루어진다. 이만은 후에 알라, 천사, 계전, 예언자, 내세, 예정의 육신으로서 정형화된 신앙내용으로, 그 중 특히 중요한 것이 알라와, 마지막의 예언자인 무함마드라는 것은 말할 필요도 없다. 코란에서 알라는 유일신, 창조자, 자비심 깊은 분인 동시에 그 신자(아브드, 노예라는 의미) 위에 지배자로서 임하는 것으로 되어 있다.

그 자체가 피조물인 우상 숭배를 격렬하게 비판해서, 다른 죄는 신의 용서를 받을 수 있지만, 다신숭배는 절대로 용서되지 않는다. 이바다트는 문자의 뜻은 신에 대한 봉사이며, 종교학에서 말하는 의례에 상당한다. 후에 오주(五柱)로서 정형화된 점에서 신앙고백을 제외한 예배, 희사, 단식, 순례 외에 코란에서는 지하드가 특히 강조되고 있다. 무아말라트는 문자대로는 행동의 규범, 그 중에서도 신자 동지의 인간관계이며, 이에는 간음하지 말 것, 고아의 재산을 탐하지 말 것, 계약을 지킬 것, 저울을 속이지 말 것 등의 윤리적 규칙 외에 혼인, 이혼, 유산상속, 범죄에 관한 규정에서 이자의 금지, 고아의 부양과 후견, 돼지고기를 먹는 것의 금지, 일상의 예의작법까지를 포함한다. 즉 코란은 유일신과 그 최후의 예언자 무함마드를 믿고, 신에게 봉사하고 신이 좋다고 하는 올바른 인간관계를 맺고, 내세에는 천국으로 들어가도록 하는 가르침이다(육신오행).

지금까지 무함마드가 제창한 종교를 이슬람이라고 했는데, 코란은 무함마드에게 계시된 종교를 단지 이슬람이라고만 부른 것은 아니다. 코란은 그것을 특정한 이름으로 부르지 않고 부를 필요가 있는 경우에는 적당히 이슬람, 이만, 딘(din), 밀라(milla) 등의 용어를 이용했다. 현재 일반적으로 인정되고 있는 곳에서는 이슬람은 유일신 알라에 절대적으로 복종할 것, 이만은 마음속의 신앙, 딘은 종교일반, 또는 내면적 이만과 밖으로 나타난 이슬람을 통일한 것으로 해석되며, 밀라는 아브라함의 종교라는 말에 전형적으로 나타난 것과 같이 과거의 특정한 예언자가 주장한 가르침이나 그 움마(공동체)에 대한 소속을 의미한다고 생각된다.

이들 용어 중 코란에서 가장 많이 이용된 것은 이만이며, 동시에 신자를 의미하는 용어로서도 가장 많이 이용된 것은 무민(mu'min)이다. 이슬람시대 초기, 이슬람교도를 의미하는 용어로서 일반적으로 이용된 것은 무슬림이 아니라 무민이었다. 이는 우마르 1세가 이용한 칼리프의 칭호가 무슬림들의 아밀이 아니라, 무민들의 아밀이었다는 것에 잘 나타나 있다. 코란 49장 14절에 '유목민들은 "우리들은 믿는다 (āmannā)"라고 이야기하고 있다. 말하기를 "너희들은 믿지 않는다. 단, 우리들은 복종한다(aslamnā)라고 하는데 지나지 않는다. 너희들의 마음속에 아직 신앙이 들어있지 않다(후략)"고 되어 있듯이, 이슬람 시대 초기에는 이맘과 이슬람은 다른 것이거나 이슬람은 이만의 전(前) 단계로 생각되고 있는 것 같다.

이슬람은 전형적인 세계종교인데, 코란이 아라비아어로 기록되어 있으며, 이슬람이 정복자 아랍의 종교였기 때문에 이슬람시대 초기의 오랫동안, 이슬람과 아랍의 동일시 현상이 나타났다. 이 시기에 정복지 주민의 이슬람으로의 개종은 거의 진행되지 않았는데, 마와리 문제, 우마르 2세의 신정책 등을 계기로 개종자가 증가했다. 거기에서 문제가 된 것은 어떤 조건을 만족시키면 무슬림으로 볼 수 있는가, 무슬림으로서의 최저한의 의무는 무엇일까 하는 문제였다.

8세기 전반의 수니파 울라마의 선구자들에 의한 오주(五柱)의 정형화는 더욱 이와 같은 요청에 응하는 것이었다. 코란의 어디에도 그대로의 말로는 기록되어 있지 않은 신앙고백은 무슬림들의 최소한 믿지 않으면 안되는 이만을 말로서 표명하는 것이다. 예배, 희사, 단식, 순례는 최소한 실천해야 하는 이바다트이다. 이 양자를 합쳐서 오주(五柱)로서 정형화함으로써 알라에 대한 절대적 복종은 오주의 실천에 있다고 하며, 9세기에 이르러 무함마드에 의해서 제창된 종교를 부르는 이름으로서 이슬람이 확립되었다. 즉 신앙 일반을 가리키는 이슬람은 특정 신앙내용을 가진 종교 이슬람이 되었으며, 동시에 신자를 부르는 이름으로서의 무슬림도 확립되어 현재에 이르고 있다.

6. '아브라함의 종교' 이슬람

이슬람의 특징을 가장 잘 나타내는 것이 바로 그들 스스로 '아브라함의 종교'라고 하는 데 있다. 이것은 유대교, 그리스도교를 배경으로 하여 독립한 종교로서 이슬람교의 정체성을 말하는 것이다.

'오늘, 나(신)는 너희들을 위해 종교를 건립했다. 나는 너희들에게 은총을 가득 줄 것이며 동시에 너희들을 위한 종교로서 이슬람을 승인했다.'(코란)

이슬람의 신 알라는 역사적으로 더듬어보면 처음으로 사람, 즉 아브라함에게 계시를 내린 신이다. 전우주의 창조주이며 유일무이한 존재라고 할 수 있다. 다시 말해, 일신교(一神敎)를 신봉한 가장 최초의 신앙은 '아브라함의 종교'에서 시작된 것이다. 그리고 거기에서 유대교와 그리스도교도 파생해왔기 때문에 '아브라함의 종교'는 근원적인 의미를 가진 '영원한 종교'로서 받아들일 수 있다. 그러나 이슬람 측에서는 유대교와 그리스도교의 존재를 원칙적으로 부정은 하지 않지만, 이 '영원한 종교'에 대한 이해가 불충분하고 그 때문에 본질적인 내용을 오해하며 역사적인 전개 속에서 왜곡되어버린 종교라고 규정한다. 이슬람은 그런 왜곡된 모습을 본래로 되돌리는 것이야말로 역사적인 임무라고 말한다.

이슬람은 '절대 일신교'이다. 이것은 신앙의 대상인 신이 앞에서 말했던 것처럼 '아브라함의 신'이고, 그 신만을 주님으로 정해 '노예'가 되어 섬기겠다는 결의를 품고 있기 때문이다.

7. 신앙의 행위

이슬람은 단지 신앙하는 것만이 아니라 행위로 표현할 것을 요구한다. 그것은 이슬람의 신앙을 지지하는 다섯 개의 기둥이라는 의미에서 '5주(al-arkanal-khamsa)'라고 한다. 그 내용을 소개하면 다음과 같다.

①샤하다(shahada : 신앙고백)

샤하다는 원래 '증거'를 의미하는 아라비아어다. 구체적으로 "알라 외의 신은 없고, 무함마드는 알라의 사도다"라는 구절을 예배 때마다 소리 높여 외치는 행위다. 이 '신앙고백'은 이슬람이 각지로 세력을 넓혀 가는 과정에서 이교도들에게 이슬람으로 개종할 것을 촉구하는 증거로서 외치게 했던 것 같다.

②살라트(salat : 예배)

이것은 신에 대한 복종의 증명이며 감사를 나타내는 것이다. 무슬림(이슬람교도)의 의무인 예배는 하루에 다섯번 행해진다. 이 횟수에 대한 규정은 무함마드가 천상 여행을 할 때 신과의 약속으로 정해진 것이다('이슬람의 천계' 편 참조). 예배 시간은 새벽, 정오, 오후, 일몰, 밤중으로 정해져 있다. 예배 때는 몸을 청결히 하고 의도를 확실히 하며, 메카의 카바 신전 쪽을 향해 행한다. 처음에는 예루살렘을 향해 예배했지만 624년부터 변경됐다. 그밖에도 자발적인 예배도 권장되었는데, 꼭 모스크(이슬람 사원)에서가 아니더라도 묘지나 도살장 같은 불결한 장

소만 아니라면 어디에서 하든 상관없다

③자카트(zakat : 희사, 기꺼이 바침)

자카트의 본래 의미는 '맑게 함'이다. 무함마드는 자카트를 신앙의 증명으로서, 신자의 중요한 덕목의 하나로서 호소했다. 물론 처음에는 자발적인 것이었지만, 후에 이슬람법에서 '정해진 신에 대한 봉사의 의무'라고 제정되면서부터 강제적인 성격을 갖게 되었다. 이것은 이른바 세금과 같은 역할을 하며, 일반적으로 신자가 소유하고 있는 돈이나 가축, 과실, 곡물, 상품 등에 대해 일정한 비율로 금액이 정해져 있다. 이 자카트는 궁핍한 순례자, 수행자, 빌린 돈을 갚을 능력이 없는 자, 거지, 궁핍한 여행자 등의 원조에 쓰인다.

④사움(sawm :단식)

무함마드는 메카로 이주(히즈라hijra)한 직후 유대교도의 제도를 모방해 단식일을 정했다. 훗날 '라마단'의 달(9월)은 단식의 달로 정해졌다. 무슬림은 이 한달 동안 일출부터 일몰까지 일체의 음식을 먹지 않음은 물론이고 흡연, 성교, 침을 삼키는 일조차도 허용되지 않는다. 단, 노인·어린아이·병자 등은 예외이며, 또 여행 중이거나 전쟁터에 있는 병사의 경우는 후일로 변경하는 것도 가능했다.

⑤하즈(hajj :순례)

순례는 개인이 아닌 집단에 부과된 의무로, '여행할 여유가 있는 이상' 순례월(12월) 8일부터 10일 사이에 메카의 카바 신전을 참배하지 않으면 안 된다. 여기에는 상세한 규정이 있다. 이를테면 '순례자는 이음매가 없는 두 장의 흰천을 몸에 두르고 순례월 7일까지 메카에 도착해야 하며 도착한 날 카바를 일곱 번 돌아야 한다. 그리고 그날 밤이나 다음날 아침에는 메카 동쪽의 성지인 아라하트에 특정한 통로를 이용해 모두 다르고, 9일에는 아라하트의 라흐마산에서 의식을 행한다' 라는 식으로 매우 자세히 그 내용이 정해져 있다. 만약 이 순서대로 행하지 않았을 경우 순례 경험자에게 붙여지는 '하주'라는 경칭을 인정받지 못한다.

이슬람의 특징적인 신앙 행위로서 거론되는 것이 지하드(jihad)라는 말이다. 이것은 일반적으로 '성전(聖戰)'을 의미하지만, 아라비아어 본래의 의미는 '정해진 목표를 위한 노력'이다. 무슬림은 '왼손에 코란, 오른손에 칼'이라고 불릴 정도로 호전적인데, 그 배경에는 지하드의 사상이 있다. 이슬람법에 의하면, 이 세상은 이슬람의 주권이 확립되어야만 하고 그렇지 않다면 '전쟁 상태'로 여긴다. 따라서 이슬람의 주권이 확립될 때까지 '성전'은 계속된다고 규정한다. 물론 이 의무는 병사에게만 부여된 것은 아니며, 자금을 제공하는 것 등도 성전에 참가한 것으로 간주한다. 그리고 지하드에서 순교한 자에게는 천국이 약속돼 있다. 무슬림에게는 인사도 신앙의 증명이 된다. 코란과 하디스에는 다음과 같은 인사말이 기록돼 있다.

"앗살람 알라이쿰(al-salamalaykum : 당신에게 평안을)." 그러면 답을 하는 측도 "와 알라이쿰 앗살람(wa-alaykumal-salam : 당신에게야말로 평안을)." 이라고 말한다. 이때 몸짓이나 작법(作法), 또는 어느 쪽이 먼저 인사하는가 등의 사항까지 자세히 규정되어 있다. 물론 이교도에 대한 경우의 인사법도 있는데, 이때도 허리를 굽히는 인사만큼은 금지돼 있다. 엄격한 무슬림이라면 말이다.

⑧메카(Mecca: 성지)와 카바(Caba: 신전)

메카(Mecca)는 사우디아라비아 서부의 이슬람 성지이다. 무함마드가 탄생한 땅이다. 마을 중심에 성(聖)모스크(이슬람 사원)가 있고, 그 한가운데 카바 신전이 있다. 시가지를 에워싼 30km의 마름모꼴 지역이 성역(聖域)으로 되어 있으며, 이교도의 출입이 금지되어 있다. 매년 2백만 명이 넘는 많은 순례자가 세계 각지에서 모여든다.

카바(Caba)는 메카의 성 모스크에 있는 이슬람의 가장 신성한 신전이다. 카바란 입방체를 의미한다. 현재의 카바는 폭 12m, 건물 안 길이 10m, 높이 15m의 석조 건물이다. 동쪽 모퉁이에 '거룩한 흑석(黑石)'이 끼워져 있다. 내부는 대리석 바닥이며, 세 개의 나무 기둥이 있다. 입구 앞에는 많은 전설을 가진 자무자무의 우물이 있다.

8. 코란에 기록된 25명의 예언자들

하나님(Allah)께서 인류에게 올바른 길을 알리기 위해 선택한 이들을 예언자라고 부른다. 수많은 예언자들 가운데 코란에 이름이 기록된 예언자는 25명이다.

이들 가운데 노아, 아브라함, 모세, 예수 그리고 마지막 예언자인 무함마드 등 다섯 명을 특히 중요한 예언자로 꼽는다.

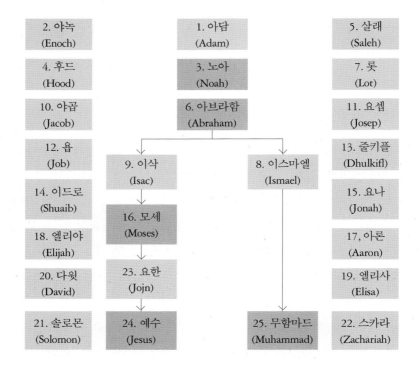

2. 야녹 (Enoch)	1. 아담 (Adam)	5. 살래 (Saleh)
4. 후드 (Hood)	3. 노아 (Noah)	7. 롯 (Lot)
10. 야곱 (Jacob)	6. 아브라함 (Abraham)	11. 요셉 (Josep)
12. 욥 (Job)	9. 이삭 (Isac)	8. 이스마엘 (Ismael)	13. 줄키플 (Dhulkifl)
14. 이드로 (Shuaib)		15. 요나 (Jonah)
18. 엘리야 (Elijah)	16. 모세 (Moses)	17, 아론 (Aaron)
20. 다윗 (David)	23. 요한 (Jojn)	19. 엘리사 (Elisa)
21. 솔로몬 (Solomon)	24. 예수 (Jesus)	25. 무함마드 (Muhammad)	22. 스카라 (Zachariah)

하나님의 마지막 메시지인 코란에는 25명의 예언자들(Massenger)에 대한 이야기들이 자세히 담겨있다. 유대교 · 이슬람교 · 그리스도교는 한 조상의 같은 뿌리이면서 서로 간에 갈등의 세월을 보내면서 로마제국이 그리스도교를 국교로 정하면서 유대인에 대한 탄압이 시작됐고 그리스도교를 앞세운 국가들은 십자군전쟁을 일으켜 이슬람문명과 충돌하기도 하였다.

9. 한국의 이슬람

한국과 이슬람의 만남은 한국과 종교로서의 이슬람과의 만남만이 아니라, 한국의 전통문화와 이슬람문명과의 만남도 아울러 뜻하는 것이다.

삼국시대부터 아랍·무슬림들과의 교류가 있었다는 기록에서부터 고려시대, 조선시대에 이르기까지 이슬람과의 교류는 지속되어 왔다. 그런데 오늘날 한국 무슬림공동체가 형성되게 된 직접적인 계기는 터키군이 6.25 한국전쟁 당시 참전한 것이었다.

한국전쟁 이후 군(軍) 이맘 압둘가푸르가 직접 대민(對民)선교에 나서서 현대 한국 무슬림의 제1세대를 탄생시켰다. 그의 인도 아래 1세대들은 1955년에 드디어 첫 이슬람공동체인 한국이슬람협회를 결성하여 이슬람 정착의 초석을 마련했다. 그 이후 서울 중앙사원을 비롯해 전국에 5개의 사원을 건립하고 약 4만명의 신도를 구성원으로 갖게 되었으며, 범세계적인 이슬람공동체의 일원으로 자리매김하게 되었다.

제7장

힌두교

1. 힌두교란 무엇인가

힌두교(Sanātana Dharma 또는 Hinduism)는 남아시아에서 발생한 종교로 인도를 비롯해 남아시아에서 널리 믿어지고 있는 종교이다.

힌두교 신자들은 자신의 종교를 칭할 때 힌두교라고 하지 않으며, '영원한 법'이라는 의미의 사나타나 다르마(Sanātana Dharma)라고 부르는 것이 일반적이다. 인도교(印度敎)라고도 한다. 힌두교를 범인도교라 함은 힌두(Hindū)는 인더스강의 산스크리트 명칭 '신두(Sindhu:大河)'에서 유래한 것으로, 인도와 동일한 어원을 갖기 때문이다. 힌두교라고 할 때는 민간 힌두교 전통과 베다 힌두교 전통으로부터 비슈누파와 같은 박티 전통에 이르기까지 다양하고 복잡한 전통들 전체를 뜻한다. 또 요가 전통과 카르마 개념에 기초한 매일의 도덕적 삶과 힌두 결혼풍습과 같은 사회적인 일반규범도 포함된다.

힌두교는 본래 혼연된 종교 · 문화의 복합체에 대한 편의적인 호칭으로, 명쾌한 정의를 부여하는 것은 불가능하다. '힌두'라는 말은 오늘날 파키스탄을 흐르는 인더스강의 명칭에 기원을 가진 페르시아어이고 '인더스강 유역의 사람들'을 의미했는데, 인도(이 경우 현재의 인도만이 아니라, 근린제국도 포함하는 인도아대륙이라고 하는 지역)에 침입해 온 무슬림들이 자신들과 종교를 달리하는 인더스강 유역의 원주민을 힌두라고 했다. 이는 또 '인도인'을 의미하게 됐는데 이것이 영어 등의 유럽어에도 채용돼 힌두의 종교·문화를 가리키는데 '이즘(ism)'을 붙여 힌두이즘(Hinduism)이라는 말이 만들어졌으며 힌두교는 이 말의 역어(譯語)이다. 그러나 이 말에 정확하게 대응하는 인도의 말은 없다.

힌두교는 그리스도교와 이슬람교 다음 가는 세계의 큰 신앙이다(신자의 수는 2005년 9억4000만명). 힌두교의 발생은 고대 인도의 종교사상인 베다에서 비롯되며, 베다의 사상은 기원전 1500년 이전으로 거슬러 올라간다. 베다는 종교로서 그리고 글로서 오늘날 남겨진 문학 가운데 가장 오래된 것으로 여겨지고 있다. 힌두교는 여러 신들의 존재를 부정하지 않는 다신교적 일신교(택일신교 또는 일신숭배)로서, 교주(敎主) 즉 특정한 종교적 창시자가 없는 것이 특징이다.

힌두교라는 말은 가끔 브라만교와 구별해서 사용되는 경우가 있는데 이 경우에 브라만교는 불교흥기 이전에 브라만계급을 중심으로 베다성전에 의거해서 발달한 종교를 가리킨다. 또 힌두교는 기원전 6~기원전 4세기에 베다문화의 틀이 붕괴해서 브라만교가 토착 민간신앙 등을 흡수해서 크게 변모한 형태를 가리킨다. 그러나 양자(兩者)가 완전히 별도의 것은 아니며, 넓은 의미로 힌두교라는 말을 이용하는 경우에는 브라만교도 안에 포함한다.

힌두교를 의미하는 적당한 말이 인도의 언어에 없다는 사실이 시사하듯, 힌두교는 개인 개인에 의해서 의식된 신앙 체계라기보다는, 오히려 종교적인 관념이나 의례와 융합된 사회관습적 성격을 다분히 가지고 있는데 입신이나 개종에 의해서 힌두교도가 된 것은 아니며, 힌두교도의 자식으로 태어나는 것이 바로 힌두교도의 자격을 얻는 것이다. 이러한 성격은 힌두교가 불교나 그리스도교 등의 세계종교에 대해서, 유대교 등과 함께 민족종교라고 불리는 이유 중의 하나이다. 그러나 힌두교가 인도를 넘어 전파된 경우도 있으며, 인도 그 자체가 유럽에 필적하는 하나의 세계라는 등의 이유로, 민족종교라는 것에 이의를 제기하는 학자도 있다.

힌두교는 복잡다기한 복합체로, '종교'라는 말의 의미를 일탈하고 있는데 신(神) 또는 절대자를 보아도, 힌두교는 일원론도 일신교도, 이원론도 다신교도, 무신론도 그 중에 포함하고 있다.

한편, 힌두교는 그리스도교 등이 배타적 성격을 가지고 있는 것과는 대조적으로, 포섭력을 가지며 모든 것을 흡수해 성장한다. 따라서 힌두교는 피라미드의 정점에 선 극도로 발달한 철학체계에서 그 저변에 있는 가장 원시적인 신앙이나 주술(呪術)도 그 중에 수용하고 있다. 힌두교는 고도의 신학이나 윤리 체계를 포괄하고 있을 뿐만 아니라, 카스트제도나 아슈라마(생활기)제도를 비롯해 인간생활의 전반을 규정하는 제도, 법제, 습속 등을 내포하고 있다. 힌두교는 종교라기보다는 오히려 생활법(a way of life)이라고 하는 것도 이상과 같은 성격에서 유래한다.

2. 힌두교의 역사

기원전 2300~기원전 1800년을 중심으로 현재의 파키스탄 영내에 있는 모헨조 다로와 하라파를 2대 중심지로서 인더스 문명이 번영했는데, 이 문명의 종말과 거의 동일한 무렵 아리아인이 서북 인도로 진입, 이 문명의 유적 근처 펀자브 지방에 정착해서 기원전 1200년을 중심으로『리그베다』를 편찬했다. 그 후 기원전 500년경까지 주요한 베다성전(聖典)이 편찬되어 브라만 계급을 정점으로 하는 브라만교의 전성시대를 맞이했다. 그러나 기원전 500년경에는 사회적 대변동을 배경으로 반(反)브라만교적 자유사상가가 배출되어 불교, 자이나교가 성립했다. 아직 불교가 종교 · 사상계의 주류를 이루었던 기원전 2~기원후 3세기경, 베다문화의 틀이 붕괴해서 브라만교가 토착의 비아리아적 민간신앙, 습속 등의 여러 요소를 흡수하고, 크게 변모해 힌두교가 성립되었다.

힌두교는 브라만교를 기반으로 하고 있다고는 하지만, 다음과 같은 과정을 거쳐서 오늘날 볼 수 있는 힌두교가 형성됐다. ①철학체계의 형성과『마하바라타』나 그 일부를 이루는『바가바드기타』, 동남아시아 일대에도 큰 영향을 미친『라마야나』또는 힌두교 법전의 기반인『마누법전』등 힌두교의 중핵(中核)을 이루는 성전(聖典)의 성립(기원전후 이후) ②종파의 성립(1~2세기 이후) ③강력한 바크티 사상의 대두(600~800년 이후) ④탄트리즘의 형성(800년 이후) ⑤이슬람의 침투(13세기 이후), ⑥영국의 지배, 그리스도교의 전파, 서양문명과의 접촉(1800년 이후) 등이다.

3. 힌두교의 성전(聖典)

힌두교의 성전(聖典)은 실로 방대한 수와 양에 이르고 있는데, 코란이나 성경만큼의 지위와 권위를 가지는 성전은 없다. 성전 중에서 가장 기본적이며 오래된 성전은 베다이다. 힌두교도는 베다에 대해 절대적인 권위를 인정해서 '천계성전'이라 했으며, 인간에 의해서도 신에 의해서도 만들어진 것이 아니라, 옛날 성선(聖仙)이 신비적 영감에 의해서 감득한 계시라고 생각한다. 그러나 그것은 명목적인 것으로, 모든 힌두교도가 항상 동등하게 절대적인 것으로서 존중하는 것은 아니며, 오늘날 이를 읽을 수 있는 힌두교도는 얼마 되지 않는다.

힌두교도에게 천계성전 다음가는 권위를 부여받은 문헌군에 '고전서'가 있는데 이는 성현의 저작으로 생각되며, 다음과 같은 성전을 포함하고 있다.

①인도의 국민적 2대 서사시 『마하바라타』('바라타족의 전쟁을 이야기하는 대서사시'라는 뜻)와 『라마야나』('라마왕 행전'이라는 뜻) - 전자(前者)는 전설상으로는 선인 비야사의 것이라고 하며, 기원전 10세기경 서북 인도에서 일어났다고 추정되는 바라타족 친족 간의 대전쟁의 기억에 의거하며, 약 10만 송(頌)으로 된(호메로스의 두 개의 서사시의 약 8배) 장편이다.

후자(後者)는 인도 최초의 발미키의 작(作)인데, 원래 동인도에 전해진 비극의 라마 왕자의 사랑과 전쟁 이야기에서 소재를 취했다고 추정되며, 전자의 약 4분의1 분량인데, 미문류(美文類)문학의 효시라고 할 정도로 문체가 세련돼 있다. 두 서사시의 인도의 종교, 문화에 미치는 영향은 매우 크다. 힌두교의 성전 중 오늘날 가장 애창되고 존경받고 있는 『바가바드기타』는 전장 일부이다.

②푸라나('고담'이라는 뜻) - 스스로 '제5의 베다'라고 하며, 일반대중의 힌두교에 관한 백과사전이라고도 할 수 있는 성전이다. 종파적 색채가 농후하며 대개 비슈누파나 시바파의 어딘가에 속한다. 18의 대(大)푸라나와 18의 부(副)푸라나가 현존하고 있는데, 그중에서도 『비슈누 푸라나』와 『바가바타 푸라나』가 특히 중시된다.

③법전 - 법전 중의 백미라고 하는 『마누법전』을 비롯해 힌두교도의 일상의 행동을 규정하는 다수의 법전이 있다. 법전에서 법의 개념은 상당히 넓으며, 오늘날 법률규정으로 보이는 것은 극히 일부에 지나지 않으며, 우주창조설, 힌두교의 모든 교양, 일생을 통해서 행해야 할 통과의례, 각종 의무나 속죄 등도 포함하고 있다.

그밖에 천계성전에도, 고전서에도 들어가지 않지만 중요한 문헌이 수없이 많이 존재하고 있다. 그 중에 하나는 힌두교의 가장 고도의 철학적 사변을 나타내는 철학적 문헌이다. 힌두교의 대표적 철학체계는 6종이 있으며, 각 체계는 각각의 기본적 문헌을 갖는데, 그에 대해서 많은 주석문헌이 남아 있다. 힌두교의 각 종파의 기반이 되는 성전도 편찬되고, 비슈누파적 성격을 가진 '산히타', 시바파적인 성격을 가진 '아가마', 탄트라리즘적 성격을 가진 '탄트라'라는 성전이 성립했다. 이들은 모두 아어(雅語)인 산스크리트어(범어)로 쓰여진 문헌인데, 그 이외의 언어로 쓰여진 성전도 수없이 존재한다. 가령 힌디어로 쓰여진 카비르(1140~1518)의 종교시나 툴시다스(1532~1623)의 『람 챠리트 마나스』, 마라티어로 쓰여진 나무데오(15세기 전반)나 투카람(1608~49)의 종교시, 남인도의 타밀어로 쓰여진 『틸무라이』, 속칭 『타밀 베타』

라고 하여서 소중히 여겨지는 찬가집 등 이루 헤아릴 수 없다.

4. 힌두교 교의와 사상

힌두교는 교의(敎義: 어떤 종교의 신앙 내용이 진리로서 공인된, 종교상의 가르침)를 가지지 않는다고 하기도 한다. 이는 타당하기는 하지만, 힌두교가 전혀 교의를 가지지 않는다는 것은 아니며 실제는 생각할 수 있는 모든 종류의, 상호 모순된 사상 · 교의도 주장했는데 그 어느 것인가가 힌두교의 교의이며, 그 중에 어느 하나 또는 일부를 추출해서 힌두교의 교의라고 하는 것은 반드시 타당하다고는 할 수 없다.

또한 상호논쟁이 있다고는 하지만 다양한 교의가 동시에 병존할 수 있으며, 다른 종교에 종종 보이는 정통과 이단을 둘러싼 엄격한 대립 · 항쟁과는 무관계하다는 의미에서 힌두교는 교의를 가지지 않는다.

① 우주관 - 우주의 창조에는 각종 설이 있다. 절대자 브라만이 유극을 위해서 우주의 창조를 행하였다거나, 이 현상세계는 브라만의 환력에 의해 현출된 것으로, 본래는 환영처럼 실재하지 않고 브라만만이 실재하는데 지나지 않는다고 주장되기도 했다. 또한 범천의 알 속에서 브라마(범천)가 활발해져서 우주를 창조하고, 이어서 동물, 신, 인간 등을 창조했다고도 설명된다. 이 우주의 상반분과 하반분에 각각 7개의 계층이 있으며 양자의 중간에 대지가 있다. 대지는 메르산(수미산)을 중심으로 하는 원반이며, 7개의 대륙과 7개의 바다를 가진다. 가운데에 신들이 사는 메르산이 솟아있는 대륙이 쟝브 도비파라고 하며, 그 중요

부분이 바라타바르샤, 즉 인도이다. 이 우주는 범천의 1일간, 즉 칼파(겁, 지상의 43억 2000만년) 동안 지속되고, 1일이 끝나면 다시 우주는 범천으로 귀입한다. 이는 범천의 밤으로, 주간과 같은 기간 계속된다. 우주는 칼파마다 창조와 귀멸을 반복한다. 1칼파는 1000마하유가에 상당하며, 1마하유가는 크리타유가, 트레타유가, 도바파라유가, 카리유가로 이루어지며, 후의 유가는 앞의 유가보다도 인간의 신앙·도덕성 등에서 저하하며, 현재는 기원전 3102년에 시작된 암흑기에 해당하는 카리유가에 해당하며, 이 기의 끝에 대귀멸이 일어난다고 한다.

② 업과 윤회 - 인간은 죽어서 무(無)로 돌아가는 것이 아니라, 각자의 업(業)으로 인해 내세에서 다시 새로운 육체를 얻는다. 이처럼 생사를 무한적으로 반복하는데 이것이 윤회이다. 현재의 고통에 찬 인생도 무한의 과거에서 영원한 미래에 걸쳐서 계속하는 생존의 한 순간에 지나지 않는데 업이라는 것은 산스크리트어의 카르만 (karman)의 역어(譯語)이다. 이는 행위를 의미하는데, 업의 설에 의하면 모든 행위는 그것이 신체에 의한 행위이든, 언어활동이든, 정신활동에 의한 행위이든, 반드시 어떤 결과의 원인이 되는 것으로 업은 행위자가 그 결과를 경험하지 않는 한 소실되지 않는다.

각자는 과거세계에서 행한 업의 결과로서 현재의 인간으로서의 육체를 가지고 있는데, 그 육체를 낳은 업의 결과를 경험했을 때 죽음과 함께 육체는 소멸한다. 그러나 현세에 살아있는 동안에 행하여서 축적한 업은 소멸되지 않는데 각자 안에 있는 영혼은 불멸하며, 죽음 시에 눈에 보이지 않는 미세한 신체를 얻고, 각자의 업을 수반해 다음의 생존으로 가는 것이다. 그 업이 선업(善業)인지, 악업(惡業)인지에 의해 영혼이 내세에서 얻을 수 있는 신체가 신인지, 인간인지, 동물인지, 지옥의 존재인지가 결정된다. 현재의 각자의 성격이나 계급, 행(幸)과 불행(不幸)의 모든 것은 과거에 행한 업의 과보이다. 업·윤회 사상은 우파니샤드 중에서 처음으로 명확한 형태를 취하며, 힌두교의 중핵적 교의가 되었는데, 본래 운명론이나 결정론과는 본질을 달리하고 있다.

③ 법(다르마) - 다르마는 원래 '유지하다', '지지한다'를 의미하는 동사의 어근에서 만들어진 명사로서 관습, 풍습, 의무, 선, 덕, 진리, 교설, 종교 등 많은 의미를 가지고 있는데, 간단하게 말하면 '행위의 규범'이다. 힌두교에는 이런 다르마를 정리한 법전군(法典群)이 있다. 인간 생활의 전반에 걸쳐서 규정돼 있는데, 그 중심적 과제는 '종성법'과 '생활기법'이다.

종성법은 브라만, 왕족, 서민, 예민의 4계급(바르나) 각각에 부과된 법이다. 생활기법은 학생기, 가주기, 임서기, 유행기라는 인생의 4시기의 각각에 대해 규정되어 있는 규범이다. 힌두교도는 각자가 출생한 족성과 이미 속한 생활기에 대해서 규정된 법을 실행해야 한다. 또한 각자에 과해진 법을 일의 성부나 이해를 고려하지 않고 이기심을 떠나 실천하는 것이 권장되고 있다. 오늘날에는 생활기의 제도는 거의 실행되지 않지만, 현재도 힌두교 인생의 이상으로 고려되고 있다. 한편 종성제도는 카스트제도와 결합해서 오늘날에도 농촌사회를 중심으로 뿌리 깊게 남아 있는데 다르마의 실천은 물질적·경제적 이익을 추구하는 실리, 애정·성애를 추구하는 애욕 및 다음에 설명하는 해탈과 함께 힌두교도의 인생의 4대 목적이라고 하였다.

④ 해탈 - 법, 실리, 애욕은 가령 실현됐다고 하더라도 얻어진 결과는 천계에 태어나는 것이 최고의 과보이며, 결국 윤회 중에 머무는 데 지나지 않았다. 거기에서 우파니샤드의 사상가들은 업·윤회로부터의 완전한 자유, 즉 해탈을 추구하게 되어서 해탈이 인생의 최고의 목적이 됐다. 그것을 실현하는 방법으로서 행위의 도, 지식의 도, 신애의 도라는 세 가지 도가 주장됐으며, 특히 신애의 도는 만인에게 실천 가능하여 7~8세기경부터 큰 종교운동으로 전개돼서 오늘날에 이르고 있다.

업, 윤회, 해탈의 문제는 일반 힌두교도에게 절실한 문제였을 뿐만 아니라, 사상가들에게도 중요한 과제였다. 각종 사정을 달리한다고는 하지만, 힌두교의 정점을 형성하는 6가지의 대표적 철학체계(육파철학)인 삼키아, 요가, 니아야, 바이셰시카, 미만사, 베단타가 성립하여, 이론적·체계적으로 해탈과 그 방법을 고찰했다. 그 중에서도 우파니샤드에 입각한 베단타는 인도사상의 주류를 형성하고, 현대 인도의 지식인의 대표적인 철학이 돼 있다.

5. 힌두교도의 생활

힌두사회의 기초를 이루고 있는 것은 앞에서 언급한 종성제도, 카스트제도인데 그 외에 고트라제도가 있다. 모든 브라만은 성선(聖仙)의 자손이라고 하며, 고트라는 그 성선에서 따서 명명되고 있다. 동일한 성선의 자손은 동일한 씨족에 속한다고 하며 동일 씨족끼리의 혼인이 금지돼 있다. 이는 본래 브라만제도인데 왕족, 서민에게도 수용되어서 동일 고트라에 속하는 사람 사이의 결혼을 금지하고 있다.

카스트제도는 족내혼(族內婚)을 규정하고 있는데 사핀다, 즉 아버지의 가계(家系)로 7대, 어머니의 가계로 5대 이내의 친족 사이의 결혼은 금지되어 있다.

반면 개인의 일생은 생활기의 제도에 의해 이상적으로는 학생기, 가주기, 임서기, 유행기의 4시기로 나뉘어져 있다. 또 힌두교도의 인사는 일반적으로 시간에 관계없이 서로 합장해서 '나마스 테'('당신에게 경례한다'는 뜻)라고 하는데 남자 힌두교도는 전통적인 사람은 오늘날에도 머리 꼭대기에 조금 머리카락을 남기고 있다. 이 머리카락을 상투처럼 묶은 것을 시카(또는 츄다)라고 하며 여성은 쿤쿰이라는 도장을 이마에 찍는데 이 또한 사원에 참배할 때 브라만승(僧)이 축복의 도장으로서 쿤쿰을 찍어주기도 한다. 남성은 뱌크단 또는 사프랑의 분말을 기름으로 반죽해서 숯을 섞어 흑색으로 한 티라크라고 하는 도장을 이마에 찍기도 했다.

전통적으로 특히 브라만의 고승을 만날 때는 남자는 도티라는 인도 복장을, 여자는 1장의 이음새 없는 천으로 만든 사리를 착용했으며 브라만은 비폭력의 정신에서 채식주의를 지키고, 특히 소의 숭배에서 쇠고기를 기피했다.

6. 힌두교 의례

힌두교도 사이에서는 우상숭배가 성행해서 매일 아침, 강이나 저수지 등에서 목욕하고 시바신 등의 신상을 예배한 후에 식사를 하는데, 베다 의식은 야쥬냐라고 한다. 힌두교의 의식은 푸쟈(공양)로 마치 귀한 손님을 대접하듯이 신상의 좌위를 물로 씻고 발을 닦고, 꽃이나 베터의 잎을 바쳤는데 아침에 음악, 벨의 소리, 고둥의 소리로 신상을 눈뜨게 한다. 씻은 후에는 옷을 입히고 꽃, 화환, 향, 등불로 경의를 표했다. 음식물을 바치고, 밤에는 신비가 있는 침실로 옮기는 경우도 있고 때로는 신상 앞에서 산양 등의 희생물이 바쳐지기도 했다. 의례에는 염주를 이용하고, 만트라(신가)가 노래되며, 어영가와 유사한 바쟌이 열광적으로 노래되기도 했다.

또한, 얀트라라는 상징적 · 신비적 도형이 이용되며 만(卍)이 스와스티카(행복의 인印)로서 사용되었고 의식을 행하기 위해서 만다라라는 일정한 원형의 장소를 설치하는 경우도 있었다.

의례 중에서도 개인의 일생을 통해서 행해야 할 약 40가지에 이르는 산스카라라는 통과의례, 특히 탄생제, 남자가 정식으로 힌두교 사회의 일원이 되는 입문식, 결혼식, 제식은 중요하다. 가정 내의 의례로선 가주기(家住期)를 매일 행하도록 규정되어 있는 우주의 근본원리 브라만을 위해서 만드라(진언)를 제창하는 브라만제, 일체의 신들의 공양을 행하는 바이슈바데바제, 일체의 생물에 공물을 바치는 바리공양, 조령을 공양하는 조령제, 객인을 공양하는 아티티제라는 '오대제'가 중심을 이루고 있다.

7. 힌두교 전파

힌두교는 민족종교적인 성격이 농후한데, 인도의 상인이나 이민자와 함께 인도를 넘어 전파됐다. 인도의 상인 등이 향료를 구해서 인도네시아의 수마트라, 자바 등의 섬으로 간 것은 서력 기원의 초기라고 하는데, 오늘날 자바제도에 남아 있는 보로 부두르 등 다수의 유적은 힌두교나 불교가 혼교(混敎)한 당시의 종교를 시사한다.

또한, 발리섬에서는 오늘날에도 힌두교가 신봉되어 수백만의 신도가 있다고 한다. 아마 4세기경부터 네팔의 카트만두 계곡에 힌두교와 불교의 혼교문화가 발전하기 시작해 현재의 네팔왕국은 힌두교를 국교로 하고 있으며 스리랑카에는 총인구의 18%를 차지하는 힌두교도가 있는데, 대부분 남인도, 타밀 나두주에서 온 이민자들이다.

(※성서의 역사와 지리 인용)

제8장

천도교

수운(水雲) 최제우(崔濟愚)에 의해 1860년에 창립된 한국의 신종교 (新宗教)로서 동학(東學)을 바탕으로 발전시켰다. 최제우는 1860년 4월 5일 경북 경주 용담(龍潭)에서 동학을 창도했다. 동학농민운동이 외세에 의해 진압된 뒤, 제2대 교주인 해월(海月) 최시형(崔時亨)이 처형되자 도통은 의암(義菴) 손병희(孫秉熙)에게 전수되었다. 동학의 3대 교주인 손병희가 1905년 동학을 천도교(天道教)로 개칭해 성립시켰다. 1908년엔 춘암(春菴) 박인호(朴寅浩)가 4대 교주가 되어 대를 이었다.

손병희는 초기에 정치와 종교 간의 불가분리적 관계를 강조하면서 여러 가지 개혁적인 시도를 감행했으나 실패하고, 도리어 일제에 의해 역이용될 수 있음을 깨닫게 되면서 정교(政教)분리의 원칙을 내걸고 새로운 교리와 체제를 확립하였다.

천주(天主) 즉 한울님을 신앙의 대상으로 하고 지상천국건설(地上天國建設)을 이상으로 하며 성(誠)·경(敬)·신(信)을 도덕의 근본으로 하고 시천주(侍天主)와 사인여천(事人如天)의 윤리 그리고 오관(五款: 주문·청수·시일·성미·기도) 등의 수행 방법이 있다. 동학·동학교 또는 성도교(聖道敎)라고도 했다. 전제정치의 폭압에 대한 최제우의 강력한 개혁의지 활동 이래 동학·천도교는 동학혁명, 개화운동, 3·1독립운동, 신문화운동 등 사회개혁과 민족자주력 배양운동에 적극적으로 참여했다.

천도교의 교리는 최제우가 지은 ≪동경대전≫과 ≪용담유사(龍潭遺詞)≫에 근거하고 있다. ≪동경대전≫은 포덕문(布德文)·논학문·수덕문(修德文) 등 수편의 글로 되어 있고, ≪용담유사≫는 교훈가·안심가·용담가(龍潭歌)·도덕가(道德歌)·몽중노소문답가(夢中老少問答歌)·권학가(勸學歌) 등의 가사(歌詞)로 되어 있다. 이 글들의 내용은 그 정리가 최제우 사망 후 20년 뒤였다는데에서 약간의 첨가와 삭제가 있었을 것으로 짐작되나 천도교의 교리사상은 이들 글에서 찾게 된다. 천도교 교리의 핵심은 천주, 지기, 시천주와 사인여천, 수심정기, 성·경·신이라는 개념으로 집약된다. 아울러 성신쌍전(性身雙全)과 교정일치(敎政一致)를 강령으로 하고 지상낙원 건설을 목적으로 하고 있다.

천주(天主) 곧 '한울님'은 천도교의 신앙의 대상이요 윤리의 표본이 되는 개념이다. 한울에서의 '한'은 크다는 의미이고 '울'은 우리(울타리)를 뜻하는 동시에 무궁무한의 우주를 의미한다. '님'은 이 존재에 대한 인격화이다. 결국 한울님은 이 우주에 충만되어 있는 신성(神性)에 대한 지칭인 것이다. 최제우의 한울은 부분에 대한 전체적 의미로서 범신적이고 만유신관으로 풀이된다. 이 한울의 속성은 무궁하다. 무궁한고로 유일이다. 일원적(一元的) 자존(自存)이다. 다수 중의 일(一)이라는 말이 아니요 모든 다수를 포용하는 일인 것이다. 즉 유일이다.

타(他)에 의거치 아니하고 존재의 근거가 자기 밖에 있는 것이 아니므로 한울은 자체 본성에 존재의 근거가 있다. 즉 자기 자신이 자신의 존재 근거가 되는 것이다. 필연적 존재인 것이다(이돈화, ≪신인철학≫). 최제우의 한울 즉, 신을 범재신관(汎在神觀)으로 풀이하기도 한다. 범재신이란 유신론과 범신론을 극복한 자의식적인 생존으로서 세계 속에 내재하며, 영원무궁한 존재 자체이면서도, 신적 상대성을 가지고 있는 시간적 생존이다(김경재, <최수운의 신개념>). 우주 자체로서 세계 속에 영원히 생존하며 살아있는 존재 그 자체가 바로 최제우가 본 한울인 것이다.

1923년에는 천도교청년회의 조직과 명칭을 개편하여 천도교청년당을 창립하고 학술연구부를 두어 『자수대학강의』를 발행, 다방면에 걸친 대학 교양과정을 지면 강의함으로써 한국 청년의 지적 향상을 꾀하였다. 그러한 가운데 1921년에는 교단의 체제를 중의제로 변경하였다. 1922년 5월 손병희의사임과 더불어 이러한 혁신운동은 분쟁을 일으켜 중의제를 주장하는 신파와 보수파인 구파로 대립하게 되었다.

한편, 김일성은 새로운 세기와 더불어 천도교를 찬양했고, 북한 지역에서는 천도교창우당이 우파 종교정당이 되어 당초에는 막대한 당원을 바탕으로 무시못할 세력이었으나, 1950년 영우회 사건을 비롯한 탄압과 숙청, 지도가 장악당한 끝에 어용 위성 정당으로 전락했다.

광복 후에는 남북 간의 내왕이 불편하게 되어 32만 5000호에 달하는 북한지역 교도들과의 연락이 원활하지 못했고, 반공운동을 했다는 혐의로 많은 북한 교도들이 검거되었다. 현재 북한에는 공식적인 천도교 조직으로 조선천도교회 중앙지도위원회와 천도교청우당이 존재한다.

선전하는 내용에 의하면 북한에서 가장 활발한 종교가 천도교이다. 하지만 실제 신앙생활을 하는 북한의 천도교인 숫자가 정확히 얼마인지에 대해서는 알 수가 없다.

1948년에는 남한지역에서 신구파가 합동된 반면 북한지역에서는 연원제가 폐지되어 활동이 위축됐다. 1953년 서울 수복 후에 중앙총부를 서울로 옮겼으며, 1961년에는 최시형과 손병희의 법설이 포함된 『천도교경전』을 간행하였다. 현재 서울 종로구에 있는 수문회관은 1972년 준공된 것으로, 천도교의 상징적인 건물로서 중심 역할을 하고 있다.

사회개혁운동

1) 3 · 1독립운동

한일 합방 후 일제의 우리민족에 대한 탄압과 착취는 급기야 1919년 3 · 1독립운동이라는 민족적 저항을 불러일으키게 되는데 이 운동의 중심세력과 거사자금 모색이 천도교를 중심으로 추진되었던 것이다. 천도교는 3 · 1독립운동 당시 800여만명의 신도를 확보한 큰 교단으로 성장해 있었다. 교조 이래 면면히 이어져온 민중의식의 고양과 지배계급의 탄압에 대한 반발의식은 일제탄압에 항거하는 민족주의 의식으로 승화되었고, 천도교의 이같은 양적 팽창은 인적 물적 뒷받침이 되기에 충분한 여건이 형성되어 있었던 것이다.

3 · 1독립운동 당시 민족대표 33인 중에 천도교인이 15명, 기독교 각파대표 16명, 불교 2명이라는 숫자와 대표가 손병희였었다는 사실이 당시 천도교의 역할을 입증해주고 있다. 3 · 1독립운동이 끝난 후에도 일제에 대한 천도교의 항거운동은 계속되었다. 6 · 10만세사건, 신간회

사건, 오심당운동, 무인독립운동 등이 천도교와 직 · 간접으로 깊숙이 관련된 항일운동이었다. 뿐만 아니라 상해임시정부의 발족과 운영과 정에서도 천도교의 역할을 컸던 것으로 전해지고 있다.

2) 신문화운동의 전개

천도교가 전개한 1920년대의 사회활동은 신문화운동이었다. 1904년에 벌인 갑진개화운동을 시작으로 교육운동 · 언론 출판운동 · 어린이운동 · 청년운동 · 농민운동 · 여성운동 · 노동운동 등 각 분야에 걸쳐 새 운동이 전개되고 이 운동은 1920년을 넘어서면서 더욱 발전되어 갔다.

제9장

원불교

개요

소태산(少太山) 박중빈(朴重彬)이 1916년(원기 1년) 4월28일 궁극적 종교체험인 대각(大覺)을 이룸으로써 창립된 한국의 신종교이다. 소태산은 그의 나이 26세에 일원상(一圓相)의 진리를 대각하고, '진리적 종교의 신앙'과 '사실적 도덕의 훈련'으로써 파란고해(波瀾苦海)의 일체생령을 광대무량한 낙원으로 인도하기 위해 개교(開教)한 것이라고 밝히고 있다.(『정전(正典)』, 「개교의 동기」)

법신불일원상(法身佛一圓相, ○)을 종지(宗旨)로 하여 정신개벽을 주창하고, 불법(佛法)의 시대화 · 대중화 · 생활화를 표방했다. 소태산은 대각 직후에 최초법어를 설하고, 구인(九人) 제자를 선정하여 십인일단의 수위단(首位團)을 조직함으로써 교화단체제를 마련했으며, 1회 12년 제1대 36년의 창립한도(創立限度)를 정하고, 열반에 앞서 교단삼대 사업목표로 교화 · 교육 · 자선을 선포했다.

1924년(원기 9년) 불법연구회(佛法硏究會) 창립총회를 개최하고 전북 익산에 중앙총부를 건설하여 활발한 교화활동을 전개하다가 1943년(원기 28년) 열반에 들자, 수제자인 정산(鼎山) 송규(宋奎)가 법통을 이어 해방 후인 1947년(원기 32년) '원불교(圓佛敎)'라는 정식 교명(敎名)을 반포했다. 원불교 교명에 대하여 제2대 종법사인 정산은 "원(圓)이란 형이상으로 말하면 언어와 명상(名相)이 끊어진 자리라 무엇으로 이를 형용할 수 없으나, 형이하로써 말하면 우주만유가 이 원으로써 표현되어 있으니, 이는 곧 만법(萬法)의 근원인 동시에 또한 만법의 실재인지라, 이 천지 안에 있는 모든 교법이 비록 천만가지로 말은 달리하나 그 실(實)에 있어서는 원(圓) 이외에는 다시 한 법(法)도 없는 것이다"라고 밝혔다. 그리고 "불(佛)은 곧 깨닫는다(覺)는 말씀이요 또는 마음이라는 뜻이니 '원의 진리'가 아무리 원만하여 만법을 다 포함하였다 할지라도 깨닫는 마음이 없으면 다만 이는 빈 이치에 불과한 것이다. 그러므로 원불(圓佛) 두 글자는 각자 마음에서 근본적 진리를 깨친 바탕 위에서 나타낸 것이므로 서로 떠나지 못할 관계가 있다"라고 말했다.

소태산이 친찬(親撰)한 ≪정전≫을 비롯해 ≪대종경≫ 등 교서를 결집하고, 종법사를 법주로 하여 최고결의기관인 수위단회 아래, 교정원·감찰원·중앙교의회의 3권분립 체제를 갖추었다. 교구제를 시행하며, 교도를 재가교도인 거진출진(居塵出塵)과 함께 출가교역자인 전무출신(專務出身)제도를 확립했다.

원불교와 불교

원불교는 그 연원을 불법(佛法)에 두고 있으며, 시대에 맞는 새로운 불교이다. 그러나 외면상으로 두드러지게 나타나는 차이는 신앙대상의 상징이 다르며, 불교와의 역사적 교섭관계가 전혀 없다는 사실이다. 교단의 운영방식과 제도 면에서도 종래의 사찰제도와는 다르게 운영되고 있다. 즉 근본적 진리는 서로 상통하지만, 교단은 기존 불교의 분파적 입장이 아니다. 창조·모방·개혁을 시도하는 새로운 교단으로 볼 수 있다. 소태산은 불법을 주체로 삼아 새 종교를 주창했는데, 그가 깨달은 일원상의 진리, 즉 법신불(法身佛)사상을 주체로 하고, 모든 종교의 장점을 취하여 시대화·생활화·대중화의 개혁을 시도한 것이다.

시대화란 어느 시대에 처하든지 불법을 그 시대에 맞게 구현하자는 것을 말한다. 시대적 변화에 잘 동화하면서도 높은 차원으로 사람들을 지도해나갈 수 있도록 불법을 응용하자는 뜻이다. 생활화란 생활 속에서 불법(佛法)을 찾고 깨달아서 그 불법으로 새 생활을 개척해 나가자는 것이다. 대중화란 민중화, 서민화 또는 시민화라고도 해석할 수 있다. 특수한 계층을 위한 불교가 아니라 누구나 다 같이 보람을 찾을 수 있도록 국한없이 불법을 구현하자는 것이다. 원불교는 정신개벽(精神開闢)을 표방하고 있다. 다른 기성종교와는 달리 우리나라에서 발생된 종교로서 후천개벽의 이념과 그 맥(脈)을 같이하고 있다.

최제우(崔濟愚·천도교)·강일순(姜一淳·증산교계통) 이후 또 하나의 민중종교를 탄생시킨 소태산은 앞으로의 세계는 동방이 중심이 되어 발전해가며, 특히 우리나라가 그 중심국가가 될 것을 예견하였다. '정신의 지도국'·'도덕의 부모국'이 되기 위해서는 먼저 인류 보편윤리에 입각한 민족정기(民族精氣)를 되살려야 한다. 그러기 위해서는 주인정신을 길러야 한다고 말하였다. 이러한 점에서 원불교는 다만 불교의 혁신에 그치지 않고 기성종교에 대하여 새로운 종교의 출범이라 말할 수 있다.

소태산의 구도(求道)와 창교(創敎)

원불교 교조 박중빈(朴重彬 · 1891~1943)의 본관은 밀양(密陽). 자는 처화(處化), 호는 소태산(少太山), 원불교에서는 대종사(大宗師)라고 부른다. 1891년 5월5일(음 3월27일) 전라남도 영광군 백수면 길룡리 영촌(永村)에서 아버지 박성삼(朴成三)과 어머니 유정천(劉定天) 사이에 3남으로 출생했다.

총명활달하며 주의심이 깊었던 소태산은 7세(1897)때에 자연현상에 대한 의문을 일으키고 9세 때에 우주와 인생에 대한 의문이 깊어졌다. 서당엘 다녔으나 얼마 지나지 않아 학업을 접고, 의심 건의 해결을 위해 산신을 찾기도 하고, 도사를 만나기 위해 노력했다. 15세(1905)때에 양하운(梁夏雲)과 혼인하여 가정을 이룬 후에도 구도(求道)의 뜻은 더욱 간절해졌고, 구도 중 20세(1910)에 부친상을 당하고 답답한 심정은 '장차 이 일을 어찌 할꼬!' 하는 탄식과 더불어 한 생각으로 멎은 채 돈망(頓忘)의 상태에 들게 되었다. 이로부터 5년이란 세월에 걸쳐 집안은 피폐하고 건강까지 온전치 못해 이웃 사람들은 그를 폐인으로 바라보게 되었다.

구도와 신병치료를 위해 기도처를 옮겨 다니는 등 여러 방법을 강구하다가 점차 모든 계교를 잊는 선정(禪定)의 경지가 계속되었으며, 26세 되던 1916년 4월 28일(음력 3월 26일) 이른 아침, 동녘에 번지는 서광을 보면서 홀연히 마음이 밝아지고 온몸이 상쾌해지며, 영문(靈門)이 열려 오랫동안 품어왔던 모든 의심을 한꺼번에 해결하게 되었다. 이른바 대각을 이루었으며 이에 의해 밝혀진 바를 일원상(一圓相)진리, 이날을 대각개교절(大覺開敎節)이라 부르며 원불교의 창립일로 삼고, 이해를 원기(圓紀) 원년으로 삼는다.

소태산은 대각의 심경을 "만유(萬有)가 한 체성(體性)이며 만법(萬法)이 한 근원이로다. 이 가운데 생멸없는 도와 인과보응되는 이치가 서로 바탕하여 한 뚜렷한 기틀을 지었도다"(≪대종경≫ 서품1)라 밝히고, 시대상황을 보고 도탄에 빠진 시대인심을 바로잡기 위해 '물질이 개벽되니 정신을 개벽하자'는 개교표어를 내걸었다. '최초법어(最初法語)'를 베풀었으니, 후일 성문화(成文化)된 내용은 '수신(修身)의 요법'·'제가(齊家)의 요법'·'강자·약자의 진화상 요법'·'지도인으로서 준비할 요법'이다.

소태산은 과거 성현들의 깨친 바를 참조하기 위해 각 종교의 경전을 열람하다가 ≪금강경≫을 보고 "석가모니불은 성인들 중의 성인이라" 하고 "내가 스승의 지도 없이 도를 얻었으나 발심한 동기로부터 동 얻은 경로를 돌아본다면 과거 부처님의 행적과 말씀에 부합되는 바 많으므로 나의 연원을 부처님에게 정하노라"(≪대종경≫ 서품2)하고 불법(佛法)을 주체삼은 회상(會上)건설을 선언했다.

원불교 교리 및 교서

소태산은 그가 깨달은 진리를 '일원상(一圓相·○)'으로 그려 상징하고, 이는 불생불멸의 진리와 인과보응의 이치가 서로 바탕하여 우주만상이 전개되고 있음을 밝혔다. <교헌>에서는 "원불교는 우주만유의 본원이요 제불제성(諸佛諸聖)의 심인(心印)이며 일체중생의 본성인 법신불일원상의 진리를 종지로 한다"(<교헌> 제1조)라고 밝혔다. '교리도'에서는 "일원(一圓)은 법신불이니 우주만유의 본원이요 제불제성의 심인이요 일체중생의 본성이다"(≪정전≫ 교리도)라고 정의하고 있다.

원불교의 교리는 이 일원상의 진리를 최고 종지로 하였다. 곧 일원상의 진리는 만사만리(萬事萬理)의 근원이요, 만생령을 움직이는 생성력(生成力)이라고 본 것이다. 이 진리를 근거로 하여 소태산은 사은사요(四恩四要)의 신앙문(信仰門)과 삼학팔조(三學八條)의 수행문(修行門)을 열게 된 것이다. 사은은 인간이 세상을 살아가는데 있어 없어서는 살 수 없는 근거와 조건이 되는 은(恩)이며, 사요는 사회개혁과 평등세계를 실현하는 사회불공법이다.

소태산은 "일원상의 내역을 말하자면 곧 우주만유로서 천지만물 허공법계가 다 부처 아님이 없나니"(≪대종경≫ 교의품4)라고 했다. 일원상의 진리는 모든 존재를 서로 가능하게 하는 이법(理法)과 큰 힘을 지니고 있다는 것이며, 이 '없어서는 살 수 없는 힘'의 관계를 '은(恩)'이라고 하였다. 인간이 이 큰 은혜를 자각하고 항상 감사(感謝)·보은(報恩)한다면, 진리의 위력을 얻게 되고 자신은 언제나 상생상화(相生相和)의 기운을 받게 된다는 것이다. 이 은혜를 네 가지로 구분하여 사은(四恩)이라 했는데, 천지은(天地恩)·부모은(父母恩)·동포은(同胞恩)·법률은(法律恩)이 그것이다.

이 사은에 보답하는 것을 밝힌 것이 신앙문이다. 또한 원불교에서는 인간의 본성은 일원상의 진리에 근거한 것이어서 그릇됨도 없고, 요란함도 없고, 어리석음도 없다. 그렇지만 이 본래의 마음이 경계에 끌려 욕심을 일으키게 되어, 사람들이 이 때문에 본성을 잃는다는 것이다. 따라서 정신을 수양하고, 사리(事理)를 연구하고, 작업을 취사하는 태도로써 끊임없이 수행해 나아가면 일원상과 같이 원만하고 거짓 없는 본래 마음을 회복하고, 그 마음을 활용하면 한없는 은혜와 위력을 얻게 된다는 것이다. 이 길을 밝힌 것이 수행문이다.

사은(四恩)의 신앙원리를 현실세계에 전개하는데 있어서 사회불공의 실천요목이 사요(四要) 즉 자력양성(自力養成)·지자본위(智者本位)·타자녀교육(他子女敎育)·공도자숭배(公道者崇拜)이다. 이들 사은과 사요를 합해 인생으로서 밟아야 할 '인생의 요도(要道)'로 정하고 있다. 우주만유가 사은으로 얽혀 있으니 인간은 한시도 이 은혜에서 떠날 수 없음을 알아 곳곳마다 부처 있음(處處佛像)을 알고 일마다 불공(事事佛供)하는 경외심(敬畏心)으로 세상만사를 처리해 가자는 것이다.

그러나 이 본래의 마음이 경계에 끌려 욕심을 일으킴으로써 본성을 잃게 되었다. 따라서 정신수양·사리연구·작업취사(取捨)의 삼학(三學)으로 끊임없이 수행해 가면, 일원상과 같이 원만하고 거짓 없는 본래 마음을 회복하게 되며, 그 마음을 활용하면 한없는 은혜와 위력을 얻고 갖추게 된다. 그리고 이를 성취하기 위해 신(信)·분(忿)·의(疑)·성(誠)의 진행사조(進行四條)와 불신(不信)·탐욕(貪慾)·나(懶)·우(愚)의 사연사조(捨捐四條)를 두어 팔조라 부른다.

이 삼학과 팔조를 아울러 인생으로서 수련해야 될 '공부의 요도'로 정하고 있다. 이는 원만구족하고 지공무사한 법신불일원상을 수행의 표본으로 하여 어느 때 어느 곳에서든지 선(禪)하는 마음을 놓지 아니하고(無時禪無處禪), 수양·연구·취사의 삼대력(三大力)을 양성하며, 이를 정진하는 과정에서는 신·분·의·성으로써 불신·탐욕·나·우를 끊임없이 제거하자는 것이다

이상의 내용을 다시 요약하면 원만구족(圓滿具足)하고 지공무사(至公無私)한 법신불 일원상을 신앙의 대상으로 하여 우주만유가 천지·

부모·동포·법률의 사은으로 얽혀 있으니, 인간은 1분1각도 이 은혜에서 떠날 수 없음을 알아 곳곳이 부처(處處佛像)요, 일마다 불공(事事佛供)하는 생활로 세상만사를 처리해 가자는 것이다.

또한 원만구족하고 지공무사한 법신불 일원상을 수행의 표본으로 하여 어느 때, 어느 곳에서든지 선(禪)하는 마음을 놓지 않고(無時禪 無處禪), 수양·연구·취사의 삼대력(三大力)을 길러나가자는 것이다. 전자의 사회적 실현이 곧 사요의 실천이며, 후자의 추진요소가 8조목이다.

이러한 신앙과 수행을 통하여, 인간은 마침내 원만구족하고 지공무사한 법신불일원상과 계합(契合)하여 스스로 부처를 이루고, 나아가 제생의세(濟生醫世)의 목표를 달성하자는 것이다.

결국 이러한 신앙과 수행을 통해 마침내 원만구족하고 지공무사한 법신불일원상과 계합(契合)하여 스스로 부처를 이루고 나아가 중생을 제도하며, 제생의세(濟生醫世)의 목표를 달성하게 된다. 이들 교리체계를 일상생활 속에서 수행하도록 간추린 것이 '일상수행의 요법'이며, 이를 위해 크고 작은 다양한 신앙·수행의 방법이 구체적으로 제시된다. 그리고 교리사상을 전제적으로 간추리는 사대강령으로 정각정행(正覺正行)·지은보은(知恩報恩)·불법활용(佛法活用)을 두고, 신앙·수행의 결과를 표준하는 법위등급(法位等級)을 두어 대조하게 했다.

원불교 경전은 9종 교서(敎書) 및 그밖의 교서로 나누어져 있다. 9종 교서는 ≪정전(正典)≫, ≪대종경(大宗經)≫, ≪불조요경(佛祖要經)≫, ≪원불교예전(圓佛敎禮典)≫, ≪성가(聖歌)≫, ≪정산종사법어(鼎山宗師法語)≫, ≪세전(世典)≫, ≪원불교교사(圓佛敎敎史)≫, ≪원불교교헌(圓佛敎敎憲)≫을 말한다.

이 가운데 ≪정전≫과 ≪대종경은 원불교의 기본경전으로 ≪정전≫

은 소태산이 원불교 교리의 강령을 밝힌 원경(元經)이며, 제일경전(第一經典)이라고도 한다. ≪대종경≫은 소태산 일대의 언행록인 통경(通經)으로 총15품 547장으로 되어 있다. ≪불조요경≫은 원불교의 보조경전으로서 원불교 사상과 관련이 깊은 불경과 조사(祖師)의 글을 선택·수록한 경으로, 금강경·반야심경· 사십이장경·현자오복덕경(賢者五福德經)· 업보차별경(業報差別經)· 수심결(修心訣)· 목우십도송(牧牛十圖頌)· 휴휴암좌선문(休休庵坐禪文) 등이 수록되어 있다.

≪원불교예전≫은 개인·가정·교단에서 필요한 각종 예의규범을 수록하였다. ≪성가≫는 찬송·축원·전도의 성가집으로서 처음에 126장이 수록되었는데 계속하여 추가하고 있다. ≪정산종사법어≫는 정산종사(鼎山宗師, 宋奎)의 일대 언행록이며, ≪세전≫은 태교(胎敎)로부터 천도(薦度)에 이르기까지의 인생 일세의 도리 강령이다.

≪원불교교사≫는 원불교 창립 당시부터 지금까지 교단의 역사를 기록한 책으로 계속 추가하고 있다. ≪원불교교헌≫은 원불교 교단의 기본 헌장으로 전문 10장 90조로 되어 있으며, 교단 운영의 기본방침과 제도 및 기구와 하는 일들이 명시되어 있는데, 이 또한 시의에 맞도록 절차에 따라 개편하고 있다.

원불교의 특징과 지향성

원불교는 인류 역사에 있어서 가장 혼란한 시기에 성립했다. 당시는 교통·통신이 발달한 가운데 세계가 지구촌을 이룬 시기로, 인류는 물질문명의 이기(利器)에 익숙한 가운데 서세동점(西勢東漸)의 제국주의

사조(思潮)가 팽배한 전쟁의 시대였다. 또한 한국은 사직(社稷)이 무너지고 외국이 침략하여 식민지지배 아래 생민(生民)이 도탄에 빠져 삶의 보람과 희망을 잃고 지내던 시기였다. 이 시기에 민중의 선각자로 깨달음을 열어 새로운 교단을 창립한 소태산은 역사적으로는 불법을 주체 삼아 온갖 종교와 사상을 총섭융통(總攝融通)하며, 시대사회적으로는 최제우(崔濟愚)의 동학 개창(1860) 이후 신(新)종교사상의 특징을 이루어 온 개벽(開闢)사상을 수용하고 있다.

불법(佛法)의 시대화·생활화·대중화란 이를 말하며, 원불교 교단의 정체성을 '새 종교로서 새 불교'라 부른다. 소태산은 나고 자란 고향에서 구도하고 대각하며 구세경륜을 펴고 있는 것처럼 그의 구세경륜인 원불교 교리는 생활종교로서의 성격을 분명히 한다. 이러한 원불교 교리는 불법으로 생활을 빛내고 생활 속에서 불법을 실현하는 뜻에서 불법의 시대화·생활화·대중화라는 특징이 있다. 도학과 과학의 병진, 영(靈)과 육(肉)의 쌍전, 이(理)와 사(事)의 병행, 자력과 타력의 병진, 동(動)과 정(靜) 사이에 선(禪)을 떠나지 않는 쉼 없는 마음공부가 강조되는 것도 이러한 원리이다.

원불교가 역사적 상황 속에서 지향하고 있는 창조적 특징을 크게 종교적인 특징과 사상적인 특징, 그리고 사회적 측면에서의 특징으로 나누어 살펴본다.

종교적인 특징은 네 가지로 나눠볼 수 있다. 첫째, 한국으로부터의 종교라는 점이다. 원불교는 불교의 불법(佛法)을 주체로 하고, 한국에서 나온 개혁종교이다. 그러나 한국에서 나왔다 하더라도, 그 내용 면으로 보면 국가적 종교나 민족적 종교에 한정되지 않는다. 종교가 절대적인 세계를 지향한다고 하지만, 그 종교가 발생한 지역에서 발전적 변화를 가져오지 못한다면 대중화 · 생활화의 길을 걷지 못할 것이다. 이러한 점에서 원불교는 한국에서 발생했지만 조용한 가운데 변화를 시도하면서 인간의 의식구조를 전환시킴으로써 세계 인류에게 개명(開明)된 생활을 전개하도록 개혁하는 자세로 나가고 있다.

둘째, 자타력병진(自他力竝進)의 신앙을 제창한 점이다. 소태산은 우주 자연의 이치를 깨닫고, 그 깨달음을 문자나 언어를 빌리기 전에 일원상(一圓相)으로 표현하였다. 그리고 이 'O'으로 상징된 진리 당체(當體)를 자타력 병진신앙체계로 형성한 것이다. 즉, 자력신앙이나 타력신앙의 어느 한 면에 기울어짐이 없이 원만한 신앙으로 조화롭게 추진토록 한 것이다.

셋째, 불법으로 교리체계를 세우고 이를 주축으로 불교뿐만 아니라 모든 종교들을 시대화 · 생활화 · 대중화시키려고 했다. 교조 소태산은 20여 년의 구도 끝에 대각(大覺)을 성취하였다. 그러나 그 구도과정이나 출발점에서 어떠한 기성종교에 영향을 받은 바가 없었다. 대각의 내용을 통하여 볼 때, 궁극적 진리는 불타(佛陀)의 깨달음과 일치하는 것이었다. 소태산이 비록 불법에 변혁의 주체성을 두고 있기는 하지만, 불교의 개혁만을 시도한 것이 아니며, 이를 기치로 종교혁명을 시도하였던 것으로 보인다. 그래서 그는 새로운 교단을 세움에 있어 종교가 그 시대, 그 생활, 그리고 모든 대중을 선도하는데 적합한 종교라야 한다는 점을 강조했다.

넷째, 종교윤리(宗敎倫理)를 제기한 점이다. 종교윤리란 명일심 통만법(明一心 通萬法)의 정신이다. 현대처럼 지역과 공간을 좁힌 상황에서 모든 종교가 횡적으로 서로 넘나들고, 하나 되는 일부터 해야 된다고 본 것이다. 자기 종교의 교리에 국집(局執)되지 말고 타종교 및 타종교

지도자들과 화해의 문호를 열어 놓는 윤리를 말한다. 이러한 종교윤리는 원불교에서 줄기차게 실천하여 왔는데, 소태산은 이를 일원주의로 표방했고, 정산은 이를 삼동윤리로 표방했으며, 대산은 종교연합운동(UR)으로 표방해 오고 있다.

사상적인 면에서 특징을 살펴보면 다음과 같다. 첫째, 존재철학(存在哲學)을 제시하고 있는 점이다. 존재개념은 서양인의 분석적인 태도에서 보는 존재라든가 사변적(思辨的), 인식론적으로 탐구하려는 진리의 논리적 추구가 아니다. 소태산이 대각의 경지에서 바라다본 이 우주는 생생약동(生生躍動)하는 기운이 꽉 차 있음을 발견한 것이다. 그래서 그는 우주 및 인생의 근거를 밝힘에 있어서 철학적이기도 하지만 종교의 방향으로 이끌게 된 것이었다.

둘째, 보은(報恩)사상을 제기한 점이다. 은혜를 알고 은혜를 갚아야 한다는 당위적(當爲的) 인간관계(人間關係)의 윤리만을 강조하는 것에서 머무르는 것이 아니다. 이 우주에는 무한한 생명력이 있으며 여기에는 기본적인 원리가 있는데, 그것은 바로 인과(因果)법칙이라는 것이다. 소태산은 인간의 자각을 통해서 '은(恩)'의 방향을 인과법으로 받아들여 구체적인 생성철학을 제기한 것이다. 우선 이 우주가 무심(無心)하지 않다고 하는 사실을 스스로가 체험하여 생성의 관계가 인과의 이치에 의해 존재하는 사실을 발견하고 이를 통해 보은사상을 제기한 것이다.

셋째, 과학사상과 도덕사상의 일치이다. 물질은 과학을 의미하고 정신은 도덕문명을 의미한다. 그러나 오늘날 과학이 우세하여 인간의 정신세력은 날로 미약해가고 있음에 소태산은 도덕으로 축(軸)을 세우고, 과학을 활용하는 사상을 내세우며 주객(主客)이 전도되지 않고 과학을 활용하는 원형으로 되돌려 나가야함을 강조하였던 것이다. 과학은 아무리 그 세력이 우세하나 그것 역시 인간의 정신력으로 이루어진 것이기 때문이다. 정신력은 도덕성으로 회복시키는 길밖에 없다고 소태산은 보았기 때문이다.

넷째, 새로운 역사관을 제시한 점이다. 소태산은 최초법어에서 '강자약자 진화상 요법(强者 弱者 進化上 要法)'을 내놓았다. 강자와 약자가 항상 대결의식을 가지고 있어서는 인간다운 역사가 성립되지 않음을 간파한 것이다. 강자는 약자를 보호해야 진정한 강함을 유지하며, 약자는 강자에게 배우고 단합력을 길러 지도력을 형성해 나가야 능히 강(强)을 획득할 수 있다고 하였다. 이를 자리이타(自利利他)의 도라고도 하며, 음양조화의 상생윤리라고도 표현한 바 있다. 그리하여 강자는 강을 그대로 유지하면서 먼저 진취력 있는 약자를 도와 강자이게 하며, 그러한 조화윤리로 더 내려서서 약자들을 강자로 변화하도록 지도하여 나가는 이념을 말하는 것이다.

사회적 측면에서의 특징을 살펴보면 다음과 같다. 첫째, 개척정신을 불러일으킨 점이다. 저축조합운동에서부터 교단 창립과정을 살펴보면, 개인이나 단체, 사회를 막론하고 자립갱생(自立更生)의 개척정신으로 일관되어야 한다는 것을 알 수 있다. 소태산은 인적·물적 자원이 고갈되어 있는 최저생활의 농촌에서도 저축으로 자본을 만들고, 맨손으로 전답을 일궈냈다. 그는 일제의 압제 하에서도 이러한 창립정신에 입각하여 주경야독의 간고(艱苦)한 생활을 디디고 서서 끊임없이 인재양성과 산업육성을 추진해 왔다.

둘째, 인간훈련을 강조한 점이다. 훈련이라고 하면 우선 군대훈련, 국가적 정책훈련, 산업가의 산업훈련 등을 들 수 있으나 소태산이 지향한 훈련이야말로 아무런 전제조건이 붙지 않는다. 순수한 '인간훈련'의 길을 만들었던 것이다. '인간훈련'이라 함은 의지교육이라고도 말할 수 있다. 의지는 인격형성의 3대 요소 중의 하나이다. 의지교육을 위한 프로그램은 첫째가 인고(忍苦)의 단련이며, 이는 인간교육의 중요한 요소로 도덕을 창출해 내는 방법인 것이다. 이와 같은 훈련된 인간이 나올 때 사회는 달라진다. 소태산은 명랑하고 진취적이며 참신하고 창조적이며, 자력적이고 봉사적인 인간상을 창출해 내려는 훈련법을 내놓은 것이다. 이렇게 훈련된 인간상을 전무출신(專務出身)이라고 하였다.

셋째, 남녀평등사상을 실현시킨 점이다. 그 당시 남존여비(男尊女卑) 사상으로 묶인 제도 속에서 과감히 부녀자들을 신도로 만들어 훈련시켰던 것이다. 특히 조선조 남존여비사상에 찌든 속에서 일제가 되면서도 그대로 교육의 제한을 받았던 젊은 여성들을 인연 따라 모여들게 하고 그들에게 '남녀권리동일(男女權利同一)'을 내세워 교육시켰던 것이다. 그리하여 소태산은 초창기 교육에서부터 그토록 무지몽매했던 젊은 여성들을 훈련시키며 교육하여 여자전무출신을 대량 배출해냈던 것이다. 남자교역자와 동등하게 교화(敎化)활동을 할 수 있는 자격을 부여했다는 점이며, 교단의 조직체제에 있어서도 최고 지도급인 수위단원을 남녀 10명씩 동등하게 선출해 냈다는 점이라든가, 지방교화의 책임자로 여자 전무출신을 등용시켰다는 점이다. 원불교는 지금도 이 정신에 입각하여 중앙으로부터 지방 각 교화장소의 주역들은 여자전무출신이 60~70%를 점유하고 있다.

넷째, 민주화의 선구적 역할을 들 수 있다. 교단조직법을 보면 교법 전수를 단전(單傳)으로 하지 않고 공전(公傳)으로 하였으며, 남녀수위단회가 민주적 협의를 거쳐 교단을 통치하도록 하고 있다. 종법사의 모든 주요임원을 선거에 의한 임기제를 시행하도록 하며, 교조 재세(在世) 당시부터 민주방식으로 교단을 운영해 왔다. 원불교의 이러한 교단 운영체제는 한국 민주화의 역사상에서도 높이 평가할만한 제도였으며, 특히, 종교 지도자들의 카리스마를 극복해 나가는데 있어서도 매우 선구적인 길을 제시하고 있다.

다섯째, 예법(禮法)의 개혁을 들 수 있다. 재래의 예법은 지나치게 형식화되고 분수에 넘치는 낭비를 초래하게 하였으나, 소태산은 허례허식에 치우치지 않고 실질적으로 의미가 있는 새로운 예법을 제정하였다.

원불교의 예전은 소태산 재세시에 이미 '신정의례준칙'이라고 하여 시행해 오면서 모든 사람들의 생활의식의 변화를 그 무엇보다 시급하며 중요하게 생각하여 이미 일제 때에 ≪예전≫을 발행하고, 이를 신도들에게 생활개조의 법으로 시행하도록 하였다. ≪예전≫의 형성은 해방이 된 이후 정산에 의하여 더욱 미래지향적인 예법이 되도록 보충하며 확대시키는 작업을 함으로써, 오늘날 ≪원불교예전≫, 그리고 ≪세전≫ 등을 만들어 냈던 것이다. 이는 교역자들로부터 하나하나 실현하여 대중화되도록 교화의 길잡이 역할을 하고 있다.

서울 광화문의 '한국사 약(略)연표'에는 '1916, 박중빈 원불교 창립'이라 새겼다. 초등학교 5학년 사회교과서에는 "일본이 우리나라를 지배하고 있을 때, 박중빈은 물질문명만으로는 사람이 참다운 구원을 얻을 수 없으며, 정신을 개벽해야 한다는 생각으로 원불교를 일으켰다. 간척사업을 통해 자립하는 생활과 여러 사람의 이익을 위하는 생활을 실천하도록 했다. 또 앞으로 다가올 시대에는 우리 민족이 정신적으로 세계를 이끄는 국민이 될 것이라고 하여, 일제의 침략을 받아 어려움을 겪고 있는 우리 민족에게 희망과 용기를 주었다"라고 소개하고 있다.

원불교 교단의 역사

원불교는 2016년 개교 100주년을 맞이했다. 원불교는 제1차세계대
전과 일제 침략 등 격동의 시대 속에서 큰 깨달음을 얻은 소태산 박중
빈 대종사로부터 1916년 4월28일 시작되었다. 소태산은 진리를 깨쳐
앞으로의 시대가 물질문명의 발달로 정신문명이 크게 약해질 것임을
예견하고, 물질과 정신이 조화를 이루는 세상을 목표로 물질이 개벽되
니 정신을 개벽하자는 기치로 원불교를 창립하였다. 원불교는 생활종
교, 실천종교라는 정신 아래 허례를 폐지하고 미신을 타파하며, 문맹을
퇴치하는 등 한국의 근대화에 큰 공헌을 하였고 민족혼을 일깨워 인류
정신을 바로 세우고자 하였다.

원불교는 지난 100년의 역사를 정리하고 새로운 미래를 준비하고자,
개교 100년의 결산, 세상과의 소통 및 희망 나눔, 새로운 미래를 향한
비전 선포를 목표로 2016년 4월25일부터 5월 1일까지 원불교 100주년
기념대회와 학술대회 등의 각종 행사를 개최했다. 현재 원광대학교를
비롯한 여러 교육기관 및 복지 기관 등을 운영하고 있으며 또한 해외
20여개국에 진출하여 활발하게 활동하고 있다. 원불교단의 역사를 불
법연구회 시대, 원불교선포 시대, 원불교 교세확장 시대, 원불교 세계
화 시대로 구분해 정리했다.

1) 불법연구회시대

생장지인 전남 영광에서 교화활동을 시작한 소태산은 대각을 이룬
그해 7월경, 따르는 사람들 가운데 10인의 표준제자를 얻어 십인일단

(十人一團)의 수위단을 구성함으로써 교단의 최초 모습을 갖춘다. 교단의 건설에 착수한 소태산은 1917년(원기2) 8월, 표준제자들을 중심으로 저축조합을 창설하여, 금주단연·허례폐지·공동출역 등으로 자본금을 모으고 근검저축·이소성대(以小成大)의 정신으로 공부와 사업할 토대를 마련했다.

1918년(원기3) 3월, 조수가 내왕하는 영광 해면을 막아 간석지를 만드는 방언공사에 착수하여 영육쌍전(靈肉雙全)·일심합력(一心合力)의 정신으로 추진했다. 그해 10월에 그 착수 당시 1회를 12년으로 하고 3회 36년을 1대로 하는 창립한도를 발표하여 중장기 발전계획에 의한 교단 창립을 분명히 하며, 같은 달 첫 모임터인 구간도실(九間道室) 건축을 착수하여 12월에 준공했는데, 이에 '대명국영성소 좌우통달 만물건판양생소(大明局靈性巢 左右通達 萬物建判養生所)'라는 간판을 내걸었다.

이듬해인 1919년(원기圓紀 4) 3월 방언공사를 완공함으로써 근대 한국 개척사의 한 전형을 이룬다. 당시 사회적으로 3·1독립운동이 일어나는 상황 아래서 소태산은 생민의 고통이 한이 없을 것을 내다보면서 세상을 구하고 천의(天意)를 감동시키기 위해 구인(九人)제자들과 특별기도를 행하기로 하고, 3월26일부터 재계(齋戒)하고 삼육일(음력 6일, 16일, 26일)로 산상기도를 시작했다. 마침내 8월21일(음력 7월26일) 구인제자가 자결을 결심하고 '사무여한(死無餘恨)'이라 쓴 증서에 백지장(白指章)을 찍자 혈인(血印)의 이적(異蹟)이 나타났다.

소태산은 "그대들의 마음은 천지신명(天地神明)이 이미 감응했고 음부공사(陰府公事)가 이제 판결이 났으니, 우리의 성공은 이로부터 비롯했다"하고, 기도를 마치게 한 다음 "그대들의 전날 이름은 곧 세속의 이름이요 개인의 사사 이름이었던 바, 그 이름을 가진 사람은 이미 죽었고, 이제 세계공명(世界公名)인 새 이름을 주어 다시 살리는 바이니, 삼가 받들어 가져서 많은 창생을 제도하라"(≪원불교교사≫ 제1편 제4장)하고, 법호(法號)와 법명(法名)을 주었다. 이를 법인성사(法認聖事)라 하며, 이에서 보인 무아봉공(無我奉公)·사무여한의 정신은 후일 전무출신의 기본정신으로 삼게 된다.

1919년 10월6일 소태산은 '저축조합'의 이름을 '불법연구회 기성조합(佛法硏究會 旣成組合)'이라고 바꾸었다. 한편으로 삼엄한 시국의 주목을 피하여 소태산은 8월경 주석처를 전북 부안 봉래산으로 옮겼으며, 12월에 실상사 근처에 초당을 마련한 다음, 교법(敎法)을 초안하고 인연을 규합하여 훈련을 시키는 등 교단 공개를 준비했다. 이때 ≪조선불교혁신론≫과 ≪수양연구요론≫ 등의 초안이 이루어졌다.

1924년(원기 9) 4월 29일 전북 익산의 보광사(普光寺)에서 불법연구회 창립총회(총재 소태산, 회장 서중안)를 개최하여 교단을 공개했으며, 8월 익산시 신룡동 344-2번지에 6만여평의 황무지를 개간하여 중앙총부를 건설했다. 그해에 소태산 일행은 전북 진안을 방문하여 수선회(修禪會)를 열며, 중앙총부의 전무출신 공동생활의 터전에서 이듬해인 1925년(원기10) 3월 정기훈련법과 상시훈련법을 제정하여 실시함으로써 인재 육성에 착수하고, 8월에는 공부·사업 고시법과 유공인 대우법을 제정했다.

전답을 빌려 경작하고 엿장사를 하는 등 어려운 생활 속에서 주경야독(晝耕夜讀)의 공부 분위기를 조성해 나가며, 1926년(원기11) 2월에는 신정의례(新定儀禮)를 발표하여 생활의식에 변화를 도모하고, 7월에는 서울 창신동에 서울출장소를 마련하여 수도권 교화에 나섰다.

1927년(원기12) 교단 최초의 교재 ≪수양연구요론≫,≪불법연구회 규약≫ 등을 발간하고, 1928년(원기13)에는 창립 제1회의 기념총회를 개최하며, 행정·재정의 각종 제도를 마련하는 가운데 농업부 기성연합단과 인재양성소 기성연합단을 창립했다. 그해 5월 월간 기관지 '월말통신'을 발행했는데 이는 이후 '월보','회보'로 이어졌으며, 이에 소태산의 법문과 고경(古經)의 해석, 행정·재정제도, 교화와 훈련, 설교와 의견안 등 교단 창업관련 기사를 다양하게 싣고 있다.

1932년(원기17) 4월 ≪보경육대요령≫의 발간을 시작으로, 1934년(원기19) 12월 ≪삼대요령≫, 1935년(원기20) 4월 ≪조선불교혁신론≫, ≪예전≫을 발간하여 교리를 정비하고, 유사종교 소탕령이 내려진 1936년(원기21)에는 ≪회원수지≫, ≪불법연구회약보≫ 등을 발간하여 시국에 대처했다. 1934년 3월에는 회규(會規)를 고쳐 종법사·회장 아래 교정원(敎政院), 서정원(庶政院)의 2원체제를 확립하고, 1935년에는 중앙총부에 대각전을 세우고 법신불일원상을 봉안하여 일원상 신앙체계를 확립해나간다. 그해 익산에 산업기관으로서 약업사 보화당을 개설하고 교역자가 직접 이를 운영하게 함으로써 생산성 있는 종교, 종교의 자립 경제책을 강구하고, 1940년(원기25) 2월에는 완주군 삼례에 수계농원을 개설하여 산업종교의 면모를 갖추었다. 교당교화가 확장됨에 따라 1938년(원기 23) 11월에 처음으로 교무강습회를 개최하고, 1940년에는 제1대 2회를 맞이했으나 일제의 불허로 기념대회를 갖지 못했다. 같은 해에 교역자 양성을 위한 전수학원으로 유일학원(唯一學院) 설립을 신청하고 1942년(원기27) 탁아소 겸 보육원으로 자육원(慈育院)을 신청했으나 일정(日政) 당국의 불허로 좌절되었다.

당시 소태산은 교단이 사회에 유익을 주면서 발전하는 방향으로 교화·교육·자선(사회복지)을 교단 3대사업목표로 설정했다. 소태산은 교세가 신장되고 각종 체제가 정립되면서 소의경전의 필요성이 증대됨에 따라 1940년 9월부터 교리에 정통한 몇몇 제자들에게 명하여 그간의 초기교서들을 통일 수정하여 ≪정전(正典)≫을 편수하도록 했다.

1941년(원기 26) 1월28일에는 전법게송(傳法偈頌)으로 '일원상게송'을 공포(公布)하며, 그 해에 종법사와 수위단의 임기를 6년으로 하는 '회규'를 정비하는 등 행정조직을 강화하고, 같은해 12월에 아시아태평양전쟁이 일어난 급박한 시국 아래 1942년(원기27)에는 개인 명의로 등기되어 있던 교산(教産)들을 공증(公證)했다. 소태산은 그해에 최후로 지방을 순회하며 교도들의 신성과 결속을 다지는 한편, 교서를 친감(親監)하여 출판을 신청했으나 일제는 '황도선양(皇道宣揚)의 정신이 결여되었다'는 등의 이유를 들어 불허했다. 그해 중앙총부를 방문하여 소태산과 교단상황에 대해 감복한 불교시보사장 김태흡(金泰洽)의 주선에 의해 이듬해인 1943년(원기28) 3월 조선총독부의 허가를 얻어 ≪불교정전(佛教正典)≫으로 발행에 회부하여 8월에 보급되었고, 연원경전인 부처님과 조사(祖師)의 전적을 ≪불교정전≫ 2권과 3권으로 각각 편집 발간했다. 소태산은 5월 16일 '생사(生死) 법문'을 설하고 병을 얻어 치료하다가 6월 1일 열반에 들어 개법(開法) 28년의 제도사업을 마감했다.

2) 원불교선포시대

소태산의 뒤를 이어 정산이 법통을 계승하여 종법사 위에 올라, 교단 해체를 획책하는 일제말기의 난국을 헤쳐 나가다 1945년(원기30) 해방을 맞이했다. 교단에서는 해방 후 만주와 일본 등에서 들어오는 전재동 포를 구제하기 위해 서울 부산 익산 등에 '귀환 전재동포 구호소'를 설치하고 식사, 의복, 숙소, 응급치료 등의 활동을 전개하는 한편, 중앙총부 등에 야학원을 개설하여 한글을 교육하고, 전국 교당에 하달하여 일제히 문맹퇴치운동을 전개했다. 그해 10월 정산은 ≪건국론≫을 저술하여 건국의 강령을 밝히고 국력을 배양하는 등의 방법을 제시했다.

1946년(원기31) 5월 전문적 교역자양성 기관으로 중앙총부 경내에 유일학림을 개설하고, 1948년(원기33) 1월 16일 '재단법인 원불교'의 등록인가를 받으며, 그해 4월 26일 <원불교교헌>을 통과시킨 다음, 4월27일 '원불교'라는 정식 교명(敎名)을 선포했다. 교명의 선포와 관련해서 정산은 "원(圓)은 곧 만법의 근원인 동시에 또한 만법의 실재인지라, 모든 교법이 원 외에는 다시 한 법도 없는 것이며, 불(佛)은 곧 깨닫는다는 말이요 마음이라는 뜻이니, 원의 진리가 아무리 원만하여 만법을 다 포함했다 할지라도 깨닫는 마음이 없으면 이는 다만 빈 이치에 불과한 것이다. 그러므로 원(圓) 불(佛) 두 글자는 원래 둘이 아닌 진리로서 서로 떠나지 못할 관계가 있는 것이라"(≪원불교교사≫ 제2편 제5장)고 그 뜻을 밝혔다.

그해 11월에는 서울 한남동에 서울보화원을 설립했다. 1949년(원기34) 4월 25일 중앙총부 영모원 송림 안에 '대종사성탑(大宗師聖塔)'을 조성하여 열반 당시 일제의 압력에 의해 익산 금강리 공동묘역에 간이탑을 조성하여 안치했던 소태산의 유해를 옮겨 봉안하고, 4월 26일 중앙교의회에서 '대종사주성업봉찬회'를 조직했다. 1948년 4월에 원광사를 발족하고 7월에 기관지 '원광'을 발행했다.

1950년 한국전쟁으로 모든 사업을 연기했다가 1953년(원38) 4월 26

일에 '제1대성업봉찬대회'를 개최하고, 제1대 전체 교도의 공부 · 사업 · 원성적 내역을 발표했는데 전체 신도 32만여명, 전무출신 260여명, 전국 교당 50여개소, 기관 18개소의 규모였다. 이날 '대종사성비(大宗師聖碑)'를 건립했는데, 정산이 찬술한 비문은 원불교를 새 주세회상(主世會上), 소태산을 '백억화신(百億化身)의 여래이시요 집군성이대성(集群聖而大成)'이라는 주세성자(主世聖者)임을 분명히 하며, 그 성업(聖業)의 계승을 다짐하는 요지를 담고 있다.

1951년(원기36) 6월 유일학림 중등부를 개편해 익산에 원광중학교의 설립인가를 받고, 9월 전문부를 분리하여 원광대학 설립을 인가받아 이듬해인 1952년(원기47)에 개교하여 원불교 개교정신에 의한 교육사업을 전개하게 되었으며, 이들이 원광학원 · 원창학원 등의 교육기관으로 발전하는 기틀을 마련했다. 같은 해 중앙총부에 신룡양로원을 개설하고, 1953년(원기38) 5월 고아 수용시설인 익산보화원을 설립 운영하고, 전주양로원 · 동래수양원 등을 개설하여 사회복지시설의 터전을 마련했다.

1955년(원기 40) 8월 '정관평 재방언 추진위원회'를 조직하고 이듬해인 1956년(원기 41) 4월 공사에 착수하여 1960년(원기 45)에 완공하여 2만7000여평의 새 농토를 마련했으며, 소태산 탄생지 · 대각터 등을 매입하여 영산성지의 개발에 착수했다. 1955년 1월에는 교무연합회에서 중앙총부의 중앙선원 · 익산의 동산선원 · 영산의 영산선원의 3대 선원 설립이 공고되었고, 같은해 5월 북일진료소를 설립했다. 1957년(원기42) 10월에는 익산에 동화병원을 개설하며, 1961년(원기46)에는 예비교무를 양성하기 위한 은산육영재단과 전무출신의 치료와 요양을 위한 법은재단을 설립했다.

1956년(원기41) 5월에는 수위단회 의결로 '대종경편수위원회'를 발족, 1958년(원기 43) 5월에는 교서편수기관으로 중앙총부에 정화사를 발족시켜, 각종 교서편수에 총력을 기울였다. 1961년 4월26일 정산은 회갑경축식에서 하나의 세계를 이룩할 기본강령이 되는 '삼동윤리(三同倫理: 同源道理·同氣連契·同拓事業)'를 발표했는데, 이는 '한울안 한 이치에 한 집안 한 권속이 한 일터 한 일꾼으로 일원세계건설하자'로 풀이된다. 같은해 12월 정산은 4대 경륜인 '교재정비(敎材整備)·기관확립(機關確立)·정교동심(政敎同心)·달본명근(達本明根)'을 강조하고, 이듬해인 1962년(원기 47) 삼동윤리를 전법게송으로 발표하고 1월24일 열반에 들었다.

3) 원불교 교세확장시대

법통(法統)을 이어 종법사에 취임한 대산 종사는 정산의 만년에 교단적으로 추진해오던 교서편찬사업에 박차를 가하여 1962년 10월 《정전》과 《대종경》을 합본한 《원불교교전》을 시작으로 9종 교서를 완간하고, 1977년(원기 62) 《원불교전서》로 합권하여 발행했다. 1963년(원기 48)부터 개교반백년을 앞두고 4, 5십년 결실기(結實期)를 준비하기 위해 교화 3대목표로 연원달기·교화단불리기·연원교당만들기 운동과 함께 법위향상운동을 전개했다.

1964년(원기 49) 4월 중앙교의회에서 개교반백년기념사업회를 발족하고, 보화당제약사를 창설하며, 1965년(원기50)2월에 교역자고시 규정에 따른 교단 최초의 교역자고시가 시행되어 24명의 합격자를 배출했다. 4월에는 총부서울사무소를 열고 이웃종교들과의 교류를 활성화하며 월간잡지 '종교계'를 창간했다. 12월에는 한국종교인협회의 창립에 참여하고, 이듬해 원광대학 교학연구회에서 대학생종교제를 거행하여 전국의 종교학도들에게 종교간의 이해와 대화를 촉구했다.

1963년(원기 48) 중앙청년회를 결성하고, 1965년에는 월간신문 '원불교청년회보'를 창간하며, 1969년(원기 54) 3월에는 원불교신보사를 설립하여 월간 '원불교신보'를 창간하고, 원불교출판사를 설립하는 등 문화활동에도 힘을 기울였다. 한편 교단대표가 국제종교회의에 빈번하게 참여하면서 1966년(원기 51) 서세인을 일본 순교감에, 1967년(원기 52)에는 전팔근 · 정유성을 미국 교무를 발령하여 해외교화를 모색했다. 같은 해에 박광전의 <일원상 연구>라는 최초의 원불교학 연구논문이 발표되고, 원광대학에 종교문제연구소가 부설되어 신종교연구의 산실이 되었으며, 1974년(원기59)에는 교단의 지성을 동원하여 ≪원불교사전≫을 발간했다.

대산은 1970년(원기 55) 3월 교화 · 교육 · 자선 · 훈련 · 원호 · 생산의 6대기구의 원칙을 확립해 나간다고 천명했다. 1971년 10월에는 중앙총부에 반백년기념관을 기공하고, 7일부터 6일간 기념대회를 개최했다. 원광대 운동장에서 개최된 반백년기념대회에서는 수만명이 운집한 가운데, '진리는 하나 세계도 하나 인류는 한 가족 세상은 한 일터 개척하자 하나의 세계'를 선언했다.

영모전 · 정산종사성탑 건립 등 장엄공사를 전개했으며, 교단 내외의 지성을 동원하여 ≪원불교반백년기념문총≫를 발간하는 등 원불교사상을 한국사회에 알리는 사업을 전개했고, 강연회 등 각종 부대사업과 행사를 진행했다. 1971년 1월에는 교단 초창기의 저축조합 정신을 계승하여 원불교신용협동조합을 설립함으로써 교단 내에 협동조합운동의 전기를 마련하고 각처의 지역주민을 위한 상조조합운동을 전개했다. 그해 3월에 수위단회(首位團會)에서는 중앙선원을 해체하고 중앙훈련원을 설립하로 결의하고 1974년(원기59) 3월에 중앙훈련원을 개원함으로써 각처 훈련원 운영의 기틀을 열었다.

교단이 해외교화를 추진하는 가운데 1971년 4월에 영역본(英譯本) ≪원불교교전≫이 간행되었고, 1972년(원기 57) 10월에 미국 로스앤젤리스지역에서 법회가 이루어졌으며, 1973년(원기58) 4월에는 로스앤젤리스교당이 주(州)정부로터 종교법인 인가를 받고, 1975년(원기 60) 7월에는 교구인사(교령 박장식, 교구장 송영지)가 부임하여 본격적인 교화를 시작했다. 1975년(원기 60) 7월에 일본어판 ≪원불교교전≫이 번역되고, 1977년(원기 62) 5월에는 일본 오사카교당이 마련되었다. 같은 해 3월 1948년(원기 33)에 제정했으나 미루어 오던 교구제를 시행했는데, 1980년(원기 65)에는 국내 14개, 해외 2개교구가 운영되었다.

1972년 3월에 원광대학을 종합대학으로 개편하고, 1976년(원기61) 1월에는 보건기술인 양성을 위해 원광대학교 캠퍼스에 원광보건대학을 설립했다. 1974년(원기59) 3월 중앙교의회에서는 영산성지사업회를 발족하여 성지개발에 필요한 부지확보 등을 추진하고, 1976년 4월에는 사적 및 유물관리위원회를 두어 사적과 유물에 대한 보존과 관리를 담당하게 했다. 1976년 11월 수위단회에서는 그간에 교화자의 직명으로 사용하던 '교무(敎務)'를 출가교역자의 대표적인 호칭으로 결정했다.

1977년(원기 62) 12월에 원불교교수협의회가 발족되고, 1978년(원기 63) 8월에 원불교대학생연합회가 발족되었으며, 세계불교도회 (WFB)에 정식가입단체 승인을 받았다. 10월24일 대산은 주한 로마교황청대사 류이지 도세나 대주교 내방 환영사에서 '종교연합(UR)의 탄생·공동시장의 개척·심전(心田)계발의 훈련'이라는 세계평화 3대 제언을 제시하며 '정신과 물질이 조화된 참문명세계의 건설에 앞장서자'고 했다. 1978년 10월 '영모원'을 발족하고, 1980년 1월 묘지사업을 목적으로 한 재단법인 영모묘원의 설립인가를 받고, 1984년(원기 69) 12월에 익산시 왕궁면에 5만6천평에 이르는 제1차 묘역공사를 완료하여 알봉 등에 안장되어 있던 재가출가의 열위 이장을 봉행했다.

1980년 10월에는 수도권 교화의 효율을 기하기 위해 1970년 기공했다가 무리한 사업계획으로 인해 이듬해 공사가 중단된 서울회관의 공사를 재개하여 1982년 10월에 준공했다. 1984년 7월에는 양·한방 종합의료체계를 갖춘 원광의료원을 개설하고, 1986년(원기 71)에는 교역자 양성기관인 동산선원과 영산선원을 합병하여 4년제 영산대학으로 체제를 개편했다. 그해 1월 재단법인 개성유린관을 희사(한광수·윤치덕)받아 유린보은동산으로 명칭을 바꾸고 산하에 원광장애인종합복지관을 개설하고, 1990년(원기75) 2월 익산에 원광종합사회복지관을 개설하는 등 이용시설인 복지기관과 수용시설인 복지시설을 각처에 개설 또는 위탁받아 운영하게 됐다.

1983년(원기68) '원불교창립제2대 및 대종사탄생100주년 성업봉찬회'를 발족해 1988년(원기73) '원불교창립제2대말 성업기념대회'를 마침에 따라, 명칭을 '소태산대종사탄생100주년성업봉찬회'로 바꾸었다. 교단에서는 창립제2대를 마감하고 제3대를 마련하면서 1986년 11월7일 교정위원회에서 '제3대설계특별위원회' 구성을 발의하고 이듬해 3월9일 위원회를 구성해 교단의 현안문제를 체제제도·교화계획·전무출신제도·인재육성관리·재정산업·봉공공익 등 6개분야를 나누어 조사연구하고, 1988년 8월23일 수위단회에 설계안을 상정하여 '교단 제3대 정책의 방향과 지침'으로 채택했다.

1990년 10월에는 '예비교무 교육발전위원회'를 발족해 교육연한의 연장(6년제) 등의 안을 마련했다. 성업봉찬사업에는 1991년 4월에 개원한 소태산기념관과 대종사성탑 장엄 및 정산종사 성탑 2건을 비롯하여, '화동의 잔치' 등 각종 예술문화활동이 이루어졌다. 1990년(원기75) 2월4일에는 은혜심기운동중앙추진회를 발족하여 아프리카난민돕기 등 국내외에서 교법의 사회적 실천인 은혜심기운동을 전개했고, 예비 교역자인 원광대학교 원불교학과 학생들은 1987년(원기 72) 7월10 일~8월8일에 시작한 '심장병 어린이 돕기' 자전거 전국투어인 '새 생명 국토 대행진'은 1991년까지 전후 5차에 걸쳐 총140명의 어린이에게 새 생명을 안겨주었다.

편찬사업으로는 1989년(원기 74) 8월 ≪원불교칠십년정신사≫, 1991년 4월 ≪원불교72년총람≫ 4권, 같은해 10월 ≪인류문명과 원불교사상≫을 발간했다. 기념대회는 이들 사업을 회향하여 '개벽의 성자로 이 땅에 오신 소태산대종사의 탄생100주년을 경축하고 그 정신과 경륜을 본받아 그 교의와 은혜가 널리 미치게 하여 이 땅에 평화와 낙원이 하루 속히 이룩되는 기연이 되게 한다'는 지침 아래 '온 누리에 은혜를!'이라는 주제와 '개벽ㆍ은혜ㆍ평화'의 강령 아래 같은 해 4월 27~29일까지 중앙총부와 원광대학교, 영산성지에서 성대하게 개최되었다. 1992년에는 성업봉찬회의 관련사업을 결산하고 잉여재산인 토지와 현금으로 일원문화의 연구와 창달을 위해 일원문화재단을 설립했다.

4) 원불교 세계화시대

1994년(원기 79) 11월5일 좌산종사가 종법사에 취임하고, 대산은 상사(上師)가 되었다. 1995년(원기 80) 3월 원불교호스피스회가 결성되고, 원불교유엔사무소의 설립이 승인되었으며, 9월 22일 좌산은 유엔을 방문하여 창설50주년 기념행사에서 '세계공동체 건설을 위한 종교간 협력'을 주제로 강연했다. 10월에는 한국원불교학회가 창립되었다. 1996년(원기 81) 3월14일 '정산종사탄생100주년기념사업회'를 발족하여 거교적으로 관련사업을 전개했다. 8월에는 IARF(세계종교자유연맹) 세계대회가 원광대학교에서 열렸다.

1997년(원기 82) 6월 인터넷 원불교홈페이지를 개통하고, 9월11일에는 학교법인 원불교대학원대학교의 설립이 교육부로부터 승인되었으며, 9월23일에는 '원불교 전자전서 CD-ROM'이 완성되었다. 12월 영산성지고등학교가 특성화학교로 지정받아 한국교육계에 대안학교제도 문을 열었다. 1998년(원기 83) 2월에는 원음방송 설립 승인을 받고, 12월4일 중앙총부에 전북원음방송을 개국하여 FM 공중파방송을 시작했다. 같은 해 5월 9일 교화부는 서울에서 제1회 남북한삶통일학교를 개설하고, 9월 15일 대산은 반백년기념대회 선언인 '진리는 하나'를 전법게송으로 발표하고 17일 열반에 들었다. 11월 8일 '정산종사탄생100주년기념논문집'으로 기념사업회에서는 ≪평화통일과 정산종사 건국론≫을 발간했다. 12월3일 수위단회에서 남자전무출신 제복제정을 결의하고, 1999년(원기 84) 4월 28일 제복착용을 실시했다.

1997년 6월 16일 서울교구 산하에 '사단법인 아프리카어린이 돕는 모임'(이사장 주정일)을 결성하고, 2000년(원기85) 1월 25일 '제3대 제2

회 종합발전계획 특별위원회'를 구성하고, 9월 24일에 정산종사탄생 100주년기념대회가 원불교중앙총부와 원광대학교에서 '통일 · 평화 · 상생'을 주제로하여 열렸다. 대회에서 좌산은 기념법문으로 '이 땅에 도덕을 살려내고, 하나의 세계를 이루어 내며, 사람마다 마음공부를 하게 하자'고 설했다. '법훈서훈 봉고식'을 비롯해 다양한 부대행사가 열렸고, 원광대학교 주최로 '미래사회와 종교'를 주제로 국제학술대회를 개최하는 등 각처의 행사가 이어졌다. 특히 정산종사탄생100주년인 2000년은 새천년을 맞이하는 해로, 민족은 비원인 남북통일을 갈구하고, 세계는 인류가 같이 번영할 수 있는 보편윤리를 모색하는 상황 아래서 그의 ≪건국론≫은 겨레의 지도자, '삼동윤리'는 인류의 스승으로 부각되었다. 2002년(원기87) 6월1일에 중앙총부 전자결재 시스템이 가동되고, 9월1일에는 미주 선학대학원대학교가 개설되었다.

2004년(원기 89) 1월 13일 군종추진 특별교구를 설치하고, 3월 1일 현인위성방송 한방건강TV를 개국했으며, 5월1일 원불교종합정보시스템(wontis)을 개통하고, 11월에는 원불교인권위원회 종교인인권캠프를 개최했다. 2005년(원기 90) 6월 18일에는 익산성지가 문화재청에 근대문화유산으로 등록되고, 7월1일에는 탈북청소년을 위한 경기도로부터 용인시에 한겨레중고등학교 설립이 인가되었다. 9월 1일에는 충남 논산의 육군훈련소에 첫 법회를 열었다.

2006년(원기 91) 3월 24일 국방부로부터 군종장교 편입대상종교로 인가받고, 9월5일에는 익산성지해설사 양성교육반을 개설하고, 9월 21일에는 남원교당에서 다문화가정을 위한 한국어교실을 개원했다. 11월 4일에는 경산종사가 종법사로 취임하고 좌산은 상사로 추대되었다. 2007년(원기92) 2월 2일 경산은 5대 경륜으로 교화대불공(敎化大佛供) ·

자신성업봉찬(自身聖業奉贊) · 세계주세교단건설(世界主世敎團建設) · 대자비교단(大慈悲敎團) · 보은대불사(大報恩佛事)를 발표했다. 11월 4일 원불교100년기념성업회를 발족하고, 2008년(원기93) 11월 4일 성업회의 출범봉고식을 거행했다.

원불교 조직 및 체제

원불교는 전라북도 익산에 있는 중앙총부(中央總部)에서 교단을 총괄운영하고 지방에 교구(敎區)와 교당(敎堂)을 두고 있으며 운영기구로서 종법사(宗法師)를 중심으로 최고결의기구인 수위단회(首位團會), 결의기관인 중앙교의회(中央敎議會), 집행부인 교정원(敎政院) 및 교정위원회(敎政委員會)와 감찰기구인 감찰원(監察院) 등이 있다.

교정원, 감찰원, 중앙교의회가 3권분립 형태로 있고 교정원에는 기획실 · 교화훈련부 · 총무부 · 재정산업부 · 교육부 · 공익복지부 · 문화사회부 · 국제부가 있고, 지방조직은 교구에 교구장 · 교구사무국 · 교구의회, 교당에 교감 · 교무 · 부교무 및 교도회장이 있다. 아울러 교육기관 · 훈련기관 · 문화기관 · 복지기관 · 의료기관 · 산업기관 및 기타 관련 단체를 두고 있다. 신도는 약 100만명으로 집계된다.

종법사는 교단을 주재하고 대표하며 수위단회의 회장이 된다. 수위단회는 교단의 최고의결기구일 뿐만 아니라 소태산의 초기 교단조직의 이념에 근거하여 '이단치교'의 교단통치의 최고기구로서 역할하고 있다. 중앙교의회는 교단의 의결기관으로 재가 · 출가 교역자들의 대표가 모여 교헌개정 및 예산결산을 하는 기관이다. 교정원은 교단의 중앙집행기관으로 종법사의 명을 받아 집행 각부와 산하 기관 재단을 통리 감독하며 감찰원은 교단의 중앙감찰기관으로 종법사의 명을 받아 교단감찰 전반을 책임진다.

원불교 교도란 광의로 원불교에 입교하여 원불교의 교지(敎旨)를 믿고 실천하는 사람이며, 협의로는 연원에 의해 법명(法名)을 받고 4종의무(四種義務)를 이행하는 자를 일컫는다. 교도는 교역자인 출가교도와 일반신자인 재가교도로 나뉜다. 출가교도는 전무출신(專務出身)이라 하며, 일에 따라 교무(敎務), 도무(道務), 덕무(德務)로 나뉘어져 있다. 교무란 소정의 교육과정을 거쳐, 교무자격을 취득하고 교리강설 법요의식을 집행할 수 있으며 교화업무를 전담하거나, 교화와 연관된 교단의 일반 업무를 맡아한다. 도무는 소정의 과정을 거쳐 도무자격을 취득하고, 교단의 교육, 행정, 자선, 연구, 기술 의료 등 전문분야에서 봉사한다. 덕무는 소정의 과정을 거쳐 덕무 자격을 취득하고, 근로직에서 노무와 기능을 가지고 봉공하는 전무 출신이다. 재가교도로 교역자 역할을 하는 원무와 정무가 있다.

교역자 배출과정은 출가서원생을 심사하여 예비교역자를 대상으로, 원광대학교 원불교학과와 영산선학대학교 원불교학과의 정해진 대학과정을 마쳐 교역자고시를 거친 다음, 원불교대학원대학교나 미주선학대학원대학교에서 석사과정에서 전문교육을 마치고 교역자고시에 합격한 자로서 득도(得度)하여 교무자격을 부여한다.

교구(敎區)는 국내에 광역지자체와 연계하고 창립지인 영광지역과 중앙총부가 위치한 익산지역을 교구로 편제하고 있으며, 특별교구에 군종교구, 통일을 대비한 평양교구와 원산교구를 상징적으로 두고 있다. 그밖에 중앙총부의 총부교당, 정토회교당, 인터넷교당, 그리고 원광대학교의 대학교당 등 각 기관에서 교당을 운영하고 있다. 교당에는 교무와 교도가 있는데, 교도는 10인을 1단으로 하는 10인 1단 교화단(敎化團)을 조직하는 것이 특색이다. 법인(法人)에는 '재단법인 원불교'를 비롯해 40여 개가 운영되고 있다.

기관에는 언론문화기관에 원불교신문사를 비롯해 20여 개소, 교육기관에 원불교대학원대학교를 비롯한 대학·중고교 20여 개소와 유치원·유아원 100여 개소, 훈련기관에 중앙훈련원을 비롯하여 20여 개소, 의료기관에 원의원을 비롯해 30여 개소, 산업기관에 원광제약사를 비롯하여 10여 개소, 사회복지기관에 원광종합복지관·이리보육원을 비롯하여 기관·시설 200여 개소, 금융기관에 원광신협을 비롯하여 10여 개소, 연구기관에 정책연구소·원불교사상연구원을 비롯하여 10여 개소가 있다.

단체로는 한국원불교학회·원불교교수협의회·원불교문인협회·원불교여성회·중앙봉공회·천지보은회·중앙청년회·청운회·원불교대학생회 등 50여 개가 있고, 교단에서 운영하는 남북한삶운동본부·삼동인터네셔널·영모묘원을 비롯, 부설기관·단체가 있어 활동하고 있다.

신앙의례(信仰儀禮)에는 정례법회, 기도 및 심고, 천도재(薦度齋) 등 여러 가지가 있다. 교단의 기념일(記念日)에는 4축(祝) 2재(齋)가 있다.

4축은 신년하례를 위한 신정절(1월1일), 개교기념일인 대각개교절(4월28일), 연원불의 탄신일인 석존성탄절(음 4월 8일), 창립초기 구인선진들이 기도를 통해 혈인(血印)의 이적을 나툰 법인절(法認節, 8월 21일)이며, 2재는 소태산의 열반일로 교도들의 공동제사기념일인 육일대재(六一大齋, 6월 1일), 선조들에게 향례(享禮)를 올리는 명절대재(名節大齋, 12월 1일)이다.

제10장

한국의 종교현황

1. 한국의 종교 실태

대한민국에서는 헌법에 의거해 종교의 자유가 보장된다. 한국의 종교적 자유도(自由度)는 세계 최상급 수준이다. 사회 분위기로 인해 사실상 종교의 자유가 제한된 일부 국가들이나 아예 종교의 자유가 없이 국교(國敎)를 강요하는 국가들과 극단적으로 비교된다. 종교가 서로 달라도 국민 간에 큰 갈등이나 반목이 없이 비교적 평화롭게 공존하고 있다.

물론 일부 극단적 종교관을 가진 이들이 행패를 부리는 사례가 있으나, 적어도 다른 국가들과 비교해보면 상당히 평화로운 편이다. 이들의 행패도 아무리 지나쳐야 민폐나 망신거리이며, 적어도 종교적 견해 차이로 인한 물리적인 충돌이 벌어지는 경우는 거의 없다시피 한다. 뿐만 아니라 무신론을 포함한 '무종교(無宗敎)'에 대해서도 상당히 관대하며 보편적인 취급을 받기도 한다. 아시아 국가들 자체가 종교적으로 경직되거나 획일화되었다는 것을 감안하면 놀라운 면이기도 하다.

2015년 통계청 조사에 따르면 대표적인 종교로는 개신교(약 19.7%),

불교(약 15.5%), 천주교(약 7.9%)가 있다. 기타 다른 종교는 정교회와 이슬람교 그리고 한국 기원의 토착 민족종교는 천도교, 대종교, 원불교 등이 있으나 교세(敎勢)는 그다지 크지 않다. 반면 종교를 가지지 않는 무종교인이 반을 넘는 56%나 된다.

종교 관련 공휴일은 석가탄신일과 성탄절이 있다. 개천절은 대종교와 연관성은 있으나, 일반적으로 종교 기념일로 인식하는 경우가 드물다. 일각에선 종교의 자유를 보장한다면서 왜 특정 종교의 기념일을 공휴일로 지정했느냐며 비판하는 경우도 있으나, 대한민국 사법부는 이건 그냥 관습일 뿐이지 특별히 종교적인 의미가 없다고 보고 있다.

2. 종교별 현황

한국 사회에서 일반인의 체감으로는 그리스도교(특히 개신교)의 비율이 가장 높게 느껴진다. 불교나 가톨릭, 정교회는 포교에 그리 열성적이지 않고, 종교시설이 중앙집권적인 형태로 권역별로 존재하면서, 일반 주거시설 근처에는 숫자가 그리 많지 않다. 그러나 개신교의 경우 전도에 열성적이어서 길거리 등에서 활동하는 경우가 많다. 또한 종교시설도 일반 주거시설 근처에 소규모 교회 등이 무차별적으로 들어선 경우가 많기 때문이다. 각종 기관 설립(대학교, 병원 등) 등을 통한 사회활동도 개신교 계열이 가장 활발하다.

1) 그리스도교

그리스도교의 신자 수가 대한민국 전체 인구의 약 1/3에 해당하는데, 이는 아시아권 국가들 중 최고 수준이다. 한마디로 한국은 아시아 최대의 그리스도교 국가이다.

이는 필리핀, 동티모르, 조지아, 아르메니아를 제외하면 매우 높은 수준으로, 이중에서 필리핀과 동티모르는 가톨릭 국가인 스페인과 포르투갈의 식민지배를 받았고, 조지아와 아르메니아는 일단 지리적으로 서아시아로 분류되지만 문화·종교적으로는 오히려 유럽에 가까우며 오래전부터 그리스도교를 받아들였다는 것을 감안하면 한국은 매우 특이한 사례이다.

카자흐스탄도 그리스도교 인구가 한국과 비슷하지만(국민의 20~30% 수준) 카자흐스탄의 경우 주류민족은 대부분 이슬람을 믿고 러시아인들이 정교회를 믿는 경우이기 때문에 예외적이다. 마찬가지로 인도네시아와 말레이시아도 인구 9~10%가 그리스도교인이지만, 이 경우에도 주류 말레이족보다는 중국계 화교들이나 소수민족들이 주로 그리스도교를 믿기 때문에 별 다른 문제가 없다.

한국과 어느 정도 비슷한 사례라면 베트남이나 몽골을 들 수 있는데, 공산정권 하에서 최근까지 탄압을 많이 받긴 했지만 그래도 베트남은 그리스도교, 특히 가톨릭 교세가 전체 인구의 약 7~10% 정도에 불과하며 몽골은 공산정권 종식 이후 그리스도교 교세가 인구 10% 수준으로 늘었다.

① 개신교

2015년 인구센서스를 기준으로 했을 때, 개신교는 한국 최대의 종교이다. 아시아에서 개신교 교세가 가톨릭보다 우위인 나라는 한국이 유일하다. 해방 이후 미국의 영향도 있지만, 한국과 같이 제2차 세계대전 이후 미국의 영향을 받은 아시아 다른 나라들은 이렇지 않았기 때문에 완벽한 설명이 되지는 못한다.

대표적으로 필리핀과 일본을 들 수 있는데, 그나마 필리핀의 개신교 비율이 9%로 한국 다음으로 높은 비율이고 일본은 그리스도교 모든 종파를 합해도 전체 인구의 1%가 채 안 된다.

또한 종교를 인정하지 않고 오직 주체사상을 신봉하는 북한과 정부 차원에서 종교를 심하게 탄압하는 중국과 대치하고 있는 상황도 무시할 수 없다. 이 때문에 해방 전에 '동방의 예루살렘'이라 불리던 평양이 공산화 되고 개신교인이 대거 남하하여 반공색채를 띈 것도 한 몫을 차지한다. 적극적인 선교로 인해 성장해왔다. 탈북자들의 경우 중국에서 개신교 선교단체들의 도움을 받는 경우가 많아서 그런지 종교선택을 보면 개신교의 비중이 압도적이다.

한국의 개신교는 이승만 정권과 미국의 영향이 크다는 인식과는 달리, 해방 직후가 아니라 구한말부터 교세가 빠르게 성장한 케이스다. 의료 선교나 근대 문물, 기술 지원 등을 통한 선교가 먹혀들었기 때문이다. 이후 한국에서는 기독교라는 단어가 개신교만을 뜻한다고 오해될 정도로 개신교의 교세가 가톨릭과 정교회를 압도하게 된다. 개신교의 성장세는 1990년대에 정점을 찍었으나, 이후에는 계속 정체상태에 있다. 그러나 2015년 인구주택총조사에 따르면 개신교는 다시 대한민국 제1의 종교 위치를 회복했다. 종교 인구가 줄어드는 와중에 홀로 교인수가 급증한 것이다.

② 천주교(가톨릭)

천주교(가톨릭)의 경우 조선 후기부터 신자가 생겨났다. 초기에는 신앙이 아닌 철학(서학)의 일종으로 전해졌으나, 이후 신앙으로 발전하였다. 세계에서 유일하게 선교사 없이 자체적으로 그리스도교 신앙이 생긴 특이한 사례이며 가톨릭 측에서도 이 점을 적극 홍보하고 있다.

이후로는 프랑스 가톨릭의 영향을 많이 받았다. 주교부터 시작해 신부까지 대부분 프랑스인들이었기 때문이다. 그러나 초기부터 조상에 대한 제사 거부와 하느님 앞에서 만인이 평등하다는 사상으로 인해 지배층에게 밉보였고 18세기 말부터 극심한 박해를 받기 시작했다. 이 때문에 프랑스와 갈등하여 병인박해 및 병인양요가 일어나기도 했다. 개항 이후 이러한 박해는 사라졌지만, 그 대신 개신교가 들어와 서양식 의술 등으로 굉장히 안정적으로 고위층에게 선교하면서 개신교에 교세가 크게 밀리게 된다. 개신교보다는 교세가 덜하지만, 아시아에서는 가톨릭의 비율이 매우 높은 편이다. 1990년대 이후부터 가장 빠르게 교세가 커졌다가 2015년 조사결과에서는 다시 줄었다.

사실 한국에서 개신교와 가톨릭이 교세를 확장할 수 있었던 요인은 주로 유럽권 국가들의 종교였던 개신교와 가톨릭이 제국주의 사상의 상징이었던 다른 아시아, 아프리카의 제국주의 피해국들과 달리, 같은 동양 국가에게 지배를 받았던 한국에서는 일본의 민족종교인 신토(神道), 그것도 이상한 방향으로 변질된 국가신토(国家神道 콧카신토는 일본제국 정부의 황국사관 정책에 의해 성립되었던 국가종교였음. 국체

신토國體神道, 신사신토神社神道, 교파신토教派神道라고도 함.)가 제국주의 사상의 상징이었기 때문에 개신교와 가톨릭에 대한 거부감이 덜했던 것이 컸다.

더구나 가톨릭은 세계에서 유일하게 자생적인 신앙이 발생한 국가라는 점에서 더욱 상징성이 컸고, 개신교는 구한말 계몽운동과 독립운동에 앞장선 종교 중 하나였고 독립 이후 친정부·반공적인 성향으로 인해 비교적 호감을 갖는 사람들이 많았다. 남침으로 인한 혹독한 전쟁을 겪은 한국인들인데다가 주체사상 이외의 종교가 말살된 북한에 호감을 가질 종교인은 그 누구도 없다.

③ 정교회

정교회(正敎會)의 경우, 앞선 두 종파보다 교세가 상대적으로 매우 적다. 조선 말기인 19세기에 적지 않은 조선인들이 궁핍과 기아를 피해 이미 조·러(朝露) 국경을 넘어 러시아 연해주 일대에 정착하기 시작했는데, 러시아는 이들에 대하여 동화정책(同化政策)의 일환으로 러시아 정교회에서 세례를 받도록 했다.

이러한 러시아 당국의 동화정책으로 다수의 조선인들이 정교회 세례를 받기도 했다. 현재 러시아 사할린 등에 다수의 한국인 정교회 신자들이 분포해 있고, 몇 명의 한국계 러시아인 성직자들이 러시아 정교회에서 사목하고 있다.

한국에서는 1900년 러시아 정교회 선교사가 서울에 오면서 정교회 선교가 시작되었다. 첫번째 선교는 러시아 혁명과 러·일(露日)전쟁 및 일본의 식민정책으로 빛을 보지 못하고 광복 후 1950년에는 한국전쟁으로 그렇지 않아도 어려운 선교가 더욱 열악한 상황으로 존폐위기에 처하게 되었다.

그러나 1953년 참전용사였던 그리스 종군사제에 의해 재기를 맞이했고, 1956년부터 콘스탄티노플 총대주교청에 소속되면서 미국 정교회의 대리관구의 지도하에 선교가 재개됐다. 1970년 대리교구가 재편되어 미국 정교회에서 뉴질랜드 정교회로 소속이 바뀌면서 2004년 3월까지 영적지도를 받아 왔다. 1995년 콘스탄티노플 총대주교청 시노드에서는 한국 선교의 중요성을 새롭게 인식하고 한국 정교회 교구헌장을 승인함으로써 자치권을 얻게 됐다.

한국의 정교회 신자는 웬 만한 중형 교회의 교인 수보다 적은 약 2500명이다. 미국 등 외국의 한인 정교회 신자 공동체 또한 전무(全無)하다. 장기간의 냉전으로 인해 러시아 등 정교회의 비중이 큰 동유럽 국가들과는 오랫동안 교류가 단절되었고, 그나마 정상적인 교류가 있었던 그리스도 우방국이라는 상징성에 비해 교류의 규모 자체는 생각보다 크지는 않았다. 이 때문에 미국 및 서유럽 국가들의 공동체와 교류가 활발한 개신교 및 가톨릭에 비해 정교회의 확산력은 미미할 수밖에 없었다.

정교회와 마찬가지로 국내에서 마이너(소수)의 소리를 듣는 성공회조차도 영미권 지역에 한인 성공회 교회들을 두고 있다. 지금 현재 정교회는 신도 수를 늘리기 위한 선교는 잘 하지 않는다. 그 대신 각종 강연이나 강의, 출판물을 통해 정교회에 대해 사람들에게 전하려고 한다. 또한 정교회 성당을 찾아오는 방문객에게도 신앙을 전파한다. 정교회를 찾아오는 사람들은 다른 기독교 교단에 속했던 사람이나 무신론자등 배경이 다양한데, 정교회의 전례(典禮)와 영성에 대해 감동받고 오는 경우가 많다고 한다.

한국의 종교 통계는 그리스도교를 개신교와 천주교로 나누고 있어, 그 밖의 그리스도교 교파의 분류가 어려워지는 문제점이 있다. 2012년 3월 문화체육관광부가 발간한『한국의 종교 현황』의 종교별 단체 현황에서는 한국정교회를 개신교 단체로 분류하는가 하면, 같은 단행본임에도 종교별 법인 현황에서는 한국정교회유지재단을 '그 밖의 종교 관련 법인체'로 분류하는 등 혼선을 빚었다.

2) 불교

불교는 삼국시대부터 한국에 상륙하여 포교가 시작되었고, 통일신라시대에 전성기를 맞았으며, 이후 고려가 멸망할 때까지는 국가 단위에서 지원해 주던 종교였다.

그러나 고려 말에 이를 때쯤엔 여러 가지 폐단이 발생했고, 이 때문에 조선 건국 이후로는 국교의 지위를 상실한다. 그러나 조선 시대에도 불교는 여전히 인기 있는 종교였으며, 21세기에 이르기까지 불교는 한국에서 결코 소수 종교의 수준으로 떨어진 적이 없다.

또한, 한국어에 불교에서 유래된 어휘가 일부 사용되고, 훌륭한 인격자를 흔히 보살에 비유할 정도로 한국 문화에 큰 영향을 끼쳤다. (서양에서는 이 경우 성인(saint)에 흔히 비유한다.) 이 때문에 어느 정도 민족종교적인 색채를 띠기도 한다.

그러나 구한말 이후 급속도로 늘어난 기독교에 교세 면에서 다소 밀리고 있다. 이는 물론 불교가 기독교와 달리 전도와 포교를 적극적으로 하지 않은 것도 한 요인이다. 2015년 인구주택총조사 표본조사 결과에 따르면 불교 인구가 처음으로 개신교에 밀리는 결과를 맞게 되었다. 불교계에서는 이를 굉장한 충격으로 받아들이고 있는 듯하다.

3) 유교

유교는 굉장히 널리 퍼져있으며, 한국인의 윤리의식과 인생관에 큰 영향을 미치고 있다. 그러나 '종교'로서 유교 신앙을 가진 경우는 극히 드물다. 애초에 유교가 종교인지 철학인지 부터가 애매하다. 현재는 종교로 인정되지 않는 것이 거의 대세다.

일찍이 가톨릭 선교사 마테오리치 신부는 "불교는 사절이지만, 유교는 약간의 필터링만 하면 가톨릭과 모순이 없음"이라는 태도를 보이기도 했다. 그래서 한국에서 유교는 종교가 아니라 철학 또는 전통으로서 익히는 정도이다. 유교식 제사를 지내는 비율은 높으나, 제사 자체가 원래 종교의식보다는 조상숭배 문화를 유교에서 수용한 것에 불과하고 조상숭배 의식 자체도 많이 흐려진 상태이다.

4) 무교(巫敎 · 무속신앙)

무속신앙은 흔히 독자적인 종단을 갖춘 종교로는 여겨지지 않으나 굉장히 널리 퍼져 있으며 무속(巫俗)에 의지하는 사람도 많이 있다. 더불어 자신이 기독교, 불교, 유교, 기타 소수종교 등 다른 종교를 믿는 상태에서도 이 무속신앙을 같이 행하는 경우도 있으니 무속신앙은 한국 사회에 뿌리내린 보편적 옛 신앙의 하나라고 볼 수도 있다.

구미권이 아닌 지역 중에 이런 지역이 꽤 있다. 아이티의 경우에도 인구의 80% 이상이 가톨릭인데 원시 종교의 일종인 부두교가 혼재된 양상이 꽤 있다.

5) 민족종교

민족종교는 원불교를 제외하고는 교세가 미약한 편이다. 원불교는 한국산 신흥종교 중에서 비교적 기성종교로의 성장에 성공한 경우이다. 심지어 군대 내에 별개의 교단으로 당당히 활동 중이고, 여러 가지 사회참여로 인지도도 꽤 높다. 문체부에서 2012년 발간한 『한국의 종교현황』에 따르면, 2011년 기준으로 원불교는 전국에 550개 교당과 1979명의 교직자를 보유하고 있다. 또한 2005년 센서스 기준으로 13만 여 명의 신도를 보유하고 있다.

동학(東學)을 계승한 교단 중 하나인 천도교는 2012년 문체부 통계 기준 105개 교당과 630명의 교직자를, 2005년 센서스 기준 4만 5000여 명의 신도를 보유하고 있는 것으로 나타났다. 대종교는 역사적인 맥락을 고려해서인지 문체부의 2012년 발행 『한국의 종교현황』에서 '그 밖의 종교'가 아닌 별개의 항목으로 분리되어 있으나 실제 교세는 미미한 수준이다.

6) 신흥종교

한국의 신흥종교는 19세기부터 뚜렷한 양상을 보였다. 근대에는 주로 개벽사상, 단군, 정도령, 미륵신앙 등에 바탕을 둔 도(道) 계통의 신흥종교가 여러 교파를 형성해 세를 확장하기 시작했다.

현대에 들어서는 개신교 계통 신흥종교의 활동이 잦은 편이다. 통일교(統一敎 · 세계평화통일가정연합)는 개신교에서 출발했으나 이미 개신교, 아니 기독교 자체와 다소 동떨어진 별개의 종교가 된지 오래다. 수입된 신흥종교로는 예수그리스도후기성도 교회, 여호와의 증인, 창가학회(創價學會 · Soka Gakkai International), 천리교(天理敎), 바하이교 등이 대표적이다.

세계 종교 중에서 신도 수로 3위인 힌두교는 한국에서는 생소하며 외국인 신자들의 종교 활동조차 찾아보기 힘들다. 서울 해방촌에 '베다문화센터'가 있는데, 이곳은 힌두교를 바탕으로 미국에서 설립된 '국제크리슈나의식협회'(ISKCON) 계통이라고 한다.

최근에는 콥트 정교 교회와 유대교 회당이 수도권에 생겼다. 주로 외국에서 우리나라로 완전히 귀화했거나 이민 온 교인들이 주로 믿고 있으며 한국인 신자는 별로 없다.

7) 이슬람교

고려 시대에 아랍인들이 많이 교역했고, 전근대 시기에도 이슬람과의 접촉은 있었다. 특히 한국전쟁 시기에 터키군을 통해 이슬람이 알려진 바도 있으나, 본격적으로 이슬람이 한국에 전파된 것은 70년대이다. 중동과의 교류가 늘어나면서 1975년 서울중앙성원이 세워진 이래 한국에 11개의 성원(모스크)과 42개의 지회를 두고 있다.

한국인 무슬림과 외국인들까지 모두 포함하면 0.3%정도이다. 한국은 이슬람교의 신도 수를 집계하지 않으며, 비중이 작아 이슬람 인구는 기타 종교로 분류된다. 한국 이슬람교 측도 공식적으로 신도 명부를 관리하지 않는다. 신도의 대부분은 재한(在韓) 외국인이며 한국인이 무슬림(이슬람 신자)이 되는 것은 무슬림과의 결혼 등을 제외하고는 극히 드물다.

3. 무종교

무신론(無神論)을 포함한 무종교(無宗教)에 대한 권리 보장도 우리나라는 세계 최고 수준이다. 구미권에서 역사적으로 '무종교'가 상당히 이상한 사상 취급을 받는다.

서유럽에서는 세속주의의 영향으로, 동유럽에서는 공산주의의 영향으로 무종교에 대한 편견은 많이 사라진 편이지만 미국은 무종교나 무신론에 대한 편견이 아직 많은 편이다. 2016년 대선에서 미국 민주당 대선후보였던 버니 샌더스가 종교색이 거의 없고, 그의 가치관을 봤을 때 종교가 없는 것처럼 보임에도 불구하고 유대교를 내세운 게 이런 이유 때문이라는 해석도 있다.

반면 한국에서는 무종교가 보편적일 뿐더러 종교에 대한 정책을 펼 때에는 무종교인에 대한 권리 보장도 해줘야 한다. 한국의 모든 종교단체에 평등하게 특혜를 주는 정책을 시행하면 종교의 중립성을 위배하므로 위헌 판결을 받는다.

종교의 자유에서 종교에 대한 적극적인 우대조치를 요구할 권리가 직접 도출되거나 우대할 국가의 의무가 발생하지 아니한다. 종교시설의 건축행위에만 기반시설부담금을 면제한다면, 국가가 종교를 지원하여 종교를 승인하거나 우대하는 것으로 비칠 소지가 있어 헌법 제20조 2항의 국교금지·정교분리에 위배될 수도 있다고 할 것이므로 종교시설의 건축행위에 대해 기반시설부담금 부과를 제외하거나 감경하지 아니하였더라도, 종교의 자유를 침해하는 것이 아니다.

헌법 제20조 2항은 "국교는 인정되지 아니하며, 종교와 정치는 분리된다."라고 규정하고 있다. 국가가 오로지 종교만을 이유로 일반적이고 중립적인 법률에 따른 의무를 면제하거나 부과하는 입법을 한다면, 그러한 법률의 주요 효과는 종교를 장려하거나 금지하는 것이 될 것이어서, 헌법 제20조 제2항과 배치된다. 모든 종교를 동등하게 보호하거나 우대하는 조치도 무종교의 자유를 고려하면 헌법이 규정하고 있는 종교와 정치의 분리원칙에 어긋난다.

여론조사기관인 한국갤럽이 2014년 면접조사를 통해 실시한 '한국인의 종교' 보고서에 따르면 2, 30대의 종교인 비율이 10년 전에 비해 각각 14%, 11% 감소하여 종교 인구의 고령화 현상이 현저하게 드러났다.

4. 한국인 종교관의 특징

한국은 불교와 그리스도교가 엇비슷하게 공존하고 있는데, 전혀 계통이 다른 세계 종교가 나란히 존재하는 나라는 세계적으로도 그리 흔치 않다. 캐나다, 싱가포르 같은 다문화 국가 정도 밖에 없다. 게다가 한국처럼 단일문화권을 형성하고 있는 나라에서 유독 종교만 다양하다는 점은 상당히 특이하다.

1) 종교에 관대한 성향

한국인은 집단주의 성향이 강한 편인데도 이례적으로 종교에 관해선 관대하며 타인의 종교에는 관심이 적다.

종교에 관대한 성향은 꽤 오래됐는데, 일례로 고려시대의 문벌귀족들은 '현세는 유교, 내세는 불교'라는 식으로 둘을 충돌시켜 않았고, 혹자는 심지어 유교와 불교는 서로 다르지 않다고 했으니, 조선시대의 숭유억불(崇儒抑佛)도 궁극적으로는 정치·경제적 탄압이었지 직접적으로 승려들을 죽이지는 않았다.

물론 천주교를 박해하긴 했지만, 천주교 박해는 주로 세도 가문의 경쟁 가문 축출을 위한 정치적 이유에서였고, 제사 거부 등 기존의 윤리관으로 이해하기 어려운 행위가 많았기 때문이다. 또한 당시에 선교사들의 행위가 자의 반, 타의 반으로 열강의 해외침략에 이용되는 예는 흔했다. 이 때문에 천주교 박해는 서양 세력에 대한 방위적인 행동이라는 주장도 있다. 제주도에선 천주교인들이 우상숭배를 막는다는 명목으로 반달리즘을 행했다가 참다못한 제주도 민중들이 무기를 들고 일어나서 성당을 불태우고 수백 명의 가톨릭 신자들과 프랑스인 신부까지 목을 베었던 이재수의 난까지 터졌다.

다만 황사영 백서사건이 터지기 전에도 혹세무민(惑世誣民)이라는 명목으로(남인세력에 천주교도들이 많았기에 그 반대파였던 노론에서 사교(천주교를 지칭)를 제거한다는 명목으로 남인들을 제거하려는 목적도 있었음) 박해를 했고 주문모 신부와 여러 신자들을, 남녀노소와 신분을 안 가리고 처형한 것도 사실이다.

개신교는 천주교의 박해가 끝난 이후에 들어와서인지 몰라도 제중

원 설립 등으로 반사이익을 보았다. 그 당시 어느 유림은 개신교로 개종하면서 "이렇게 서양종교 중에서 나라와 백성에게 도움을 주는 서양종교는 처음 보았다"고 했을 정도였다. 결국 오늘날 천주교에서는 공식적으로 제사 자체에 대해서는 해도 된다고 인정하고 있다. 다만 흔히 하는 것처럼 "조상님들 우리 아들 대학 좀 잘 가게 해 주세요"와 같은 조상숭배는 단순한 추모의 범위를 넘어서기 때문에 해선 안 된다고 가르친다.

오늘날 한국 사회에 사이비 종교들을 포함해 수많은 종류의 종교들이 산재해 있음에도 불구하고 종교 분쟁이 유혈수준으로 일어나지 않는다는 점이 상당히 흥미롭다. 중동 아랍계 국가들 같았으면 여기저기서 하루에도 수십 번은 유혈사태가 벌어져도 전혀 이상하지 않을 상황이다.

애초에 친목을 위해서 종교를 유지하는 경우도 있다. 재미동포 사회의 한인교회가 그 대표적인 예다. 이슬람 국가들에서 보이는 교리 간 충돌이나 극단적 순수 종교주의 자체가 드문 탓도 있다. 정확히 말하자면 큰 관심을 보이지 않는다. 어떤 경우에는 온 가족이 종교가 서로 다른 경우도 있다. 물론 예전에는 종교가 다르다고 개종을 안 하면 결혼을 반대하는 경우도 있었다. 그러나 이는 예외적인 사례할 수 있다.

이러한 특징은 긍정적이라 할 수 있다. 적어도 종교를 이유로 사회가 분열하거나, 특정 종교 신자에 대한 차별이 있는 것은 아니기 때문이다. 하지만 이는 한국인이 특별히 분별력이 있거나 이성적이어서라고 보긴 힘들다. 물론 좋게 말하면 현실적이기는 하다. 어떤 종교를 가지든 인생목표가 종교적인 숭고함이나 진리 구현보다 세속적인 입신양명이나 물질인 경우가 많다. 인종이 다양하게 섞여 있는 미국에선 흑인, 백인, 황인이 섞여있어도 자연스럽듯이, 종교가 다양하게 섞여있는 한국에서 다양한 종교인들이 어우러져 사는 것은 자연스런 현상이라 할 수 있다.

2) 철저한 정교(政敎)분리

한국 사회의 이러한 종교성향은 한국의 정치에도 영향을 주고 있다. 한국의 정치 상황은 세속주의 및 정교(政敎)분리 성향이 대단히 강하다. 특정 종교의 신앙을 강령으로 한 종교 정당이 국회의원 선거를 통해 원내 진출한 경우는 우리 헌정 사상 단 한번도 없다. 이들 종교 정당 소속 대통령 후보가 선거에서 유의미한 득표를 한 사례도 없다.

각종 선거에서 종교 자체가 판세에 직·간접적으로 결정적인 영향을 미치거나 지지 성향이 뚜렷하게 갈리는 사례도 거의 없다. 보수 개신교 신자 및 성직자들이 보수 세력과 밀접한 연관을 맺고 있고 정계에 영향을 미치는 사례가 있는 등 정치와 종교가 아주 무관하지는 않지만, 어디까지나 간접적으로 대의 민주주의의 틀 안에서 목소리를 내는 형태이다. 그나마 이러한 활동조차도 대중들의 반감 때문에 겉보기와는 달리 대부분 조심스럽게 행해지고 있다.

세속 권력에 종교 세력이 직접적으로 개입하는 것은 종교를 막론하고 일반 대중들이 매우 큰 반감을 가지고 있다. 대통령이나 국회의원 등 주요 정치인들이 조금이라도 특정 종교에 편향된 입장을 취하면, 여론의 강한 비판을 받게 되는 곳이 한국의 정치권이다. 오죽하면 한국 정치권에서 성공하려면 '개불릭' 신자이어야 한다는 말도 나온다. 개신교, 불교, 가톨릭이 대표하는 종교계 전체를 아우를 줄 알아야 한다는 뜻이다. 즉 특정 종교에 편향되지 않아야 정계에서 성공할 수 있다는 것을 의미한다.

이렇게 강력한 세속주의 · 정교분리 성향은 한국의 체제 유지에 상당한 도움이 되고 있다. 이를 제대로 지키지 않는 국가 중에서는 종교 세력이 세속 권력까지 일정 부분 이상을 차지해서 정부의 정책 및 법률에 간섭하는 사례가 존재하는데 이는 당연히 정부 및 체제의 유지에 큰 위협이 되기 때문이다.

3) 현세 · 기복적 종교관

한국인은 종교관 자체가 현세적이라는 지적을 많이 받는다. 이런 성향은 소위 기복신앙(祈福信仰)이라고 하여 유구한 역사를 가지고 있다. 신라 말에 크게 유행한 미륵신앙 등 한국의 종교는 항상 현세의 행복에 큰 비중을 두고 있다.

문제는 현세적인 것에서 그치는 게 아니라 기복적 성격이 강해 '지금 ~를 하려면 신을 믿어야 한다'는 전도가 성행하고 있다는 점이다. 간단히 말해 '우리 종교를 믿으면 현세와 내세에서 복을 받는다'고 강조한다. 물론 무속신앙이라면 이러한 말이 오가는 게 자연스러운 일이기는 한데, 그리스도교나 불교 쪽 신자들이 적지 않게 이런 식으로 말하는 게 문제이다. 심지어 저 사람들이 믿는 게 부처인지, 또는 부처 스킨을 입은 산신령인지 헷갈릴 정도이다. 이 때문에 사이비 종교 또한 적지 않게 활약한다.

이러한 현상의 원인은 세속적인 국민성과 연관시켜볼 수 있다. 앞의 통계에서도 보듯이, 사실 한국은 국민의 절반이 특정한 종교를 믿지 않는 매우 세속적인 국가이다. 이러한 세속적인 국민성 덕에 신자들마저도 적지 않은 수가 구원이나 해탈보다는 현세에서의 복을 바란다. 이는 수능 시험 때에 성당, 교회, 사찰만 가 봐도 알 수 있다. 이러한 세속적 국민성은 종교의 시선을 떠나서도 문제가 되는 경우가 간혹 있다. 대표적인 예로, 현세 지향적인 이런 마인드 덕에 많은 한국인은 인생의 목표, 또는 자녀 교육의 목표를 경제적 번영으로 잡는다. 심지어 효도의 척도도, '내가 돈 잘 버는 것'으로 인식되는 경우가 많다. 이 때문에 외국인들로부터 종종 속물이라는 비판을 듣곤 한다. 한국은 그 정도가 심하다는 소리를 듣는게 문제다.

5. 인류, 종교의 뿌리는 하나

기독교 60년을 다닌 장로에게 들은 이야기
청계천에게 서점(헌책) 운명

1850년경 일본에서 신약 성경을 찍어왔는데 그곳에는 상재(上宰)라함
1860년대 중국에서 역시 신약성서복음을 찍어 왔는데 그곳에서 천재(天宰)라함
그리고 로마 교황청에서 공식명칭을 신청하여 하느님이라고 결정했는데 이를 기성 교회에서 예전에 부르던 명칭 하나님이 좋다고 하여 하나님이라 부름
또 다른 종단인 천도교(天道敎)에서는 (대종교-한을님) 한울임이라 함

우리 전통종교에서는 한님, 한밝임, 한울님, 하느님, 하나님 등으로 부르기도 한다.

사람과 종교(인류, 종교의 뿌리는 하나)

인간에게 신(神), 영혼(靈魂)을 주신 분은 육안으로 보이지 않는다. 왜냐하면 그도 영이요, 신이기 때문이다. 따라서 사람의 몸속에도 영이라고도 신이라고도 하는 존재가 들어있지만 육안으로는 볼 수 없는 것과 같다. 종교 경전에는 창조주 하나님, 하느님, 상제님, 천부님, 성부님, 알라님 등. 절대자를 소개하고 있다. 그리고 그를 신(神) 또는 영(靈) 또는 불(佛, 부처님)이라고 소개하고 있다. 창조주와 인간 사이의 공통점은 무엇이 있는가?

창조주도 영이고 인간에게도 영이 있다는 것이다. 따라서 인간 안에 있는 영은 창조주에게서 왔음을 알 수 있다. 인간 안에 있는 영은 어떤 경로로 오늘날 인류에게 존재케 되었는가? 창조주의 분신(分神)이 시조에게 임하였고 그 분신이 후손에게 전하여져 오늘날 인류들은 자신의 부모님을 통하여 그 영을 이어 받은 것이 분명하다.

따라서 오늘날의 인류의 존재는 모두 부모와 직계 조상을 통하여 있게 되었다. 그리고 그 제일 위에 창조주가 계심을 알 수 있다. 이런 의미로 생각할 때 창조주는 자신에게 영혼을 준 유일하신 분이다. 그리고 창조주는 자신을 세상에 존재케 한 근본이며 가장 높은 직계 조상이시다.

직계와 방계의 차이는 친부모와 삼촌이나 고모, 이모의 차이이다. 삼촌이나 고모가 없어도 자신이 태어날 수 있지만 친부모님과 직계 조상이 없이는 자신이 이 세상에 존재할 수가 없는 것이다. 이처럼 인류의 시조와 창조주가 세계 인류의 직계 조상이란 정의는 그들 없이는 존재할 수 없다는 중요한 의미를 내포하고 있다.

　　그런데 만물의 영장이라고 하는 사람들이 왜 그 사실을 잘 알지 못할까? 종교란 의미의 'Religion'이란 단어의 뜻은 인간이 거듭나야 한다는 의미다. 'Religion'의 의미는 신과의 재결합이란 의미가 있다. 이때 신은 성신(聖神)을 의미한다. 하나는 악(惡)신이고 다른 하나는 성신이다. 이것으로 종교는 성신과 다시 결합하는 것을 목적으로 함을 알 수 있다. 악신은 무지의 신이고 성신은 진리의 신이다. 사람이 신과 영에 대한 무지한 이유는 무엇인가. 인간의 처음 창조는 성신으로 지음 받았다. 그러나 과정에서 변질 되었다면? 자신 속에 무지의 신이 살고 있기 때문이다. 그래서 진리의 신으로 거듭나면 신과 영에 대하여 잘 아는 사람이 될 수 있다. 각종 종교가 지향하는 재창조의 세계이고 그 목적이 이루어지기 전에 지금과 같은 세상이 지속되며 한 분기점을 통하여 이제 평화로 하나되는 세상으로 복귀(復歸)하여야 한다.

*冷戰보다 무서운 人種-宗敎갈등

이스라엘은 예루살렘이 단순히 '성지'라서 목을 매는걸까?.. 종교에 가려진 '물'전쟁

　　미국 대사관의 예루살렘 이전으로 팔레스타인 전역이 들끓고 있다. 14일(현지시간) 이스라엘 건국 70주년에 맞춰 열린 미국 대사관의 예루살렘 이전 개관식 영상이 전 세계로 퍼지면서 팔레스타인 가자지구에서 격렬한 시위가 발생했고, 이스라엘군의 발포로 시위대 58명이 숨지는 등 유혈사태가 발생했다. 팔레스타인 전역에서 시위가 계속되면서 15일(현지시간) 사망자 수는 60여명으로 늘어났고 부상자도 3000명에 육박하고 있다.

국제사회의 비난이 계속 쏟아짐에도 이스라엘 정부는 눈하나 깜짝 않고 시위대에 대한 무력진압을 이어가고 있다. 미국 대사관의 예루살렘 이전은 곧 미국이 예루살렘을 이스라엘의 수도로 인정한다는 의미라 팔레스타인의 반발 또한 커지고 있다. 현재 예루살렘은 도시 전역이 이스라엘의 지배를 받고 있고 이스라엘에서는 공식 수도로 대내외로 선포한 상황이지만, 국제사회에서는 여전히 서(西)예루살렘은 이스라엘 영토로, 동(東)예루살렘은 팔레스타인 영토로 보고 있으며 공식적인 수도로 인정하지 않고 있다.

이스라엘의 국가수로(National water carrier)와 지역을 연결하는 지하수도관
모습(사진＝이스라엘수자원공사 홈페이지/http://www.mekorot.co.il)

국제사회에서 이스라엘의 사실상 수도는 텔아비브로 여겨졌으며,
각국 대사관도 이에 따라 텔아비브에 위치해있었다. 실제 텔아비브 도
시 인근은 이스라엘의 수도권으로 전체 인구 절반이 넘는 400만명 이
상의 인구가 텔아비브 근교에 밀집해 살고 있다. 예루살렘 일대 인구는
다 합쳐도 80만명 남짓으로 텔아비브 일대의 5분의 1정도 밖에 되지 않
는다. 더구나 요르단강 서안지구와 마주보고 있는 예루살렘은 분쟁지
역으로 여겨져있다. 고대 이스라엘 왕국의 수도로 유태인들의 마음의
고향이란 점과 실제 고대 유적지가 많고 기독교, 이슬람교, 유태교 3대
종교의 성지(聖地)라는 '상징성'은 있지만 수도로서 기능을 하기에는
여러모로 한계가 많은 지역인 것이다.

그럼에도 이스라엘은 예루살렘을 어떻게든 수도로 공인받고자 노력
하고 있다. 이스라엘 건국 때부터 예루살렘을 수도로 선포한 이래 제3

차 중동전쟁이 종식된 1968년 이후부터 30여년에 걸쳐 끊임없이 각종 주요 국가기관들을 예루살렘으로 이전시키며 수도로서의 면모를 갖추게했다. 요르단강 서안지구에 둘러싸인 예루살렘의 상황을 고려해 여전히 주요 경제부처와 방위기관들은 텔아비브에 있지만, 이스라엘 정부는 예루살렘을 대도시로 만들기 위한 건설 프로젝트를 계속해서 진행시키고 있다.

이스라엘 국가수로(National water carrier) 일대 전경. 이스라엘 북동부에 위치한 갈릴리 호수에서 텔아비브를 비롯해 이스라엘 서남부일때까지 관통하는 거대한 수로다.(사진=이스라엘수자원공사 홈페이지/http://www.mekorot.co.il)

전 아랍권과의 마찰을 각오하면서, 인구밀집지대도 아닌데다 경제적 가치도 텔아비브에 비해 커보이지 않는 예루살렘을 이스라엘이 이렇게까지 수도로서 키우려는 이유는 단순히 민족적, 종교적 요인에만 있지 않다는게 중론이다. 그러한 관념적인 문제보다는 팔레스타인 전역의 '물 전쟁'이라는 현실과 얽혀있다는 것.

현재 이스라엘 지도를 보면, 이스라엘은 현재 이 지역 전체의 젖줄이
자 거의 유일한 수자원이라고 할 수 있는 요르단강 중하류 일대와 직접
적으로 닿지 못한 상태다. 요르단강 상류지역인 골란고원과 갈릴리호
일대는 이스라엘이 장악한 상태지만, 나머지 대부분의 요르단강 접안
지역은 요르단강 서안지구에 속해있다. 예루살렘은 이 지역을 향해 뻗
은 주먹처럼 돌출된 지역에 놓여있다.

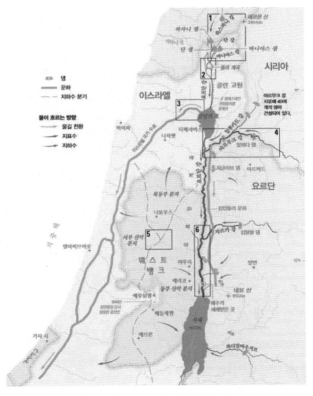

예루살렘은 이스라엘의 역사적 수도이자 성지일 뿐만 아니라 요르단강 서안지역
일대와 유태인 정착촌들의 중심도시로 요르단강 일대의 수자원에 대한 실효지배를
강화시킬 수 있는 전략적인 요충지역에 놓여있다.(지도=내셔널지오그래픽)

요르단강 서안지구는 국제법상으로는 팔레스타인 영토로 현재 팔레스타인인이 약 200여만명, 이스라엘 정착촌 인구가 약 50여만명으로 여전히 팔레스타인인이 많이 살고 있다. 그러나 군사적으로는 이스라엘이 점령한 지구이며, 사막지역이자 요르단강으로 향하는 지하수에 대한 권리를 모두 이스라엘이 쥐고 있다. 이 일대에서 가장 중심이 되는 도시는 예루살렘이며, 이스라엘은 국가수로(National water carrier)라 불리는 수로와 수도관을 계속해서 늘리면서 예루살렘과 자국민 정착촌이 사는 지역들에 물을 공급하고, 나머지 팔레스타인인들이 사는 지역들은 사실상 고사시키고 있다.

물전쟁의 최전선이자 지대도 높고 산악지형으로 구성돼 방어도 용이한 예루살렘은 지정학적으로 매우 중요한 위치에 있기 때문에 이스라엘 입장에서 절대 포기할 수 없다는 것. 이스라엘 수자원공사의 잇단 개발과 담수화시설 증대로 갈릴리호수와 사해의 수량이 점점 줄어드는 것도 물전쟁을 더욱 격화시키고 있다. 트럼프 행정부의 중동정책도 친이스라엘 쪽으로 심하게 기울어지면서 향후 예루살렘과 요르단강 서안지구를 둘러싼 갈등을 더욱 심화될 전망이다.

(2018. 05. 16. 이현우 기자 knos84@asiae.co.kr)

세계 종교 갈등 지역

세상에 사연없는 민족은 없다

지금 이 순간에도 세계 어딘가에서 전쟁은 일어나고 있다. 국제사회는 양차 대전 후 인류의 평화를 지키기 위해 다각적인 노력을 벌이고 있지만, 세계 곳곳에서는 여전히 작은 분쟁과 국지전들은 빈번하다. 이 갈등의 배경을 추적해보면 핵심 키워드는 '종교'와 '민족'이다. 20세기 초, 세계는 강대국들 힘의 논리에 의해 여러 국가와 민족들이 쪼개지거나 붙여지면서 혼란의 시기를 거쳤다. 소수민족의 세기를 넘어선 피흘리는 투쟁은 여기에서부터 시작한다.

세계에서 가장 박해받은 소수민족 로힝야
그들은 어떻게 미얀마에?

현재 소수민족 문제가 가장 심각한 곳은 미얀마이다. 미얀마에는 현재 130여개의 소수민족이 살고 있는데, 이 중 로힝야족을 대한 미얀마 정부의 탄압과 박해가 국제적인 문제로 번지고 있다. 로힝야족은 원래 방글라데시 등 벵골만 주변에 살던 민족으로 대부분이 이슬람교도이다. 로힝야족에 따르면 이들은 9세기 경 미얀마에 정착한 아랍 상인의 후손이며, 오랫동안 미얀마에 살아왔다. 전체 250만명의 로힝야족 중 현재 130만명이 미얀마에 살고 있으며 이들은 불교 국가인 미얀마에서 이슬람을 믿는 유일한 민족이다.

그러나 미얀마인들에게 이들은 19세기 무렵 영국 식민지 하에서 대거 미얀마로 이주한 무슬림일 뿐이다. 실제로 9세기 무렵부터 미얀마에 살아온 로힝야족들도 존재하겠으나 불교 국가인 미얀마에 무슬림이 늘어난 것은 식민지 미얀마의 자원을 수탈하기 위해 영국이 주변의 인도 무슬림들을 대거 이주시키면서부터다. 이들은 미얀마 내에서 영국의 하수인 노릇을 하며 중간 지배층으로 군림해왔다. 1차 세계대전 이후 미얀마인들의 어려운 경제사정을 이용해 고리대금업을 하고, 토지를 수탈했다. 종교적 이질감이 강했던 무슬림에 대한 미얀마인들의 적대감은 이런 과정을 거치면서 더욱 커졌다.

(좌) 지난 9월 2일(현지시각) 국경을 넘어 방글라데시 콕스 바자르 인근 지역으로 탈출한 미얀마 소수민족 로힝야족 난민들이 보트를 이용해 강을 건넌 후 하선하고 있다. (우) 미얀마 정부군과 로힝야족 무장세력간 유혈충돌을 피해 국경을 넘어 방글라데시로 탈출한 로힝야족 난민들이 9월 3일 콕스 바자르 지역 인근에서 식량을 배급받기 위해 모여 있다. /AP연합뉴스

'자비의 종교'인 불교를 숭상하는 미얀마인들이 이민족을 잔혹하게 배척하는 것은 종교적 이질감보다는 역사적으로 핍박받았던 과거의

기억이 깊게 자리하고 있다. 미얀마 내에서 유일하게 이슬람교를 믿는 로힝야족은 미얀마인들을 지배했던 무슬림과 같은 종교를 가졌다는 이유로 타도의 대상이다.

1948년 영국으로부터 독립한 미얀마 내부에서는 무슬림에 대한 불만이 극에 달할 수 밖에 없었다. 1982년 군부독재가 들어서면서 이들은 로힝야족의 시민권을 박탈했고, 92년에는 로힝야족을 포함한 모든 무슬림을 불법이민자로 간주한다는 회견을 발표했다. 로힝야족이 언제부터 미얀마 땅에 살았든 무슬림인 이상 불법이민자로 보겠다는 얘기이다. 미얀마 정부는 이후 이들에게 불교로의 개종, 토지 몰수, 노동 등을 강제하며 지속적인 탄압을 해왔다.

결국 로힝야족은 미얀마를 탈출하여 방글라데시, 말레이시아와 인도네시아로 향하고 있다. 하지만 대부분은 탈출 과정 중에 '보트 피플'이 되어 바다 위에서 목숨을 잃거나 인신매매와 같은 반인륜적 범죄에 노출된다. 2012년 6월에는 로힝야족이 모여 살고 있는 라카인 지역에서 불교도와 유혈 충돌이 발생하면서 로힝야 주민 200여명이 목숨을 잃었다. 국제 사회는 이 지역에서 지난해부터 올해까지 미얀마 정부군에 의한 로힝야족 탄압, 학대 살상이 지속적으로 벌어지고 있다고 보고 있다. 다른 나라로 망명하려는 로힝야족 난민의 숫자가 급증하고 있으며, 현재 미얀마군은 남아있는 로힝야족을 무차별 학살했다는 의혹을 받고 있다. 이에 노벨평화상 수상자인 아웅산 수치 여사 역시 이렇다 할 만한 해결책과 인도적인 대책을 내놓지 못하고 있어 국제사회의 비난을 받고 있다.

우리가 왜 다른 민족까지 먹여살리나 카탈루냐

그들은 어떻게 스페인에?

카탈루냐
(Caralonia)

인구 : 약 750만 명

언어 : 카탈루냐어
스페인어

총생산 : 2천억유로
(스페인의 19.8%)

면적 : 3만 2114㎢
(스페인의 6.3%)

중세 무렵, 지금의 스페인 지역에는 카스티야 연합 왕국, 카탈루냐 연합 왕국, 나바라 왕국, 사라고사 왕국, 등 여러 나라가 형성돼 있었다. 이 나라들은 15세기 말 이슬람 세력을 몰아내기 위해서 의기투합했는데 이때, 현재 스페인 땅의 대부분을 가지고 있던 카스티야 왕국의 여왕 이사벨과 지금의 카탈루냐 왕국의 페르난도 2세가 결혼을 하면서 두 왕국은 지리적 통합을 한다. 당시 카스티야 왕국은 아메리카 대륙을 발견하는 등 지금의 카탈루냐 지역보다 영토와 경제력 면에서 앞서 있었고, 왕위 계승 문제에서도 카스티야 왕국에게 유리하게 돌아가면서 카탈루냐 왕국은 점차 자치적 지위를 잃어갔다. 그리고 이후 벌어진 왕위 계승 전쟁에서 카탈루냐 왕국은 자치권을 인정해줄 것 같은 합스부르크왕가의 카를 6세 편에 섰지만, 부르봉 왕가의 펠리페 5세가 전쟁에서 승리하면서 스페인의 일개 주로 전락한다. 펠리페 5세는 강력한 중앙집권체제를 구축하면서 카탈루냐의 자치권을 인정하지 않았고 카탈루냐는 완전히 카스티냐 중심의 스페인 왕국에 복속됐다.

무엇이 문제인가

(좌) 스페인 카탈루냐 지방의 분리·독립을 묻는 주민투표가 시행된 10월 1일, 스페인 경찰이 카탈루냐 중심 도시 바르셀로나의 한 투표소 인근에서 주민들에게 곤봉을 휘두르고 있다. 스페인 정부는 이날 분리 투표를 막기 위해 경찰력을 투입해 일부 투표소를 봉쇄했으며, 투표 찬성 주민 집회를 강제 해산시키기도 했다. (우) 독립을 요구하는 카탈루냐 주민들 /AP 연합뉴스

카탈루냐는 300여년이 지난 지금까지 줄곧 독립을 요구하고 있다. 2006년에는 더 많은 자치권을 스페인 정부로부터 부여받았으나 이에 만족하지 않고 완전한 독립을 하겠다는 입장이다. 카탈루냐가 이렇게 독립을 주장하는 이유는 그들만의 독자적인 문화와 정체성에 있다. 이들은 꽤 오랜 기간 스페인에 속해 있었지만 카스티야어(스페인어)를 쓰는 스페인 문화 속에서 쉽게 융화되지 못했다. 다른 왕국과 정체성도 달랐고, 카탈루냐어라는 언어를 여전히 쓰고 있다. 스페인인보다는 카탈루냐족이라는 민족 정체성이 뿌리 깊은 것이다.

정체성 문제도 있지만 최근 들어서는 경제적 이유가 훨씬 크게 작용하고 있다. 인구 약 756만명의 카탈루냐는 상공업과 관광 산업이 탄탄

해 스페인 전체 경제 규모의 20% 정도를 차지한다. 이 때문에 자치와 분리를 주장하는 스페인 지역 중 가장 선도적인 역할을 해왔다. 이들의 주장은 2011년 스페인 정부가 재정난을 겪은 뒤 더욱 거세졌다. 스페인 정부가 적자를 메우기 위해 카탈루냐에게 더 많은 세금을 징수하자, 카탈루냐 지역이 스페인 전체를 부양하고 있다는 인식이 퍼지고 있기 때문이다. 카탈루냐 분리 독립론자들은 "매년 150억유로(약 21조원)를 스페인 정부에 세금으로 내지만 중앙정부의 공공 서비스는 이에 미치지 못한다"고 주장한다. 카탈루냐에서는 2014년 분리 독립을 결정하는 비공식 투표를 진행했고, 이를 토대로 2017년에는 공식 투표까지 강행했다. 투표를 저지하기 위한 스페인 경찰과 진행하기 위한 카탈루냐인들 사이에 대규모 충돌이 벌어졌고, 스페인 정부와 카탈루냐 자치구 양측 모두 강경한 입장을 보였다. 90% 이상이 찬성이라는 결과에 따라 카탈루냐의 독립 선언을 했지만, 스페인 정부는 자치권 회수로 압박하며 카탈루냐에 대한 직접 통치를 밝혔다. 각 소수 민족을 안고 있는 유럽 주변국들도 카탈루냐의 움직임이 유럽 통합을 방해한다며 반기지 않는 분위기다.

세계 최대의 소수민족 쿠르드족
그들은 어떻게 이렇게 뿔뿔이?

'언어와 민족을 갖고도 단 한번도 나라를 가져본 적 없는 민족'인 쿠르드족은 현재 세계에서 나라가 없는 민족 중 규모가 가장 큰 소수민족이다. 우리에게는 중동 지역의 무장 단체, 테러 세력이라는 이미지가 강하지만 중동 지역 정세를 이해하기 위해서 쿠르드족을 빼놓고 얘기할 수 없다.

본래는 쿠르디스탄 지역(터키, 이란, 이라크, 시리아, 아르메니아에 걸쳐있는 산악 지역)에 사는 산악 민족이었던 이들은 오랫동안 오스만 제국의 지배를 받아왔다. 하지만 1차 세계대전 이후 오스만 제국이 지고, 이 지역이 터키·이란·이라크·시리아·아르메니아로 나눠지면서 함께 다섯개 나라로 뿔뿔이 흩어지게 되었다. 현재는 각국에서 쿠르드족이 독립을 위해 투쟁하고 있다. 쿠르드족과 관련한 유명한 말이 있는데 바로 '쿠르드족에게는 산만 있을 뿐 친구는 없다'이다. 오랜 세월 국제 사회의 외면과 주변국 및 강대국들의 이용과 학대 등으로 나라없는 설움을 겪고 있는 쿠르드족의 현실을 나타내는 말이다.

무엇이 문제인가

오랫동안 나라없이 살아 온 쿠르드 족은 20세기 무렵, 독자적인 민족성과 문화성을 깨닫고 자치와 독립을 위한 활동을 시작했다. 이 과정에서 쿠르드족은 여러 국가로부터 박해와 학살을 당했다. 특히 쿠르드족이 대거 분포하고 있는 다섯 나라에서 이들에 대한 차별은 여전하며, 각 나라 정부군들은 독립 움직임을 보이는 쿠르드족을 탄압하고 있다. 시리아에서는 차별과 학대에 반발하는 봉기를 무력으로 진압했으며, 이라크 사담 후세인 정권에서는 화학무기로 쿠르드인들을 대량 학살했다. 터키에서는 한때 쿠르드어와 쿠르드식으로 이름을 짓는 것이 금지됐다. 쿠르드 정치인들과 분리주의 조직들을 공격의 대상이다.

(좌) 2017년 9월 16일 이라크 북부 쿠르드자치정부(KRG)의 수도 격인 아르빌에서 쿠르드족 분리 독립 투표를 지지하는 시위가 벌어지고 있다. 시위 참가자들은 쿠르드족 깃발을 흔들며 오는 25일 예정된 투표 참여를 독려했다. (우) 2016년 10월 17일(현지 시각) 이라크 모술에서 동쪽으로 약 25㎞ 떨어진 자르닥산 인근에서 쿠르드 자치정부 민병대(페슈메르가) 대원들이 전투를 준비하고 있다. 이날 이라크 정부군과 서방동맹군 등은 극단주의 무장세력 이슬람국가(IS)가 점령한 모술 탈환 작전에 들어갔다. /연합

　　그들만의 자치 국가를 꿈꾸지만, 하나의 공동체를 이루지 못하는 것은 내부 분열 문제가 매우 심각하기 때문이다. 각국의 쿠르드족은 국제 정세나 상황에 따라 다른 나라의 쿠르드족을 공격하며, 이라크나 이란은 자국의 쿠르드족의 독립을 반기지는 않으면서 상대국 쿠르드족에

게는 우호적인 태도를 보여 쿠르드족간의 분열을 부추기기도 한다. 이미 오랫동안 멀리 떨어져 지내면서 생각과 문화가 많이 달라져 각국에서 주장하는 쿠르드족의 자치와 독립에 대한 입장은 모두 제각각이다. 다섯 나라들은 물론 관련국들은 쿠르드족의 독립을 반기지 않고 있다. 쿠르드족 자체 규모가 너무 크고 그들의 거주지가 석유 산지와 겹치기 때문이다. 중동의 국가들이 쿠르드족의 움직임에 촉각을 곤두세울 수밖에 없는 이유가 여기에 있다.

하지만 최근 잦은 내전과 IS의 득세로 정세와 치안이 어지러운 이라크와 시리아 내부에서 쿠르드족의 자치 정부 입지는 비교적 탄탄해졌다. 이라크 내 쿠르드 자치 정부는 IS에 맞설 수 있는 무장세력으로 부상하면서 얼마 전 이라크 정부군과 함께 IS의 근거지인 이라크의 모술을 탈환하는데 큰 공을 세웠다. 시리아 내에서도 쿠르드족의 자치 정부인 로자바가 있으며 본래 적대 관계였던 시리아 정부군과 현재 함께 IS를 격퇴하고 있다.

입지와 상황이 나아지면서 이라크 내 쿠르드 자치 정부의 분리 독립 문제가 중동 지역의 화두로 떠올랐다. 지난 9월 쿠르드 자치 지역 내에서는 분리 독립을 묻는 투표가 이뤄졌다. 독립 투표를 지난 9월 25일 단행해 압도적인 '찬성' 결과를 손에 쥐었다. 하지만 이라크 정부가 "국가 통합을 저해하는 분리 독립 투표는 용인할 수 없다"며 대규모 군대를 동원해 쿠르드족이 점유한 유전 지대 키르쿠크를 빼앗았다. 주요 수입원을 한순간에 잃은 쿠르드는 자치 정부 명맥조차 유지하기 어려운 처지가 됐다. IS 격퇴 전만 해도 쿠르드에게 우호적이었던 국제사회는 입을 닫고 쿠르드를 외면했다.

실제로 독립한 신생국이 있을까

코소보

코소보의 알바니아인들이 2008년 2월
독립을 축하하며 코소보의 수도
프리슈티나에서 미국의 성조기와
알바니아기를 흔들고 있다.

2008년 탄생한 신생 독립국이다. 코소보를 둘러싸고 알바니아인들과 내전을 벌였던 세르비아는 여전히 코소보를 국가를 인정하고 있지 않지만, UN의 111개국은 독립을 승인하였다. 본래 중세 때부터 세르비아 왕국의 영토였던 코소보는 세르비아인들에게는 정신적 고향과 같은 곳이다. 세르비아 왕국 문화의 중심이었으며 세르비아 정교회의 첫 번째 교구가 개설된 장소이다.

하지만 15세기 오스만 제국의 침략으로 세르비아 왕국이 쇠락하면서 세르비아인들은 북부로 이주하고, 코소보엔 오스만 제국에 의해 알바니아인들이 대거 옮겨오면서 급속한 이슬람화가 이뤄졌다. 이후 세르비아 정교를 믿는 세르비아인과 이슬람을 믿는 알바니아인들이 공존했는데 문제는 10% 미만인 세르비아인들이 90% 이상의 알바니아인들을 지배하고 영향력을 행사한다는 점이었다. 두 차례에 걸친 유고 내전 중 신유고 연방을 결성한 세르비아인 대통령인 밀로셰비치는 분리 독립을 주장하는 코소보의 알바니아계 주민을 색출한다는 명분으로 무차별 학살을 자행했다.

국제사회의 잇따른 경고에도 학살과 내전이 계속되자 북대서양기구(NATO)는 군대를 보내 세르비아를 공격했다. 이로 인해 인종청소를 감행했던 세르비아의 대통령 밀로셰비치가 전쟁범죄자로서 재판을 받고, 알바니아인들의 코소보는 2008년 독립 국가로 인정받게 되었다.

동티모르

독립기념일 행사를 진행하는 동티모르. 동티모르는 2002년 인도네시아로부터 독립한 신생독립국으로 인도네시아 최남단에 있는 티모르 섬 동쪽에 있다.
/연합뉴스

400년동안 포르투갈령이었다가 베트남 전쟁 직후 인도네시아의 침공으로 인도네시아의 지배를 받은 곳이다. 구성원의 대부분은 테툼족으로 인도네시아의 주류를 이루는 자바인들과는 다른 민족이다. 꾸준한 투쟁 끝에 2002년 인도네시아로부터 독립했다.

독립을 위한 동티모르인의 투쟁이 국제사회에 널리 알려지게 된 것은 1991년 11월에 발생한 산타쿠르즈 대학살(Santa Cruz Massacre)이다. 인도네시아 군에게 살해된 동티모르 청년의 장례식 주간에 동티모르인들이 독립을 요구하는 시위를 벌이자 인도네시아 군이 이에 무차별 발포한 사건을 가리킨다. 이 사건으로 271명이 사망하고 278명이 부상하였으며 270여 명이 실종되었다. 800여명의 인명 사고를 낸 이 사건이 영국 요크서 방송국 기자에 의해 알려지면서 인도네시아를 지원해 오던 미국은 1992년부터 인도네시아의 공여정책을 철회하고, 1993년 3월 유엔 인권위원회(UNCHR)에 인도네시아를 규탄하는 결의안에 찬성표를 던졌다.

1998년 하비비 대통령은 동티모르의 인권문제에 대한 국제사회의 압력이 심해지자 동티모르의 독립을 인정하였다. 동티모르는 인도네시아의 통치권 아래 자치권을 가질 것인지 아니면 완전히 분리 독립할 것인지의 여부를 묻는 주민투표를 실시했고 78.5%가 독립에 찬성하였다.

(2017.11.17. 00:00, 뉴스큐레이션팀 권혜련)

6. 세계 종교 갈등 지역

1) 북아일랜드 분쟁 : 구교(가톨릭) vs 신교

북아일랜드 분쟁은 영국과 북아일랜드의 독립을 주장하는 북아일랜드 구교도 사이에서 발생한 분쟁이며 흔히 영국이라하면 우리가 그냥 하나의 나라로 알고있지만 사실 'The British United Kigdom'이란 말 그대로 잉글랜드, 스코틀랜드, 아일랜드, 웨일즈가 합쳐진 나라이다. 그리고 스코트랜드, 아일랜드, 웨일즈는 잉글랜드를 매우 싫어하기도 하다. 17세기에 아일랜드를 식민지화한 영국은 전통적인 카톨릭 국가인 아일랜드에 신교도들의 이주정책을 감행하였고, 이후 많은 신교도들이 아일랜드에 정착하게 되고 이후 끊임없는 아일랜드인의 독립 운동과 저항으로 1920년 아일랜드가 영국으로부터 독립하게 되었으나, 신교도들이 많이 거주하고 있는 북아일랜드지역은 여전히 영국의 관할 아래 남겨두었다. 그래서 북아일랜드에서는 끊임없이 구교과 신교사이의 분쟁이 일어나고 있다.

2) 팔레스타인 분쟁: 이슬람교 vs 유대교

팔레스타인 분쟁은 이슬람교(아랍인)과 유대교(유대인)사이에서 나타난 갈등지역이며 AD77년 유대는 로마에 의해 마사다 전투에서 패망하고 지도상에 이스라엘은 사라졌다. 이 민족들은 흩어져 각 지역이나 다른 나라에서 자리를 잡고 살아가게 되었다. 하지만 이들이 믿는 민족종교인 유대교, 선민사상을 가지고 유대인들은 언젠가 다시 일어날 수 있다는 희망을 가지고 자신들의 문화를 잃지 않고 유지해오며 살아갔다. 2차대전이 한창일 무렵 이스라엘 민족지도자들은 영국과 협상을 시도하여 전쟁비용을 지원해 주는 조건으로 종전 후 옛유대땅에 이스라엘 건국을 약속받게된다. 하지만 영국은 팔레스타인과도 약속을 한다. 전쟁비용을 지원해 줄 경우 팔레스타인 사람들을 그 지역에 계속 살게 해주겠다는 것이죠. 전쟁은 영국의 승리로 끝나지만 양쪽에서 한 땅을 놓고 한 두 약속을 그냥 흐지부지 놔두게 되었다. 그러자 유대인들은 그냥 팔레스타인으로 쳐들어와 자신들의 조상이 살던 옛 땅에 나라를 세우고 팔레스타인 민족을 쫓아냈고, 여기서 이슬람교는 팔레스타인, 유대교는 유대인쪽으로 갈라지게 되었다.

3) 카슈미르 분쟁: 이슬람교 vs 힌두교

인도, 파키스탄은 한 국가였으나, 1947년, 인도를 점령하였던 영국은 인도와 파키스탄으로 분리, 독립시켰다. 이는 광대한 이 지역을 이슬람 국가(파키스탄)과 힌두교국가(인도)로 분리한 것으로 당시 인도와 파키스탄 정부를 수립한 각국 지도자들의 의견에 의한 결정이었다. 하지만 카슈미르는 주민 대부분이 이슬람계였지만 통치자는 힌두계였기에 파키스탄에 붙을까? 인도로 붙을까? 고민중이었다. 주민들이 당연히 파키스탄 쪽에 붙어야 한다며 들고 일어나자 위협을 느낀 이 통치자는 인도에게 도와달라고 하며 얼른 인도쪽으로 붙기로 한다. 당연히 주민들은 자신들의 의사를 무시한 것이라며 반대했고 영토분쟁은 지금까지 이어져 오고 있다.

4) 스리랑카 분쟁: 힌두교 vs 불교

불교인 싱할리족과 힌두교인 타밀족간의 분쟁은 영국이 인도를 지배할 때 남인도의 타밀족을 스리랑카로 이주시킨 것에서 비롯되었다. 지금은 휴전 중이긴 하지만 일촉즉발의 위기가 계속되고 있다. 스리랑카는 48.2 영연방 자치령 시일론으로 독립하였으나, 다수 불교계 싱할라족(74%) 정부의 차별정책에 반발하여 소수 힌두계 타밀족(18%)은 분리독립운동을 전개 중이다.

5) 발칸분쟁: 그리스 정교 vs 이슬람교 vs 구교(가톨릭)

발칸분쟁은 세르비아계(그리스정교), 알바니아계(이슬람교), 크로아티아계(구교) 사이의 갈등이다.

분쟁은 히틀러에 뒤지지 않는 밀로셰비치의 인종청소로 시작되었다. 그는 세르비아 민족주의를 명분으로 내걸고 크로아티아, 보스니아(보스니아내전), 코소보(코소보 사태) 등에서 잇따라 전쟁을 일으키며 알바니아계, 크로아티아계의 인종청소를 시작하였다.

인종청소는 크로아티아계의 구교와 그리스정교는 같은 크리스트교니까 덜했지만 이슬람교인 알바니아계 여자들은 강간을 하고, 남자들은 닥치는 대로 죽였다. 이 결과로 26만5000여 명이 목숨을 잃었고 300만 명이 난민으로 떠돌았으며 UN의 개입으로 겨우 이 분쟁은 멈춰졌으나 아직 종결된 것은 아니다.

6) 이라크 전쟁:

이라크 전쟁은 2003년 3월 20일 미군과 영국군이 합동으로 이라크를 침투해 일어난 전쟁이다.

2003년 4월 9일에 이라크의 수도인 바그다드를 함락하게 되었고, 12월 13일 1979년부터 24년간 집권해 오던 사담 후세인 대통령이 체포됨으로써 끝났다.

미국 911 테러 배후세력색출과이를 배후 지원한것과 핵무기보유에 따른 핵사찰 거부로 유엔 정전결의 무시로인한 사담 후세인 체포를 위해 2003년부터 시작한 전쟁 지금은 동기가 많이 변질되어 중동지역 에 대한 미군전초기지화 하는데 주력하고 있다.

7) 이스라엘 팔레스타인 분쟁(인종 종교 영토분쟁)

1948년 이스라엘이 2천년동안 이 지역에 살던 팔레스타인인들을 하루아침에 내몰고 이스라엘 국가를 건설한 이후 현재까지 분쟁 중 1994년 팔레스타인 이스라엘 협상에서1967년 6일 전쟁 당시 점령한 요르단 강서안에 팔레스타인 자치지구로 만들기로 협상한 후 이스라엘군이 철수했다가 2002년 이스라엘 군 재투입 철수 2006년 12월 15일 재투입하여 현재 극렬분쟁 중 예수가 태어나기 전부터 문제이므로 해결방법을 찾기란 매우 어렵게 되었다.

8) 이스라엘 레바논 분쟁

2006년 7월 전쟁으로 휴전하였으나 시리아의 배후 조정으로 재 분쟁중 레바논의 헤즈볼라라는 무장단체가 이스라엘병사납치사건으로 촉발된 싸움이며 이 기회를 이용하여 이스라엘이 레바논 무장단체를 씨를 말리려고 감행한 것이고 지난 2월 이스라엘과 화친조약을 맺을려는 레바논 총리의 암살을 주도한 헤즐볼라무장단체때문에 평화 회담이 깨졌다는 이스라엘 측의 반박논리이나 사실은 이 무장단체를 지원하는 시리아를 원격 압박하고 레바논 남부지역을 비무장지대화할려는 이스라엘 측의 계산이다. 무력적으로 우세한 이스라엘의 연일 공격으로 레바논은 현재 쑥대밭으로 변하고 무장단체는 레바논 사람들이다.

이스라엘에 요구하는 것은 현재 문제되는 요르단강 서안지역 가자지구 에서 이스라엘 철수하라는 것이 주요요구사항이며 이는 이스라엘로써 받아드릴 수 없는 조건에 있다.

9) 이란-이라크-터키 분쟁: (쿠르드난민문제)

3국 국경지대 쿠르드 난민들의 문제로 인한 3국 분쟁이다.

이라크는 터키에 이어 쿠르드족이 많이 거주하고 있어 북부 영토를 쿠르드족 자치구로 부르고 있다. 사담 후세인 대통령에 의해 소수민족인 쿠르드족은 오랫동안 박해를 받아왔다. 특히, 걸프 전쟁에서는 적국에 협력했다고 하는 혐의로 쿠르드족에 대해서 화학 병기로 공격하여 국제적인 비난을 받았다.

2003년부터의 이라크 전쟁에 의해 후세인 정권이 붕괴하면서 쿠르드족은 미군 주둔을 환영했다. 그 후, 한층 더 독립권한을 가진 자치 정부 설립을 점령 당국에 호소하고 있지만 당국은 자국내에 쿠르드족을 거느리는 터키때문에 실현의 전망은 서있지 않다. 2005년, 이라크 잠정 정부에서는 쿠르드 애국 동맹을 인솔한 쟈랄 타라바니씨를 대통령으로 선출, 부통령에게는 시아파 등에서 선출한 것으로 국내의 민족 균형을 도모할 수 있었다. 그렇다고는 해도 쿠르드족은 정권내에서 소수파인 것에는 변함없다.

10) 이란-이스라엘 분쟁

이란의 핵무기 보유로 인한 중동지역 패권다툼에 대하 설명하자면 아래와 같다.

중동지역에서 유일하게 이스라엘에 위력적이고 파괴력이 강한 핵무장과 탄도미사일 중동전역을 커버할 수 있는 방어체계를 구축하고있어 1986년 이스라엘 공군이 이란 원자력 발전소 기습공격 파괴한 전례가 있다. 이후 이란은 핵무장을 서둘렀고 북한의 대동포 미사일 스커드미사일로 무장하였고 이스라엘도 이에 우려를 하고있는실태이다. 이라크가 미국수중에 떨어지자 중동지역 제일강자는 이란이며 이란은 회교혁명성공으로 신정정치를 구축한 국가이기도 하다.

최근 이란 미사일 개발은 중동지역에 새로운 전쟁의 불씨를 안겨주게 된 것이고, 이라크전쟁이 종전 단계에 접어들자 미군의 새로운 대안 돌파구(다음 전쟁터)로 이란을 지목하게 된 것이다. 미국이 중동지역에 애착을 갖고 있는 이유는 유대인들의 강력한 외교술 때문도 있지만 지역 내 절대안정이 필요한 이유는 석유부존 자원의 안정적 확보와 중국의 서남아시아 진출 억제, 러시아의 남진 저지를 위해 그 역할을 이스라엘에게 부여하고자 한 것이다. 즉 미국은 인도 터키 이스라엘 이태리를 연하는 유럽전선을 완벽하게 장악하자는 전략이다. 이를 완성하자면 중간에 있는 이란이라는 혹을 제거해야 하기 때문에 이를 위해 미 공군이 터키 북동부 이란 접경에 전진 배치시켜 이란 공격을 위해 준비하고 있다.

11) 터키- 그리스 분쟁(사이프러스분쟁)

키프로스 터키 남쪽에 자리한 지중해의 공화국이다.

키프로스는 현재 네 지역으로 분단되어 있다. 남쪽의 키프로스 공화국 과 북쪽의 국제적 미승인 국가인 북키프로스 터키 공화국, 국제 연합 관할 하의 중립 지역, 영국의 군사 기지 지역으로 나뉘어 있다.

1878년 터키의 세력이 쇠약해지자, 세계로 진출하려던 영국이 키프로스 보호 조약을 맺어 사실상 키프로스의 주인이 되었다. 키프로스에서는 영국에 반대하는 독립운동을 벌였고, 마침내 1960년 8월 16일 키프로스는 역사상 처음으로 독립국가가 된다.

그런데 이 나라 국민의 80% 가량이 기독교를 믿는 그리스계이고, 18% 정도가 이슬람권인 터키 계통이다. 자연히 그리스계 국민과 터키계 국민의 마찰이 잦았고, 이것이 전쟁으로 번져 끝내 1974년 6월 키프로스 동란이 발발한다. 터키 정부는 즉각 군대를 보내 북부 키프로스를 점령하였다. 이에 국제연합이 전쟁의 확대를 막기 위해 중재에 나섰고, 이리하여 키프로스는 그리스 계통의 남부 키프로스와 터키 계통의 북부 키프로스로 나누어지게 된다.

12) 터키- 크루드족분쟁

쿠르드족의 거주지는 중세부터 근대에 걸쳐 광대한 영토를 유지한 오스만 제국에 있었지만 제1차 세계 대전에서 오스만 제국이 지고 영국과 프랑스에 의해서 만들어진 자의적인 국경선에 의해 터키, 이라크, 이란, 시리아, 아르메니아 등에 분단 되었지만 길게 통일한 민족주의적인 세력이 흥하지 않고 이러한 나라안에서 소수민족으로서 생활하고 있다. 그러나 20세기 후반이 되면서 문화적인 압력 의전으로 정치 세력이 탄생해 큰 인구를 거느리는 터키와 이라크에서는 분리 독립을 요구하게 되었기 때문에 자주 박해를 받게 되었다.

쿠르드족의 인구가 가장 많은 곳은 터키로 1200만명에서 1500만명의 쿠르드족이 터키 남동부에 거주한다. 대부분이 양의 사육과 농업을 생업으로 하는 반유목 생활을 보내며 정주 생활을 영위하게 되고 나서의 역사는 짧다.

오스만 제국으로부터 혁명으로 탄생한 터키는 단일 민족주의를 취했기 때문에 동남부에 위치하게 된 쿠르드족은 오랫동안 쿠르드어의 방송과 교육이 용납되지 않는 등 문화적인 박해를 받아 왔지만 이것이 쿠르드족으로서의 통일한 정신을 각성 시키게 되어 쿠르드족 독립을 내거는 쿠르드 노동자당은 터키 정부에 대해서 게릴라 공격을 행했으므로 1995년에 터키군이 노동자당 시설등을 공격, 이라크 영내에도 침공해 이라크 북부의 노동자당 거점을 공격했다. 이라크도 이것에 찬성하고 자국의 쿠르드인 자치구에 침공했지만 무장해제 문제를 떠안고 있던 것으로부터 미군의 공격을 받게 되었다.

13) 이란- 아랍에미레이트 국경분쟁

영토관활권과 국경선조정문제 때문에 분쟁 중이다.

14) 바레인- 콰타르 국경분쟁

국경선과 연안도서 관활권 때문에 분쟁 중이다.

15) 영국- 아르젠티나 영토분쟁

포클랜드섬 영유권문제로 분쟁 중이다.

1982년 4월 2일, 군부독재 정권이 통치하고 있던 아르헨티나가 자국과 가까운 영국령 포클랜드 섬을 무력으로 점령하여 발발한 전쟁이다. 이 전쟁은 2개월만에 아르헨티나군의 항복으로 종료되었다.

이 섬은 1690년 영국의 존 스트롱이 처음으로상륙. 그 후 1833년 영국이 이 섬을 정식 영토화했다.

그 후 150여 년 동안 아르헨티나가 이 섬에 대해 영유권을 주장하고 영국과 갈등을 빚어오기는 했지만, 1982년에 아르헨티나군이 무력으로 이 섬을 점령하였다.

영국 정부가 남대서양의 끝에 있는 별볼일 없는 섬에 무력으로 개입할 것 같지는 않다는 판단도 무력 점령을 시도한 원인이 되었다. 실제로 이 당시 포클랜드 주둔 영국군은 해병대 코만도 소속 수십명에 불과하였으며, 이들 모두는 포로가 되었다. 이런(영국인의 시각에서는 매우 수치스러운) 무력 사용에 영국 여론은 자국 영토가 침탈당했다는 자존심의 상처와 더불어 강경 여론을 불러일으켰고 이에 전쟁 돌입 승리하였다.

16) 북아일랜드분쟁

북아일랜드의 종교갈등은 18세기 스코틀랜드 장로교인들이 17세기 올리버 크롬웰의 침공으로 영국의 식민지가 된 아일랜드에 이주하면서 시작되었다. 현재 북아일랜드의 얼스터에 이주해온 장로교인들은 로마 가톨릭교도들을 밀어내고, 인구의 대부분을 차지했으며, 이들의 후손들은 지금도 정치, 사회, 문화 모든 영역에서 기득권을 갖고 있다. 따라서 아일랜드 사람들은 수백년이나 영국에서 온 개신교인들에게 차별과 억압을 받았고, 이들의 불만은 부활절 봉기(1916년), 아일랜드 공화국군결성등의 무장투쟁으로 폭발했다. 아일랜드 사람들이 로마 가톨릭을 신봉함으로서 아일랜드 민족의 정체성을 확립하고자 한 것도 영국 개신교인들의 아일랜드 사람 지배에 기인한다.

하지만 북아일랜드의 종교분쟁은 정계와 교회의 평화운동으로 극복되고 있다. 우선 IRA는 무장해제위원회(Decommingsioning Commission)에 의해 2005년 10월 무장투쟁을 포기했음을 확인받았으며, 극우 연합주의정당(DUP)를 제외한 정당들도 이를 인정했다. 단, DUP에서는 증거가 없다며 무장투쟁포기 사실을 인정하지 않았는데, 이는 DUP가 IRA를 통해서 존재할 수 있기 때문이다.

영국과 북아일랜드간의 분리독립과 저지를 통한 정치적분쟁해결 현재 벨파스타 신페인당이 영국정부와 협상 중에 있다.

17) 러시아 체첸 분쟁(체첸 분리 독립 및 인종, 종교 분쟁)

러시아 연방에서 탈퇴하고저하는 체첸공화국현재 러시아와 분쟁과 전쟁 휴전 내전으로 이어지고 있으며 러시아 내 체첸공화국이 소연방 해체기에 러시아연방으로부터 분리 독립을 선포하자, 체첸의 탈러시아를 묵과할 수 없는 러시아연방이 개입하면서 비롯된 분쟁이다. 구소련 공군 장군 출신인 두다예프가 체첸-잉구시소비에트공화국을 전복시키고 체첸의 독립을 선포하자 러시아연방은 이를 묵과할 수 없었다. 주지하다시피 러시아는 약 120여개의 소수민족으로 구성된 다민족 국가로서 체첸공화국의 독립 움직임은 다른 소수민족들의 분리 독립 운동에 영향을 미칠 수 있기 때문이다.

91년에서 94년까지 체첸 사태에 대해 대치상태를 보이던 러시아는 94. 12월 러시아군이 체첸을 침공함으로써 러시아-체첸간 1차 전면전으로 돌입하였다. 장비와 화력에서 압도적인 우세에도 불구하고 러시아군은 그로즈니를 함락하는 데 1달 여의 시간을 허비하는 등 고전을 면치 못하였고, 체첸군은 산악지대로 이동하면서 끈질기게 항전을 계속하였다. 현재도 분쟁 휴전 반복 상태이기도 하다.

18) 러시아 그루지아 공화국 분쟁

2008년 8월부터 발발한 그루지야군과 친 러시아 성향의 남오세티아 분리주의자들 사이의 전쟁이다. 2008년 8월 7일, 그루지야군이 분리 지역인 남오세티아의 수도인 츠힌발리에 진군하여 군사 작전을 하면서 본격적으로 전쟁이 시작되었다. 러시아가 이러한 공격에 반응하여 8월 8일 국경을 넘어 남쪽 남오세티아에 전차 및 야전포 등의 지상 부대를 진군하여 전투가 본격화되었다.

19) 보스니아분쟁

유고라는 한나라는 1국가 2개의 언어 3개의 민족 4개의 종교 5개의 나라 6개의 국경을 인접한 복잡한 나라였는데 2차대전 이후 티토가 이를 인위적으로 통합해버렸다. 티토 사후 분열되기 시작하여 제일 먼저 슬로베니아 크로아티아가 독립했다. 이들은 독일계통으로 종교도 카토릭이고 나토에도 가입하고 유럽연합에도 일찌감치 가입 유럽으로 전환하였다.

이어 보스니아 헤르체고비나가 독립하려하자 구 유고의 절대다수인 세르비아가 이를 적극 저지하게되어 세르비아 대통령 밀로세비치의 인종청소에서 부터 문제가 발단 국제사회의 또다시 발칸의 화약고가 되었다.

문제는 영토확보이지만 인종적 종교적 문화적 차이때문에 융합될 수 없는 민족들이었다(종교는 카토릭 그리스정교 이슬람으로 분포되어있음). 이 배경에는 구 1차대전당시 함스부르크 왕조시대 세력권으로 뭉쳤고(크로아티아 슬로베니아 등 구 오스트헝가리제국) 로마노프 왕조세력권인 러시아 의 지원을 받는 세르비아등 슬라브족을 중심으로한 세력권의 오래된 원한의 충돌이었다고 보고있다.

이 과정에 보스니아 난민을 받아주는 문제와 친 크로아티아계를 지원하는 문제로 세르비아와 크로아티아 슬로베니아가 서로 적대적인 관계이다.

20) 코소보사태

코소보사태는 신유고연방으로부터의 분리 · 독립을 요구하는 알바니아계 코소보 주민과 세르비아 정부군 사이에 벌어진 유혈충돌 사태이다. 코소보는 알바니아계 주민이 전인구의 80% 가까이를 차지하지만 영토는 신유고연방에 속해 있는 자치주이다. 그래서 절대다수를 차지하는 알바니아계 주민들은 세르비아로부터의 분리독립을 바라고 있었다. 1998년 3월 초 코소보의 알바니아 분리주의 반군들이 세르비아 경찰을 공격하면서 코소보사태가 시작되었다.

1998년 10월 나토는 세르비아에 대한 무력 사용을 결정하였다. 그러자 세르비아의 밀로셰비치 대통령은 1999년 2월부터 3월 말까지 몇 차례에 걸쳐 서방측과 코소보 평화협상을 가졌다. 그러나 협상은 모두 실패로 끝나고, 3월 24일 나토는 유고연방에 대한 공습을 시작하였다. 6월 3일 마침내 세르비아 의회가 유엔(UN)의 평화계획을 승인하였다. 6월 5일부터 나토와 유고연방간에 군사회담이 열렸고, 9일에는 군사협정이 체결되었다. 이로써 나토의 유고공습이 시작된 이래 11주간 계속된 코소보사태는 수습되고 평화안 이행에 들어갔다(코소보는 지난 2008년2월 18일 독립하였음).

21) 인도- 파키스탄분쟁 (카슈미르분쟁)

인도, 파키스탄은 한 국가였으나 1947년, 인도를 점령하였던 영국은 인도와 파키스탄으로 분리, 독립시켰다. 이는 광대한 이 지역을 이슬람 국가(파키스탄)과 힌두교국가(인도)로 분리한 것으로 당시 인도와 파키스탄 정부를 수립한 각국 지도자들의 의견에 의한 결정이었다. 카슈미르라는 지역은 특이했다. 주민 대부분이 이슬람계였고, 통치자는 힌두계였기 때문이다. 결국 힌두계였던 지도자가 카슈미르 지역의 인도 편입을 선언했고, 파키스탄은 주민들의 의사를 무시한 조처라고 맞섰다.

이후 인도가 "파키스탄 침략자들"이 카슈미르 계곡에 진입하지 못하도록 군대를 배치하면서 영토분쟁은 지금까지 이어져왔다.

양국간의 영토분활전쟁은 유엔이 중재하여 분쟁이 종식되어 카슈미르지방은 자치령으로 설정했지만, 인도와 파키스탄은 인종 종교분쟁으로 서남아시아 최대의 분쟁지역으로 서로 핵무기도 개발하고 항시 위험한 지역이다.

22) 스리랑카 분쟁(타밀 분쟁)

1983년부터 시작되어온 스리랑카 타밀족 분리독립을 위한 내전이다. 인종, 종교분쟁이며 힌두교와 이슬람과 정치권력투쟁 반정부 독립 내전이다.

23) 인도- 중국

국경분쟁 중이다.

24) 중국- 티벹 분쟁

티베트 분리독립운동 현재 소강상태이다. 1959년 티베트 독립운동

49주년이 되는 2008년 3월 10일 티베트 승려(수도승) 등 600여 명이 중국 정부에 대한 항의로 시작하여 3월 15일쯤 라사 도심 라모기아 사원 인근에서 몇명의 티베트 반정부 시위대가 중국 공안(경찰)과 충돌하면서 유혈사태로 번지게 되었다.

중국 정부의 대응에 대하여 인권 단체들은 이번 시위가 1989년 대대적인 중국 정부에 대한 항거 이후 가장 큰 큐모라고 전했다.

25) 한반도분쟁

남북분쟁 고착상태 중이다.

26) 한국 -일본

독도 영유권 분쟁 중이다.

27) 중국-일본 영토분쟁

남사군도 영유권 분쟁 중이다.

28) 한국- 중국 영토분쟁

이어도섬 영유권 분쟁 중이다.

29) 동티모르내전

1520년 부터 400년간 폴투칼 지배 1945년 인도네시아 독립 당시 티모르를 강점 인도네시아에 대한 반정부 활동 계속 2002년 인도네시아에서 분리 독립 된 동티모르가 내전중 현재 교착상태에 있다.

30) 바스크 분리독립

스페인내 바스크 분리주의자들의 독립투쟁 중이다.

31) 르완다 분쟁

르완다는 잠시동안 벨기에의 식민지였다 식민지의 흔적으로 남은 것이 있다면 민족 분류이다.

이 민족 분류가 르완다의 내전에 큰 원인이다. 즉 '후투'족과 '투치'족 간의 전쟁이다.

벨기에 통치시절, 통치자들은 상대적으로 소수인 투치족에게 권력을 주고 행사하였다. 통치를 용이하게 하기 위한 하나의 수단이라고 보면된다. 하지만 투치족의 권력행사가 후투족에게 못마땅한 것은 당연했다. 몇몇 투치족은 권력을 이용해 자신의 이익을 취하고 차별적 대우가 감정의 골이깊은 것이 사태의 원인이다.

벨기에의 식민지통치가 끝나고 물러났을 때에 후투족이 혁명을 일으켜 정권을 차지하고 투치족과의 전쟁을 선포, 후투족의 군인들은 라디오를 통해 선동을 하고 소년들을 불러모아 소년병으로 훈련시키면서 한달 안에 100만명 가량을 살해한다. 100만명은 르완다 인구의 1/6에 육박한다.

배경

1990년부터 99년까지 이어진 반(反)정부게릴라 조직 르완다애국전선(FPR)과 정부군 사이에 벌어졌던 내전. 르완다의 민족구성은 선주민(先住民)인 후투족이 90%, 15세기에 남하해 온 투치족이 9%인데, 식민지시대도 소수자인 투치족의 봉건적 지배구조가 계속되었다. 그러나 제 2 차세계대전 뒤 후투족의 세력이 강해지고, 62년 7월 공화국으로 독립한 뒤 후투족이 주도하는 정권이 이어졌다. 더구나 독립 이전인 59년 이후 투치족과 후투족의 대립은 끊이지 않았다. 73년 7월에는 후투족 출신인 하비아리마나 국방장관이 무혈쿠데타로 카이반다 초대대통령을 축출하고 집권했다. 90년 9월 후투족을 적대시하는 투치족 반군인 르완다애국전선(FPR;우간다로 탈출한 투치족 난민이 주체)이 우간다에서 넘어와 북부지역을 점령했다. 하비아리마나 대통령은 반군과 협상, 전투를 벌인 끝에 정치적 양보조치로 91년 6월 복수정당제도 도입을 골자로 한 신헌법안을 재가하여, 92년 4월 여야연립정부가 출범하였고, 93년 8월에는 FPR와 정부측과의 포괄평화협정이 조인되었다. 그러나 94년 4월 르완다와 부룬디 양국 대통령이 탄 비행기가 격추되었고, 후투족 출신인 두 정상의 사망을 계기로 후투족이 투치족과 후투족 온건파 50~100만여명을 학살함으로써 FPR와 정부군이 전면 내전에 돌입하였다. 7월에 FPR가 키갈리를 점령, 권력을 장악하고 지도자 P. 비지뭉구를 대통령으로 하는 새 정부를 구성하였다. 내전과 보복

할살을 두려워한 수많은 후투족 주민들이 이 과정에서 옛 자이르(콩고민주공화국)와 탄자니아 등지로 피난하였다. 94년 12월에는 FPR를 중심으로 한 잠정의회가 발족되어, 임기가 만료되는 5년 후에 대통령과 의회선거를 실시키로 결정했다. 95년 8월 비지뭉구 대통령은 F. 트라기와뭉구 총리를 경질하고 후임에 후투족 온건파인 P.C. 뤼기에마를 기용하였다. 그런데, 96년 10월 옛 자이르 동부지역의 난민수용소에 있던 후투족 과격파들이 자이르군과 함께 이곳에 거주하는 투치족을 공격하였고, 이에 투치족이 르완다 정부군의 지원 아래 난민수용소를 공격하고, 이 지역 중심도시 고마를 무력을 점령했다. 한편, 내전 당시 주변국으로 피난했던 200여만 명의 난민들 중 130여만 명이 96년에서 97년 사이에 귀환했다.

32) 우간다 내전

1987년부터 현재까지 우간다 북부지역에서 일어난 우간다 인민 해방군(정부군)과 신의 저항군the Lord's Resistance Army(LRA) 이라는 반정부군과의 내전이다. 아프리카 진행 중인 최장 내전이다.

1986년 우간다 남부를 배경으로 집권한 Tito Okello Lutwa가 북부지방을 기반으로 한 제11대 대통령 Yoweri Kaguta Museveni를 탄압하는 과정에서부터 학살과 탄압에 저항 반정부 활동이 내전으로 발전되어 현재까지 진행중이다. 내부 인종 지역감정의 대표적인 분쟁지역이다.

유엔 국제전범재판소에 관련자를 인터폴에 수배하여 몇몇을 체포, 재판을 진행 중이지만 유엔의 직접적인 개입(평화 유지군)없는 상태나 미국 등 유럽국가들의 개입없이는 해결기미가 보이지 않는 상태이다.

33) 다푸르 내전

인종 종교분쟁다르푸르 분쟁은 2003년 2월부터 수단의 다르푸르지역에서 발생하여 계속되고 있는 종족간에 종교 문제 및 경제 문제가 얽혀 발생한 분쟁으로 지난 2004년에는 CNN과 AP통신 등 주요 외국 언론들이 '2004년 10대 뉴스'로 선정하기도 했다. 2006년 5월 현재 당사자들 사이에서 평화협정이 진행 중에 있다.

34) 소말리아 분쟁(독재정권 정파간 권력투쟁 종교인종전쟁)

인종 종교 및 정치 권력싸움으로 인한 내전이다.

1960년에 영국과 이탈리아로부터 독립한 후 독재정권의 권력투쟁으로 인해 현재까지 내전 중이다. 이로 인해 기근과 파괴가 발생(아프리카 최빈국), 영국의 식민지였던 북부에는 소말릴란드가 독립을 원하고 있으나, 국가로 인정받지는 못하고 있다. 현재 유일한 합법 정권인 과도 정부와 반군 세력의 대립이 계속되고 있으며 희생자와 난민은 계속 발생 중이다.

유엔 평화유지군이 평화 협상을 추진하였으나 실효를 거두지 못했다. 1993년에 대한민국이 평화유지군 파병으로 소말리아를 지원해 준 적이 있었다.

모가디슈 전투(1차 모가디슈 전투, 1993년 10월 3일~10월 4일)

소말리아 민병대 지도자 무하메드 파라 아이디드(Mohamed Farrah

Aidid)의 민병대와 소말리아 내 국제연합 소말리아 작전 II(United Nations Operation in Somalia II, UNSOM II)의 지원을 받은 미국 사이에 소말리아의 수도 모가디슈에서 벌어진 전투였다.

35) 이디오피아 에리트레아 국경분쟁

Yirga 삼각지의 영유권을 둘러싸고 발발한 이디오피아와 에리트리아간의 갈등이다.

1952년에는 미국 정부의 압력과 UN의 제안에 의해 이디오피아와 연방을 형성하여 자치주가 되었다.

1961년 이디오피아를 강권 통치해온 독재자 셀라시에 황제가 무력으로 강제 합병하였다. 합병 직후부터 에리트리아 주민들은 분리 독립을 강력하게 주장하며 반정부세력인 에리트리아인민해방전선(EPLF)를 결성하고, 이웃 아랍국가들로부터 지원을 받아 30년간에 걸친 무력투쟁을 개시하였다.

1993년 독립 이후 이디오피아와 협력관계 유지 중이다.

1998년 5월 6일 에리트리아는 독립한지 7년 만에 이디오피아와의 경제마찰을 통해 갈등이 고조된 상태에서 독립 이후부터 소유권 분쟁이 있었던 국경 지역을 무력 점령함에 따라 새로운 갈등이 생성되었다. 분쟁의 발단이 된 양국간 경제마찰은 에리트리아가 1997년 11월 화폐개혁을 통해 '경제주권'을 선언하면서부터 시작하였다. 에리트리아가 독자화폐를 채택하자 이에 반발한 이디오피아가 무역결제를 '달러'로 할 것을 요구해 이디오피아의 경제에 50% 이상을 의존하고 있는에리트리아의 경제에 타격을 주었다. 이에 에리트리아는 1998년 5월 12일

이디오피아의 북동부 티그레주에 위치한 4백㎢의 Virga 삼각지를 무력 점령함으로서 본격적인 분쟁이 개시되었다.

년 6월 5일과 6일 미그 23 전투기를 동원하여 에리트리아의 수도인 아스마리의 국제공항과 공군기지, 아세브항 등에 전격 공습을 강행했다. 에리트리아도 6월 5일 이디오피아 북부의 메켈레 공항을 폭격하는 등 사태가 악화되었다. 미국, 영국, 독일, 이탈리아, 네덜란드 등 서방측은 양측이 잠정 휴전한 6월 6일 오후부터 13시간 동안 군용기와 프리킷함을 동원 자국민들을 인근 지부티로 소개하였다. 6월 9일 새벽 국경지대에서 전투가 재개되었으며, 6월 14일 양국은 미국의 민간인들의 피해를 줄이기 위해 항공 폭격을 중단하자는 안을 받아들였고, 에리트리아는 미군과 UN군이 포함된 PKO 부대가 비무장지대를 관리할 수 있도록 요구하는 등 직접적인 전투는 소강 국면에 접어들었다.

36) 나이지리아 내전

나이지리아 델타주 분쟁지역이며 소수인종과 종교 석유채굴권에 관련된 분쟁지역이다. 현재는 소강상태이다.

37) 앙골라 내전

1975년 폴르투칼로부터 독립과 동시에 좌익과 우익의 권력 쟁탈전이 시작되었다. 1956년 사회주의를 표방하며 창당해 구소련의 지원하에 독립운동을 실시해 온 PLA(앙골라해방인민운동)과 1964년 미국이

지원하는 UNITA(앙골라전면독립민족동맹) 간의 내전이 발생, 냉전 종식 이후 1988년 12월 앙골라, 쿠바 측이 남아공의 나미비아 독립 허용을 조건으로 쿠바군 철수에 관한 쌍무협정 체결하였고, UN은 UNAVEM I 에 70명을 파견하여 쿠바군의 철수를 감시하였다. 남아공군 3000명은 1988년 8월 철수하였고, 쿠바군 5만명은 1989년 1월부터 91년 5월까지 단계적으로 철수하였다. 남아공군과 쿠바군의 철수로 앙골라 내전은 미소 대리전의 양상에서 국내의 정부 대 반정부 전투로 변모하였다.

1992년 9월 최초로 실시된 대통령 및 국회의원 선거에서 정부측의 부정선거를 이유로 선거결과에 불복을 선언하고 1992년 10월 무력투쟁을 개시함에 따라 내전이 재연되었다.

앙골라 정부는 1994년 11월 앙골라전면독립민족동맹(UNITA)과 평화협정을 조인하여, 산토스 대통령은 1995년 5월 6월 사빔비 UNITA 의장 공동회견을 통해 내전 종식을 선언했고, 7월에는 UN 사무총장과 회담하여 20년을 끌어온 내전의 종결을 표명하였다. 계속된 내전으로 유엔평화 유지군이 파견 앙골라 문제가 현재 소강상태이다.

38) 콩고 분쟁

동 분쟁은 32년간 독재 정권을 유지해 온 모부투 정권과 이에 대항해 온 카빌라 반군 세력 간에 정권쟁탈을 둘러싼 분쟁이다.

기존의 콩고공화국과 자이르는 콩고왕국에 속했으나 19세기말 서방 제국주의 세력에 의해 콩고강을 중심으로 두 나라로 분리되었다. 콩고강 서쪽지역(현 콩고)에는 프랑스가, 동쪽지역(현 콩고민주공화국)은 영국이 각각 점령하였다. 콩고는 이웃한 르완다 투치족 후투족의 내전으로 인한 여파로 후투족 게릴라 소탕작전 명목으로 이 종족탄압 이에 내전과 국제분쟁으로 연결되었다.

이웃 부룬디와 르완다에서 투치족이 후투족을 박해하자 후투족들은 죽음을 피해 자이르로 피난하여 난민촌을 형성했고, 이들 난민들은 자이르를 거점으로 한 게릴라를 형성해 부룬디와 르완다를 공격하였다. 한편 부룬디와 르완다의 정부군들은 후투족 게릴라를 소탕한다는 명목하에 자이르 국경을 넘어 오자 자이르 정부군이 이들의 소탕작전을 개시했다. 자이르 정부는 1995년 인근 르완다와 부룬디의 부족분쟁에 의해 유입된 난민 약 120만명의 강제송환을 시작하였으나, 8월 UN의 요청에 따라 중지하였다. 자이르 정부는 1996년 2월 국내의 르완다 난민(약 112만명)의 캠프를 폐쇄하기로 결정하고, 정부군이 르완다 난민 캠프를 포위하여 압력을 가했으며, 동년 10월 자이르의 투치족은 동부의 후투족 피난민 캠프를 습격하여 112명을 살해, 난민 2만명의 탈출이 시작되는 등 부족간의 항쟁이 다시 격화되기 시작했다.

39) 아프가니스탄내전

소련군의 아프가니스탄 침공(1979-1989)에 대한 저항운동전개
아프가니스탄 내전 (1996년~2001년): 소련군 철수후 내부권력투쟁 탈레반 정권장악
미국의 아프가니스탄 침공 (2001년): 테러 협의자 색출작전 을 위한 침공작전 탈레반 정권축출
아프카니스탄은 오랜 전쟁과 내전의 역사를 갖고있는 데 1979년 소

련군의 침공이후부터 현재까지입니다 소련군 점령단시에도 끊임없는 저항운동으로 소련군이 내전이 시달렸고 소련군 철수이후 탈레반 정권이 수립되어 독재 인권탄압 특히 여성 학교를폐교시킬정도로 패쇄적인 정권이 수립되어 국제사회 비난을 받아왔다.

2001년 미군이 9.11사태 당시 테러단 지원협의로 대테러작전의 일환으로 미군이 아프카니스탄을 침공 탈레반 정권을 축출하고 친민정권을 수립 현재까지 반정부 단체 및 이슬람 테러단체인 알카에다 IMU Hezb-e-Islami Gulbuddin Lashkar-e-Toiba Jaish-e-Mohammed Hizbul Mujahideen 등 국제적인 테러단체들과 아프칸 정부군 미국 영국 캐나다 독일군으로 구성된 다국적군과 내전 중에 있다.

7. 우리나라 역사 연대

환국-환인시대

B.C

7199년 1대 환인

2대 혁서

3대 고시시

4대 주우양

5대 석제임

6대 구을리

3898년 7대 지위리

배달국-환웅시대

*괄호( ) 안은 재위기간

B.C

3898년 1대 거발환(94년)

3804년 2대 거불리(86년)

3718년 3대 우야고(99년)

3619년 4대 모사라(107년)

3512년 5대 태우의(93년)

3419년 6대 다의 발 (98년)

3321년 7대 거련(81년)

3240년 8대 안부련(73년)

3167년 9대 양운 (96년)

3071년 10대 갈고(100년)

2971년 11대 거야발 (92년)

2879년 12대주무신(105년)

2774년 13대 사와라(67년)

2707년 14대자오지(10911)

2598년 15대치액특(89년)

2509년 16대 축다리(56년)

2453년 17대 혁다세(72년)

2381년 18대 거불단(48년)

고조선국 삼한의 단군시대

진한(辰韓:12국)

B.C

2333년 1대 왕검(93년)

2240년 2대 부루(58년)

2182년 3대 가륵 (45년)

2137년 4대 오사구(3811)

2099년 5대 구을(16년)

2083년 6대 달문(36년)

2047년 7대 한속 (54년)

1993년 8대 우서한(8년)

1985년 9대 아술 (35년)

1950년 10대 노을(59년)

1891년 11대 도해 (57년)

1834년 12대 아한(52년)

1782년 13대 홀달(61년)

1721년 14대고불(60년)

1661년 15대 다음(51년)

1610년 164 위나(58년)

1552년 17대 여을(68년)

1484년 18대통엄(49년)

1435년 19대 구모소(55년)

1380년 20대고홀(43년)

1337년 21대 소태(52년)

1285년 22대 색불루(48년)

1257년 23대이홀(76년)

1161년 24대 연나 (11년)

1150년 25대 솔나(88년)

1062년 26대주로 (65년)

997년 27대 두밀(26년)

971년 28대 해모(28년)

943년 29대 마휴(34년)

909년 30대 내휴(35년)

874년 31대 등올(25년)

849년 32대 추밀(30년)

819년 33대 감물(24년)

795년 34대 오루문(23년)

772년 35대 사벌(68년)

704년 36대 매록(58년)

646년 37대 마물(56년)

590년 38대 다물(45년)

545년 39대 두홀(36년)

509년 40대 달음(18년)

491년 41대 음차(20년)

471년 42대 을우지(10년)

461년 43대 물리(36년)

425년 44대 구물(29년)

396년 45대 여루(55년)

341년 46대 보을(46년)

295년 47대 고열가(58년)

마한(馬韓:54국)

B.C

2333년 1대 웅백다(55년)

2278년 2대 노덕리(49년)

2229년 3대 불여래(501)

2179년 4대 두라문(4년)

2175년 5대 을불리(39년)

2130년 6대 근무지(28년)

2108년 7대 을우지

8대 궁호

1993년 9대 막연(55년)

1938년 10대 아화(15년)

1923년 11대 사리 (118년)

1805년 12대 아리(90년)

1715년 13대 갈지(83년)

1632년 14대 을아(82년)

1550년 15대 두막해(51년)

1496년 16대 독로(125년)

1371년 17대 아루(84년)

1287년 18대 아라사(2년)

1285년 19대 원홍(53년)

1232년 20대 아실(110년)

1122년 21대 아도(31년)

1091년 22대 아화지(36년)

1055년 23대 아사지(121년)

934년 24대 아리손

25대 소이

754년 26대 사우(77년)

677년 27대 궁홀

28대 동기

588년 29대 다도(79년)

509년 30대 사라

31대 가섭라

32대 가리

425년 33대 전내

34대 전을래

366년 35대 맹남

변한(弁韓 : 12국)

B.C

2333년 1대 차두남(82년)

2251년 2대 낭야(13년)

2238년 3대 물길(51년)

2187년 4대 애친

5대 도무

2098년 6대 호갑(26년)

2075년 7대 오라(57년)

2015년 8대 이조(40년)

1975년 9대 거세(15년)

1960년 10대 자오사(14년)

1946년 11대 산신(53년)

1893년 12대 계전(49년)

1844년 13대 백전(18년)

1826년 14대 중전 (56년)

1770년 15대 소전(43년)

1727년 16대 사엄

　　　　17대 서한

1664년 18대 물가(64년)

1600년 19대 막진(46년)

1554년 20대 진단(36년)

1285년 30대 서우여(61년)

변한(기자조선)

B.C

1122년 1대 문성왕 (40년)

1082년 2대 장혜왕

1057년 3대 경효왕(27년)

1030년 4대 공정왕(30년_

1000년 5대 문무왕(28년)

972년 6대 태원왕(4년)

968년 7대 경창왕(11년)

957년 8대 홍평왕(14년)

943년 9대 철위왕(18년)

925년 10대 선혜왕(29년)

896년 11대 의양왕(53년)

843년 12대 문혜왕(50년)

793년 13대 성덕왕(15년)

778년 14대 도희왕(2년)

776년 15대 문열왕(15년)

761년 16대 창국왕(13년)

748년 17대 무위왕(26년)

722년 18대 성경황(19년)

703년 19대 락성왕(28년)

675년 20대 효종왕(17년)

290년 38대 현문왕(39년)

251년 39대 장평왕(19년)

232년 40대 종통왕(12년)

220년 41대 애왕(26년

북부여 해모수시대(후 삼한시대)

북부여

B.C

239년 1대 해모수 (45년)

194년 2대 모수리(25년)

169년 3대 고해서(49년)

120년 4대 고우루(34년)

108년 5대 고두막(49년)

59년 6대 고무서(2년)

중마한(월지국)

B,C
86년 1대 해부루(39년)
47년 2대 금와(41년)
6년 3대 대소(28년)

변한(후마한)

B.C
194년 1대 무강왕(1년)
193년 2대 강왕(4년)
190년 3대 안왕(32년)
157년 4대 혜왕(13년)
144년 5대 명왕(31년)
113년 6대 효왕(40년)
73년 7대 양왕(15년)
58년 8대 원왕(26년)
32년 9대 계왕(10년)

고구려

B.C
37년 1대 동명황(18년)
19년 2대 유리왕(36년)

A,D
18년 3대 대무신왕(26년)
44년 제4대 민중왕(4년)
48년 제5대 모본왕5(년)
53년 제6대 태조왕(93년)
146년 제7대 차대왕(19년)
165년 제8대 신대왕(14년)
179년 제9대 고국천왕(18년)
197년 제10대 산상왕(30년)
227년 제11대 동천왕(21년)
248년 제12대 중천왕(22년)
270년 제13대 서천왕(22년)
292년 제14대 봉상왕(8년)
300년 제15대 미천왕(31년)
331년 제16대 고국원왕(40년)
371년 제17대 소수림왕(13년)
384년 제18대 고국양왕(7년)
391년 제19대 광개토대왕(22년)
413년 제20대 장수왕(79년)
491년 제21대 문자왕(27년)

519년 제22대 안장왕(12년)

531년 제23대 안원왕(14년)

545년 제24대 양원왕(14년)

559년 제25대 평원왕(31년)

590년 제26대 영양왕(28년)

618년 제27대 영류왕(24년)

542년 제28대 보장왕(27년)

백제

B.C

18년 1대 온조(45년)

A.D

28년 2대 다루왕(49년)

77년 3대 기루왕(51년)

128년 4대 개루왕(38년)

166년 5대 초고왕(48년)

214년 6대 구수왕(20년)

234년 7개 사반왕(1년)

234년 8대 고이왕(52년)

286년 9대 책계왕(12년)

298년 10대 분서왕(6년)

304년 11대 비류왕(40년)

344년 12대 계왕(2년)

346년 13대 근초고왕(29년)

375년 14대 근구수왕(9년)

384년 15대 침류왕(1년)

385년 16대 진사왕(7년)

392년 17대 아신왕(13년)

405년 18대 진지왕(15년)

420년 19대 구이신왕(7년)

427년 20대 비유왕(28년)

455년 21대 개로왕(20년)

475년 22대 문주왕(2년)

477년 23대 삼근왕(2년)

479년 24대 동성왕(22년)

501년 25대 무령왕(21년)

523년 26대 성왕(31년)

554년 27대 위덕왕(44년)

598년 28대 혜왕(1년)

599년 29대 법왕(1년)

600년 30대 무왕(41년)

641년 31대 의자왕(21년)

신라

B.C

57년 1대 혁거세60년)

A.D

4년 2대 남해왕(20년)

24년 3대 유리왕(33년)

57년 4대 탈해왕(23년)

80년 5대 파사왕(32년)

112년 6대 자마왕(22년)

134년 7대 일성왕(20년)

154년 8대 아달라왕(30년)

184년 9대 벌휴왕(12년)

195년 10대 내해왕(35년)

230년 11대 조분왕(17년)

247년 12대 침해왕(14년)

261년 13대 미추왕(23년)

284년 14대 유례왕(14년)

298년 15대 기림왕(12년)

310년 16대 흘해왕(46년)

356년 17대 내물왕(46년)

402년 18대 실성왕(15년)

417년 19대 눌지왕(41년)

458년 20대 자비왕(21년)

479년 21대 소지왕(21년)

500년 22대 지중왕(14년)

514년 23대 법흥왕(26년)

540년 24대 진흥왕(36년)

576년 25대 진지왕(3년)

579년 26대 진평왕(53년)

632년 27대 선덕여왕(15년)

647년 28대 진덕여왕(7년)

654년 29대 무열왕(7년)

661년 30대 문무왕(20년)

681년 31대 신문왕(11년)

692년 32대 효소왕(10년)

702년 33대 성덕왕(35년)

737년 34대 효성왕(5년)

742년 35대 경덕왕(23년)

765년 36대 혜공왕(15년)

780년 37대 선덕왕(덕만)(5년)

785년 38대 원성왕(14년)

799년 39대 소성왕(1년)

800년 40대 애장왕(9년)

809년 41대 헝덕왕(17년)

826년 42대 홍덕왕(11년)

836년 43대 희강왕(3년)

838년 44대 민애왕(1년)

839년 45대 신무왕(1년)

839년 46대 문성왕(18년)

857년 47대 헌안왕(4년)

861년 48대 경문왕(14년)

875년 49대 헌강왕(11년)

886년 50대 정강왕(2년)

897년 51대 진성여왕(10년)

897년 52대 효공왕(15년)

912년 53대 신덕왕(5년)

917년 54대 경명왕(7년)

924년 55대 경애왕(3년)

927년 56대 경순왕(9년)

가야

A.D

42년 1대 수로왕(157년)

199년 2대 거등왕(6년)

259년 3대 마품왕(3년)

291년 4대 거질미왕(55년)

346년 5대 이시품왕(61년)

407년 6대 좌지왕(14년)

421년 7대 취휘왕(30년)

451년 8대 질지왕(41년)

492년 9대 감지왕(29년)

521년 10대 구형왕(1년)

발해

A.D

699년 1대 고왕(20년)

719년 2대 무왕(18년)

737년 3대 문왕(56년)

793년 4대 폐왕(1년)

794년 5대 성왕(1년)

795년 6대 강왕(14년)

809년 7대 정왕(3년)

812년 8대 희왕(5년)

817년 9대 간왕(1년)

818년 10대 선왕(12년)

30년 11대 이진왕(28년)

858년 12대 건황왕(12년)

870년 13대 경왕(31년)

901년 14대 애왕(26년)

후고구려

A.D

901년 1대 궁예(17년)

후백제

A.D
892년 1대 견훤(44년)
936년 2대 신검(1년)

고려

A.D
918년 1대 태조(26년)
943년 2대 혜종(2년)
945년 3대 정종(4년)
949년 4대 광종(26년)
975년 5대 정종(6년)
981년 6대 성종(16년)
997년 7대 목종(12년)
1009년 8대 현종(22년)
1031년 9대 덕종(3년)
1034년 10대 정종(12년)
1046년 11대 문종(37년)
1083년 12대 순종(1년)
1084년 13대 선종(1년)
1094년 14대 현종(1년)
1095년 15대 숙종(10년)
1105년 16대 예종(17년)

1122년 17대 인종(24년)
1146년 18대 의종(24년)
1170년 19대 명종(27년)
1197년 20대 신종(7년)
1204년 21대 희종(7년)
1211년 22대 강종(2년)
1213년 23대 고종(45년)
1259년 24대 원종(15년)
1274년 25대 충렬왕(34년)
1308년 26대 충선왕(5년)
1313년 27대 충숙왕(17년)
1330년 28대 충혜왕(14년)
1344년 29대 충목왕(4년)
1348년 30대 충정왕(3년)
1351년 31대 공민왕(23년)
1374년 32대 우왕(14년)
1388년 33대 창왕(1년)
1389년 34대 공양왕(4년)

조선

A.D
1392년1대 태조(6년)
1398년 2대 정종(2년)

1400년 3대 태종(18년)

1418년 4대 세종(32년)

1450년 5대 문종(2년)

1452년 6대 단종(3년)

1455년 7대 세조(13년)

1468년 8대 예종(1년)

1469년 9대 성종(25년)

1494년 10대 연산군(12년)

1506년 11대 중종(38년)

1544년 12대 인종(1년)

1545년 13대 명종(22년)

1567년 14대 선조(41년)

1608년 15대 광해군(15년)

1623년 16대 인조(26년)

1649년 17대 효종(10년)

1659년 18대 현종(15년)

1674년 19대 숙종(46년)

1720년 20대 경종(4년)

1724년 21대 영조(52년)

1776년 22대 정조(24년)

1800년 23대 순조(34년)

1834년 24대 현종(15년)

1849년 25대 철종(14년)

1863년 26대 고종(43종)

1907년 27대 순종(4년)

일제식민지시대

A.D

1910년 1대 테라우치寺內正毅(6년)

1916년 2대 하세가와長谷川好道(3년)

1919년 3대 사이토齋藤實(8년)

1927년 4대 야마나시山梨半造(2년)

1929년 5대 사이토齋藤實(2년)

1931년 6대 우가키가즈시케宇垣一成(5년)

1936년 7대 미나미 지로南次郎(6년)

1942년 8대 고이소小磯国昭(2년)

1944년 9대 아베노부유키阿部信行(1년)

한반도 속의 남북시대

대한민국

A,D

1948년 1~3대 이승만(12년)

1960년 4대 윤보선(3년)

1963년 5~9대 박정희(16년)

1979년10대 최규하(1년)

1980년 11~12대 전두환(8년)

1988년 13대 노태우(5년)

1993년 14대 김영삼(5년)

1998년 15대 김대중(5년)

2003년 16대 노무현(5년)

2008년 17대 이명박

조선인민공화국

A.D

1948년1대 김일성(46년)

1994년 2대 김정일

고조선 高潮線

단군왕검 壇君王儉

우리 민족의 시조인 고조선의 초대 임금.

천제天帝 환인桓因의 손자이며 환웅桓雄의 아들.

B.C 2333년에 나라를 세워 평양에 도읍을 정하고 국호를 조선朝鮮
이라 했다.

단군은 1500년 동안 나라를 다스리다가 기자箕子에게 왕위를 물려
주고 장당경(藏唐京:황해도 신천군)으로 옮겼다.

그후 다시 아사달阿斯達로 가서 산신이 되니 그의 나이 1,908세였다

간순 숭베 사상은 고려 때에 이르러 민족의 시조로 등장하여, 조선
세종때 평양에 단순 숭을 짓고 고구려 동명왕과 함께 국조로 받들었다.

구월산에 환인,황웅,단군을 모시는 삼성사三聖祠가 있고. 조선 후기
에 대종교大倧敎가 생겨났다

고구려高句麗

제1대 동명왕東明王(재위 B.C.37~B.C19)

고구려의 시조로 성은 고高, 휘는 주몽朱蒙, 그에 대한 설화가 전해
온다.

동부여의 왕 해부루解夫婁가 죽고 금와mt가 즉위하여 하백河 의 딸
유화柳在를 부인으로 삼았으나, 그녀가 천제의 아들인 해모수와 가까
이했다는 이야기를 듣고 궁실에 유폐되었다. 유화는 햇빛을 받고 임신
하여 알 하나를 낳았는데, 그 알에서 나온 이가 곧 주몽이다. 금와의 아
들게제는 모두 재주가 주몽만 못하였다

이를 시기 한 장남 대소大案가 여러 형제와 신하들과 같이 주몽을
죽이려고 하자 이를 피하여 졸본에 도읍을 정하고 국호를 고구려라 하
였다.

제2대 유리왕琉璃王(재위 B.C 19~A,D, 18)

동명왕의 맏아들. 어머니는 아에이며, 비논 송松씨, 부여에서 아버지
를 찾아 고구려로 왔다가 데자에 책립되었다. BC.9년에는 선비鮮卑를
정복하고, A,D, 3년에는 도읍을 국내성으로 옮겼다. A,D, 13년 부여군
이 침입해오자 왕자 무휼撫性을 시켜 격퇴하였다. 이듬해에는 양맥 을
쳐서 멸망시키고, 한나라의 고구려현 海麗縣을 빼앗았다.

제3대 대무신왕大武神王(재위 18~44)

유리왕의 셋째 아들, 어머니는 송松씨, 22년에 동부여왕 대소帶素와 싸워 승리하고 국토를 살수 이북까지 확대했으며, 한漢나라와 국교를 열어 사신의 왕래가 빈번했다

제4대 민중왕閔中王(재위 44~48)

이름은 해색주解色朱, 대무신왕의 아우. 대무신왕이 돌아간 후 태자 (5대 모본왕 해우)가 어려서 즉위하였다.

제5대 모본왕慕本王(재위 48~53)

이름은 해우解憂, 내무신왕의 아들. 성품이 사납고 어질지 못하며 정사를 돌보지 않아 백성들의 원성을 들었다. 결국 두로杜魯에게 피살되었다.

제6대 태조왕 太祖王 (재위 53~146)

이름은 궁, 유리왕의 손자,7세에 왕이 되어 대후가 섭정하였다. 영토를 크게 확장하고 부족국가적 형태에서 중앙집권의 기초를 확립했다. 팔에는 차대왕에게 양위하고 별궁으로 은퇴하여 태조왕이라 하였다. 119세로 죽어 고구려 역대 왕 중 가장 장수한 왕이다.

제7대 차대왕次大王(재우1146~165)

이름은 수성遂成, 태조왕의 동생. 풍환馮凱요광姚光, 채풍蔡諷등이 침략해오자 이를 물리치고 군국정사軍國政事를 맡았다. 146년에 왕위를 찬탈하고자 하니 이 기세를 짐작한 태조왕이 양위함으로써 즉위하게 되었다. 148년에는 태종왕의 원자 박근을 살해하자 그 동생 막덕難도 화가 미쳐 자살했다. 이후 왕은 나날이 황포해지고 산하의 간언을 듣지 않을뿐더러 백성을 혹사하여 원망의 소리가 높다. 4165년 명림답부明臨答夫에게 살해되었다.

제8대 신대왕新大王(재위:165~179)

이름은 백고伯固또는 백구伯句, 태조왕의 계제莘弟, 둘째 형인 차대왕이 횡포무도해서 피신하여 있었으나 차대왕이 피살되자 77세로 왕에 추대되었다. 168년 한漢나라 태수 경림耿臨에게 항복했으나, 172년에는 무난히 격퇴시켰다.

제9대 고국천왕故國川王(재위:179~197)

이름은 남부男武, 신대왕의 둘째 아들. 왕비는 우소于素의 딸, 관용과 용맹을 갖추었다.

을파소乙巴素를 국상으로 등용하여 어진 정치를 하였으며, 194년 진대법賑貸法을 제정해 백성들을 구휼하였다.

제10대 산상왕山上王 (재위 : 197~227)

이름은 연우延憂. 이이모伊夷摸 고국천왕의 동생, 고국천왕이 자손 없이 죽자 왕비 우于씨는 왕의 유명遺命이라 사칭하여 그를 왕으로 추대했다. 그러자 형 발기發岐가 분노하여 군사를 동원해 왕궁을 포위했으나 싸움에서 패하여 결국 자살했다. 209년에는 도읍을 환도丸都로 옮겼다.

제11대 동천왕東川王(재위 :227~248)

산상왕의 아들, 242년에는 위나라 요동의 서안평을 급습했다. 243년에는 아들 연불然弗을 태자로 책립하였고, 245년에는 신라를 침공하였다. 246년에 위나라 장수 관구검 이 환도성으로 쳐들어와 동천왕은 남옥저南沃沮로 피했다. 후에 장군 유유紐由의 계획으로 국토를 회복하였으나 환도성이 파괴되었으므로 247년 에 수도를 동황성東黃城으로 옮겼다. 248년에는 신라로 화친하였다.

제12대 중천왕中川王(재위 248~270)

일명 중양왕中壤王 동천왕의 자남 왕비는 연椽씨 즉위하자 동색 예물豫物과 사구奢句가 반란을 일으켰으나 이내 진압했다. 259년에 위나라에 침입을 격퇴하였다.

제13대 서천왕西川王270~292)

일명 서양왕 중천왕中川王의 둘째아들 왕비는 서부西部의 대사자 우수의 딸이다. 280년에 숙신국을 쳐 항복시켰다.

제14대 봉상왕烽上王(재위292~300)

서천왕의 태자 의심이 많아 동생 돌고咄固를 죽였다.

296년에 연나라 모용외가 침입해왔으나 고노자高奴子가 격퇴시켰다. 298년 국내에 흉년이 계속되었으나 왕이 궁실을 중축하고 사치에만 빠져 국사를 돌보지 않자 창조리倉助利에게 패위당해 자살했다.

제15대 미천왕 (재위300~331)

일명 호양왕好壤王 사천왕의 손자이며 돌고의 아들 봉상왕이 아버지인 돌고를 죽이자 민간에 숨어 화를 면했다. 국상國喪 창조리 등이 봉상왕을 폐하자 왕이 되었다. 302년 현도군을 공격 9천 명을 사로잡았고 311년에 낙랑군을 쳐서 명망케 하였다. 이듬해에는 대방군을 침공하여 고구려의 영토로 삼았다. 또한 요동의 모용치와도 자주 싸웠으며 낙랑 대방의 2군을 합치는 등 고구려의 영토 확장에 큰공을 세웠다.

제16대 고국원왕故國原王 (재위331~371)

일명 국강상왕國岡上王 미천왕의 맏아들 336년 진에 사신을 보내고 342년에는 환도성으로 도읍을 옮기고 국내성을 쌓았다. 같은해 연燕나라의 모용왕이 침입하여 미천왕의 묘를 파헤쳤으며 환도성에 불을 지르고 왕모王母와 왕비를 납치해갔다. 343년 연나라에 사신을 보내고 도읍을 평양의 동황성으로 옮겼으나 후에도 자주 연나라의 침공을 받았다. 371년 백제의 근초고왕과 평양성에서 싸우다가 전사하였다.

제17대 소수림왕小獸林王(재위 371~384)

고국원왕의 아들372년 진왕辰王 부견苻堅이 승려 순도純度와 불상 경문을 보내자 이를 받아들였다. 같은 해 태학太學을 세워 제자를가르쳤으며 이듬해 율령律令을 반포하였다.

375년에 초문사肖門寺를 지어 순도를 머물게하고 이불란사伊弗蘭寺를 지어 아도阿道 를 주지로 삼으니 이것이 우리나라 불교의 시초가 되었다. 그해 백제를 쳐서 수곡성水谷城을 점령했고 377년 백제가 평양성을 침공하니 이를 역습하였다.

그후 거란의 내침이 있었으나 물리쳤다. 왕세자가 없었으므로 동생 이련伊連에게 대를 물렸다.

제18대 고국양왕(재위384~391)

소수림왕의 아우 요동을 습격하여 모용지를 멸했다. 그리고 현도2군을 점령했고 신라와 화친을 맺어 실성實聖이라는 왕족을 볼모로 데려왔다. 불교를널리 펴서 문화를 발전시켰으며 종묘를 수리하는 등 국가체제를 확립했다.

제19대 광개토왕廣開土王 (재위391~413)

즉위한 뒤의 연호는 영락永樂 이며 생존시의 칭호는 영락대왕이었

다. 392년 백제의 북쪽을 쳐서 석현성을 비롯한 10여개의 성城을 함락
시켰다. 396년에 친히 수군水軍을 거느리고 백제를 정벌하여 58성을
함락하고 왕제를 볼모로 잡아갔다. 400년에 연나라에 2성을 점령하였
고 일본이 신라를 침공하므로 보기병5만을 보내어 신라를 도와 이를
격퇴시켰다.

405년 이후에는 연의 침입을 두차례나 받았으나 이를 격퇴시켰으며
408년에 연왕과 수호를 맺어 동부여를 쳐서 64성을 격파하였다.

재위 22년 동안 국토를 확장하는데 크게 성공하였고 39세에 승하하
였다.

생정의 흔적을 기록한 능비는 현재 만주 봉천성 즙안현에 있다.

제 20대 장수왕(재위413~491)

광개토왕의 아들 중국의 진秦 송宋 위魏 등과 국교를 맺었다 427년
에는 도읍을 국내성에서 평양으로 옮기고 남하정책을 추진하였다.

475년 스스로 군사를 거느리고 백제의 수도인 한성漢城을 함락시키
조 개로왕을 죽여 선대의 원한을 풀었다.

480년에는 신라의 고명성狐鳴城 등 7성을 함락하였다 영토가 점점
확장되어 남쪽은 아산만牙山灣에서 동쪽의 죽령竹嶺에 이르렀으며 서
북쪽은 요하遼河에서 만주의 대부분을 포함한 큰 나라를 건설하여 고
구려의 전성기를 이루었다 또한 종전의 부족제도部族制度를 지방제도
地方制度로 고쳐 5부를 신설하는 등 민정에도 큰개혁을 하였다.

제 21대 문자왕文咨王(재위491~519)

일명 명치호왕明治好王 장수왕의손자 조다助多의 아들로 세자인 아버지가 일찍 죽자 즉위하였다 494년 부여국을 쳐 항복을 받고 신라와 백제를 자주 침공하여 국위를 떨쳤다.

제 22대 안장왕安藏王(재위519~531)

이름은 흥안興安 문자왕의 맏아들 양梁 위魏나라와 수교를 맺었다. 두 차례에 걸쳐 백제와 싸워 승리했다 아들이 없기 때문에 동생 보연寶延이 왕위를 계승하였다.

제 23대 안원왕安原王(재위531~545_)

이름은 보연寶延 안장왕의 동생 540년 백제가 쳐들어와 우산성牛山城을 포위하였으나 기병5천을 보내 물리쳤다.

제 24대 양원왕(재위545~559)

일명 양강상호왕陽崗上好王 안원왕의 맏아들 548년 백제의 독산성禿山城을 공격하였으나 신라 장군 주진朱珍의 내원으로 실패했으며 550년에는 도살성을 백제에서 빼앗겼다.

이때부터 고구려는 세력이 점점 약해졌다. 551년 돌궐의 침입을 격퇴하였으나 신라 백제에게 한강 유역을 빼앗겼다.

제25대 평원왕平原王 (재위 559~590)

양원왕의 아들 진陳 수隋 북제北齊후주後周 등 모든 나라와 수교하였으며 586년에 장안성(長安城:평양)으로 천도하였다.

제 26대 영양왕嬰陽王(재위 590~618)

일명 평양왕平陽王 평원왕의 아들 589년 말갈족을 이끌고 요서지방을 선공하였다. 이에 수나라 문제文帝가 쳐들어왔으나 실패하고 돌아갔다. 612년 수나라 양제煬帝가 대군을 거느리고 쳐들어왔으나 을지문덕乙支文德장군의 정략으로 살수에서 대패하고 돌아갔다. 이로 인하여 수나라 스스로 멸망하는 원인이 되었다.

제 27대 영류왕營留王(재위 618~642)

영양왕의 이복동생 618년 수나라 양제가 피살되고 당나라가 서자 사진을 보내와 친선을 꾀했다. 622년 당나라 고조高祖의 요청으로 살수대첩 때의 고구려 포로와 고구려에 있는 중국포로들을 교환하였다. 625년 당나라에 사람을 보내어 불교와 도교의 원리를 연구하게 하였다. 629년에 신라 김유신의 낭비성 공격이 있었고 631년 동북부여성으로부터 동남해에 이르는 천리장성千里長城을 쌓기 시작했다. 638년 신라 북변의 칠중성을 침공했다가 패퇴하였다. 연개소문이 독재원을 확립하는 과정에서 그의 손에 죽었다.

제 28대 보장왕寶臧王(재위|642~668)

영류왕의 아우 연개소문이 영류왕을 죽이고 왕위에 앉혔다.

당나라에 사신을 보내 도교를 구하였고 숙달叔達등 도사道士 8명사 함께 처음으로 ≪노자도덕경(老子道德經)≫을 받아들였다. 645년에 당 태종이 10만 대군을 이끌고 공격해왔으나 연개소문과의 안시성安市城 싸움에서 대패하고 돌아갔다. 연개소문이 죽은뒤 장남 남생男生이 막리지莫離支가 되었으나 아우인 남건男建 남산男産과의 사이에 불화가 일어나 남생은 당에 투항하였다. 그후 당에 구원을 청하니 고종이 이세적을 보내어 나당羅唐연합군으로 쳐들어와 마침내 평양잉 함락되어 마지막 왕이 되었다.

백제

제1대 온조왕溫祚王(재위B.C18~A.D28)

백제의 시조 고구려의 시조 동명왕(주몽)의 셋째아들 동명왕이 종본 부여에서 비류와 온조 두아들을 두었는데 북부여에서 낳은 유리가 내 리오자 온조는 신변에 위협을 느껴 형 비류와 함께 남하하였다.

그러나 두 형제는 도읍 문제로 의견이 대립되어 형 비류는 미추홀(인 천)에 온조는 위례성(경기도 광주)에 제각기 도읍을 정하였고 국호는 십제十濟라 하였다 비류가 죽은 후 그 백성들이 위례성에 모여들자 국 호를 백제라 고쳤다.

즉위한 그해(B.C18)에 아버지 동명왕의 묘를 세웠고 말갈의 침입을 받은 한때 남산에 천도하기도 하였으나(왕14년B.C5) 마한을 병합하여 (왕29년) 국위를 선양 국자체계 확립에 노력하였다 그러나 일반적으로 13대 근초고왕 때부터 국가체제를 갖춘 것으로 보고 이전의 사실은 신 빙성이 적은 것으로 보고 있다.

제2대 다루왕多婁王(재위28~77)

온조와 28년에 태자로 책봉되어 백제의 2대왕으로 즉위하였다.

말갈족의 침입을 격파하고 농사를 장려하는 등 백성의 생활안정을 위하여 노력하였다.

말갈의 침입에 대패하여 우곡성을 쌓았다. 신라왕과 호흡하기를 청 했으나 거절당하자 다음해 신라를 공객하였다. 그러나 전공을 거두지 목하였다.

제 3대 기루왕己婁王(재위7128)

다루왕의 맏아들 AD77년 다루왕이 죽자 즉위하였다. 왕29년(105)에 신라에 사절을 하건하여 화친할 것을 청하였고 왕49년(125)에는 신라가 말갈의 침입을 받게되자 구원병을 보냈다.

제 4대 개루왕蓋婁王(재위128~166)

AD128년 기루왕이 사망하자 아들 개루가 즉위였다. 왕5년(132)에 북한상성을 쌓았고 왕36년(165)에 신라의 아찬 길선이 모반을꾀하가 실패하여 백제로 달아나자 그의 망명으 허락함으로써 백제와 신라 양국간의 평화적 교류가 끊어졌다.

제 5대 초고왕肖古王(재위166~214)

개루왕으 맏아들 소고왕 또는 속고왕이라고도 한다. 여러 차례 신라의 서변西邊을 공격하였고 AD 170년 신라 원산향과 요차성을 습격하였으나 신라군에게 대패하고 말았다.

제 6대 구수왕仇首王(재위214~234)

초고왕의 장자 귀수왕貴須王이라고도 한다. 22년 (왕9년) 신라 우두진을 공격 총휜忠萱의군대를 격파했다. 한재旱災와 수재水災에 대비해 제방을 쌓고 민생의 안정을 꾀했다.

제 7대 사반왕沙伴王(재위234)

구수왕의 장자로 234년 즉위하였으나 어리고 무능하였으므로 폐위되고 최고왕의 아우 고이왕이 대신 왕위에 올랐다. 그러므로 사반왕은 왕 서열에 넣지 않기도 한다.

제 8대 고이왕古爾王(제위234~286)

개루왕(4대왕)의 둘째아들 초고왕(5대왕)의 동생 백제의 국가적 체계를 확립한 왕으로 알려졌다. 260년 (왕27년)에관제를 재정하여 16품을 두었고 법을 제정하였다.

백제조에 시조구태묘始祖仇台宗廟라는 기록이 있다. 구태仇台 는 구이로 발표되는바 고이왕이 구이로 표기된 것으로 보고 고이왕이 실제 시조가 아닌가 하는 설도 있다.

제 9대 책계왕(재위286~298)

고이왕의 아들로 왕이 죽자 AD286년에 즉위하여 백제 9대왕이 되었다. 청계 책찬이라고도 한다. 왕비는 대방왕의 딸 보과로 체구가 장대하고 의가 굳세었다.

고구려가 대방帶方을 칠 때 대방을 도와줌으로써 고구려와 원수가 되자 아차성 사성을 쌓아 대비하던 중 왕13년 한족漢族이 맥인貊人과 함께 쳐들어 왔을 때 적병에게 살해되었다.

제 10대 분서왕汾西王(재위298~304)

대방왕녀 소생으로 책계왕의 장자 왕이 죽자 AD 289년에 즉위하여 AD304년(왕7년)에 낙랑군의 서현을 점령하여 영토를 확장했으나 낙랑군의 태수가 보낸 자객에게 살해되었다.

제 11대 비류왕比流王(재위304~344)

구수왕의 둘째아들 분서왕이 죽자 동생인비류가 왕위에 올랐다. 그는 오랫동안 민간에 살았기 때문에 민간의 사정을 잘알아 선정을 배풀었다.

제 12대 계왕契王(재위344~346)

분서왕의 맏아들 분서왕의 뒤를 이어 즉위할 것이었으나 나이가 어려서 숙부인 비류왕이 먼저 왕위에 올랐다. AD344년 비류왕이 죽은 후비로소 즉위하였다. 활쏘기와 말타기를 잘하였다.
즉위 기간은 3년에 불과했다.

제 13대 근초고왕近肖古王(재위346~375)

비류왕의 둘째아들 마한과 대방을 병합시키지 평양성을 점령하여 고국원왕(고구려 16대왕)을 전사시켰다. 지금의경기 충청 전라도 전부와 강원 황해도 일부를 차지하는 강력한 고대국가 기반을 마련하고 한산韓山으로 도읍을 옮겨 한성漢城이라 하였다.

문화적으로 동진東晉과 국교를 열어 남조문화를 수입하여 이를 일본에 전했으며 아직기와 왕인을 일본에 보내 학문과 문화를 전파하였다. 박사고흥에 의해 백제 국사 서기書記 가 편찬되었고 이때부터 부자 상속에 의한 왕위계승이 시작되었다.

제 14대 근구수왕近仇首王(재위375~384)

금초고왕의 맏아들 길수왕吉須王 혹은 근귀수왕이라고도 했다. 비는 아이부인 부왕인 근초고왕의 유업을 이어받아 백제의 발전에 공헌하였고 고구려와도 용감히 싸워 국력을 신장하였다. 일본 중국과 국교를 열어 중국의 문물을 일본에 전하는데 크게 공헌하였다.

제 15대 침류왕枕流王 (재위384~385)

근귀수왕의 맏아들 어머니는 아이부인 즉위하자 진晉나라에 사신을 보내 조공을 바쳤으며 호승胡僧 마라난타가 동진에 들어오자 왕궁으로 영접함으로써 불교 전래의 시초가 되었다. 다음해인 385년에는 한산에 불사를 창건하였다.

제 16대 진사왕辰斯王 (재위385~392)

근귀수왕의 둘째 아들 침류왕의 아우 AD 386년(왕2년)과 389년 390년에 연이어 고구려와 싸웠고 말갈족과 충돌하였다. 392년에 고구려 광개토대왕의 침공으로 한강 이북지역을 잃고 관미성이 함락되자 구원에 나가 수복을 계획하였으나 뜻을 이루지 못하고 행궁에서 병사하였다.

제 17대 아신왕阿莘王(재위392~405)

일명 이방왕,아화왕, 침류왕(15대왕)의 맏아들 침류왕이AD385년에 죽자 나이가 어려 숙부 진사왕이 왕위에 올랐다가 8년만에 죽자 뒤를 이어 즉위하였다. 왜수 관미성 수곡성에서 고구려와 싸웠으나 관미성에서는 고구려군사들 이성을 굳게 지켜 되돌아왔고 수곡성과 태수에서는 대패하였다(393년).

AD397년(왕6년)에 일본과의 화친을 위해 태자 전지를 볼모로 일본에 보냈다. AD399년(왕8년) 고구려를 정벌하기 위해 병마와 징발하자 백성들이 신라로 도망가곤 하여 이를 중지시켰으나 AD403년(왕12년)에는 신라 변경을 침공하는 등 계속적인 침략을 하였다.

제 18대 전지왕腆支王(재위405~420)

아산왕의 태자 왕비는 팔수부인 직지왕直支王이라고도 한다. 396년(왕6년)에 일본에 인질로 가 있었는데 부왕이 죽자 귀국하는 도중 막내동생 혈례가 가운데 동생 훈해를 죽이고 왕위를 찬탈하려 한다는 소식을 듣고 해도에 머물렀다. 그러자 백성들이 집례를 죽이고 그를 왕으로 추대하였다.

제 19대 구이신왕久尒辛王(재위420~427)

진지왕의 태자로 8년간 왕위에 있었으며 어머니는 판수부인이다.

제 20대 비유왕毗有王 (재위427~455)

구이신왕의 맏아들 또는 전지왕의 서자라는 설이 있다. 고구려가 평양으로 천도한 해인 427년에 즉위하여 다음해인 428년에는 백제는 4부를 돌아보고 빈곤한 백석에게 곡식을 하사하였으며 신라에 좋은말과 흰매를 보내주자 신라는 보답으로 황금과 명주옥을 주는 등 신라와 송에 사신을 보내 왕래하기도 하였다.

제 21대 개로왕蓋鹵王(재위455~475)

비유왕의 장자 근개루왕이라고도 한다. 북위에 사신을 보내 고구려의 남하를 호소하고 원병을 요청하였으나 거절당했다. 고거루에서 첩자로 보낸 승려 도림道琳 을 가까이하여 국가의 기밀을 누설하였고 도림의 꾐에 빠져 토목공사를 일으켜 재정을 탕진하였다. 475년 고구려가 침입하자 여토의 일부와 수도 한성을 빼앗기고 전사했다.

제 22대 문주왕文周王(재위475~477)

개로왕의 장자 문주汶洲라고도 한다. 상리평의 벼슬에 있으면서 왕을 보좌하다가 신라군의 싸움에서 왕이 전사하자 수도를 웅진으로 옮기고 탐라국으로부터 조공을 받았다. 성풍이 온화하고 결단력이 있어 백성들로부터 두터운 신망을 받았으나 불행히 병관좌평 해구에세 살해되었다.

제 23대 삼근왕三斤王(재위477~479)

문주왕의 태자 477년 해구가 문주왕을 죽이고 삼근왕을 세웠으나 해구에 의해 정치가 좌우되자 478년(왕2년) 진로를 시켜 그를 죽였다.

제 24대 동성왕東城王(재위479~501)

문주왕의 아우인 최평 곤지의 아들 485년(왕7년) 신라에 사신을 보내 수교하였다. 493년(왕15년) 결혼동맹을 맺어 신라의 이찬 비지의 딸을 비로 맞이하고 494년부터 495년까지 신라와 연합하여 고구려와 싸웠다. 500년에는 국내가 혼란하여 도둑이 들끓는데도 궁전 임류각을 짓고 방종과 사치에 흘려 신라의 충언을 듣지않다가 가림성주 좌평 백가에세 살해되었다.

제 25대 무령왕武寧王(재위501~523)

동성왕의 둘째 아들이 즉위한 후 양나라와 친교를 맺으며 국내안정에 힘쓰는 한편 국방에 힘을 기울였다. 1972년 7월 고우송산에 있는 왕릉이 발견되어 많은 유물이 나왔다. 왕과 왕비의두왕관을 위시하여 금팔찌, 금귀걸이 등 순금제3kg의 정교한 금세공품과 도자기 철기 등 총88종2천5짐이 출토되어 백제문화의 생생한 자료를 제시해주었다.

제 26대 성왕聖王(재위523~554)

무령왕의 아들 성명왕이라고도 한다. 즉위 2년에 양나라 고조로부터 백제왕으로 인정받았다. 고구려와 충돌이 심해지자수도를웅진에서 사비로천도하고 국호를 남부여라 부르기도 했다. 554년 신라와 힘을 합해 고구려로부터 한강유역의 땅을 다시 찾았으나 신라 진흥왕에게 빼앗겨 버리자 나.제동맹이 깨져 일본에 구원병을 요청하는 한편 왕자 여창과 함께 친히 신라는 쳤으나 관산성(옥천)에서 싸우다가 전사하였다.

제 27대 위덕왕威德王(재위554~598_

성왕의 맏아들 즉위한554년에 고구려의 침공을 물리치고 중국 각 조에 조공을 바쳐가며 상교하였고 부왕의 패사를 갚기 위하여 신라와 자주싸웠다. 598년에 죽자 둘째아들 혜왕이 즉위했다.

제 28대 혜왕惠王(재위598~599)

성왕의 둘째 아들 위덕왕의 뒤를 이어 즉위하였다가 이듬해에 죽었다.

제29대 법왕法王(재위(599~600)

혜왕의 맏아들 불교를 신봉하여 살생을 금하는 명을 내렸고 황흥사를 짓기 시작했다.

제30대 무왕武王(재위600~641)

이름은 장璋 어릴때는 서동이라 불렀다 법왕이 승하 하자 AD600년에 즉위하여 왕흥사를 창건하기 시작했다. 신라 서쪽국경을 여러번 침공하였고 고구려를 토벌하기 위해 수나라에 조공을 바치며 여러번 원병을청했다.

수나라가 망하고 당나라가 들어서자 624년(무왕25년) 당에 사신을 보내 조공을 바침으로써 당 고조로부터 백제왕으로 책봉받았다. 사비궁을 새로이 고치고 왕흥사를 창건하였다.

고승高僧 관륵觀勒 등을 일본에 보내 천문 지리 역본 등의 서적과 불교를 전달하였다.

만년에는 사치와 유흥에 빠져 백제 멸망의 원인이 되었다.

제 31대 의자왕(재위641~660)

백제의 마지막왕 무왕의 맏아들 태자 때부터 효성과 형제간의 우애가 지극하여 해동중자라 불리었다. 즉위 후 신라를 공격하여 신라에 큰 타격을 주고 국위를 떨쳤으나 만년에 이르러 사치와 방종에 빠져 충신 성충과 홍수의 간언을 듣지않고 오히려 이들을 투옥하였다. 국정을 돌보지 않다가 660년 나.당 연합군의 침공을 맞게되었다. 소방정이 거느린 당군은 백강을 건너오고 계백의 황성벌 방어도 실패로 돌아가 사비성은 나.당연합군에게 포위되었다. 왕은 웅진성으로 태자와 도망갔다가 항복하였고 둘째 아들 태가 사비성을 고수하다가 그 역시 패하고 말았다. 왕과 태자 등 1만2천여 명이 소정방에게 끌려 당나라로 압송되었다가 그곳에서 병사하였다.

그후 3년간 백제 재건의 저항이 산발적으로 계속되었으나 성공하지 못하고 백제는 개국한 지 31대 678년만에 망했다.

신라新羅

제1대 박혁거세朴赫居世(재위B,C, 57~A,D, 4)

신라의 시조, 성은 박, 이름은 혁거세 · 비는 알영부인. 박혁거세의 탄생설화를 살펴보면, 경주 지방에 6촌이 있었는데 고허촌장 소벌공이 양산 중턱에 있는 나성雄 옆 숲속에서 나는 말 울음소리를 듣고 찾아갔더니. 말은 없고 큰 알이 있었는데 그 알 속에서 한 아이가 나왔다. 이 아이를 데려다 키우니 10여 세에 기골이 준수하고 큰 사람이 될 기품이 있어64 사람들이 임금으로 추대하였으나 B.C. 53년에 왕비를 맞고 백성들에게 농사와 누에 치는 것을 권장하니, 사람들이 그들을 2현賢이라 하였다.

박혁거세는 신라의 개국 신화에 나오는 전설적인 왕이다.

제2대 남해왕南解E(재위 4~24)

박혁거세의 맏아들 남해차차웅 · 남해거서간이라고도 하였다. 알영부인의 소생이며, 비는 운제부인雲帝夫人.6년에 시조의 묘를 세웠고 8년에는 탈해脫解가 뛰어난 인물이란 말을 듣고 그를 불러 사위로 삼았다. 10년에는 탈해를 대보세로 삼아 나라를 맡겼다.

제3대 유리왕儒理王(재위 24~57)

남해왕의 태자. 유리이사금이라 부르기도 한다. 어머니는 운제부인이며, 비는 일지갈문왕 日知葛文王의 딸, 이사금이란 치리治理를 뜻하는 것으로 이빨의 금을 뜻하여 그 후 박·석·김 3성姓이 이빨의 수에 따라 왕으로 추대되었다. 32년에 4부의 이름을 고쳐 성姓을 내리고 17관등을 정하였다. 신라 가악歌樂의 기원인 <도솔가>와 <희소곡>을 만들었다.

제4대 탈해왕倪解王(재위 57~80)

성은 석 晳씨 이며 남해왕의 사위 비는 아효부인阿孝夫人.

탈해왕은 원래 다파니국 출생으로 그 나라는 일본의 동북쪽으로 천리나 되는 곳에 있었다. 그곳의 왕이 여인국女人國의 왕녀를 아내로 맞았는데, 임신한 지 7년 만에 큰 알을 하나 낳으니 왕이 알을 버리게 하였다. 그래서 왕녀가 비단에 알을 씨서 궤짝 속에 넣어 물에 띄우니 이 궤짝이 진한 아진포에 이르렀는데, 한 노파가 건져 보니 옥동자가 그 속에서 나와 이를 데려가 기르니 키가 9척이나 되고 용모가 뛰어났으며 지식이 풍부했다.

성과 이름을 알 수 없어 궤짝을 건질 때 까치가 울었다 하여 까치 작 鵲에 한쪽을 떼어 석晳씨라 하고 알에서 나왔다 하여 탈해라 했다.

제5대 파사왕婆娑王 (재위 80~112)

유리왕의 둘째 아들이라는 설과 유리왕의 아우 내로奈老의 아들이라는 설이 있다. 비는 허루갈문왕의 딸 사성 부인 김씨.

파사왕은 겸손하고 절약하는 백성을 사랑하던 현군이었다. 96년에 남비를 습격하고 101년에 월성月城을 쌓고 그곳에 옮겨 살았으며, 102년에 음집밀·실직·압독 세 나라를 병합하고, 106년 가야를 공격했으며, 108년에 비자·다별·초팔을 합병하는 등 나라의 힘을 널리 떨쳤다.

제6대 지마왕祗摩王(재위 112~134)

파사왕의 맏아들. 성은 박朴씨, 왕비는 애래부인 김씨.

115년에 가야가 침범하여 황산에서 싸웠는데 이때부터 두 나라사이에 싸움이 그치지 않았다. 121년에는 통변에 왜구가 넘나들어 123년에 왜과 강화를 맺었고, 125년에는 말갈족의 북변 침입이 있어 백제의 도움을 얻어 물리쳤다.

제7대 일성왕逸聖王(재위 134~154)

유리왕의 맏아들이라고도 하고 일지갈문왕의 아들이라고도 한다. 왕비는 박씨. 139년 말갈이 장령에 침범하여 백성을 괴롭혔고, 144년에는 농본국農本國의 정책을 수행하여 제방을 쌓고 땅을 개간하고 금·은·주·옥 등 백성들의 사치를 금했으며, 146년에는 압량押梁의 반란을 평정하였다.

제8대 아달라왕阿達羅王 (재위 154~184)

일성왕의 맏아들, 어머니는 지소례왕의 딸 박씨 왕비는 지마왕의 딸 내례부인 박씨. 156년 계립령鷄立嶺과 158년 죽령竹嶺의 길을 닦았다.

모반을 꾀하다가 백제로 망명한 아찬 길선의 송환을 요구했으나 백제가 응하지 않아 두 나라 사이가 매우 나빠졌다. 174년에 왜국의 여왕 비미호(卑彌呼: 히미코)가 사신을 보내왔다.

제9대 벌휴왕伐休王(재위 184~195)

성은 석昔씨. 발휘왕이라고도 한다. 탈해왕의 아들 구추각간의 아들이며 어머니는 내례 부인 김씨. 185년 시음으로 좌우군주左右軍t를 두어 군주의 이름이 이때부터 시작되었다.

제10대 내해왕奈解王(재위 195~230)

벌휴왕의 손자로 내려부인의 소생. 왕비는 조분왕의 누이동생 석씨.

195년에 왕위에 오르고 백제와 말갈의 침략을 받아 나라가 불안하였으나 그 후 209년에는 포상팔국이 가락을 침입하려고 하자 가락과 손잡고 팔국장군을 무찔러 6천 명의 포로를 얻었으며 224년에는 백제를 무찌르고 봉산성을 새로 축조했다.

제11대 조분왕助賁王(재위 230~247)

성은 석昔씨. 제귀왕諸貴王이라고도 하며 빌림왕의 손자이다. 어머니는 옥모부인玉帽夫人 김씨이며, 왕비는 내해왕의 딸 아마부인.

231년에 감문국을 정복하여 군郡으로 만들고, 233년에는 왜병이 침입했고, 236년에 골벌국骨伐國의 항복을 받았다. 240년 백제가 침입,

245년에는 고구려가 침입해왔다.

제12대 첨해왕沾解王(재위 247~261)

성은 석昔씨. 조분왕의 동생, 249년에 사량벌국을 쳐서 신라와 통합시켰다. 248년에 고구려에 사신을 보내 서로 화친하고, 255년에 달벌성을 축조 하였다.

제13대 미추왕味鄒王(재위 261~284)

성은 김씨. 호는 미추 · 미조昧照 · 미소未召로 김알지의 후손이다. 왕비는 조분왕 의 딸 석昔씨. 김씨 왕의 시조로 첨해왕이 아들 없이 죽자 왕이 되었다. 농사를 장려하였으며, 백제의 봉산성 · 피곡성 공격을 격퇴하였다. 아버지는 김구도이다.

제14대 유례왕儒禮王 (재위 284~298)

조분왕의 장남, 어미니는 박씨. 297년에 이서국伊西國이 금성에 침공하자 죽엽군의 후원으로 격퇴시켰다.

제15대 기립왕基臨王(재위 298~310)

조분왕의 손자. 300년에 일본과 수교하였으며 노인과 가난한 사람을 구재하는 등 좋은 정치를 하였다.

제16대 흘해왕訖解王(재위 310~356)

내해왕의 손자. 각간 우로于老의 아들, 기림왕이 아들 없이 죽자 신하들의 추대로 왕이 되었다. 330년에 벽골제를 쌓아 농사를 장려하였다.

제17대 내물왕奈勿王(재위 356~402)

각간 김말구의 아들. 미추왕의 조카이고 사위이기도 하다.

373년에 백 게 의 독 산성주가 남녀 300여 명을 거느리고 항복해 왔고. 381년에는 위도를 전진왕 부견에게 보내어 사이좋게 한 후 중국의 문물을 수입하였다. 392년에는 고구려 광개토 왕의 침입으로 사신과 실성實聖을 볼보로 보냈다. 397년에는 흉년이 들어 백성들에게 1년 동안 세금을 거두지 않았다.

제18대 실성왕實聖王(재위 402~417)

미추왕의 동생인 각간 대서지大西智의 아들. 실주왕 · 실금왕이라 부르기도 한다. 어머니는 이리부인伊利夫人 412년에 내물왕의 아들인 복호卜好를 고구려에 볼모로 보내고, 417년에는 내물왕의 아들인 눌지訥池를 죽이려 했다가 도리어 죽고 말았다.

제19대 눌지왕訥池王(재위 417~458)

내물왕의 아들. 왕비는 실성왕의 딸. 438년에 우거법牛車法을 만들었고, 455년에 백제와 동맹을 맺었다. 이때에 묵호자가 신라에 불교를 전했다.

제20대 자비왕慈悲王 (재위 458~479)

눌지왕의 장남. 어머니는 실성왕의 딸인 아로부인이며, 왕비는 미사흔의 딸 김씨. 459년 왜인들의 침입을 격퇴하고 474년 고구려가 백제를 침범하자 백제의 요청으로 나제동맹을 맺고 백제에 군사를 보냈으나 시기를 놓쳐 그대로 돌아왔다

제21대 소지왕炤智王(재위 479~500)

자비왕의 맏아들. 소지왕을 조지왕·비처왕이라 부르기도 한다. 왕비는 선혜부인. 487년에 처음으로 각 지방에 우편역을 설치하고 도로를 수리했으며 시장을 열기도 했다.

제22대 지증왕智證王(재위 500~514)

내물왕의 증손자이며 갈문왕 습보習寶의 아들. 소지왕이 후사 없이 죽자 대신들의 추대로 즉위하였다. 농사를 장려하여 우경 법을 만들고 국호를 사로·사라에서 신라로 정했다. 또 마립간 등의 칭호를 폐지하고 왕이라는 칭호도 처음 사용하였다. 512년에는 이사부를 시켜 우산국을 정벌하였다.

제23대 법흥왕法興王(재위 514~540)

성은 김씨, 이름은 원종 · 지증왕의 아들. 어머니는 연제 부인이며, 부인은 노도부인 박씨. 517년에 처음으로 병부를 설치하고 520년에 율령을 반포했으며 불교를 국교로 삼았다. 536년 건원建元이라는 연호를 사용했다.

제24대 진흥왕眞興旺(재위 540~576)

지증왕의 손자이며 갈문왕 입종의 아들. 어머니는 법흥왕의 딸 식도부인이며, 왕비는 사도부인 박씨 · 7세에 왕이 되어 태후가 섭정했다.

국토를 확장하여 한강 유역을 차지하였고 새로 개척한 땅에는 순수비를 세워 창녕 · 북한산 · 황초령, 마운령의 비가 지금까지 전해진다. 576년 화랑제도를 두어 삼국통일의 기초를 마련했다. 545년에는 이사부에게 명하여 국사國史를 정리하게 하였고, 546년에 중이 되었다. 551년 우륵을 후대하여 음악을 보급했다.

제25대 진지왕眞智王(재위 576~579)

진흥왕의 둘째 아들, 어머니는 사도부인. 상대등 거칠부에 나랏일을 맡기고 진나라에 조공을 바치며 수교했다.

제26대 진평왕眞平王 (재위 579~632)

성은 김씨. 이름은 백정. 진흥왕의 손자이며, 태자 동륜의 아들 어머니 갈문왕 김현종의 딸 만호부인, 고구려 침공에 대항하여 수나라와 수교를 했으며, 594년 수나라 황제로부터 상개부 낙랑군공 신라왕에 봉해졌다.

수나라가 망하자 621년 당나라와 수교했고 위화부, 선부 시 · 예부 등의 관청을 설치하였다.

제27대 선덕여왕善德女王(재위 632~647)

성은 김씨, 이름은 덕만. 호는 송조황고. 진평왕의 맏딸로 어머니는 마야부인 김씨. 진평왕이 아들 없이 죽자 백성들에 의해 왕이 되었다. 김유신, 김춘추, 알천 등의 보필로 좋은 정치를 하다가 647년에 죽었다.

첨성대, 황룡사 9층탑 등을 세우고 불교를 도입했다.

28대 진덕여왕眞德女王(재위 647~654)

성은 김씨, 이름은 승만. 진평왕의 어머니 동생인 갈문왕 국반의 팔로 어머니는 월평부인 박씨.

648년에 김춘추를 당으로 보내어 백제의 공격을 위한 군사 원조를 받고, 650년에 법민을 당나라에 보내이 친히 지은 <태평송>을 바치고 당나라 연호 영휘를 사용하는 등 사대事大의 예를 갖추어 환심을 샀다. 한편 국내에서는 국력의 충실을 꾀하여 삼국통일의 토대를 마련하였다.

제29대 태종무열왕太宗武烈王(재위 654~661)

성은 김씨, 이름은 춘추 이찬 용춘의 아들이며, 어머니는 진평왕의
천명부인 김씨. 왕이 되기 전에는 김유신과 함께 선덕·진덕의 두 여왕
을 보필하여 삼국통일의 대업을 도모하고 여러 차례 당나라를 오가며
외교적·군사적으로 도움을 받아 삼국통일의 기초 작업을 진행시켰다.
최초의 진골 출신 왕이다.

660년 나·당연합군을 만들었고, 왕자 법민(문무왕)과 김유신 등에
5만의 군사를 주어 백제를 공격하여 멸망시켰다.

661년 당나라가 고구려 정벌을 위해 군사를 보냈으나 삼국통일을 보
지 못한 채 죽고 말았다.

제30대 문무왕文武王(재위 661~681)

이름은 법민, 태종무열왕의 맏아들. 어머니는 문명왕후이고, 왕비는
진찬 선품의 딸 자의왕후. 660년에 김유신과 함께 당군과 연합하여 백
제를 격멸하였다. 668년에 고구려를 멸망시키고 당나라 군사를 북으로
추방시켜 삼국을 통일 하였다.

제31대 신문왕神文王(재위 681~692)

이름은 정명, 명지, 자는 일초日草·문무왕의 맏아들. 어머니는 자의
왕후이며, 왕비는 김흠돌의 딸.

665년(문무왕 5년)에 태자로 책봉되었다가 왕이 된 후, 반란을 일으
킨 김흠돌을 죽이고 황비를 폐위시켰다. 682년 국학國學을 세우고 9주

를 설치했으며, 689년에 관리에게 주던 녹읍제祿邑制를 폐지하여 조租로써 대치했고, 문화부흥에 힘써 설총·강수 같은 대학자를 배출하는 등 신라의 전성시대를 이루었다.

제32대 효소왕孝昭王(재위 692~702)

성은 김씨, 이름은 이홍·이공, 신문왕의 맏아들. 691년(신문왕 11년) 태자로 책봉되고 즉위하여 모든 관제를 정비하고 당·일본 등과 수교하나 693년 처음으로 의학박사를 두었으며, 695년 서시전과 남시전을 설치하고 699년 창부를 두었다.

제33대 성덕왕聖德王(재위 702~737)

이름은 홍광. 효소왕의 친동생. 왕비는 성정왕후 김씨, 계비인 김순원의 딸 소덕왕후에게서 승경(효성왕), 헌영(경덕왕)의 두 왕자를 낳았다 718년 처음으로 누각을 만들었고, 732년 발해를 정벌하려 했으나 뜻을 이루지 못했다.

제34대 효성왕孝成王(재위 737~742)

성은 김씨이며 이름은 승경. 성덕왕의 둘째 아들이며 왕비는 이찬 순원順元의 딸 혜명부인 김씨, 740년 후궁이 왕비의 질투로 살해된 것에 분개한 후궁의 아버지인 파진찬 영종永宗이 역모를 꾀하자 이를 잘 처리했다. 죽은 후 유언에 따라 법류사 남쪽에 화장하여 그 뼛가루를 동해에 뿌렸다.

제35대 경덕왕景德王(재위 742~765)

이름은 헌영, 효성왕의 동생, 왕비는 이찬 순정의 딸 김씨와 서불한 김의충金義忠의 딸인 만월부인. 혜공왕은 만월부인의 소생이다. 당나라의 문화를 수입하여 신라 문화의 황금시대를 이루었으며, 불교 중흥에 힘써 황룡사의 종鐘을 만들고 당나라와 친교를 굳혔다.

제36대 혜공왕惠恭王(재위 765~780)

경덕왕의 맏아들. 성은 김씨, 8세에 왕이 되어 태후가 섭정하였다. 왕위에 있을 때 흉년이 들어 민심이 좋지 않았으며 왕은 사치와 방탕을 일삼아 정치가 분란했다. 여러 차례 반란이 일어났으며, 780년 이찬 김지정의 반란으로 왕비와 함께 반란군에게 살해당했다.

제37대 선덕왕宣德王(재위 780~785)

성은 김씨, 이름은 양상. 내물왕의 후손 효방의 아들. 어머니는 성덕왕의 딸 사소부인이며, 왕비는 각간 양품의 딸 구족부인. 764년 이찬으로 시중이 되었고 774년 이찬으로 상대등이 되었다. 780년 이찬 김지정이 반란을 일으키자 이찬 김경신(원성왕)과 함께 살해하고 왕위에 올랐다.

선덕왕은 785년에 죽었는데 그의 유언에 따라 불법으로 화장하여 뼈를 동해에 뿌렸다.

제38대 원성왕元聖王(재위 785~798)

성은 김씨, 이름은 경신 780년 이찬으로 있을 때 상대등 김양상(선덕왕)과 함께 김지정의 난을 평정하고 상대등에 올랐다. 왕이 되어 독서출신과를 두어 인재를 등용하였고, 290년에 벽골제를 중축하여 농사를 장려 했다.

제39대 소성왕昭聖王(재위 798~800)

이름은 준. 원성왕의 태자인 인겸의 아들, 어머니는 정목왕후 김씨. 아버지 인겸이 왕위에 오르지 못하고 일찍 죽어 왕세손으로 왕위에 올랐으나 2년 만에 죽으니 그 후부터 신라는 왕위쟁탈전이 벌어지게 되었다.

제40대 애장왕哀莊王(재위 800~809)

이름은 청명, 중희. 소성왕과 계화부인의 아들, 13세에 왕이 되어 숙부인 언승이 정치를 했다. 801년에 태종무열왕과 문무왕의 묘당廟堂을 세우고 해인사를 창건했다. 일본과도 친선을 맺어 사신이 자주 왕래했다. 809년 숙부 언승과 제옹의 반란으로 살해되었다.

제41대 헌덕왕憲德王(재위 809~826)

성은 김씨, 이름은 언승. 791년 제공의 반란을 진압하고 795년에 재상에 올랐다. 809년 조카인 애장왕을 죽이고 왕이 되었으며, 819년 당나라 헌종의 요청으로 군사 3만 명을 파견했으며, 300리에 달하는 폐강 장성을 쌓기도 하였다.

42대 흥덕왕興德王(재위 826~836)

이름은 경휘 · 원성왕의 손자이고 아버지는 김인경. 즉위하여 당나라에 사신을 보내 신라왕으로 책봉되고, 828년 대아찬 김우징(신무왕)을 시중에 임명하고 장보고를 청해진 대사로 삼아 해적을 막게 하였다.

829년 당나라에서 차의 씨를 가져와서 재배했고, 죽은 뒤에 유언에 따라 안강현 북쪽 장회 부인의 능에 합장되었다.

제43대 희강왕僖康王(재위 836~838)

성은 김씨, 이름은 제륭. 원성왕의 손자이고 김헌정의 아들 흥덕왕이 죽자 김헌정의 동생 김균정과 왕위 다툼을 하다 김명(민애왕), 이홍의 도움으로 왕이 되었다. 이에 김명을 상대등 이홍을 시중에 임명했으나 838년 김명과 이홍이 반란을 일으키자 스스로 목을 매어 자결했다.

제44대 민애왕閔哀王(재위 838~839)

성은 김씨, 이름은 명明. 원성왕의 증손이며, 대아잔 충공의 아들. 836년 제륭(희강왕)과 균정이 왕위다툼을 할 때, 제륭을 도와 왕이 되게 하고 자신은 상대등이 되었다. 838년 이홍과 함께 희강왕을 협박, 자살하게 하고 왕위에 올랐다. 왕이 된 지 2년 만에 김양의 부하 김우징

(신무왕)에게 살해되었다.

제45대 신무왕神武王(재위 839)

이름은 우징, 원성왕의 증손이며 상대등 김균정의 아들. 김명(민애왕) 등과 반란을 일으켜 희강왕을 죽이고 김양과 함께 아버지 김균정을 왕이 되게 하려나 실패하였다. 장보고의 힘을 얻어 김명을 죽이고 839년 4월에 왕이 되었으나, 같은 해 7월 병사했다.

제46대 문성왕文聖王(재위 839~857)

이름은 경응, 어머니는 정계부인. 왕위에 있는 동안 자주 반란이 일어나 혼란한 시대를 다스렸다. 846년(문성왕 8년)에 장보고가 반란을 일으키자 염장을 보내 죽이게 했다.

제47대 헌안왕憲安王(재위 857~861)

성은 김씨 이름은 의정 또는 우정. 859년 전국에 흉년이 들자 백성들의 어려움을 살폈고 제방을 쌓아 농사를 장려했다. 아들이 없자 왕족인 응림(경문왕)을 맏사위로 삼아 그에게 왕위를 물려주었다. 죽은 후 경주 공작지에 묻혔다.

제48대 경문왕梁文王(재위 861~875)

이름은 응렴. 희강왕의 손자. 화랑 출신으로 왕위에 올랐다.

제49대 헌강왕憲康王(재위 875~886)

이름은 정晸, 경문왕의 아들, 처용무가 크게 유행했고 사회적으로 사치와 환락이 심해지는 등 이때부터 신라는 국운이 점차 쇠퇴하기 시작했다.

제50대 정강왕定康王(재위 886~887)

이름은 황晃, 경문왕의 아들이며, 헌강왕의 아우. 이찬 김요의 반란을 막고 왕이 된 지 2년 만에 죽자 누이동생인 진성여왕이 왕위를 이었다.

제51대 진성여왕眞聖女王(재위 887~897)

성은 김씨, 이름은 만인 경문왕의 딸이자 정강왕의 누이동생. 888년 각간 위홍과 대구화상에게 명하여 향가집 ≪삼대복三代目≫을 편찬하게 했으나 전하지는 않는다.

진성여왕은 품행이 좋지 못하였다. 북원의 양길梁吉과 궁예弓裔가 반란을 일으켰으나 다스리지 못했고, 이듬해에는 완산에서 견훤이 일어나 후백제를 세워 후삼국시대가 이루어졌다. 895년 헌강왕의 서자인 요를 태자로 삼아 897년 태자에게 왕위를 물려준 다음 그해에 죽었다

제52대 효공왕孝恭王(재위 897~912)

정강왕의 서자, 895년 태자로 책봉되고 897년 진성여왕이 죽자 왕이 되었다. 898년 궁예에게 패서도浿西道와 한산주 관내의 30여 성을 빼

앗기고, 900년 서남쪽의 땅을 견훤에게 빼앗겼다. 결국 궁예와 견훤이
각각 나라를 세워 후삼국 시대가 시작되었다.

제53대 신덕왕神德王(재위912~917)

성은 박씨, 이름은 경휘. 아버지는 박예겸 어머니는 정화부인 왕비는
의성왕후 김씨 효공왕이 자식 없이 죽자 아달라왕의 손자이며 헌강왕의
사위인 신덕왕이 백성들의 추대로 왕이 되었다. 견훤과 궁예의 침입을
맞아 싸웠으나 기울어 가는 국운을 회복하지 못하고 917년에 죽었다.

제54대 경명왕景明王(재위 917~924)

이름은 승영昇英 신덕왕의 아들. 918년(경명왕 27년) 왕건이 궁예를
누르고 고려를 건국하자 고려와 손잡고 대야성大耶城을 침략한 견훤을
물리쳤으나 국력이 쇠퇴하였고, 후당後唐에 군사를 요청했으나 뜻을
이루지 못한 채 죽었다.

제55대 경애왕景哀王(재위 924~927)

이름은 위웅, 신라 말기 전란시대의 왕으로 땅의 많은 부분을 견훤에
게 빼앗겼고, 경애왕 4년 포석정에서 연회를 하다가 견훤의 습격으로
포로가 되자 그 자리에서 자살했다.

제56대 경순왕章順王(재위 927~935)

이름은 부. 문성왕의 6대손으로 신라의 마지막 왕. 경애왕이 죽은 후 견훤의 도움으로 왕이 되었다. 경순왕은 후백제의 공격으로 국력이 쇠약해진데다 고려가 강대해지자 왕건에게 항복하였다. 시호는 경순공 敬順公.

발해渤海

제1대 고왕高王(재위 699~719)

이름은 대조영大祚榮. 고구려 유민으로 요하 서쪽에서 살았으나 당의 지나친 억압정책에 반항, 고구려 유민을 모아 당군과 싸워 격파하고 말갈족을 모아 세력을 키워 699년 만주 · 동모삼에 나라를 세워 국호를 진震 연호를 천통이라 한 후 왕위에 올랐다. 영역은 5천 리에 10여만 호와 수만의 정병을 가진 큰 나라였다. 713년 국호를 발해로 바꾸고 신라와 국교를 열었으며, 당나라와 내왕이 빈번했다.

제2대 무왕武王 (재위 719~737)

연호를 천동에서 인안이라 고치고 일본과 수교하여 문물을 교환하는 한편 무력을 길러 당나라, 등추를 공격하였다(727년). 이듬해 7월 당은 발해정벌을 꾀하였으나 눈이 많이 와서 싸우지도 못하고 돌아갔다.

제3대 문왕文王(재위 737~793)

연호는 대흥. 상경용천부에 천도하고 당나라 제도를 본받아 관직제도 제정, 주지감을 세워 학문 · 교육을 장려하였으며, 당과 교역하여 재정을 강화하였다. 50년의 재위 기간으로 가장 오랫동안 왕위에 있었으며, 문치文治를 펴 한자로 된 경서를 깊이 익히고 불교와 유교사상을 강조다있다. 수도 상경은 당나라의 장안을 모방한 것으로 이는 당나라 문화의 영향을 많이 받았음을 보여준다.

제4대 폐왕廢王(재위 793~794)

3대 문왕이 주자 발해의 4대왕으로 즉위하였으나(793년) 다음해인 794년에 피살되었다.

5대 성왕成王(재위 794~795)

대굉림의 아들. 폐왕 대원의가 포악하여 그를 패하고 옹립되었다. 연호를 중흥이라고 고치고, 정경에 도읍을 정했으나 다음해에 죽고 말았다.

제6대 강왕康旺(재위 795~809)

3대 문왕의 아들, 연호를 정력正曆이라 고치고, 일본과 교류를 하는 한편 당에도 사신을 보내 문물을 교환하였다.

제7대 정왕定王(재위89~812)

강왕의 아들로 812년(정왕4년)에 신라의 사신을 접견하고 연호를 영덕이라 고쳤다.

제8대 희왕僖王(재위 812~817)

연호를 주작이라 고치고 당나라와 교통하여 문물과 제도를 수입하였으며 5년간 재위하였다.

제9대 간왕簡王(재위 817~818)

이름은 대명중, 강왕의 아들이며 희왕의 아우. 연호를 태시라고 했으나 즉위 1년 만에 죽었다.

제10대 선왕宣王(재위 818~830)

이름은 대인수太仁秀, 대조영의 아우인 대발야의 증손으로 9대 간왕의 종부, 연호를 건흥建興이라 했다. 발해 중흥의 대업을 이루었으며 당나라의 영향을 받아 국명을 해동성국이라고 불렀다. 여러 부족을 토벌하여 국토를 개척하고 전국을 5경 16부 62주로 고치고, 학술을 진흥시키는 등 전성기를 이루었다.

제11대 이진왕彛震王(재위 830~858)

선왕의 손자. 선왕이 죽자 즉위하여 연호를 화함和咸으로 고치고 28년간 발해를 다스렸다.

제12대 건황왕虔晃王(재위 858~870)

이진의 아들. 연호를 새로 만들지 않고 부왕 때 쓰던 연호를 그대로 사용하였다.

제13대 경왕景王(재위 870~901)

이름은 대현석大玄錫 당·일본과 사신을 교한하면서 서로의 문물을 주고받았다.

제14대 애왕哀王(재위 901~926)

이름은 대인선大諲譔926년(애왕 26년) 부여성에서 거란의 야율아보기耶律阿保機에게 포위되어 패배하니, 발해는 14대 228년 만에 멸망하였다. 세자 광현은 백성 수만호를 이끌고 고려로 귀순했다.

고려

제1대 태조太祖(재위 918~943)

이름은 왕건王建. 아버지는 왕융王隆, 어머니는 위숙황후 한씨.900년에 궁예를 섬겨 광주·충주·청주 등을 공격하여 아찬의 벼슬에 올랐고 경상도와 전라도 지방에서 견훤의 군사를 격파하였다. 그리고 정벌한 지방의 구제사업에 힘써 백성의 신망을 얻었고 시중의 벼슬을 지냈다.

918년에 민심을 잃은 궁예 대신에 홍유, 배현경 등이 추대하여 왕이 된 후 국호를 고려라 하고 수도를 송악으로 옮겼다. 융화·북진·숭불정책을 3대 건국이념으로 삼았다. 935년 신라 경순왕敬順上을 맞아 신라를 통합하고, 936년에 후백제를 공격하여 마침내 후삼국을 통일했다.

제2대 혜종惠宗(재위 943~945)

태조의 맏아들. 태조를 따라 후백제를 쳐서 공을 새우고 왕위에 오른 후 여러 차례 왕규에게 살해될 뻔했으나 이를 처치하지 못하고 항상 신변 보호에 힘쓰다가 죽었다.

제3대 정종定宗(재위 945~949)

이름은 요堯, 자는 의천義天, 태조의 둘째 아들. 신명 왕후 유劉씨의 소생. 혜종의 뒤를 이어 945년 왕위에 오르자 왕규를 처형하고 난을 평정했다. 불법佛法을 믿고 도참설에 미혹되어 도읍을 서경으로 옮기려다 뜻을 이루지 못하고 세상을 떠났다.

제4대 광종光宗(재위 949~975)

이름은 소昭. 자는 일화日華, 시호는 대성大城, 정종의 친동생이자 태조의 셋째 아들. 비는 태조의 셋째 딸 대목황태후 황보皇씨. 즉위한 뒤에 권신, 부호의 세력을 누르고 근친결혼을 장려하여 외척의 폐를 없애려 하였다. 노비안검법을 만들어 귀족세력을 악화시키고 노비를 많이 해방시켰으며, 958년(광종 9년)에는 주나라로부터 귀화한 쌍기의 건의를 받아들여 처음으로 과거제를 실시하여 인재를 등용하였다. 또한 불교를 독신하였으며 동북·서북면의 개척에 주력하여 많은 지적을 남겼으나 만년에는 무고한 살육이 많았다.

제5대 경종景宗(재위 975~981)

이름은 전, 자는 장민, 광종의 차남. 즉위하자마자 전시과를 제정하였지만 정치에 힘쓰지 않고 여색에 탐닉하여 소인小人을 가까이하고 군자를 멀리했다.

제6대 성종成宗(재위 981~997)

이름은 치治, 자는 온고溫故. 태조의 손자. 981년 경종이 위독하자 왕위에 올라 최승로 등 유학자들의 관제를 개편하고, 숭불의 폐단을 고려

하여 팔관회 등 불교적인 행사를 금하고 유교주의를 채택하였으며 서울과 지방에 학교를 세우고 학문과 농업을 장려하였다.

제7대 목종穆宗(재위 997~1009)

이름은 송이며 자는 효신. 경종의 장자, 문 · 무 양반의 전시과를 개정하고 학문을 장려하는 등 업적이 많았으나, 아들이 없어 모후 천추태후가 외족인 김치양과 간통하여 아들을 낳고 그를 왕으로 삼으려고 음모를 꾸미며, 후계자인 왕의 당숙 대량원군 순(현종)을 중을 만들어 헤치려 하였다.

이를 왕이 알아차리고 대량원군을 모시려고 강조에게 호위를 명령했으나, 강조는 도리어 목종을 폐위하고 대량원군을 왕으로 삼고 김치양 일당을 살해했다. 왕은 쫓겨나 충주로 가는 도중 살해되었다.

제8대 현종顯宗(재위 1009~1031)

이름은 순洵자는 안세, 12세 때 김치양과 사통私通으로 태어난 아들을 왕위에 올리려는 천추태후의 강요로 중이 되었다가 1009년 강조의 옹립으로 즉위했다. 그러나 강조의 목종 살해를 구실로 거란의 성종이 침략하자 강조를 보내어 이를 막게 했으나 참패당하여 남으로 피란했다. 그 후 친조(親朝:조정을 직접 통치)를 조건으로 화의가 성립되었으나 친조를 하지 않아 소배압이 침입했다. 그러자 강감찬이 섬멸했다. 대장경 제작을 시작하고 개경의 외경을 쌓는 등 거란의 침략으로 어수선한 정세를 안정시켜 문물의 재흥을 기함으로써 덕종, 정종조의 황금

시기를 마련하였다.

제9대 덕종德宗(재위 1031~ 1034)

이름은 흠欽, 자는 원량元良. 현종의 장남, 즉위한 뒤 거란에 억류된 고려인의 송환을 요구하였다. 압록강 입구로부터 영원 등 14성을 거쳐 동해안의 도련포에까지 천리롤 석축으로 장성을 쌓았다. 동ㆍ여진인 과 거란인들의 투항자가 많았으며 현종 때 시작한 국사편찬 사업도 왕 성하였다.

제10대 정종靖宗(재위 1034~1046)

이름은 향亨, 자는 신조申照. 현종의 둘째 아들로 덕종의 동생. 덕종 의 유명으로 즉위하여 1037년 거란의 침입을 받은 후 북방 경비에 전력 을 기울여 1044년 천리장성을 완성시켰다.

제11대 문종文宗(재위:1046~1083)

이름은 휘, 자는 촉유. 현종의 셋째 아들, 왕위에 즉위하자 최충에게 명하여 법률 개정에 착수하고 불교를 독실히 믿어 사찰을 건립했다. 한 편 유학도 장려함으로써 최충의 9재를 비롯하여 사학이 일어나는 등 문운의 융성시대를 일으켰다. 외교와 국방정책에서 동ㆍ여진에게는 회유책을 쓰고, 송에는 국교를 열어 친선을 도모했다. 학문을 좋아하고 서도에 능하였다.

제12대 순종順宗(재위 1083)

이름은 훈, 자는 의공, 문종의 장자로 1054년 왕태자에 책봉하여 1083년 즉위했으나 그해에 죽었다.

제13대 선종宣宗(재위 1083~1094)

이름은 운·문종의 둘째 아들이자 순종의 친동생 어려서부터 총명하고 지식이 넓어 경사經史에 밝았다. 재위 기간 중 처음으로 승과를 설치하는 등 불교진흥에 힘썼다.

제14대 헌종獻宗(재위 1094~1095)

이름은 욱, 선종의 원자 어려서부터 서화에 능하고 총명했으며 즉위하자 이자의 난을 평정하고, 다음해 신병으로 숙부 계림공 희(숙종)에게 양위한 뒤 후궁에 있었다.

제15대 숙종肅宗(재위 1095~1105)

이름은 웅, 자는 천상. 문종의 3남이자 순종의 아우, 조카인 헌종이 어려서 왕위에 오르자 왕위를 빼앗아 1095년에 즉위하였다.

고려의 황금시대로서 국내가 평안하였고 해동통보와 은병을 주조하였고 많은 불회를 열었다. 1104년 여진족인 완안부의 우야소가 침입하자 임간을 보내어 방어하게 하였으나 실패하자 다시 윤관을 보내어 화약和約을 체결했다. 윤관의 건의로 군비확충에 착수하려 했으나 서경에 행차하다가 병을 얻어 돌아오던 도중에 죽었다.

제16대 예종睿宗 (재위 1105~1122)

이름은 우, 자는 세민世民, 숙종의 태자로 윤관에게 명하여 여진을
치게하고 9성을 쌓게 하였다.

제17대 인종仁宗(재위 1122~1146)

이름은 해, 자는 인표. 예종이 맏아들로 어머니는 순덕왕후 이李씨,
1126년(인종4) 이자겸에게 옹립되어 즉위했다. 이자겸의 난이 일어
나자 척준경 등을 시켜 난을 평정하고 이자겸을 귀양 보냈다. 묘청의
서경천도, 금국정벌론에 찬성했으나 김부식 일파의 반대로 좌절되었
고, 1135년 묘청이 반란을 일으키자 김부식으로 하여금 평정케 하였다.
어려서부터 재주 가 있었고 음률·서화에 능하여 문운文運을 일으켰
으며, 김부식에게 명하여 ≪삼국사기≫를 편찬하게 하였다.

제18대 의종毅宗(재위 1146~1170)

이름은 현現, 자는 일승日升 인종의 맏아들. 행동이 좋지 못하여 문
신들과 매일같이 호사스러운 연회를 께풀변서 무신을 경멸하였다.
1170년 정중부의 반란으로 폐위되어 거제도로 쫓겨났다가 감보당의
복위운동이 실패한 뒤 살해되었다.

제19대 명종明宗(재위 1170~1197)

인종의 셋째 아들이자 의종의 친동생, 1170년 정중부의 추대로 왕이 되었다. 무신들을 제거하기 위해 김보당, 조위총 등의 난이 일어났으며, 뒤이어 전주에서 농민반란이 일어나는 등 국내 정치가 극도로 어수선했다.

1197년에 최충헌에 의해 왕위에서 쫓겨났다.

제20대 신종神宗(재위 1 197~1204)

이름은 탁. 인종의 다섯째 아들. 1197년 최충헌에 의해 왕에 옹립되었다.

즉위한 해 5월에 만적의 난에 이어 진주 · 경주 합천의 난, 경주 · 광주의 난 등 반란이 해마다 일어났다. 1204년 빙이 심하여 태자에게 왕위를 물려주었다.

제21대 희종熙宗(재위 1204~1211)

신종의 맏아들. 권신 · 최충헌의 횡포가 심하자 왕준명과 함께 그를 죽이려다 실패하고 도리어 최충헌에 의해 폐위되어 강화로 쫓겨났다가 1215년 교동에 옮겨졌다. 1227년 복위 음모가 있다는 무고로 다시 교동에 유배되어 죽었다.

제22대 강종康宗(재위 1211~1213)

명종의 맏아들로 1197년 최충헌에게 쫓겨 부왕과 함께 강화도로 갔다가 1210년에 소환되었다. 이듬해 희종을 폐하고 최충헌에게 옹립되어 왕위에 올랐다.

제23대 고종高宗(재위 1213~1259)

이름은 철. 강종의 맏아들, 1212년 태자로 책봉되고 이듬해 강종의 뒤를 이어 즉위하였지만 최씨의 무단정치로 실권을 잡지 못하다가 1258년에 최의가 살해되자 정권을 되찾았다. 재위 기간 중 거란 · 몽고 등 북방민족의 침입으로 타격이 컸지만 8만대장경을 조판하는 등 문화적인 업적을 남겼다.

제24대 원종元宗(재위 1259~1274)

이름은 식, 자는 일신. 고종의 장자, 태자에 책봉된 후 원나라에 들어가 조정에 참여케 하고 고종이 죽자 다음해에 즉위했다. 권신 · 임연에 의해 폐위되었다가 원나라의 질책으로 복위되었다. 1270년 삼별초의 난이 일어났고 원의 일본 정벌을 돕기 위해 전함 300척을 만들게 하였으나 일본 원정을 보지 못하고 죽었다.

제25대 충렬왕忠烈王(재위 1274~1308)

이름은 거이며 원종의 장자, 1271년 원나라에 가서 원세조의 딸과 결혼하고 살다가 1274년 원종이 죽자 돌아와 왕위에 올랐다. 즉위한 10월 원나라 세조의 강요로 일본 정벌을 위한 군사를 파견했다가 태풍으로 피해를 입고, 1281년 김방경이 원병과 같이 2차 일본 정벌을 단행하였으나 또 실패했다. 원나라의 문물과 제도를 받아들이고 원의 간섭이 많아 자주성을 잃기도 하였다.

제26대 충선왕忠宣王(재위 1308~131 3)

이름은 장璋이며 충렬왕의 아들로 어머니는 원나라 세조의 딸 제국대장 공주이나. 비는 원나라 진왕 감마라의 딸 계국대장 공주, 1277년 세자에 봉해지고 1297년 충렬왕의 측근에서 횡포가 심하던 궁인 무비無比와 도성가 최세연을 죽여 기강의 확립을 기도했다.

1308년 심양왕에 봉해졌고 1313년 원나라에 가서 만권당을 세우고 본국에 가서 이제현을 불러 조맹부 등과 교류하게 하는 등 문화 교류에 크게 이바지 했다.

제27대 충숙왕忠肅王(재위 1313~1330)

충선왕의 둘째 아들. 1313년 강릉대군으로 있다가 즉위했다. 아버지 충선왕은 상왕으로 있으면서 조카 연안군 고를 삼양왕 세자로 삼아 양위하고 원나라 양왕의 딸을 맞게 하자 심양왕이 왕위를 노리게 되었다. 이리하여 1329년 원에게 양위한 것을 정하고 다음해에 양위하니 이가 충혜왕이다.

제28대 충혜왕忠惠王(재위 1330~1344)

충숙왕의 세자. 원나라에 있다가 1330년 충숙왕의 양위로 왕위에 올랐다.

1331년 충숙왕이 다시 왕이 되자 충혜왕은 다시 원나라로 갔다. 왕이 음란하여 원나라 사신들이 들어와 왕을 붙잡아서 귀양 보내니 1344년 귀양가던 도중 악양에서 죽었다.

제29대 충목왕忠穆王(재위 1344~1348)

이름은 흔. 충혜왕의 태자. 8세에 왕위에 올라 전조의 폐정을 고칠 것을 선언하고 세력 있는 사람들 손에 독점되어 있던 녹과전을 주인에게 돌려주었다.

제30대 충정왕忠定王(재위 1348~1351)

충혜왕의 서자로 원제의 병으로 12세에 즉위했다. 외척 윤시우와 배전 등이 권세를 부려 정치를 문란하게 하였고 밖으로는 왜구의 침입이 심하였다. 충혜왕의 동생 기가 원나라 위왕의 딸인 노국공주와 결혼하고 세력을 얻어 재위 3년 만에 폐위되고 공민왕이 즉위했다.

제31대 공민왕恭愍王(재위 1351~1374)

충숙왕의 둘째 아들 1341년 원나라에 가서 위왕의 딸 노국공주를 아내로 맞아 충정왕을 폐위하고 왕위에 올랐다. 원나라를 배척하고자 해서 원나라의 황실과 인척관계로 권세를 부리던 귀족 기씨 일파를 숙청하고 쌍성총관부를 폐지하는 한편 요동에 남아 있는 원의 세력을 소탕하였다. 또 동녕부와 정방을 폐지한 후 신돈을 기용해서 정치의 개혁을 난행하였다.

그러나 공민왕 9년과 10년에 홍건적과 왜구가 쳐들어와 국운이 기울고 노국공주가 죽자 왕비만을 추모한 나머지 불심에만 전념하여 나랏일을 신돈에게 맡기니 그의 횡포가 나라를 더욱 어지럽게 했다.

결국 최만생에게 암살당했다. 공민왕은 글씨와 그림에 능숙해 그의 천산대렵도가 덕수궁 미술관에 보관되어 있다.

제32대 우왕禑王(재위 1374~1388)

신돈의 첩 반야의 소생이라고 하지만 이는 이성계가 조선을 건국하기 위한 계략으로 보는 견해도 있다. 공민왕이 승하한 후 열 살의 어린 나이로 왕이 되었으나 점차 성장해감에 따라 음탕한 생활을 하였다. 이 시기에 왜구의 침입이 극성하였고 나라의 기강이 극도로 문란했으므로 차츰 이성계가 두각을 나타내었다.

1388년 배명정책을 세워 최영과 요동정벌을 하고자 했으나 이성계의 위화도 회군으로 구세력의 몰락과 함께 이성계에 의해 경산부에 안치되고 그의 친척과 일당은 귀양 또는 처벌을 받았다.

제33대 창왕昌王(재위 1388~1389)

우왕의 아들로 이성계가 우왕을 내쫓은 뒤 이색, 조민수 등이 창왕을 내세웠다.

　그러나 왕王시가 아니고 신씨라 하는 이성계의 고집으로 재위 1년 만에 강화도로 쫓겨나 열 살 때 피살되었다.

제34대 공양왕恭讓王(재위 1389~1392)

　신종神宗의 7대손. 이성계 일파를 반대한 정몽주가 살해당하자 조준 · 정도전 · 남은 등은 이성계를 왕으로 추대하고, 공양왕은 원주로 추방된 후 공양군으로 강등되었다가 삼척에서 피살되었다.

조선

•형제의 화목

A.D 조선 1대 태조 6년 2대 정종 2년 3대 태종 18년 태종대왕(太宗大
王)에게는 아들 삼형제가 있었다. 태자(太子)가 양녕대군 둘째가 효령
대군 셋째가 충령대군이다.

형들은 뛰어난 동생 충령대군에게 왕이 되도록 하였다. 즉 태자 양녕
은 양위할 생각을 갖고 거짓 미치광이가 되어 폐위되고 효령은 불교에
심취하여 중우 되어 승도(僧徒)를 모아 불경(佛經)을 강론하며 입산(入
山)하였다.

부득이 충령은 두 분의 위(位)를 받아 임금이 되었는데, 그가 곧 세종
대왕(世宗大王)이다. 그는 한글을 창제(創製)하고, 선정을 베풀어, 오늘
날까지도 온누리에 존경을 받고 있을 뿐만 아니라, 그런 분이 있음을
세계에 자랑하고 있으며 형제의 화목으로 복된 결과가 생긴 것이며 과
학적 원리를 담은 훈민정음을 만들었다.

제 1대 태조太祖(재위1392~1398)

이름은 이성계李成桂 함경도 영흥에서 이자춘의 아들로 태어났다 어
려서부터 지혜롭고 용맹스러웠으며 특히 활을잘 쏘았다

1356년 원나라의 쌍성총관부를 공격하여 이때부터 이름을 떨치기
시작하였다

1361년에는 홍건적 1380년에는 왜군을 황산에서 크게 무찔렀다 우

왕때 우군통도사가 되어 요동 정벌을 명받았으나 이에 반대하고 위화도에서 돌아와서 최영 정몽주 등을 몰아내고 새로운 나라를 지금의 서울인 한양에다 세우고 나라의 이름을 '조선'이라 하였다

송유배불정책과 농사를 중히 여기는 중농정책, 국제적평화를 유지하기 위해 명나라를 잘 섬기는 사대교린정책을 썼다. 또 관청제도 병사제도 토지제도 등을 정비하여 나라의 기반을 튼튼히 마련하기에 힘썼다.

그러나 와우이를 계승하려는 아들들의 피비린내 나는 싸움으로 방석과 방번 형제가 죽자 정치에 뜻을 잃고 왕위를 둘째 아들 방광에게 물려주고 고향인 함홍으로 내려가 74세로 세상을 떠났다.

제 2대 정종定宗(재위1398~140)

이름은 방광 태조의 둘째 아들 성품이 인자하고 용맹과 지혜가 뛰어나 고려 때에는 정상까지 지냈다.

조선이 세워지자 연안군에 봉해졌다. 1398년 제1차 왕자의 난으로 세자가 되고 태자의 뒤를 이어 왕위에 올랐다가 1400년 제2차 왕자의 난이 일어나자 동생 방원을 세자로 삼았다. 관청제도를 개선하고 서울 5부에는 학교를 세웠다.

제 3대 태종太宗(재위1400~1418)

이름은 방원 태조의 다섯째 아들 아버지 이성계 밑에서 활약하여 선진세력의 기반을 닦는데 큰역할을 하였다. 조선이 개국되자 정안군에 봉해졌으며 제1,2차 왕자의난을 통하여 1400에 왕이 되었다.

사병제를 폐지하고 병권을 일원화하였으며 불교를 배척하고 유교를 숭상하는 정책을 강화하여 절들을 정리하고 사찰에 소속된 토지와 노비를 몰수하였다 또한 지금의 주민등록증과 같은 '호패법'제도를 실시하였으며 구리로 된 '계미자' 라는 새활자를 만들었다 국방에도 힘을써 여진(아인)을 격파시키고 신문고 제도를실시하고 '저화'라는 종이돈을 만들어 내는 등 국정 전반에 안정을 기했다

제 4대 세종世宗(재위1418~1450)

이름은 도 태조의 셋째아들 어려서부터 총명하고 영리하였으며 22세의 나이로 왕이 되어 궁중에 집현전을 설치(1420년)하고 학문연구애 힘썼다.

정인지, 성삼문, 신숙주 등 집현전의 유능한 젊은 학자들과 같이 훈민정음(한글)을 만들어(1443년) 3년간의 시험 끝에 1446년에 반포하여 온백성이 쉽게 배우고 쓸 수 있게 하였다.

또한택을 발간하는데 필요한 활자와 인쇄술을 개량하여 경자자 갑인자 병진자 등의 구리활자를 만들어 친히 지은 『월인천강지곡』, 『고려사』, 『삼강행실도』, 『치평요랑』, 『농사직설』, 『8도지리지』, 『의방유취』 등을 펴냈다. 그리고 박연으로 하여금 악기 악보 등을 종합 정리하게 하였고 장영실, 이천 등에게 명하여 해시계, 물시계, 측우기 등의 전문기계를 발명하게 하였다.

한편 김종서를 시켜 두만강 방면에는 진을 최윤덕을 시켜 압록강 방면에는 4군을 설치해 야인(여진족)을 물리쳤고 군산훈련과 무기제조 병선개량에 힘썼다.

1419년에는 이종무로 하여금 왜구의 소굴인 쓰시마섬을 정벌하게
하였으니 왜(일본)가 무역해 줄 것을 애원하여 삼포(재포.부산포, 염포)
를 개항하였다.

세종은 32년 동안 왕위에 있으면서 정치 외교 문화 등에 크게 이바지
하여 우리나라 역대 임금 가운데 가장 찬란한 업적을 남겼다.

제 5대 문종文宗(재위1450~1452)

이름은 구 세종의 아들 1421년 세자에 책봉되어서 20년 동안 세자로
있으면서 선왕을 도왔다. 학문에 밝고 인품이 너그러웠으며 이재를 고
르게 등용하고 세종의 뜻을 받들어 서적 편찬과 순제 개편 등 정치의
안정에 힘썼으나 몸이 허약하여 왕이 된지 2년만에 병으로 죽었다.

제 5대 단종端宗(재위1452~1455)

이름은 홍위 문종의 아들 문종이 일찍 죽자 1452년 12세의 어린나이
로 왕이 되었으나 1455년 권남.한명회의 강요로 왕위를 수양대군에게
물려주고 상왕이 되었다. 1456년 사육신이 그의 복위를 꾀하다가 발각
되어 죽을 당하자 영월로 유배되어 일반 서민의 신분으로 직위가 내려
갔으며 17세의 어린 나이로 세조에 의해 자살을 강요당했다.

제6대 세조世祖(재위1455~1468)

세종의 둘째 아들이며 문종의 동생 성격이 호탕하고 활쏘기에 능했

으며 병법에 밝았다. 문종이 일찍 죽고 단종이 12세의 어린 나이로 즉위하자 1453년 계유정난을 일으켜 많은 신하들을 죽이고 1455년 왕이 되었다.

1458년에는 상평창제도를 실시하여 빈민을 구제하였으며 1460년에는(잠서)라는 한글본을 펴내기도 하였다.

1464년에는 (금강경언해) 을 편찬하고 팔봉통보를 만들어 평상시에는 돈으로 전쟁 때에는 화살촉으로 쓰게 하였다. 또한 불교에 관심을 갖고 1465년 서울에 원각사를 세우고(원각경)을 편찬하였다.

세조는 무역으로 왕이 되긴 하였지만 왕위에 있는 14년 동안 정지 외교 국방 서적간행 병기제조 토지제도 및 관제의 개혁 등 눈부신 업적을 쌓아 조선 초기의 왕권 확립에 크게 공헌하였다.

제 8대 예종睿宗 (재위1468 1469)

이름은 광 세조의 둘째아들 처음에는 해야대군에 봉해졌다가 1457년 (세조3년) 세자로 책봉되었다 1468년 세조가 위독하자 왕이 되었다. 왕이 되자 직전수조법이란 것을 재정하였으며 관제를 개혁하고 최항 등 여러 학자들에세(경국대전)을 편찬하게 하였다 왕이 된지 1년 만에 죽었기 때문에 치적이 별로 없다.

제 9대 성종成宗(재위1469~1494)

세조의 손자이며 추존왕덕종의 아들 덕종이 왕이 될 예정이었으나 일찍 죽어 그의 아들 혈이 13세의 나이로 왕위에 올랐다. 7년간 세조비정희대비가 보필해주었으며 1476년부터 직접 정치하기 시작하였다. 학문을 좋아하고 정치를 잘하여 조선의 초장기를 융성하게 만들었다.

또한 법령을 정리하여 기본 법전인 (경국대전)을 완성하였으며 (대전속록)(동국여지승람)(동국통감) 등 많은 책을 펴냈다.

홍문관을 넓히고 독서당과 양현고를 설치하는 등 교육과 문화의 발전에도 힘썼다.

제 10대 연산군燕山君(재위1494~1506)

성의 아들로 1483년 (성종14년)에 세자로 책봉되었으며 서거정에서 학문을 배웠다. 왜군을 격퇴하고 여진족을 토벌하는 등 국방에 힘썼으며 사창(흉년이 들었을 때 곡식을 꾸어 주는 기관)과 상평창(물가조정 기관)을 설치하고 (국조보감)(동국명가집)등을 간행하였으며(속 국조보감)(여지승람) 을 완성하는 등 즉위 초에는 선정을 베풀었다. 그러나 어머니 윤씨가 사약을 받고 죽은 사실을 알게 된 후부터는 향락과 횡포를 일삼고 많은 실정을 저질렀다.

1498년 무오사회와 1504년 갑자사화를 일으켜 많은 선비와 충신들을 학살하였고 언문교육을 금지하였으며 사간원과 경영을 폐지하였다. 연산군의 회포가 심해지자 성희안, 박원종 등이 난을 일으켜 그의 동생인 진성대군(중)을 왕으로 추대하였다. 강화에 유배되었다가 죽었다.

제 11대 중종中宗(제위1506~1544)

성종의 둘째 아들이며 연산군의 동생 연산군이 포악한 정치를 하여 폐위되자 왕으로 추대되었다. 부패한 정치를 개혁하기 위하여 미신을 타파하고(소학) 과 (이륜행실)등을 간행하였으며 (경국대전) 과 (대전속록) 을 발행하여 법률제도를 확실히 하였고 주자도감을 설치하였다.

1515년부터 조광조를 등용하여 이상 정치를 하려고 하였으나 신진 세력의 가격한 개혁에 훈구파의 반발을 사 1519년 남곤 .심정 등의 모함으로 기묘사화를 일으켜 많은 사림파 선비들을 죽였다. 1540년에는 역대 실록을 등사했고 1545년에는 훈구파의 횡포가 극심항 을사사화를 일으켰다.

제 12대 인종宗 (재위1544~1545)

중종의 맏아들로 어머니는 장경왕후. 1520년(중종15년) 세자에 책봉되었으며 1544년 즉위하여 이듬해 기묘사화로 없어진 현량과를 다시 설치했다

제 13대 명종明宗(재위1545~1567)

중중의 둘째 아들이며 인종의 동생 12세로 왕위에 올라 어머니 문정왕후의 섭정을 받았다. 그러자 문정왕후의 동생 윤원형의 소윤 일파가 을사사화를 일으켜 정권을 잡았다. 그리고 문정황후와 가깝던 승려 보우가 세력을 얻어 불교를 중흥시켰다.

1565년 문정왕후가 죽자 윤원형 일파를 몰아내고 권문세가들의 토지를 몰수하여 다시 분배하였고 (경국대전주해) 등을 편찬하게 하고 (경국대전)의 원전과 그 속전을 간행했다. 또 을사사화로 몰락한 선비

들을 다시 등용하여 선정을 하려 했으나 뜻을 이루지 못하고 죽었다.

제 14대 선조 宣祖(재위1567~1608)

덕흥대원군의 셋째아들 하성군에 봉해졌다가 1567년 명종이 뒤를 이을 아들이 없이 죽자 왕위에 올랐다. 이황 이이 등 많은 인제를 등용하여 어진 정치를 베풀려고 노력했으나 당파싸움이 벌어져 동인과 서인으로 갈리고 동인이 다시 남북으로 갈리는 등 당쟁에 휘말려 국력이 쇠약해졌다 그틈을 타 1583년과 1587년 두차례에 걸쳐 야인의 침입을 받았다.

1592년 임진왜란이 일어나자 의주로 피난하여 명나라에 원병을청했으며 남해에서는 이순신이 일본 수근을 격파하여 1593년 10월에 환도했으나 1597년 왜군이 다시 침략하는 등 전후7년에 걸친 전란에 흉년이 거듭되어 국력이 극도로 쇠퇴해졌다. 전후에도 당파싸움은 그치지 않아전화와 당파싸움의 시련속에서 재휘41년간을 보냈다.

제15대 광해군光海君(재위1608~1623)

이름은 혼 선조의 둘째 아들 남인 이원익을 영의정에 등용하고(동의보감) 과 (신중동국여지승람)을 편찬하고 간행하였다. 당파싸움을 수습하려고 노력했으나 별다른 성과를 보지 못하고 오히려 왕 자신이 당쟁에 휘말리고 말았다.

그리하여 1613년에는 영창대군을 죽이고 계모인 인목대비마져 내쫓았으며 많은 신하들을 귀양보내는 등 수십명의 궁녀들을 데리고 문란한 생활을 하면서 포악한 정치를 하였다. 이에 참다못한 신하들이 인조 반정을 일으켜 강화도로 귀양보냈다가 다시 제주도로 보내 그곳에서 죽었다.

제 16대 인조仁祖(재위1623~1649)

이름은 종 호는 송창 선종의 손자 즉위한 이듬해 이괄의 난을 평정하였으며 1627년 청나라가 3만의 군사를 이끌고 쳐들어와 평화조약을 맺어 수습하였는데 이것이 정묘호란이다.

그런데 1636년 청나라가 다시 쳐들어와 남한산성으로 피난을 갔다 이때는 소현세자와 봉림대군을 볼모로 보낼 것을 약속하고 항복했는데 이것이 바로 병자호란이다 이두차례의 호란으로 인하여 나라는 다시 어지러워졌고 당파싸움이 격심하였다.

인조는 이러한 어려움을 겪으면서도 나라를 위해 새로운 군사 진영을 만들어 국방에 힘썼고 토지제도를 정비하여 대동법을 실시하고 많은 학자들을 등용시켜 성리학의 전성기를 이루었다.

제 17대 효종孝宗(재위1649~1659)

이름은 호이며 인조의 둘째아들 병자호란 때 소현세자와 함께 청나라에 잡혀가 8년간이나 볼모생황을 했다. 귀국하여 소현세자가 일찍 죽자 1649년 왕위에 올랐다. 그는 청나라를 정벌할 북벌계획을 세워 군사제도를 고치고 병사들을 훈련시키며 성도 다시 고쳐 쌓았다. 그러나 청나라의 힘이 더욱 강해져 북벌의 기회를 잡지 못했다.

충청도와 전라도에 대동법을 실시하였으며 김육의 건의로 상평통보를 만들어 사용했다 그리고(농가집성) 과(선수수정실록) 등을 간행하게 했다.

제18대 현종顯宗(재위1659~1674)

효종의 아들 병자호란 후 아버지 (봉림대군 뒤에 효종)가 볼모로 가 있던 청나라 선양에서 태어났다. 1644년 귀국하여 아버지가 왕위에 오르자 세자가 되었다.

왕위에 있는동안 당파싸움이 심하여 나라 안이 어지러워지고 구겸이 약화되었으며 백성들은 질병으로 많은 고생을 하였다. 전라도에 대동업을 실시하였고 두만강을 침입해 오는 여진족을 물리쳤다. 농업을 발전시키고자 토지측향사업을 하는 등 많은 노력을 기울였으나 당파싸움과 우유부단한 성격으로 정치를 제대로 하지 못했다.

제 19대 숙종肅宗(재위1674~1720)

현종의 아들이며 어머니는 명성황후 왕위에 있는 동안 전쟁에 없었으나 당파싸움은 그칠 날이 없었다. 쟁쟁한 학자들이 많이 등용되어 조선 후시 성리학의 전성기를 이루었으며 대동법과 토지개혁을 실시하였다.

1712년엔 백두산정계비를 세워 국경선을 확정시켰으며 (대전속록) 과 (신중동국여지승람) 등이 편찬되었다 1720년 병으로 돌아갔다.

제 20대 경종景宗(재위 1674~1720)

숙종의 아들 어머니인 장희빈은 궁녀였는데 숙종의 비 인현왕후에게 아들이 없자 1690년(숙종16년) 장희빈에게서 태어난 경종을 3세 때 세자로 책봉하였다. 그러나 몸에 병이 있어 세자책봉을 둘러싸고 많은 당파싸움이 있었다. 1720년 왕이 된 경종은 제대로 정치도 못하다가 4년후 병으로 죽었다. 이때가 당쟁의 최절정기였다.

제 21대 영조英祖 (재위1724~1776)

이름은 금 호는 양성헌 숙종의 넷째 아들이자 경종의 이북동생 1669년 경종에게 자식이 없어 왕이 된 영조는 당쟁을 없애기 위해 탕평책을 마련했고 가혹한 형벌을 고쳐 인권을 존중하였으며 신문고 제도를 되살려 백성의 억울한 일을 직접 고하게 했다. 또 농업을 장려하여 백성들 살림의 안정에 힘썼고 굶주린 백성의 구제사업을 했으며 균역법을 실시하여 세금제도를 합리화하였다

북방의 군사들에게 조충훈련을 시키는 등 국방대책도 힘썼고 인쇄술을 개량하여 (속대전) 과 (동국문헌비고)등 많은 서적을 발간하였으며 유능한 학자들을 발굴하여 실학의 계통을 수립하게 했다.

1762년 아들 사도세자가 공부를 게을리하고 장난이 지나치다 하여 뒤주에 가두어 살해한 비극도 있었으나 조선의 역대 왕 중 가장 긴 52년간이나 왕위에 있었고 사회, 문화. 산업. 예술 등 각 방면에 부흥의 기틀을 마련한 훌륭한 왕이다.

제 22대 정조正祖(재위1776~1800)

호는 홍제 사도세자의 아들이며 어머니는 혜경궁 홍씨 1762년 아버지 사도세자가 죽자 영조의 뒤를 이어 17777년에 왕이 되었다. 영조의 정치를 본받아 탕평책을 써 당파싸움을 막았으며 규장각을 설치하여 역대 서적을 보관하게 하였다. 또 새로운 활자를 만들어 인쇄술을 발달시켰다.

1791년 신해사옥을 일으켜 천주교를 탄압하였으나 서적 편찬에 힘을 기울였다. 제도개혁에도 힘써 약형을 금지시키고 빈민을 구제하는 법도 제정하였다. 특히 실학을 반전시켜 조선후기 문화의 황금기를 이루었다.

제 23대 순조純祖(재위1800~1834)

호는 순재 정조의 둘째아들 11세의 나이로 왕위에 오르니 영조의 계비인정순대비가 정권을 잡았는데 1801년에는 천주교 교인 200여명을 학살하는 신유사옥을 일으켰다. 1804년부터 순조가 정치하였으나 천구교에 대한 박해는 계속되어 세 차례에 걸쳐 천주교인을 학살하고 탄압하였다. 왕비 순원왕후의 아버지인 김조순을 비롯한 안동 김씨의 세도가 결정에 달했으며 1811년 홍경래의 난이 일어나는 등 나라가 어지러워지자 1827년 세자에게 대신 정치를 하게 하고 안동 김씨의 세력을 꺾으려 했으나 실패하였다.

제 24대 현종 顯宗(재위1834~1849)

호는 원헌 순조의 손자 1834년 순조가 죽자 8세의 어린나이로 왕이 되어 순조의 비인 순원황후가 정치를 맡아 했다. 안동 김씨와 풍양 조씨가 서로 정권을 잡으려고 싸움을 벌였고 순조 때와 같이 계속해서 천주교를 탄압하였다. 1941년 안도 김씨의 정권이 무너지자 현종이 직접 정치를 하였으나 나라 안팎은 더욱 문란해졌다. (동국사략)을 편찬하고 각 도에·둑을 쌓는 등의 업적을 남겼다.

제 25대 철종哲宗(재위1849~1863)

정계대원군의 셋째아들이며 형은 희평군 1849년(현종15년) 현종이 후계자가 없이 죽자 순원황후의 명으로 야인생활을 청산하고 궁중에 들어와 왕위에 올랐다. 1851년 김문근의 딸을 왕비로 맞음으로써 김씨의 세도정치가 시작되었다.

1852년부터 와잉 직적 정치를 하였으나 정치에 어둡고 안동 김씨의 세도로 정치가 극도로 문란해졌다. 백성들은 굶주림에 참다못해 진주, 제주, 함흥 등지에서 민란이 일어났다. 또한 이때 동학이 창시되어 새로운 세력으로 확대되었다.

재위 14년 동안 세도정치의 소용돌이 속에서 정치를 바로하지 못하였다.

제 26대 고종 高宗(재위)

호는 성헌 홍선대원군의 둘째아들 철종이 자식이 없이 죽자 12세의 어린 나이로 왕위에 올랐다. 아버지인 홍성대원군이 정치에 관여하였으므로 10년 동안이나 실권을 잡지 못했다. 대원군은 쇄국정책을 내세워 병인양요와 신미양요를 일으켰다. 대원군이 물러난 뒤 고종의 비인 명성황후와 그 일족의 세도정치가 시작되었고 그 뒤에는 일본의 내정 간섭이 시작되었다.

왕이면서도 왕의 행세를 제대로 하지 못한 불운의 왕이었다.

제 27대 순종純宗(재위1907~1910)

고종의 둘째 아들 어머니는 명성황후 민씨 1895년(고종12년)세자로 봉해졌다가 1897년 (광무1년) 황태자로 되었으며 1907년(융희1년) 헤이그밀사사건의 책임을 묻는 일봉의 압력과 이완용 등의 강요로 고종이 양위하자 그 뒤를 이어 즉위하였다. 그해 일본은한일 신협약을 맺어 우리나라의 군대를 해산하였으며 1908년 동양척식회사를 설립하고 이듬해 사법권을 일본에게 빼앗김으로써 점차 일본에 그 실권이 넘어갔다.

1910년 한일합방을 채결함으로써 조선왕조는 27대 518년 만에 종말을 맞았다.

제2편

인도의 철학사상의 단상

(古典과 歷史)

제1장

인도의 철학사상의 단상(古典과 歷史)

1. 깨달음의 세계

인류는 첨단과학의 발달로 물질문명의 극치에 살아가고 있다. 그러나 정신세계는 첨단 과학문명에 발맞추지 못하고 이기주의에 휩쓸려 돈과 권력 앞에 노예가 되어 예전에 없던 정신적 방황에 휩싸여 가고 있다.

인류는 더 이상 도덕과 종교를 따르지 않고 철저하게 개인이 될 것이라고 했다. 그러나 개인은 단순히 에고이즘적 '개인주의자'가 아니라 자유를 바탕으로 사랑과 자비를 몸소 실천하는 자라고 했다.

자신의 묘비명에 "우물쭈물 하다가 내 이럴 줄 알았다"로 유명한 인도 철학자 오쇼 라즈니쉬(Osho Rajneesh: 1931~1990)는 깨달음이 특정인에게만 일어나는 현상이 아니라 아주 평범한 사람에게도 일어날 수 있다는 것을 예시했다.

라즈니쉬가 전한 메시지의 핵심은 '현재에 살아라. 자연스럽게 살아라. 홀로 살아라'이다. 이 메시지의 공통점은 자유와 사랑을 뼈저리게 실천하는 것을 전제로 한다. 결국 인류가 깨달음을 얻었을 때 사랑은 자연스럽게 확장된다는 의미이다.

라즈니쉬는 생전에 삶의 허구와 진리의 세계, 존재의 본질을 꿰뚫는 깊은 통찰력을 바탕으로 한 명강의로 전세계 젊은이들에게 새로운 의식혁명과 깨달음의 세계를 열어 보였다. 라즈니쉬가 인도하는 깨달음의 세계로 들어가 보자.

2. 선택과 존재

신이 만물을 만들 적에 사람을 가장 중요하게 만들었다. 내가 이제 사람으로 태어났으니 이 얼마나 큰 즐거움인가

그런 중에 내가 세상에 태어남을 받았다는 것보다는 내가 부모를, 그리고 세상을 선택하여 태어났다는 생각은 얼마나 주체인가. 신비한 것은 이 세상이 어떻다는 것이 아니고, 세상에 내가 존재한다는 것이다.

당신이 여기에 존재하지 않는다면 왜 있게 되었는지를 어떻게 설명할 수 있겠는가? 다시 말하지만 신비한 것은 내가 이 세상에 존재한다는 그 자체이다. 그것은 기적과 같다. 그 신비감을 만끽하라. 그것으로 충분하다.

3. 사랑 속의 관심

우주는 전체이다.

전체는 신(神)이며 사랑이다.

당신이 신이 되고자 한다면, 먼저 전체와 하나가 돼야 한다.

사랑은 작은 관심으로부터 비롯된다.

지극한 관심이야말로 깊은 사랑의 원칙이다.

관심은 마음을 모으는 데 있다.

무관심은 서서히 행하는 자멸행위이다.

무관심 속에 자신을 가두지 말라.

순수한 사랑의 숲으로 당신 스스로를 인도하라.

끝없는 사랑의 숲으로 완전히 스며들어 창조적인 에너지를 발산하라.

그래야만 신과 함께 손을 맞잡고 춤을 출 수 있다.

일어나 힘 있게 움직여라.

연구하고 실천하며 목표를 향한 꿈을 갖고 도전하라.

우주 삼라만상은 당신을 위해 창조되었다.

우주 전체가 당신 안에 있다.

사랑하라.

끝없는 창조력으로 우주에 대해 사랑의 에너지를 쏟아라.

당신이 진심으로 사랑할 때 무엇을 하든지 그 행위는 창조적이며 신성해진다.

사랑은 새로운 창조를 낳는다.

탐구를 원하는가.

집단에서 빠져나와 철저히 혼자가 되어라

그것이 진정한 탐구로 들어가는 출발점이다.

사람들은 행복이 멀리 있는 것으로 착각하거나 또는 행복은 추구해야 할 목표이거나 또는 성공한 사람들에게만 얻을 수 있는 것이라고 보기 쉽다.

그러나 그런 행복의 추구는 달성되자마자 금방 허무감을 줄 수도 있다.

영원한 행복을 원하는가.

행복은 만물을 사랑하고 측은하게 여기는 자비의 마음 그 자체이다.

4. 인간의 성(性)

공작새는 아주 아름답게 날개를 펼치며 춤을 춘다.

시인은 그 아름다움을 노래하며 시를 표현가기도 한다.

성자 또한 그것을 보고 기쁨으로 신의 은총을 찬미할 것이다.

그러나 공작에게 있어 그 춤은 번식을 위한 표현이 들어있다.

소년이 자라 청년이 되고 소녀가 여인으로 성장한다. 이와 같은 것은 무엇을 뜻하는 것일까?

이것은 모두 사랑의 성에너지를 정제한 표시이다.

또한 이 사람의 표시들은 성의 변현된 표현들이며 성을 긍정하는 엄연한 증거이며 삶의 실이다.

한 인간의 전 생애를 통한 모든 사랑의 행위, 태도와 그 충동은 원초적인 성에너지의 개화라고 해도 과언이 아닐 것이다.

종교와 문화는 성에 반대하도록 인간의 마음 속에 독을 삽입시켰다.

그리하여 그것은 갈등과 인류의 전쟁을 야기시키는 계기를 마련했다.

인간을 자신의 원초적인 에너지와의 투쟁으로 몰아넣었던 것이다. 이것은 비극이다. 가장 아름답고 신선해야 할 성이 비극의 무기가 된 것이다.

인간은 자신의 성에너지와 싸우도록 강요되어 왔다. 또 인간은 자신의 성충동에 반대하도록 오랜 세월에 걸쳐 가르쳐져 왔던 것이다. "성욕은 독이다. 그러므로 그것과 싸워야 한다" 인간은 이와 같은 억압된 소리 속에서 가르침을 받고 자라온 것이다. 마음은 인간 속에 존재한다. 성 또한 인간 속에 존재하고 있다. 그런데 인간은 내적 갈등과 싸움으로써 자유로워질 것이라고 기대하고 있다.

　조화있는 존재가 되기 위해서는 성을 극복해야 하지만 한편으론 화해해야 할 필요가 있다고 종교의 성직자나 도덕론자들은 목소리를 높혀 왔다. 이것은 한편으로 인간을 미치게 만들고 한편으로 미친 자들을 감금시키기 위한 수용소가 되기도 했다. 병균이라고 소문을 내놓고 그 병을 치료할 병원을 세운 격이다.

　아무리 그래도 인간을 성에서 분리시킬 수는 없다. 성은 인간의 원초적인 접합점이다. 인간은 성에서 태어났다는 엄연한 사실, 바로 이 점이 성을 부인할 수 없는 결정적 이유이다. 도리어 신은 성에너지를 창조의 출발점으로 삼았던 것이다. 어떠한 동물도 인간만큼 성적이지는 못하다. 인간은 어느 곳에 있든지 성적인 면을 갖고 있다. 자나 깨나 그 행동 매 순간을 인간은 성에서 떠나지 않고 있다. 동물들은 배란기가 있어 일정기간에만 성행위를 요하지만 사람은 언제 어디서나 가능하다.

　이 성에 대한 적의, 성에 대한 반대와 억압 때문에 인간은 내부에서 부패되어가고 있는 것이다. 인간은 자신의 삶의 근원적인 것으로부터 결코 벗어날 수 없다. 그리고 그 끊임없는 내적 갈등으로 인하여 인간이란 존재는 마침내 신경증에 걸리고 말았다. 이렇듯 인간은 지금 치유할 수 없는 만성병에 걸려있는 것이다. 치료될 수 없는 이 병, 인류에게 분명히 보이는 이 비뚤어진 성적 상태는 이른바 도덕론자들과 성직자들에게 그 책임이 있다.

인간은 그러한 교사, 도덕적 종교적 지도자들로부터 그들의 거짓 설교로부터 벗어나지 않는 한 내부의 사랑에 눈을 뜰 가능성이 전혀 없다.

평범한 진리란 성은 사랑의 출발점이라는 것이다. 성은 사랑에 이르는 여로의 시작이며 사랑의 기원은 성이고 그 열정에 있다. 사랑은 성에너지가 변형된 것이다.

성이라는 씨앗으로부터 사랑의 꽃이 피어난다는 사실을 우리는 잊어서는 안 된다.

5. 결혼조건

어느 가정에서 식사하는 모임에서 장남이 이웃집 처녀와 결혼할 것을 선언했다. 그러자 가족들 모두 다음과 같은 조건들을 내세워 반대했다.

① 그 처녀는 상속받을 유산이 없고
② 그 처녀는 돈쓰는 게 너무 헤프다고 하더라.
③ 어머니는 한술 더 떴다. 주근깨, 못 생기고 등등

이같은 가족들의 반대 이유를 듣다가 장남은 "하지만 그녀에게는 저보다 비교할 수 없이 훨씬 좋은 조건이 하나 있어요."라고 했다.
몹시 궁금해 하던 가족이 동시에 물었다.
"그게 뭔데?"
장남이 힘주어 말했다.
"그녀에게는 가족이 하나도 없다는 거예요."

반대의 말에 귀는 기울이되 너무 신경 쓰지 말라.

조건적인 마음으로 세상을 보면 모든 것이 불만투성이다.

아무리 좋은 조건일지라도 뭔가 트집을 잡으면 사람들은 불평하기 마련이다.

그러나 마음을 비우고 보면 세상은 아름다움뿐이다.

삼라만상의 자연이 모두 아름다운데 소우주인 인간의 아름다움을 어찌 자연에 비교하겠는가.

6. 화살과 같은 人生

과녁을 향해 날아가는 화살은 인간의 삶과 같다.

사람들은 과녁을 명중시키기 위해 뛰어난 기술자가 되는 것에 사로잡혀있다. 그런데 당신이 원하는 기술의 끝은 기계처럼 정확한 것, 곧 완벽한 기계가 되는 것이다. 그러나 당신은 인간이다. 기계가 결코 아니다. 인간은 기계가 되는 것이 목표가 아니다.

당신 스스로의 의식을 과녁으로 삼으라. 그리고 지금 당장이라도 그 의식의 과녁을 향해 시위를 당기고 뛰어들어라. 당신 자체가 화살이 되어 과녁에 꽂혀라. 그래야 당신은 절대가치의 정상에 이를 것이다.

7. 완벽주의

당신은 완벽한 아내를 원하는가?

당신도 완벽한 남편을 찾아 헤매고 있는가?

완벽함이란 무엇인가?

그것은 집착이다.

당신이 만약 완벽함을 원하고 있다면

당신은 결코 아름다운 것을 얻지 못할 것이다.

당신이 이것을 이해한다면 당신은 지금 당장 행복해질 수 있을 것이다.

지금 그대로가 바로 완벽이다.

아무 것도 새롭게 추구할 것이 없다.

그대로의 아름다움을 즐겨라.

8. 사랑이라는 말

사랑, 사랑이란 무엇인가?

인간의 큰 불행은 지난 수천 년 동안 그렇게 염원하던 사랑, 그 사랑을…

마음에서 행동까지 실현하고자 했던 사랑을 말로만 표현했지

진실하게 표현하지 못했다는 것이다.

위대한 사랑의 말들은 우주창조와 함께 오랫동안 전해 내려왔다.

또 헤아릴 수 없이 많은 사랑의 노래가 불리어졌고

신에게 바치는 경건한 노래와 음악이 교회와 사찰 등에서

지금도 끊임없이 울려 퍼지고 있다.

사랑이라는 이름 아래 행해지지 않는 것이 또 어디 있는가.

그러나 인간의 삶에 사랑이 머물 자리는 아직 없다.

우리가 늘 쓰는 언어를 깊이 탐구해보면 사랑이란 단어만큼

진실이 결여되면서 자주 쓰이는 단어도 없음을 새삼 깨달을 것이다.

인간들은 사랑을 한낱 노리갯감으로 생각한다.

감수성의 눈으로 세상을 바라보면

이 지구성은 놀라운 신비감으로 둘러싸여 있다.

그것을 깨달을 수 있는 인간의 존재는 더더욱 기적이다.

9. 천국은 지상에 있다

천국에 가게 해달라고 신에게 조르지 말라. 천국은 바로 지상에 있다. 만물에 대해서 무감각하다는 것은 생존의 근거에 대한 무관심 바로 그것이다. 무감각하고 무관심하면 무의식적으로 냉정하고 잔인해지게 마련이다. 무감각 때문에 다만 그것을 모르는 것뿐이다. 무감각이야말로 고통이면 지옥이다. 그것은 세상에 대한 모욕이며 동시에 신에 대한 불경이다. 감수성의 눈으로 세상을 바라보면 이 지구는 놀라운 신비감으로 둘러싸여 있다. 그것을 깨달을 수 있는 인간의 존재는 더더욱 기적이다.

10. 빛 속의 깨달음

예로부터 깨달음을 얻은 선각자(先覺者)들은 지팡이를 짚고 다녔다. 이는 그의 제자들의 명상을 돕기 위해서이다.

사념(思念)의 늪에 빠진 제자들이나 정신없이 잠자고 있는 제자들을 만나면 갑자기 '탁'하는 둔탁한 마찰음과 함께 엄청난 힘의 섬광이 번쩍인다.

그 순간, 제자의 마음은 산산이 부서진다.

일순간의 명상이 찾아오는 것이다.

만약 민감한 사람이라면 지팡이에 얻어맞는 순간에 깨달음을 얻을 것이다.

당신이 깊은 잠에 빠져있을 때 당신은 어디에 있는지 아는가.

당신은 두 개의 문이 마주하는 문간에 서 있게 된다.

하나의 문은 어둠으로 통하는 문이고, 또 하나의 문은 각성(覺醒: 三昧)으로 통하는 두 개의 문 앞에 서 있는 바로 그 순간이 매우 의미 깊은 순간이다.

당신은 오랜 습관에 의해 그냥 어둠으로 빨려 들어갈 수도 있다.

잠들지 않고 깨어있을 수만 있다면 한쪽 문틈으로 새어 나온 예리한 섬광을 발견할 수 있을 것이다.

그것이 바로 각성의 빛이다.

깨달음의 날카로운 칼날인 것이다.

그때 잠에서 깨어 그 불빛을 느낄 수만 있다면 당신은 결코 어둠의 문으로 들어가지 않을 것이다.

당신은 각성의 문으로 들어설 것이다.

깊은 잠에 빠져 있으되, 의식은 깨어있어 밝은 쪽으로 가게 될 것이다.

새벽과 같이 어둠이 물러가고 밝은 새 아침이 다가올 것이다.

따라서 깨어 있어야 한다.

잠들고 있을 때에는 그 섬광을 결코 볼 수가 없다.

11. 독서와 지식(독)

당신은 하루에 책을 몇 페이지나 읽고 있는가?

당신이 책을 읽는 목적은 무엇인가?

단순히 지식을 쌓기 위해서인가?

아니면 누군가에게 당신의 기억과 정보를 제공하기 위한 욕망 때문인가?

독서는 당신이 어떻게 하느냐에 따라 독이 될 수도 있고

아름다운 진실이 될 수도 있다.

그것은 매우 미묘한 것이다.

당신이 지식을 쌓기 위해 독서를 한다면 위험한 독초를 기르는 것과 같다.

그 지식에 가지가 뻗고 뿌리를 내려 독의 열매를 맺게 되면 사람을 다치게 한다.

지식으로 사람을 무시하고 교만이 자신을 파괴하는 줄 모른다.

지식으로 사람을 심판하려 들기 때문이다.

사람을 얽어매려 들기 때문이다.

참된 지식은 당신을 유식하게 만드는 것이 아니라 겸손하게 만든다.

지식과 앎은 엄연히 다르다.

지식은 알고 있는 것처럼 보일 뿐이다.

앎은 비록 알고 있는 것처럼 보이지 않을지라도 알고 있는 상태이다.

따라서 글자 하나 모르는 무식한 사람도 앎에 도달할 수 있다.

지식은 단지 빌려온 것이다.

그러나 앎은 삶의 참된 경험으로부터 우러나온 지혜이다.

그러므로 지식은 낡은 모방에 지나지 않고 앎은 실존 그 자체이다.

진정으로 아는 자는 순수하다.

그것으로 정말 아는 자를 분간해낼 수 있다.

아는 자가 되라

단지 탐욕스럽게 지식을 쌓는 지식인이 되지 말라.

아는 자는 지식을 놓아버린 자다.

결국 모르는 자와 같다.

그러나 모르는 자가 아니다.

모름의 경지를 알기 때문에 앎의 경지로 승격된 자이다.

지식은 당신에게 통찰력을 뺏는다.

당신을 진심으로 만들어갈 뿐이다.

사람들은 오래된 지식일수록 가치가 있다고 생각하는 경향이 있다.

포도주처럼 묵은 것이야말로 진실이라고 믿는 경향이 있다.

포도주는 당신을 취하게 만든다.

무디게 만들며 때론 무감각하게 만든다.

무의식 속에 당신을 괴물로 변하게 만든다.

그런 사람이야말로 무지한 사람이다.

앎은 깨어있는 것이다.

처음처럼 신선하다.

아는 자는 과거를 추종하는 자가 아니라 매순간

새롭게 배우는 경지에 있는 사람이다.

그는 무식한 자가 아니다.

순간 속에 살면서 언제나 민감하며 빈틈없이 알아채고 있는 자이다.

12. 깨어있음

깊은 잠에서 깨어 있어라.

꽃의 아름다움을 느껴라.

새의 지저귐을 들어보라.

햇볕에 따스함을 느끼며 바람이 당신을 스치고 지나갈 때 보다 순결해질 것이다.

물로 더러운 옷을 빨 듯 자연 속의 이런 것들은 당신의 어지러운 마음을 빠는 데 충분할 것이다.

당신이 신을 찾을 때 신은 어디에 있었는가?

신은 어느 곳에서도 숨지 않는다.

신은 숨는 일이 불가능하다.

다만 당신의 눈이 마음의 장벽으로 가려져 보이지 않을 뿐이다.

당신의 눈은 멀지 않는다.

신은 어느 곳에나 존재한다.

그러나 마음이 초래하는 온갖 사념(思念) 때문에 보이지 않는 것뿐이다.

이런 것들은 모두가 존재하고 있지 않은 허구의 눈가리개들이다.

만약 당신이 그 허구를 벗어버릴 수만 있다면, 그 허구를 모두 떨쳐버릴 수만 있다면, 당신은 신의 실재(實在)를 볼 수 있을 것이다.

갑자기 진실이 당신 안으로 들어오게 될 것이다.

마치 태양을 가린 구름이 걷히면, 태양의 실재를 볼 수 있듯이 말이다.

당신이 누구인가를 알고 싶고 진리를 찾고 싶다면, 세상을 등지지 말라.

그리고 거짓 껍데기를 벗어 던져라.

당신 안의 진실이 아닌 것은 모조리 버려라.

당신은 마음이 이루어내는 온갖 망념(妄念)과 환상, 꿈에 젖어 그것이 실재하고 있는 것으로 착각하고 있다.

당신이 꿈에서 깨어나려고 할 때 마음은 거세게 저항할 것이다.

독한 수면제처럼 마음은 당신을 붙잡고 늘어질 것이다.

그러나 끝까지 마음을 지켜본다면 결국 사념은 산산이 부서지게 될 것이다.

당신의 깨어남은 바로 마음(사념)의 죽음을 의미한다.

완전한 텅 비움, 완전한 무(無)의 상태, 이것이 바로 진정한 명상이다.

이것이 마음을 비우는 것이며 부활하는 것이다.

13. 목 마름. 영상 속으로

사람은 거울을 사용하는 유일한 동물이다. 거울을 보고 거울 속에 비친 자신의 영상을 더듬어본다. 어떤 동물도 자신의 모습을 그리지 못한다. 오직 사람만이 자신을 영상 속에서 더듬어 보는 일을 되풀이 한다. 그것이 자기의식이다. 이 자기의식 속에서 편견(에고)이 나타난다. 그래서 사람들은 실제의 자신보다는 반사된 영상에 큰 흥미를 갖는다. 실제의 어떤 사건보다도 한 편의 드라마에 더 큰 감동을 느끼고 있다. 그러나 매일같이 자신을 영상으로 보면서도 자기의 모습을 제대로 아는 사람은 거의 없다. 자기를 알면 거짓은 사라진다. 당신은 스스로에게 관심을 쏟기보다는 남이 어떻게 생각하는 그것 역시 잘못된 마음의 거울이다. 당신은 자신이 누구인가에 관해서는 생각조차도 하지 않는 채 다른 사람이 자기에 대하여 어떻게 생각하는가에 관해서 신경을 곤두세운다.

사념은 결코 당신의 갈증을 풀어주지 못한다.
사념은 결콘 굶주림을 해소시켜주지 못한다.
당신은 결코 당신 자신을 속일 수 없기 때문이다.

굶주림 속에서 당장 필요한 것은 진짜 음식이다. 그림의 떡은 굶주린 배를 채워줄 수 없다. 목마른 당신에게 지금 당장 필요한 것은 물이다. 그런데 물에 대한 사진이나 H_2O화학방정ㅅㄱ이 어떻게 당신의 목마름을 풀어줄 수 있겠는가?

14. 삶은 신 속에

누가 말하였다. "당신이 '신'이라고 말할 때 무엇을 의미하는지 이해하기가 어렵습니다"라고.

나는 결코 신을 믿지 않기 때문이다. 나는 그 말을 이해하려 했지만 당신이 '신'이라는 말을 사용하는 순간 어떤 것이 내 멀에 잘못 들어온 것처럼 느꼈습니다. 나는 그때부터 마음이 닫혀 있습니다. 다시 말을 하면서 한 가지만 기억하세요. 내가 '신'을 말할 때는 언제나 '삶'으로 바꿔들으시오. '신'이라는 말을 즉시 삶'으로 바꿔들으시오. '신'이라는 말을 즉시 '삶'으로 번영하시오.

그 사람은 즐거운 얼굴빛으로 돌아갔다.

일상생활에서 즐거움과 기쁨을 얻기 위해 당신은 노력해야 한다. 그러면 자연히 삶의 하나에서 열까지 만족한 즐거움을 얻을 수 있을 것이다. 그때 신은 거기에서 미소짓고 있을 것이다.

삶, 사랑, 진리, 신 이 네 가지는 이름이 다를 뿐이다. 다 한 가지이다. 다만 어느 때는 삶이었다가 또 어느 때는 사랑이었다가 어느 때는 진리 그리고 신으로 나타난다. 따라서 삶은 신이며 일상의 곳곳에서 신은 웃고 있다.

삶의 구석구석까지 관심을 기울이고 사랑하는 것. 그것이 바로 신을 사랑하는 길이다. 신을 향한 기도를 특별하게 할 필요는 없다. 삶을 사랑하는 것. 이것이 신을 향한 기도이다.

15. 정화(淨化)와 가면(假面)

정화(淨化)란 이데올로기, 편견, 철학, 신앙 등 다른 사람에게 배워 온 모든 것을 청소해버리는 것이다. 당신은 완전히 깨끗해져야 한다.

완전히 깨끗해질 때, 아무것도 씌어있지 않게 될 때, 오직 그 때에만 신이 무엇엔가 목적한 대로 이끌 수 있다.

당신이 완전한 침묵에 잠기거나 무념무상(無念無想)일 때 그 때만이 신이 당신에게 은밀하게 이야기할 수 있다.

진리는 당신이 완전히 비어 있을 때만이 그 신비를 당신의 귓속에 속삭여 줄 수 있다.

엠티니스(Emptiness), 그것이 곧 정화이고 깨끗하게 빈 그릇과 같은 상태이다.

진리가 당신에게 보이지 않는 것은 당신 주위에 많은 것들을 쌓아놓기 때문이다.

당신은 주위에 많은 벽과 많은 성벽의 층,그리고 수많은 가면들을 만들어 놓았다.

그렇기 때문에 본래의 얼굴을 볼 수 없게 되었다.

정화는 이런 것을 의미한다.

더 이상 감추지 말라

더 이상 가리지 말라

더 이상 거짓말하지 말라

더 이상 속이지 말라

가면의 뒷면에 숨겨진 자신을 완전히 드러내 놓고 빈 마음으로 나서라.

그 때만이 당신은 온전한 모습을 볼 수 있다.

온전한 모습을 볼 수 있을 때 진리는 출발한다.

하루 종일 일터에서 묻은 먼지, 불필요한 말들은 그날 즉시 털어버려라.

아침이면 새롭게 다시 깨끗이 시작하라.

온갖 위대하다는 사상, 철학, 신앙 등에서조차 깨끗이 벗어나라.

그것은 커다란 편견일 수도 있다.

당신의 발끝에서 온갖 믿음의 저편까지도 낱낱이 적나라하게 주시하라.

그것이 과연 옳은 것인지…

진실을 알기 원한다면 진실이라고 생각되는 그 모든 것을 다른 사람들의 강요에 의해 무조건 받아들이지 말라

도리어 이런 것들로부터 완전히 정화된 상태, 깨끗한 상태에서만이 진리는 눈에 보인다.

마음의 온갖 덮개가 씌여진 상태에서는 아무도 진실을 볼 수 없다.

그것은 오히려 진리를 보는 데 방해만 될 뿐이다.

마음에 간직한 것, 그 동안 마음에 쌓아 왔던 그 모든 믿음과 사상들에 매달린다면 당신은 전혀 진리의 끄트머리도 붙잡지 못하게 될 것이다.

아무리 그렇게 똑똑한 체 해본들 언젠가 당신은 일시에 허망함을 느낄 것이다.

그것이 두꺼운 먼지였다는 것을.

16. 씨앗과 내 속의 씨앗

흙이 없으면 씨앗은 싹틀 수가 없다.

흙이 씨앗을 덮음으로 해서 씨앗은 성숙되고 분해되어 생명력을 가꾸게 된다.

겉으로 보기에는 마치 흙이 씨앗을 질식시키고 짓누르고 있을 것 같지만 흙은 씨앗을 품고 씨앗의 친구로서 의무를 다하고 있는 것이다.

만일 씨앗이 자라지 않으면 우리는 흙에 충분한 수분이 없다거나 햇빛을 받지 않았을 지도 모른다고 탓을 한다.

인간의 삶에 꽃이 피지 않으면 우리는 자신에게 책임이 있다고 말하지 않는다.

부모 탓, 조상 탓을 하든가 환경 탓, 사회 탓, 국가의 탓으로 돌려버린다.

인간이라는 나무가 왜 싹트지 않은 상태에 머물러 있으며, 왜 흙 속에서 꽃피는 단계에 이르지 못하고 있는가를 생각하지 않는다.

그리하여 비극적인 존재로 세상을 저주하며 스스로를 아무렇게나 내던져버린다.

인간이 자연에 반(反)하여 공작(工作)된 것은 많은 곳에서 장애물을 만들어내 그 흐름을 막아버리는 결과를 가져왔다.

그것은 남의 탓이 아니다.

우리 모두의 마음에 내재된 씨앗 자체의 탓이다.

그것은 어느 특정한 누구의 잘못이 아니다.

우리 안의 모두가 가지고 있는 잠재적 씨앗의 불완전함이다.

그런데도 마치 자신만을 제외한 곧 '저 인간들은 나쁘다'고 아우성치듯 말하고 있다.

모든 잘못은 인간 스스로에 의해 빚어진 것들이다.

씨앗, 특히 내 속의 씨앗에게 내재된 문제보다 주위 환경에 더 많은 나쁜 요소들이 널려있다고 책임을 전가시키지 말라.

문제는 당신안의 씨앗에 있다.

씨앗의 결함을 발견하라.

나를 볼 줄 알아야 한다.

무엇이 문제인가.

당신 안의 씨앗은 건강한 나무로 성장할 준비가 되어 있는가.

당신 안의 문제점이 크다는 것을 발견하라.

즉각 그것을 응시하라.

남의 탓할 시간이 없다.

당신 스스로 이렇게 자각할 때, 더 이상 불완전한 환경이란 존재하지 않는다.

당신 안에서 믿음이 일어나면 그것을 당신 가슴속에서 하나의 씨앗이 되게 하라.

가슴의 토양 속에서 싹트게 하라. 씨앗이 열매로 터져 나오듯 모든 성숙한 것들의 자명한 결과이다.

그러면 거기에서 커다란 나무로 자라게 될 것이다.

17. 운명과 나

사람들은 내게 "당신은 점술을 믿는가? 종교를 믿는가? 이런 저런 것들을 믿는가?"라고 묻는다.

"이런 저런 것들을 믿는가?" 라고 묻는다.

그러나 아무 것도 믿지 않는다. 아니 믿을 필요가 없다.

왜냐하면 나는 '나를 알기' 때문이다.

나는 점성술을 믿지 않는다.

99퍼센트 모두 넌센스다.

하지만 1퍼센트는 진실이다.

통찰력과 직관, 순수성을 가진 사람이라면 확실히 미래를 볼 수 있다.

왜냐하면 미래는 엄연히 존재하는 것이며 단지 우리의 눈에 보이지 않을 뿐이지 있기 때문이다.

사념이라는 매우 얇은 커튼이 현재와 미래 사이에 가로놓여 있을 뿐이다.

바보와 천재는 백지 한 장 차이라는 말이 있다.

미래 역시 매우 얇은 천에 의해 가려져 있다.

운명은 엄지손가락의 지문이나 마찬가지이다.

지문은 사람마다 독특하다.

세상 어디에도 같은 엄지손가락의 지문을 가진 사람은 없다.

지문은 당신 혼자만의 것이며 우주 안에서 오직 하나뿐이다.

당신의 엄지손가락 지문은 과거에도 미래에도 절대로 같은 것이 없다.

그것은 당신의 신격(神格)을 나타내는 독특한 흔적이다.

신비주의자들은 엄지손가락의 지문으로 운명을 분별하는 비밀을 알고 있다.

1퍼센트의 예언들, 물론 그런 것으로 당신을 전부 판단할 수 없겠지만 말이다.

그것은 겉으로 드러난 눈썹만한 자(尺)에 불과하며 태평양에 띄어 놓은 돛단배일 뿐이다.

엄지손가락 그것은 외부이며 외향적인 것에 불과하다.

운명은 엄지손가락의 지문처럼 지워지거나 바뀌지 않는다.

그렇다면 인간은 노력할 필요가 없을 것이다.

운명이 이미 그렇게 지워졌으니까 말이다.

그러나 그렇지 않다.

운명은 우리 개개인이 만들어간다.

바로 당신이 당신의 운명을 만들어 가는 것이다.

누구도 당신의 운명에 좌지우지되는 것이 아니다.

따라서 엄지손가락의 비밀을 아는 것은 운명의 신이 아니라 바로 당신이다.

당신만이 그 지문의 열쇠를 쥐고 있다.

이 세상 어느 곳에서도 찾을 수 없는 것, 오직 자신 안에서만 구할 수 있는 삶의 진실, 바로 그것을 사람들은 절대 필요로 하고 있다.

그것은 어느 누구도 가르쳐줄 수가 없다.

당신 스스로가 자신 안에서 구하지 않으면 안된다.

다만 내부의 씨앗 속에 꽃과 열매가 있듯이 이미 자아의 운명이 들어 있으며 미래의 청사진이 들어 있다.

그것은 당신 안의 신성한 힘이 바로 그 계획이다.

18. 악마는 누구인가

세상에는 신을 믿는 사람보다 악마를 믿는 사람들이 더 많다.

그 이유는 신보다는 악마가 더 쓸모가 많기 때문이다.

인간에게 있어서 신이라는 존재는 사실 좀 거추장스럽다.

그러나 악마는 인간을 편하게 해준다.

신이 있다고 한다면, 당신은 편하게 휴식할 수 없을 것이다.

그러나 악마가 있다고 한다면, 당신은 모든 책임을 악마에게 미룰 수가 있으므로 편할 것이다.

남의 물건을 훔쳐 도둑이 되었다.

그렇다면 당신은 죄를 지은 사람이다.

그것은 악마가 당신을 유혹하고 당신을 종용하여 어쩔 수가 없었다고 하면 당신은 나약한 희생자에 불과할 뿐이다.

그러나 이 세상에 악마란 존재하지 않는다.

당신이 만약 악마의 존재를 믿고 당신의 모든 책임을 악마에게 뒤집어씌우려 한다면 당신은 결코 당신을 구하지 못한다.

그러므로 이것을 기억하라.

① 악마의 존재는 당신의 마음이 만들어낸 허상이다.

② 당신의 길을 가로막고 서서 당신의 진보를 방해하는 마음의
속임수이다.

③ 따라서 악마라고 부르는 그 허상도 사실은 당신이 꾸며 낸 것
이다.

신을 찾겠다는 생각은 어리석은 짓이다.

신은 너무나 가까이 있다.

당신의 심장박동보다도 더 가까이 있다.

매 순간 일어나는 존재의 기적을 볼 때마다 나는 어떻게 그러한 일이
가능할까 놀란다.

실로 대단한 창조성이다.

만일 창조주가 있었다면 모든 월요일마다 똑같은 월요일이 될 것이다.

왜냐하면 창조주는 6일 동안 세상을 창조하고 나서 작업을 끝냈으니
까 말이다.

그렇다면 오직 6일과 똑같은 날밖에 없었을 것이다.

그러나 창조주는 존재하지 않는다.

창조적 에너지가 존재할 뿐이다.

그러므로 오늘은 내일과 다르고 내일 또한 여느 날과도 똑같지 않은
것이다.

수만 가지 형태의 에너지가 있다가 사라지고 서로 뒤엉켰다가 풀어
지고 다시 쓰러진다.

이것뿐이다.

19. 질문(왜)

나는 왜 여기에 있는가?

아무도 모른다. 그것을 아는 방법은 아무데도 없다. 또한 그것을 알 필요가 없다.

'나는 왜 이런 일을 하고 있는가?'

'나는 왜 하지 않으면 안 되는가?'

'왜'에 대한 끊임없는 동경은 마음의 병폐중 하나이다. '왜'라는 말에는 어떤 대답이 주어진다 해도 '왜'라는 의문은 끊임없이 되풀이 될 수 있다. 때문에 결국 어떠한 대답도 당신을 만족시켜 줄 수가 없다.

그러나 그것은 남의 도움으로는 이루엊지 않는다. 당신 자신의 내부로부터 일어나는 삶은 강한 에너지에 의해서만이 가능하다. 수십 세기 동안 인간은 끊임없이 많은 질문을 던져 왔다. 그러나 사색, 사고, 논리, 이성에 의하여 해결된 질문이란 하나도 없다. 이러한 질문에 대한 실마리를 찾고자 할 때 새로운 질문이 꼬리를 물고 나타난다.

'이 세상은 누가 만들었는가?'

'이 세상은 신이 만들었다'

만약 이러한 질문과 해답이 성립된다면?

신은 누가 만들었는가?

신은 왜 이 세상을 만들었는가?

이 세상은 앞으로 변모될 것인가?

등의 새로운 질문이 꼬리를 물게 될 것이다.

처음의 질문에 대하 완벽한 해답을 구하고자 신이 이 세상을 만들었다고 했지만 그 한가지 답에서 새로운 질문이 수없이 쏟아져 나온 것이

다. 질문은 길을 찾지 못한 당신의 마음으로부터 생산되는 삶의 불필요
한 장애물이다. 마음이란 의문을 만들어 내는 기계에 불과하다. 따라서
당신은 질문하기 전에 먼저 이해하여야 한다. '왜'속에 묻혀있는 한, 당
신은 철학이라는 포로수용소에서 탈출할 수 없게 된다.

당신이 질문을 계속한다면 당신은 마음의 노예가 될 것이지만 질문
을 떨쳐버리면 당신은 새로운 차원의 세계를 볼 수 있게 될 것이다.

20. 신, 거만

젊은 제자가 스승인 율법학자에게 물었다.

"옛날 그 황금시절에는 사람들이 눈으로 신을 보았다. 사람들은 신과
만났으며 신은 땅 위를 걸어다녔다고 합니다. 신은 그들의 음성으로 사
람들을 불렀으며 사람들은 신과 매우 친밀했습니다. 그런데 지금은 어
떤가요? 왜 신은 이 땅을 버렸을까죠? 왜 신은 이제 이 땅 위를 걷지 않
는 건가요? 왜 신은 어둠속에서 몸부림치는 사람들의 손을 잡아주지 않
는 걸까요?"

율법학자는 제자를 바라보며 조용히 말했다.

"내 제자들아, 신은 아직도 도처에 있다. 그런데 사람들이 그를 볼 수
있을만큼 낮게 굽히는 법을 잊었느니라."

"굽혀라… 인간은, 인간은 굽히는 법을 잊어버렸다. 인간은 너무나
거만하게 서 있다. 인간은 신과 따로 떨어져 서 있다. 인간은 외딴 섬이
되어있다. 인간은 이미 우주의 부분이 아니다. 전체자 신인데 그 전체
에서 떨어진지 오래이다. 신은 여전히 그 자리에 있다. 신은 지금도 당

신의 손을 잡으려 하는데 당신이 가까이 가지 않고 있을 뿐이다. 신은 낮은데 있는데 당신이 너무나 꼿꼿하게 서서 얼굴을 돌리며 그를 외면하고 있다."

21. 내면의 탐구

마음의 변화를 항상 체크하라.

마음은 환상과 같아 허망한 분별에 의해 여러 가지 형태로 나타난다.

마음은 흐르는 강물과 같아 멈추지 않고 일어나자마자 곧 사라진다.

마음은 번개와 같아 잠시도 머무르지 않고 순간에 소멸한다.

마음은 구름과 같아 잠시도 그대로 있지 못하고 여러 가지 형태로 움직인다.

마음은 그림 그리는 사람과 같아 온갖 모양을 나타낸다.

마음은 존경에 의해 일렁이며 혹은 분노에 의해 흔들리면서 교만해지기도 하고 비겁해지기도 한다.

마음은 도둑처럼 다른 사람의 삶을 훔쳐간다.

재물을 보면 갖고 싶어 하는 것도 마음이요, 권력의 칼로 천하를 휘두르고 싶어 하는 것도 마음이다.

마음은 고통스런 것을 싫어한다.

마음은 당신이 탐구자가 되는 것을 싫어한다.

탐구란 혼자서 걸어야 하는 고행(苦行)의 길이기 때문이다.

남의 뒤를 좇는 사람은 결코 내면의 여행을 떠날 수 없다.

내면의 탐구는 오직 당신 자신이 되어야 가능하다.

22. 신성, 사랑을 나누는 자리

사랑을 나누어 주길 원한다면 그 사랑이 어디서부터 왔는지를 생각해 보라.

그러면 당신은 곧 신성을 느끼기 시작할 것이다.

신성이란 어떤 이름도, 어떤 한계도, 규정도 갖고 있지 않기 때문이다.

당신이 사랑을 쏟는 어느 곳에서나 당신은 그런 사실을 발견할 것이다.

노자(老子)는 말한다.

"나는 '그'의 이름을 알지 못한다. 단지 나는 그것을 도(道)라고 부를 뿐이다."

그것으로 당신의 사랑을 쏟아 부어보라. 그러면 나무도 신이 된다.

한 여자에게 당신의 사랑을 쏟아보라.

그러면 돌연 사랑은 말로는 형언할 수 없는 여신(女神)으로 보일 것이며

여신을 사랑하는 당신도 신이 될 것이다.

사랑은 그러한 일을 가능하게 만든다.

그래서 사랑은 기적을 가져오는 것이다.

그리고 그 때 완전한 신이 발견된다.

신은 나무도 아니고 여자도 아니다.

당신이 사랑을 쏟아 부어줄 때 바로 그곳에 신이 있고 당신 자신이 있다.

그러므로 당신 자신이 신이다.

당신은 사랑을 하며 삶을 살고 있는 이 땅의 존재이다.

그러므로 그 신(神)도 당신 없이는 존재할 곳이 없을 것이다.

신은 당신과 함께 태어나 당신의 마음속에 깊게 자리 잡고 있다.

신은 바로 당신 안에 있는 사랑의 에너지다. 잘 지켜보라.

그 에너지가 당신과 함께 살며 무엇을 하고 있는가를 눈여겨보라.

그 에너지와 당신 자신을 지켜보는 자는 또 누구인가를 계속 주시하라.

궁극에 가서는 신비가 당신을 둘러싼다.

그 둘러싸고 있는 신비는 바로 당신의 영롱한 눈이다.

당신이 신을 발견한 것이 아니라 신이 당신을 발견하고 주시하고 있다는 것을 깨닫게 될 것이다.

당신이 삶을 산다는 것에서 초월하게 하는 깨달음을 가져다준다.

그리고 우리는 여기서 한 가지 사실을 짚고 넘어가야 한다.

우리의 고향이 어디인가 하는 사실이다.

우리는 흔히 고향하면 내가 태어난 장소를 말한다.

그러나 거기서 한 걸음 더 나아가면, 우리의 아버지와 어머니가 사랑을 나눈 자리,

바로 그곳이 내가 잉태된 자리임을 알 수 있다.

여기야말로 우리의 고향이다.

따라서 사랑을 나누는 자리는 신성한 자리이어야 한다.

23. 미숙

인간은 삶의 논리나 이론을 만들어 놓고 그 틀에서 빠져 나올 수 없게 되어 있다. 하지만 실제 체험을 통해서만 삶에서 빠져 나오거나 삶을 초월할 수 있다.

삶이 필요로 하는 물질들, 고차원적 구상, 심리적 욕망을 충족하기 위해 만들어낸다면 그것은 마치 어린 아이들의 기도와 같은 것이 되고 만다.

'하느님 우리 엄마, 아빠를 보살펴 주시고, 누이동생과 할머니와 할아버지를 보살펴 주십시오' 하는 것은 일종의 안정감과 보호받고 싶다는 심리적 욕망을 구할 때 그러한 구함은 당신의 삶을 미숙한 채로 남겨놓을 것이다. 욕망은 자연 그대로 두어라. 보상받기 위한 기도는 집어 치워라. 글고 삶의 근본 존재로 뛰어 들어라. 이것이 참된 기도의 실천이다.

24. 음악(노래)

인간의 삶의 노랫소리에 귀를 기울여보라. 삶은 그 자체가 음으로 이루어진 음악이다. 거기엔 하모니의 음향이 있다. 삶은 그 음향을 따라 감미롭게 진동한다. 가장 작은 미립자에서부터 우주의 커다란 별에 이르기까지 질서 속에서 넘실거린다. 신비주의 철학자 플로티누스는 말했다. '삶은 천상의 음악이다.'

인간의 내면을 찾아 여행을 떠난 모든 신ㅂ주의 학자들은 삶이 소리로 되어있다고 말한다. 과학에서는 소리의 입자를 전기적 에너지라고 밝혔다. 사람은 무엇인가. 다만 유기적인 집합체로 이루어진 기계보다 훨씬 치밀한 에너지의 뭉침이 사람이다. 소리의 입자가 에너지라면 우리의 몸도 그와 같을 것이다. 그렇기 때문에 소리에 감응할 수 있다.

현대인은 어떤 이유에서건 소음을 멈출 수 없다. 그러니까 소음이 귀에 거슬리건 아니건 또 유익하건 그렇지 않건 들을 수밖에 없는 환경 속에 있다. 듣기 싫은 교통의 소음도 무심히 흘러가듯 궁극적으로 깊은 음악적 근원과 도화와 율동적 존재가 당신의 내면에 있다. 삶은 하나의 소음이다. 하지만 당신 내면의 음악소리에 귀를 기울여라. 그것은 진리이며 사랑이며 희망이다. 그 소리, 그 침묵의 음악소리를 들어라. 그러면 우주 전체가 당신의 삶에 미소를 보낼 것이다.

25. 뿌린 대로 거두리

왜냐하면 당신이 변했기 때문이다. 세상은 언제나 그대로이다. 오직 당신이 변할 때만이 모든 것이 변한다.

당신이 신성에 뿌리를 내리게 도면 존재 전체가 신성에 뿌리 내릴 것이다. 당신이 악에 뿌리 내면 우주 전체가 지옥이 된다. 그것은 오직 당신에 달려있다.

천국과 지옥은 누가 심판해서 갈라놓은 것이 아니다. 그 열소를 쥐고 있는 것은 자신이다. 털끝만치라도 당신 내면의 흔들림이 있으면 곧바로 지옥행이다. 순수함은 외면의 어떤 것으로도 채워질 수 없다. 매일 번민하고 참회해도 소용없다. 진흙 속에 살아도 당신 내면이 순수로 가득 차 있다면 걱에 천국이 있다.

26. 껍데기

인생은 고통, 기쁨, 아름다움, 추함, 사랑으로 둘러싸여 있다.

이 와중에서 당신은 인생에 대해 얼마나 알고 있는가?

인생을 전체로서, 모든 차원에 걸쳐 광범위하게 이해하고자 한다면 이 세상을 바로 보고 알아야 하며, 그때 비로소 당신 자신을 알 수 있다.

무식한 사람은 못 배운 사람이 아니라, 자기 자신을 알지 못하는 사람이다.

그리고 가장 어리석은 사람은 책이나 지식, 권위 등을 사용해 사람을 이해시키고자 하는 사람들이다.

이해는 외부로부터 오는 것이 아니라 내적인 의식으로부터 생겨난다.

자아의식이란 인간의 전체적인 심리과정에 대한 깨달음을 말한다.

따라서 배움이란 진정한 의미의 자아에 대한 이해이다.

왜냐하면 모든 세계가 하나 되는 것은 사람들 각자의 마음속에 있기 때문이다.

기쁨, 슬픔, 추함, 아름다움, 사랑의 표현에 사로잡혀 있는 인간은 마치 이것들이 인간의 본질인양 잘못 알고 있다.

이것들은 한낱 껍데기에 불과하다.

27. 느낌과 생각의 주인

기쁨은 느낌이지 생각이 아니다.

사랑은 느낌이지 생각이 아니다.

신은 느낌이지 생각이 아니다.

느낌이 가장 고귀한 주인이 되게 하고 머리는 그 느낌을 중하게 여기도록 하자.

당신은 그 동안 가슴을 노예로 전락시키고 머리를 주인으로 만들도록 배워왔지 않은가.

그러나 더 이상 머리가 주인이 되어서는 안 된다.

머리 대신 가슴이 다시 왕관을 써야 하고 황제가 되어야 한다.

가슴이야말로 진정한 주인이다.

현대인들은 머리로만 뭐든지 하려고 한다.

사랑까지도 머리로 하려고 한다.

그러나 따뜻한 가슴으로 사랑해야 한다.

머리가 지성이라면 가슴은 따뜻한 사랑이다.

머리로 살려고 하지 말고 가슴으로 살아라.

생각이 아니라 느낌으로 살아라.

거기에 진정한 사랑이 있다.

28. 감사의 신

나는 신에게 감사한다.

신은 늘 나를 생각한다.

신은 보이지 않지만 늘 나를 생각한다.

나는 신을 거부한다.

그런데도 신은 나를 생각한다.

얼마나 위대한 신인가.

이 존재계 전체가 나를 돌보고 있다.

당신은 존재계가 당신을 인도해 가는 것을 깨닫지 못한다.

어쩌면 그 일은 예측이 전혀 불가능할지도 모른다.

그러나 예측불가능성을 도와달라고 해도 도와줄 수가 없다.

그럼에도 불구하고 존재계가 나를 보살펴왔다.

단지 느끼지 못하고 갈 뿐이다.

내가 프로그램대로 산다고 생각했다면 아마 답답해서 숨이 막힐지도 모른다.

나는 항상 신에게 고마움을 느끼며 감사하고 있다.

신이 나를 보살피고 있기 때문이다.

우주 전체는 완전무결한 통일과 질서를 유지하고 있다.

당신은 우주 속의 일부분으로 고립돼 있다고 생각하는가.

그렇지 않다.

당신은 우주라는 존재계에 완전히 뿌리를 내리고 있다.

이것을 깊이 실감하지 않는다면, 당신은 절대 명상에 잠길 수 없다.

분리되었다는 느낌으로는 존재계의 충만함을 맛볼 수 없다.

29. 사랑의 신

인간의 내부엔 사랑의 신이 갇혀 있다.

사람들은 사랑을 발견하고 연마해야 되는 것으로 믿고 있다.

그러나 그것을 꺼내는 데는 아무런 기술이 필요 없다.

다만 덮개를 걷어내기만 하면 된다.

그렇다면 우리의 내부를 가리고 있는 장막이란 무엇일까?

마음이다.

마음의 욕망과 이기심, 탐욕이다.

이것을 벗겨내면 그것이 저절로 드러난다.

창조적 직업이란 뭔가 근사한 것을 만드는 것이 아니다.

신앙 또한 뭔가 어마어마한 몇 가지를 떼어내 안에 있는 본질을 끄집어내는 것이다.

덮개를 벗기고 마침내 순백(純白)의 깨끗한 상태를 드러내기만 하면 된다.

가장 신적인 것은 그렇게 탄생된다.

다시 말하지만 만들어 내는 것이 아니다.

원래 그 자리에 있었던 것을 찾아냈을 뿐이다.

신적인 존재는 아주 작은 것에서부터 광대무변한 우주 저편까지 편재해 있다.

30. 승리와 패배

노자가 죽음을 맞이하고 있는데 제자 한 사람이 생의 비밀을 밝혀달라고 부탁했다. 그러자 노자가 다음과 같이 말했다.

"제일의 비밀은 생애에 걸쳐 나를 쳐서 이긴 자가 없었다는 것이네."

이 말을 듣고 제자들은 흥분했다.

"그런데 스승님은 왜 지금까지 한 번도 그런 얘기를 해주시지 않았습니까? 우리도 승리를 얻고 싶습니다. 부디 그 비결을 가르쳐주십시오!"

노자가 대답했다.

"자네들은 뭔가 오해하고 있군. 나는 아무도 나를 쳐서 이기지 못했다고 말했을 뿐이야. 그런데 자네들은 남을 이겨서 승리를 거두는 것으로 착각하고 있지 않은가? 자네들은 어떻게 하면 쳐서 이겨 우쭐댈까 그것에만 관심이 있는 듯하네. 물러들 가게나. 자네들은 내 뜻을 전혀 ㅇ해하지 못했네."

"스승님, 그렇다면 부탁하오니 제발 그 뜻을 설명해주십시오. 어떤 것이 한 번도 지지 않는 비결입니까?"

제자들은 간청했다. 그러자 노자가 말했다.

"아무도 나를 쳐서 이기지 못한 것은 내가 줄곧 언제나 지고 있었기 때문이야. 패배자를 패배시킬 방법은 없겠지. 나를 결코 패뱃킬 방법은 없겠지. 내가 결코 패배당하지 않았던 것은 내가 결코 승리를 바라지 않았기 때문이라네. 나에게 도전하러 오는 자가 있다 하더라도 이미 패배한 나를 향해 도전할 수는 없었지. 그러므로 이 세상에 나를 쳐서 이긴 자는 아무도 없는 것일세."

자, 당신에게서 승리의 기쁨이란 어떤 것인가?

남을 쳐서 이김으로써 의기양양해지는 것?

31. 선악을 넘어서

직종에 따라 빨리 죽기를 바라는 사람도 있다. 장례식장은 사람이 죽기를 바라고 있다. 사람이 죽으면 돈을 벌 수 있기 때문이다. 이렇게 볼 때 죽기를 기다리는 장례식장 사람들이 악인이라고 할 수는 없을 것이다. 그 본바탕이 선하다 또는 악하다고 학보다 오로지 직업의식에 따라 생계를 유지하기 위해서 이익을 따랐을 뿐이다.

사람은 예전부터 선한가 아니면 악한가. 이 문제에 대한 견해는 예전부터 많은 논란을 불러왔다.

맹자(孟子) 로크(John kocke, 영국의 철학자, 1632~1704)는 인간은 선하다고 말했다.

순자(荀子)나 홉스(Thomas Hobbes, 영국의 철학자, 1588~1679)는 악하다고 보았다.

32. 고행과 학대

자이나교는 세상에서 가장 금욕적인 종교이다.

아니 세상의 모든 종교 중에서도 가장 자학적(自虐的)이다.

자이나교 승려들은 너무나 자신을 학대하기 때문에 제 정신이 아닌 자들로 여겨질 정도이다. 하지만 실제로는 그렇지 않다. 그들은 장사를 해서 생계를 유지한다. 자이나교의 승려들을 추종하는 사람들도 모두 장사꾼들이다.

자이나교 전체가 상인들로 구성되어 있으며, 종교 자체가 근본적으로 저 세상에서의 이득을 손에 넣기 위해 만들어진 교단이다. 자이나교 승려들은 이 세상에서 얻지 못하는 어떤 것을 저 세상에서 획득하기 위해 자신을 학대한다. 그렇게 믿고 있기 때문에 지독한 상인들이라고 말할 수 있다.

자이나교의 승려들은 해마다 자신의 머리카락과 수염 그리고 온몸의 털을 뽑아버린다. 그것도 자기의 손으로 하고 그들은 어떤 기계도 사용하지 않으며 기술문명에 반대한다.

그것이 그들의 논리이며 끝까지 그런 논리를 밀고 나간다. 털을 뽑을 때 절대로 혼자서는 하지 않는다. 그들에게 프라이버시란 존재하지 않는다. 그들의 자기학대 역시 개인적인 것이 아니라 전적으로 공식적인 행사이다.

그들은 시내 한복판에서 벌거벗고 서서 자기의 머리카락을 뽑기 시작하며 군중은 감탄하면서 박수를 보낸다. 자이나교 신자들도 꼭 이래야만 하는가하는 동정을 느끼긴 하지만, 내심으로는 즐기며 선수들같이 그들은 게임을 하고 있는 것이다.

그 당시 모든 고행(苦行)이 인도에 만연돼 있었다. 그것이 성스런 경지에 이르는 길이라고 생각했다. 어느 누구도 고행을 부정하지 않았다.

그러나 불타(佛陀)는 철저한 고행 속에서 그것이 잘못되었음을 깨달았다. 고행으로는 아무 것도 얻을 수 없음을 깨달았다. 그는 앙상해진 육신을 이끌고 네란자라강에 도착했다. 그리고 소녀가 주는 우유죽을 받아마셨다. 그것은 고행의 끝을 의미한다. 그가 고행을 부정했을 때 주변의 많은 성자들이 불타를 비웃었다. 고행에 굴복한 것이라고 손가락질 했다.

성자가 되기 위해, 천국에 가기 위해, 자기 몸을 고문하는 것에 나는 반대한다.

이 세상이 더럽다고 몸부림치고 부정하면서 고행하며 하는 수행법을 반대한다.

이것은 자기 학대와 도피이외에 아무것도 아니다.

33. 남녀 차별

불타는 여성에게 계(戒)를 주기를 망설였다. 불타조차도 그랬다.

자이나교의 창시자인 마하비라는 여성의 육체로 열반(涅槃) 즉 최고의 해탈에 도달할 수 없다고 말했다.

마호멧은 여성이 모스크(이슬람교의 사원)에 들어오는 것을 철저히 금지시켰다. 오늘날까지도 여성은 모스크에 들어가선 안 된다. 시나고그(유태교의 사원)에서조차 여성은 남성들과 함께 앉지 못하고 복도에 앉아야 한다.

인도의 여수상이었던 인디라 간디는 나에게 이런 이야기를 한 적이 있다. 그녀가 이스라엘을 방문해 예루살렘에 갔을 때였다. 그녀가 이스라엘의 수상과 함께 발코니에 앉아 있어야 했다. 그 이스라엘 수상도 여성이었던 것이다. 일층의 본당에는 모든 남성들이 앉아 있었다. 여성이라는 이유 때문에 발코니에 앉아 있어야 했으며 골다메이어는 용납도지 않았던 것이다. 그들은 오직 구경꾼으로서만 발코니에 앉는 것이 허용되었다.

마호멧과 모세와 마하비리와 불타를 대신해서 오쇼라즈니쉬(BhagwanShree Raijieesh)는 사과한다 했다. 그리스도도 마찬가지다. 그리스도도 자신의 열두 제자들 속에 여성을 단 한 명도 포함시키지 않았다 그러나 단 한명도 그곳에 없었다. 오직 세명의 여성, 마리아와 막달레나와 막달레나의 여동생만이 그 자리에 있었다. 이 세 명의 여성들조차도 그리스도에게서 선택받지 못했다. 그러나 선택받은 남자들은 모두 달아났다. 얼마나 잘 났는가! 그들은 자신들의 목숨을 보호하려고 애쓰고 있었다. 위험의 순간이 닥쳤을 때 오직 여성들만이 달려왔다.

이 세상 인간의 반은 여성이다. 아직도 종교종파에 따라 여성을 무시하고반만 가지고 일을 하고 있다. 이러한 상황을 전환시켜야 한다. 인도의 여인들은 그녀의 남편이 신과 같다는 절대적인 가르침을 받는다. 그런데 어떻게 자신을 죄악으로 보는 사람을 신처럼 존경할 수 있을까? 또 경전은 여인을 지옥에 문, 죄악의 우물이라고 말하고 있다 그리하여 남자들은 이 여자가 당신의 아내며 동반자이고 인간적 계율을 받는다. 그러나 남자는 생애의 반려자로서 살아있는 악마와 함께 살고 있다는 느낌을 갖게 되었다. 그래서 남자는 조금만 잘못 되어도 이 여자가 나의 아내인가? 아니면 지옥행의 반려자인가? 라는 생각을 갖게 되었다. 이러한 삶에 어떻게 조화가 있을 수 있겠는가? 전통적인 가르침이 온 세계의 남녀관계를 파괴시켰다. 남녀차별은 오직 인간에게만 있다. 어떤 곳에도 남녀차별은 없다 인종간의 차별 또한 오직 우리 인간에만 있는 일이다. 노란 꽃, 파랑 꽃 흰 꽃은 다투지 않는다. 흰 개는 검은 개를 흉하다고 하지 않는다. 암수는 서로 투쟁하지 않는다.

인간은 도대체 무슨 근거로 이런 차별을 하는 걸까. 이것은 야만적이다. 오직 물리적 힘의 논리가 있는 곳에 이런 차별이 존재한다. 남성은 육체적으로 힘이 셌다. 힘이 센 것으로 치자면 코끼리가 인간보다 훨씬 우월하다. 그렇다면 코끼리를 성스럽게 받들어 모셔야 할 것이다

오직 강력하길 바라는 인간의 에고에서 차별이 온다. 차별 속에선 신성도 얻을 수 없다.

34. 행복과 불행

행복에는 아무런 이유가 없다.

행복은 절대로 인과법칙을 만들어낼 수 없다.

조건이 붙는 사랑이란 참다운 사랑이 아니듯이 인과법칙이 작용하는 행복이란 있을 수 없다.

"오늘 나는 불행하다. 어떻게 하면 행복해질 수 있을까?

행복을 위해 준비를 해야지, 모든 것을 다 갖추어야만 돼."

당신의 내부로 숨어든 불행은 이렇게 속삭이며 당신에게 명령한다.

그래서 당신은 행복을 위해서 많은 시간을 들여 이것저것을 열심히 준비한다.

그러나 내일의 당신은 또 무엇을 어떻게 준비하여 부족함을 없게 하겠는가?

결국 당신의 준비는 끝이 없게 되고 내일은 알 수 없는 먼 미래의 희망이 되고 만다.

이것이 바로 불행으로 끌어 들이는 속임수인 것이다.

불행한 마음은 당신에게 자꾸만 준비할 것을 요구한다.

더 많은 시간이 필요하다고 말한다.

그러나 행복은 준비와 관계가 없다.

시간과 행복과는 아무런 상관이 없다.

행복은 먼 미래의 어느 곳에 있는 것이 아니라 바로 지금, 여기에 있는 것이다.

행복이란 바라보는 관점에 달려있는 것이다.

만약 당신이 이것을 조금이라도 깨달을 수만 있다면 당신은 곧바로 행복을 맛볼 수 있을 것이다.

시련과 고통

사람이 살아 가는데 건강 다음의 최고의 자산은 인복(人福)이라 한다. 사람과의 관계에/귀인과 은인은 좋은 사람에게도 드물게 나타나고, 사람을 잘못 만나면 악연이 되어 평생을 원수(怨讐)로 살아가기도 한다. 모든 것은 인간 관계 속에서 발전도 하고 불행과 좌절이 오기도 한다. 그래서 사람을 잘 만나는 것이 복이라고 많은 사람들이 말한다

저자가 어느 기업의 최 경영자로 재직했을 때의 일이다. 나를 도와줄 인재라며 그룹 본부에서 한 사람을 추천해 주었다. 나는 평소에 그 후배와 친분도 있던 터라 아무런 거부감 없이 일을 하게 되었다. 그러나 그때 주변의 지인과 동료들이 그 사람을 조심하라고 조언해 주었지만 내 인생에 광견(狂犬) 같은 사람을 만날 것이라고는 생각을 못했고, 주변 사람들의 말로 사람을 쉽게 평가하지 않는다는 것이 내가 지켜온 나의 인격과도 같은 믿음이었기에 그 조언은 들리지 가 않았다. 사람에 대한 믿음과 의리 때문에 귀담아 듣지 않은 것이 결국 큰 화(禍)를 불러오게 될 줄은 생각하지 못하였다. 내 앞에서 회사 발전을 위해 열심히 일하는 모습을 보고 힘을 실어주고 방패막 역할을 해준다는 것이 그만, 그 속에 감추었던 가면 속 두 얼굴을 못 본 것이 크나큰 실수가 되었다.

믿는 도끼에 발등 찍힌다는 속담이 눈 앞의 현실로 다가왔다. 그가 꾸며놓은 교묘한 권모술수(權謀術數)에 휘말리게 됐고 사람을 잘 알아보지 못한 어리석음으로 인해 나의 신변에도 어두운 먹구름이 모여오고 있다는 것을 깨달았을 때에는 이미 시기가 많이 늦어져 있었다. 적은 언제나 멀리 있는 것이 아니고 아주 가까운 내부에 있다는 말이 남의 일인 줄로만 알았는데 결국 나는 시쳇말로 멘붕상태가 되었고, 내

스스로 모든 것을 끝장내겠다는 생각으로 반드시 그를 제거해 버리고 말겠다는 무서운 계획도 세웠다. 하지만, 절친한 지인의 설득과 만류 끝에 극단적인 행동만을 피할 수 있었다. 마지막에 주변의 말을 들은 것이 그 시련의 마지막 마무리였던 것 같다. 사람이 한 평생을 살면서 한번쯤 심한 고통과 아픔을 겪는다고 하는데 내 인생에 있어서도 정말 가장 고통스러운 시기였다.

한 사람의 잘못된 생각과 욕심이 소중하게 맺은 인연을 악용해 결국 잘 나가던 회사도 위기에 놓이고, 회사도 그만두게 되었으며 그가 벌여 놓은 일들에 책임까지 억울하게 추궁당하던 상황이었다. 사람 하나 잘못 만났다 생각하기엔 억울함이 너무 컸기에 꿈도 희망도 없고, 우울증, 불면증에 시달리며 매운 맛, 쓴 맛, 단 맛 아무 것도 느낄 수 없는 지경에 이르렀다. 평생 쌓아온 공든탑이 한 순간에 무너진 절망 속에서 무기력해진 내 자신과 싸워야만 했지만 매일 숨쉬는 것조차 고통으로 느껴진 나날이었다. 평생 다시는 떠올리지 말자고 생각한 기억이다. 당시 그 상황을 떠올리면 악몽과도 같다. 이제 많은 세월이 흘러 뒤돌아보니 모두 나의 부족함이었던 것이라 자위(自慰)하게 된다. 언젠가 그는 스스로 저지른 악행의 과보(果報)를 받게 되지 않을까 생각된다. 남은 세월이라도 그가 진심으로 반성하며 살길 바란다. 자기가 살기 위해 남의 눈에 눈물을 나게 하면, 결국 내눈에 피눈물이 나게 되는 그러한 인과응보(因果應報)의 결과를 그도 배울 수 있기를 말이다.

그 이후 개인 사업을 하면서 한번도 아닌 두 번, 세 번이나 실패하고 보니 몸과 마음은 더욱 지칠 대로 지쳤다. 이렇게 떨어진 상태에서 다시 위로 올라오기는 불가능에 가까워 보였고, 원상회복이라는 것은 기적 같아 보였다.

괴로운 시기를 벗어나 새로운 삶과 희망의 빛을 가져온 것은 바로 효봉삼무도 수련을 통한 것이었다. 체력단련, 음악명상, 기 수련을 통해 잃었던 건강을 찾게 되었고, 비로소 나는 다시 일어설 수 있었다.

　세상만사 사람 때문에 울고 좌절하고 실패도 하지만 또 사람으로 인해 웃고 즐기며 일어서고 성공도 한다. 내가 살아오면서 가장 힘들었던 시기에 진실과 정의를 세우기 위해 힘이 되어준 잊을 수 없는 고마운 간부(幹部) 직원들이 있다. 진실규명 탄원서를 써준 정종관 본부장, 신재성 영업부장, 김영곤 본부장, 이명락 본부장과 마음으로 응원해 주고 도와준 홍성천 재무이사, B박희수 기획실장, 박신자 과장 뒤늦게나마 이 책을 통해서 다시 한번 감사의 마음을 표하며 고마움의 뜻을 마음 속 깊이 전한다.

———————— 제2장

인생(人生), 깨달음의 여정

1. 치덕정천하(治德正天下)

'치덕정천하(治德正天下)'. 덕(德)으로써 천하(天下)를 바르게 다스린
다. 민심(民心)의 지지를 얻어 나라를 잘 다스리고, 천하를 평정해 덕
(德)으로써 천하를 바르게 다스린다(正天下)는 것이 정치의 최종 목적
이다.

춘추시대 중국의 위대한 정치가요, 사상가였던 관자(管子)의 경세론
(經世論)의 핵심이다. 그의 학설은 법가에 속하고, 공리경제(共利經濟)
를 주안점으로 삼았다.

관자는 우선 국권을 확립하고자 애를 썼다. 그는 국가의 주권을 확립
하기 위해서 국가를 임금, 군주 또는 귀족보다도 높였던 것이다. 이는
그 당시에 있어선 물론이고 후세에 와서도 쉽사리 추종을 불허했던 탁
월한 사상적 특성이었다.

임금보다 나라를 앞세운다는 것이 오늘의 생각으로는 당연하지만,
고대 중국에 있어서는 혁명적 발상이라 아니할 수 없다.

관자는 국권 확립을 위해 부국강병(富國强兵)의 경제정책과 법치주의를 강조했다. 하지만 관자는 결코 협소한 법치주의자나 실리만을 추구하는 부국강병책만을 일삼은 것이 아니었다.

관자는 나라를 다스림에 있어서 우선 생산을 높이고 물질적으로 부유하게 하며, 부(富)를 누린 위에서 예의와 염치라는 사유(四維)를 가지고 인륜을 받쳐야 국가, 사회가 영구히 존속되고 만민이 친화 단결한다고 주장했다. 민생의 안정 위에 사회 도의를 높여야 국가가 존립하고 발전하며 민심을 잘 파악하고 무리나 억압이 없는 교화훈도(敎化訓導)를 해나감에 있다고 천명했다. 따라서 정치는 어디까지나 유덕자(有德者)가 많아야 하며 민의(民意)에 따라 유능한 인재를 적재적소에 등용함으로써 국민의 선공(善功)을 북돋아주며 항구성 있는 정책수행으로 국민과 일심동체가 되라고 주장했다. 기원전 7세기에 있었던 놀라운 국정지침이라 하겠다.

이처럼 관자의 이상(理想)은 높았다. 그는 무력(武力)으로 천하를 누르는 것을 패자(覇者:제후의 우두머리)라 했고, 덕으로 다스리는 사람을 왕자(王者)라 했다. 그러면서도 관자는 패왕(覇王: 패도로 천하를 다스리는 사람)이 되어야 한다고 주장했다. 즉, 난역(亂逆)하는 자는 무(武)로 누르고, 순복하는 사람은 문(文)으로 다스려야 한다는 뜻이다. '문(文)과 무(武)를 겸비하는 것이 덕(德)'이라고 했다.

관자의 사상은 예(禮)사상의 무력화(無力化)를 법에 의해 지탱하고자 하는 순자(荀子)적인 예·법 공용의 사상(목민牧民편, 권수權修편)과 예로부터 법으로 이행하는 내면적 지주로서 허정무위(虛靜無爲)를 주창하는 도가사상(심술心術편, 백심白心편)이 병존하고 있다

2. 왜 『관자(管子)』를 읽어야 하나

21세기 현재 중국 자금성의 수뇌부와 세계 굴지의 기업 CEO(최고경영자)들은 『관자(管子)』를 옆에 끼고 평천하 방략(平天下 方略)을 짜고 있다. 겉으로는 공자를 중국의 역사문화를 상징하는 아이콘으로 띄우면서 속으로는 경세제민(經世濟民)과 부국강병의 이치를 탐구하는데 머리를 싸매고 있는 것이다.

중국의 정치·경제학계도 비슷하다. 『관자』를 기본텍스트로 하는 관학(管學)이 『논어』를 텍스트로 삼는 공학(孔學)을 압도하고 있는 현상이 그렇다. 역대 중국의 황제들이 구사한 외유내법(外儒內法)의 통치술을 좇고 있는 셈이다. '외유내법'은 겉으로는 유가의 덕치를 내세우면서도 속으로는 법가의 법치를 구사하는 통치술을 말한다.

중국 수뇌부와 CEO들의 이런 행보는 비록 소를 잃기는 했으나 뒤늦게나마 외양간이라도 고친 덕분으로 볼 수 있다. 정작 문제가 되는 것은 한국이다. 조선조 개창 이래 21세기 현재에 이르기까지 600여 년 동안 줄곧 맹자의 왕도(王道)이론에 함몰돼 있는 현실이 그렇다.

해방 이후 조선조 사대부가 맹종한 '왕도'를 '민주'로 바꾼 것만이 다를 뿐이다. 천하가 태평하고 나라가 평안한 치세에는 이런 주장이 나름 타당하다. 그러나 난세에 이런 주장을 펴는 것은 패망의 길이다.

『관자』는 『한비자』와 『상군서』 및 『손자병법』 등과 더불어 경세제민과 부국강병 계책의 보고(寶庫)에 해당한다. 관자가 역설한 경세제민과 부국강병 계책은 부민(富民)을 토대로 한 것이다. 애덤 스미스가 말한 '보이지 않는 손'에 의한 시장의 자율과 '보이는 손'인 관청에 의한 시장질서 확립을 동시에 달성하는 게 요체이다. 관자는 바로 이런 입장에 서 있었다. 그가 40여년 동안 제나라의 환공(桓公: 기원전 685~643)의 곁에서 보필하면서 제나라를 문득 가장 부강한 나라로 만들어낸 비결이 여기에 있다

관자의 이름은 이오(夷吾), 자는 중(仲) 또는 경중(敬仲)이다. 제(齊)나라 영상(潁上 · 현재 안휘성 서부)의 출신이며 그의 출생연대는 정확히 알 수가 없다. 다만 그가 제환공을 보필했으므로 그도 환공과 비슷한 연대의 인물이며 그가 환공보다 2년 앞서 기원전 645년에 죽은 것으로 알려졌다.

※이 장(章)의 내용은 관자의 '형세경언(形勢經言)'중에서 간추린 것이다. 각 편의 내용을 필자가 방편상 임의로 단절하기도 하였으며 대략 간추린 것으로, 본 모습이나 내용은 변함없이 파악할 것이라 믿는다.

3. 지극함과 활쏘기

옛 격언에 '지극한 사람(至人)'의 '지극함'을 활쏘기에 비유한다. 빠른 속도로 백발백중 표적을 맞추는 귀신같은 세속적인 기술에 지나지 않는다. 따라서 '불사지사(不射之射)'는 보통 활쏘기의 개념을 초월한 정신적인 활쏘기로서 활을 잘 쏘는 것을 말한다.

지극한 경지인 백척간두(百尺竿頭)의 위험한 상황에 놓이더라도 평지와 같이 행동할 수 있는 것을 말한다. '지극한 사람의 경지'란 아무리 밖의 환경이나 사정이 바뀌더라도 마음에 조금도 흔들리지 않는 초연한 경지에 이르러야 한다. 그것은 만물과 혼연일체가 되고 사람의 마음과 자연이 융합돼 있을 때에만 가능한 것이다.

활쏘기는 훌륭한 운동일 뿐만 아니라 수양의 한 방법이기도 하다. 활을 쏘는 사람은 먼저 자세를 가다듬어 과녁을 쏘며, 적중하게 되면 그 자세가 올바른 결과이고 맞지 않으면 자세가 바르지 못했기 때문이다. 이와 같이 활을 쏘는 사람은 늘 자기반성을 하면서 노력한다.

대인관계에 있어서도 마찬가지다. 상대방의 반응은 결국 나의 자세에 달려있다. 활쏘기는 심신단련으로 이런 정신적 자세도 일깨워준다. 신체단련에는 과녁을 가죽으로 쓰고 정신수양에서는 과녁을 베(布帛)로 쓴다.

4. 천서(天瑞)

'천서(天瑞)'란 하늘의 서조(瑞兆)를 뜻하며 만물의 존망변화(存亡變化)는 자연의 상서로운 조징(兆懲)이라는 관념아래 붙여진 편명이다. 따라서 『관자(管子)』의 '천서(天瑞)' 편을 읽어보면 만물의 생성과 변화의 해설에서부터 시작해 하늘과 땅의 창성(創成)원리 및 천지와 성인과 만물의 특성을 논하였다.

천지만물의 생성과 변화가 무궁한 것처럼 사람의 삶과 죽음도 무한한 순환원리에 입각하고 있다는 데서부터 '인생론'을 전개했다. 따라서 사람들이 중히 여기는 생사는 물론 빈부나 명리(名利)같은 것이 자연 속에서는 무의미한 것임은 말할 것도 없다. 삶이 길을 떠나는 것이라면, 죽음은 집으로 돌아오는 것이나 마찬가지이다.

모든 것이 궁극적으로는 '무(無)'로 회귀하게 마련이라는 것이다. 따라서 사람들은 텅 비고 조용한 허정(虛靜)의 소중함을 알고 선(善)에의 극치를 추구해야 한다는 것이다. 이로써 우리는 도가(道家)로서 열자(列子)사상의 특징을 파악할 수 있다.

'황제서(黃帝書)'에서 말하기를 '공허의 신(谷神)'은 죽지 않으며 이것을 현빈(玄牝)이라 하였다. 현빈의 문을 천지의 근원이라 말한다. 면면히 존재하는 듯 하나 이것의 작용은 애씀이 없다.

열자(列子)는 그의 스승 호자(壺子)의 말을 빌어 우주의 본체(本體)가 되는 도(道)의 오묘한 원리를 설명하고 있다. 우주의 본체인 도는 절대적이고 영원불멸한 것이다. 만물을 생장케 하고 변화시키는 근원이 되지만 그 자체는 생장하지도, 변화하지도 않고 저절로 그러하고 저절로 그렇게 되고 있는 것이다. 열자는 기약 없는 이별을 앞두고 이처럼 오묘한 도를 가지고 제자들을 가르쳤다.

열자는 정(鄭)나라의 은자(隱者)로서 기원전 4세기경의 인물로 알려져 있다. 오늘날 『열자(列子)』 8권 8편이 남아 있으며, 이 책에 대해서는 그가 서술한 것을 문인·후생들이 보완했다는 견해와 후세의 위작이라는 견해가 대립된다. 다만 이 책에는 열자의 사상이 분명히 일부나마 나타나는데, 이 책의 제2권 2편인 '황제'(黃帝임. 皇帝가 아님)에는 열자가 관윤(關尹)과 나눈 담화가 기록돼 있어서, 열자는 관윤을 통해 노자의 사상을 배운 사람이 아닌가 추정하기도 한다.

노자는 현상의 본원을 도(道)라고 불렀으나 열자는 도를 태역(太易)이라고 바꾸어 불러 천지만물을 생성시키는 과정을 설명한다. 열자는 도가적 우주론을 노자 이상으로 깊게 구축했다. 그리하여 우주를 통해 흐르고 있는 우주적인 법칙을 좇아 사는 것이 인간의 진실된 삶의 방법이라고 했다.

제1권 1편 '천서(天瑞)'에서는 "정(靜)하고 허(虛)하면 그 거(居)를 얻으리라"고 했다. 이에 대해 잡가(雜家)의 대표작인 『여씨춘추』(呂氏春秋: 제자백가 중 잡가의 대표적인 작품)의 제 99편 '불이(不二)'에서는 "열자는 허(虛)를 귀히 여긴다"라고 평가했다.

옛 성인(聖人)들은 음(陰)과 양(陽)을 근거로 하여 하늘과 땅을 다스렸다. 모든 형체를 지닌 것은 형체가 없는 것으로부터 생겨났는데 그렇다면 하늘과 땅은 어디서부터 생겨난 것일까? 태역(太易)이 있고, 태초(太初)가 있고, 태시(太始)가 있다고 말한다. 태역이란 기운(氣)도 나타나지 않은 상태이다. 태초는 기운이 나타나기 시작한 상태이다. 태시란 형체가 이루어지기 시작한 상태이다. 태소란 것은 성질(性質)이 갖추어지기 시작한 상태이다.

기운과 형체와 성질이 갖추어져 있으면서도 서로 분리되어 있지 않으므로 그것을 혼돈상태라 한다. 혼돈상태란 만물이 혼돈을 이루어 서로 분리되지 않았음을 말한다. 그것은 보려고 해도 보이지 않고 들으려 해도 들리지 않으며 잡으려고 해도 잡히지 않는다. 그러므로 그것을 역(易)이라 말한다.

5. 역에는 형체와 한계가 없다

맑고 가벼운 것은 올라가 하늘이 되고 무거운 것은 내려와서 땅이 되고 중화(中和)의 기운은 사람이 된 것이다. 그러므로 하늘과 땅은 정기(備氣)를 품고 있고 만물은 변화하고 생성하고 있는 것이다.

여기서는 주로 하늘과 땅의 생성(生成)원리를 논하고 있다. 아무래도 없던 태역(太易)에서부터 기운(氣)이 먼저 생기고 다시 그 기운이 영기어 형체(刑)가 이루어지고 다시 그 형체에 따라 여러 가지 다른 성질을 지니게 되었다는 것이다.

그러므로 하늘과 땅의 도(道)는 음(陰)이 아니면 양(陽)이다. 성인의 가르침은 어짐(仁)이 아니면 의로움(義)이다. 만물의 적성이란 부드러움(柔)이 아니면 억셈(剛)이다. 이것은 모두 그의 적성에 따라서 그의 위치로부터 이탈할 수 없는 것들이다.

하늘과 땅과 성인과 만물은 당초부터 모두가 완전한 공능을 갖춘 것은 아니다. 모두가 제각기의 특성과 효능을 지니고서 도(道)에 의하여 생성변화가 조화되고 있다. 그렇다고 해서 도는 독특한 존재로서 인지(認知)되는 것은 아니다.

도는 허무(虛無)하여 아무런 형체나 소리도 없고 시작도 끝도 없는 것이다. 그리고 도는 우리가 생각할 수 있는 어떠한 작위(作爲)를 가하고 있지도 않다. 무위(無爲)의 존재이면서도 그 변화는 자재(自在)하고도 무궁한 것이다. 열자는 이처럼 천지만물의 특성을 파악한 후에 여기에 군림하는 절대적인 섭리(攝理)로서 도를 파악하고 있는 것이다.[1]

정신(精神)이란 하늘의 몫이요.육체란 땅의 몫인 것이다. 하늘에 속하는 것은 맑고도 흩어지며 땅에 속하는 것은 탁하고도 모이게 마련이다. 정신은 형체를 떠나서 각각 그의 문으로 들어가고 육체는 그의 근본으로 되돌아가는 것이다. 인생이란 여행을 하다가 자기 집으로 돌아가는 것과 같다. 삶은 여행이요 죽음은 집으로 돌아가는 것이다. 그래서 우리나라에서도 죽는 것을 「돌아간다」고 말했는지도 모른다. 그러

---

1) 황제 서(皇帝書)옛날의 책 이름
　　현빈(玄牝) 玄은 현묘한 것. 오묘한 것. 牝은 암컷. 여기서는 만물을 생성케 하는 것을 뜻한다. 따라서 牝은 오묘한 만물을 생성케 하는 도의 뜻임.
　　태역(太易) "주역(周易)"의 태극이다. "노자(老子)"태허(太虛)와 같은 말.

나 사람들은 삶에 집착하여 어떤 욕망 때문에 취하고 주고 하는 사이에 올바른 도의 본성(本性)을 망각하다보니 귀중한 본연의 자세로부터 멀어진다. 일단 본연의 고요하고 공허한 상태로부터 떠나기만 하면 아무리 어짊과 의로움을 주장한다하더라도 다시는 그 본연의 자태로 돌아가지 못한다는 것이다.

천지와 만물은 잠시도 쉬지 않고 움직이면서 변화하고 있다. 잠시도 쉬지 않는 변화를 사람들은 깨닫지 못하고 있을 따름이다.

천체도 쉴새 없이 돌고 있는 지구도 돌고 있으며 만물도 변화하고 있다.

이 속에 사는 사람도 예외가 될 수 없다. 태어나서부터 죽을 때까지 일각도 쉬지 않고 사람의 몸과 마음도 변화한다.

이런 당위(當爲)의 법칙을 안다면 사람의 늙음이나 죽음에 대하여 조금도 초조할 필요가 없을 것이다.

움푹한 땅에는 물이 괴고 높은 언덕은 조금씩 낮아지거나 깎이어 가는 것처럼 사람이 태어났다가는 늙고 또 죽는 것이 당연한 순환법칙이라는 것이다.

엄밀히 따져보면 사람은 아무것도 소유하고 있지 않다. 자기의 목숨이나 자기의 몸 또는 자기의 자손들까지도 모두가 사람의 소유가 아니다. 그것들은 모두가 자연에 의하여 자연히 생겨난 것이다. 사람은 어디서 왔다가 어디로 가는지 또는 왜 살고 있는지도 모르면서 살고 있는 것이다.

이처럼 사람은 아무것도 가진 게 없다.

모두가 자연에 의하여 생겨났고 또 자연에 의하여 결정되고 있는 것이다. 그러니 사람은 사소한 명리(名利)같은 것을 위하여 아귀다툼할 것 없이 초연히 자연에 따라서 살아가야 한다는 것이다.

사람은 하늘과 땅 사이에 살면서 하늘과 땅의 힘을 빌려 살아 나간다. 이것을 말을 바꾸어 표현하면 하늘과 땅의 것을 도적질하며 살아간다고도 볼 수 있다. 그러나 하늘과 땅의 것을 훔치는 것은 공적(公的)인 도이기 때문에 아무런 처벌도 받지 않는다. 남이 모아 놓은 남의 재물을 훔치는 것은 사사로운 욕심에서 행하여지는 행동이므로 죄라는 것이다.

이 말은 이 세상에는 본디 사람의 것이란 하나도 없으며 초연한 관점에 근거를 둔 것이다. 이것은 사람이란 「빈손으로 왔다가 빈손으로 간다.」는 불교의 입장과도 통하는 것이다.

이 세상에 자기 것이란 있을 수 없고 결국은 빈손으로 죽어갈 것이라면 사람들과 서로 아귀다툼을 할 이유가 없게 된다. 다만 하늘과 땅의 것을 공적으로 도적질하면서 의연히 살아갈 따름일 것이다.

이것은 「천서편」의 결론이라고도 할 수 있다. 사람이란 하늘과 땅에 힘입어 살아가는 것이니 자연의 섭리에 따라 사심(私心) 없이 살아야 안 한다는 것이다. 여기서는 사람들이 세상에서 흔히 따지는 선악(善惡)의 관념을 초월하고 있다. 자연의 섭리는 절대적인 것이어서 상대적인 선악의 개념이 적용될 여지조차도 없는 것이다

옛말에 「자극한 사람(至人)은 물속을 다녀도 숨막히지 아니하고 불을 밟아도 뜨겁지 아니하며, 만물의 위 높은 곳을 다녀도 두려워하지 않습니다.」

「그것은 순수한 기운을 지키기 때문이다」 - 지혜와 기교(技巧)와 과감한 용기같은 것이 아니다. 곧 만물은 형체가 없는 것(道)에 의하여 만들어져서 변화하는 바가 없는 것(終)에 머물게 된다. 무릇 이러한 것을

터득하여 그것을 추궁하는 사람을 올바름(正)에 이를 수 있을 것이다. 그는 지나치지 않은 법도에 처신하게 되고 끝없는 기강(紀綱)에 몸을 두어 만물이 시작되고 끝나는 영원에 누리게 될 것이다.

그의 본성(性)이 통일되고 그의 기운이 길러지고 그의 덕을 지니게 되므로서 만물이 만들어진 원리(道)에 통달하게 될 것이다. 이와 같은 사람이라면 그의 천성(天性)은 온전히 지키어지고 그의 정신엔 틈이 없게 될 것이다.

도에 이르는 길은 자기의 마음과 감정을 없애는 것이다. 마음과 감정이 없으면 사나운 들짐승이란 하더라도 그의 앞에서는 꼼짝도 못하고 유순해진다. 무심(無心)의 경지가 완전하면 사나운 들짐승 뿐만아니라 높은 절벽이나 깊은 물 또는 뜨거운 불길까지도 그에게 아무런 위해(危害)를 가할 수 없게 된다.

지인(至人)의 또 한 가지 요건은 자기의 사사로운 마음을 없애고 천명(天命)에 이르는데 있다. 그것은 곧 자기를 없애고 완전히 자연에 동화됨을 말한다.

그런 사람은 만물에 대하여 거스르는 일이 없기 때문에 아무리 험난한 곳에 몸을 두더라도 외물이 그를 상케 하지 못한다. 이 대목도 「장자(莊子)」 달생(達生)편에 들어 있으니 참조하기 바란다

이 얘기는 「장자(莊子)」 열어구(列禦寇)편에서도 나온다. 자기의 훌륭함을 겉으로 드러내어 남의 존경이나 신임을 받는다는 것은 아직 도(道)를 터득하지 못했기 때문이다. 자기의 마음이나 욕망을 버리고나면 남들이 그를 알고 따르거나 존경할 수도 없게 된다. 지극히 위대한 사람은 공연한 일로 남과의 어떤 관계가 이룩되지 않는 것이다. 사람이 너무 잘난 듯하거나 너무 아는 게 많은 듯하면 다른 사람들이 접근하기

를 꺼린다. 그러나 자아(自我)를 버리고 자연과 동화된 사람에게는 아무나 마음놓고 가까이 간다.

천하에는 언제나 이기는 도(道)가 있고 언제나 이기지 못하는 도가 있다. 언제나 이기는 도를 유(柔)함이라 부르며 언제나 이기지 못하는 도를 강(强)함이라 부른다. 이 두 가지는 알기 쉬운 것인데도 사람들은 그것을 알지 못하고 있다. 그러므로 아주 옛날 말에 「강함은 자기만 못한 자에게 앞서지만 유함은 자기보다 뛰어난 자에게 앞선다.」 하였다.

물은 부드럽기 짝이 없는 것이지만 바위를 깎아내며 반대로 큰 거나 강한 것은 깨어지거나 부러지기 마련이다.

사람의 일생은 다시 밤과 낮의 둘로 갈라진다. 따라서 깨어서는 하는 일이 하인이지만 잠의 꿈에서는 나라의 임금이 되는 사람은 그대로 즐거움을 누리며 만족할 수 있다. 반대로 부귀영화를 누리는 사람이라 하더라도 밤마다 하인 노릇하는 꿈을 꾼다면 이것 또한 불행한 일이다.

따라서 사랑이란 깨어 있는 것과 꿈꾸는 경계(境界)를 초연히 넘어설 줄 알아야 한다. 꿈에서나 깨어서나 괴로움과 즐거움은 사람에게 동등한 것이다.

사람의 감성은 일정한 게 못 된다. 다만 외부의 어떤 자극에 의하여 변할 따름이다. 똑같은 자극이라 하더라도 그것이 똑같은 감정을 사람의 가슴에 일게 하지 않는다. 이렇게 볼 때 꿈이나 마찬가지로 사람들의 의식이나 감정도 믿을 게 못됨을 알 것이다

몸은 마음에 합치(合致)되고 마음은 기운(氣)에 합치되며 기운은 정신에 합치되고 정신은 무(無)에 합치됩니다.

사람은 마음과 정심을 무(無)의 세계에 합치시킬 때 보통 감각을 초월한 지각(知覺)을 지니게 된다. 성인이라면 누구나 그러한 초감각적인

지각작용을 터득하고 있다. 칠공(七孔)[2]

지극한 사람(至人)마음은 텅 비어 있어서 외물(外物)에 의하여 움직여지지 않는다. 말을 해도 자기의 말이 아니며 어떤 일을 알아-그것은 자기 개인의 앎이 아니다.

하루 종일 말 한 마디 안하는 듯하지만 필요한 말은 다하고 있는 것이며, 아무것도 아는 게 없는 듯하지만 알지 못하는 것도 없는 것이다. 지극한 사람은 이처럼 속세의 가치기준(價値基準)을 초월한 자유자재(自由自在)한 존재인 것이다.

6. 능용기력(能用其力)

있어도 없는 것 같고 차있어도 비어 있는 것 같아야 한다. 정말로 힘 있는 사람은 남에게 그 힘을 드러내는 일이 없다. 힘세기로 유명하다고 소문이 자자한 사람은 실은 힘센 사람이 못되며 자기 자신을 과시하는 것은 그만큼 못남을 드러내는 것이다.

도(道)를 얻는 방법 중에 도는 시각이나 청각 또는 지각이나 힘 같은 사람의 감각이나 육체적인 능력으로 얻어지는 것이 아니다. 또 마음이나 생각으로 얻어지는 것도 아니다. 반대로 무심(無心)함으로써 얻어지는 것도 아니다. 오직 묵묵히 사람의 본성대로 모든 일을 이루는 사람이 도를 얻는다는 것은 자연과 완전히 융합됨을 뜻하는 것이다.

사람이란 꾸준히 노력하면 '산과 바다를 옮길 수 있다'는 마음의 자세를 표시한 것이며 더욱이 도를 터득하려는 사람이라면 이러한 노력

---

2) 칠공(七孔): 귀눈코입의 일곱 개의 구멍

과 정성은 기울여야 일정한 성과를 거둘 수 있다.

우(禹)임금은 성인(聖人)같은 훌륭한 사람이면 이 우주의 도에 통할 수 있다고 믿었는데 하혁(夏革)은 한 걸음 더 나아가 우주의 섭리란 성인도 통할 수 없는 것이라 했다. 인정과 풍속은 지역에 따라 다르게 마련이다. 따라서 자기의 기준을 가지고 남을 옳다, 그르다고 비판하는 것은 잘못이다. 오히려 남쪽에는 남쪽에 맞는 풍속이, 북쪽에는 북쪽에 맞는 풍속이 있는 게 당연하다. 자기와 다르다고 남을 이상하게 보는 견해는 버려야 한다는 것이다.

공자(孔子)가 어느 날 동쪽으로 유람을 다니다가 두 아이가 말다툼을 하는 것을 보고서 그 까닭을 물었다. 한 아이가 대답했다. "저는 해가 처음 떠오를 때가 사람들로부터 가깝고 해가 중천(中天)에 올 때에는 멀어진다고 했습니다."

그러자 다른 아이가 말했다. "저는 해가 처음 떠오를 적에는 멀고 해가 중천에 왔을 때에는 가깝다고 했습니다." 또다시 한 아이가 말했다. "해가 처음 떠오를 적에는 크기가 수레덮개와 같은데 해가 중천에 오면 곧 대접과 같아집니다. 이것은 먼 것은 작게 보이고 가까운 것은 크게 보이기 때문이 아니겠습니까?"

한 아이가 다시 말했다. "해가 처음 떠오를 적에는 싸늘하고 서늘한데 그 해가 중천에 오게 되면 끓는 국에 손을 넣은 것처럼 뜨겁습니다. 이것은 가까운 것은 뜨겁고 멀리 있는 것은 서늘한 때문이 아니겠습니까?"

천하의 시비(是非)는 한 가지 기준에 의해 가려지지 않는다. 다시 말하면 논리적으로는 옳고 맞다고 하더라도 사실은 그와 다른 경우가 얼마든지 있다. 그런 논리에 사로잡힌 공자가 아이들에게 조롱을 받는 것은 어쩔 수 없는 일이었다.

백아(伯牙)와 종자기(鍾子期)의 얘기는 지음(知音)의 고사로서 유명한 얘기이다. 백아는 춘추시대에 금(琴)을 잘 타기로 유명한 사람인데, 그는 자기의 음악을 잘 이해하던 벗 종자기가 죽자 금줄을 끊어버리고 세상에 자기 음악을 이해해 줄 사람이 없음을 통곡했다고 한다.

　세상에는 여러 가지 일에 정통한 사람들이 얼마든지 있을 수 있다. 금을 타는 일이나 마찬가지로 뜯는 일에 정통한 것도 절묘한 재주인 것이다. 그리고 이러한 절묘한 재주는 어느 것이나 자연의 조화와 통하는 것이다.

　사람의 재주로 신묘한 경지에 도달하면 자연의 조화로서 조물주의 창조와 같은 경지에서 작품을 만들어 낼 수 있다. 다만 지극한 재주를 얻기가 어려운 것이다.

　세상의 모든 사물은 운명에 의해 결정된다. 사람의 능력이나 지혜는 운명에 의해 좌우되지만 사물은 어떻게 하는 수가 없다.

　특히 운명이란 어느 누구도 관여할 수가 없다. 운명이란 어떤 절대자에 의해 좌우되는 게 아니다. 저절로 그렇게 되도록 정해진 것이다.

　사람이 잘 살고 못 사는 것도 모두 운명이다. 지혜가 있다고 모든 일에 성공하고, 어리석다고 모든 일에 실패하는 것도 아니다. 그러나 자연의 운명만 믿고 근심하거나 슬퍼하지 말고 유유히 살아감이 옳다는 것이다,

　살 수 있어서 사는 것은 하늘이 내린 복이다. 죽어야 되겠기에 죽는 것도 하늘이 내리는 벌이다. 죽어야 되는데도 죽지 않는 것도 하늘이 내린 복이다. 살 수 있는데도 살지 않는 것은 하늘이 내린 벌이다. 죽어야 되는데도 죽지 않는 것도 하늘이 내린 벌이다.

하지만 삶을 살리고 죽음을 죽게 하는 것은 어떤 사물도 아니려니와 나도 아니다. 모두가 운명인 것이다. 사람의 지혜로도 어찌할 수 없는 것이다.

그래서 옛 현자가 말하기를 "아득히 끝이 없는데도 하늘의 도는 스스로 모여들고 막연하여 변하는데도 하늘의 도는 스스로 움직인다. 그것에 간여할 수도 범할 수도 없고, 성인의 지혜로도 그것에 간여할 수 없으며 귀신이나 도깨비라도 그것을 속일 수가 없다. 자연스러움이라는 것은 묵묵히 되고 일을 생성시키며 평평히 하고 편안히 보내기도 하고 마중하기도 하는 것이다."라고 했다.

여기서는 자연스럽게 변화하고 순환하는 것을 숙명으로 설명하고 있다. 숙명이란 아무 것도 건드리거나 간여할 수 없는 절대적이면서도 아주 자연스러운 것이다. 절대적이면서도 모두가 저절로 그렇게 되어가는 것이 숙명이다.

사람이 병들고 죽는 것도 하나의 자연현상이다. 병이 들거나 낫는 것은 모두 정해진 운명에 따라 되어가는 것이다. 사람의 지혜나 능력으로는 어떻게 할 수 없다. 따라서 사람은 자연히 되어가는 대로 유유히 살아가야 한다.

여기서도 사람의 생로병사(生老病死)가 모두 운명에 의해 결정된 자연스런 현상임을 강조한다. 다시 말하면 길어지는 것이나 짧아지는 것이 모두 자연적인 일이다. 이러한 운명은 아무도 미리 추측하거나 따질 수 없다.

여기에서도 인간 세상의 모든 일은 운명에 의해 되어지고 있음을 강조했다. 따라서 사람들은 잡된 마음이 없이 참되고 성실하게 운명대로 자연을 따라 살아가야 한다는 것이다. 모든 것을 운명 또는 자연에 맡김으로써 사람들이 겪는 어려움이나 고뇌로부터 초탈(超脫)할 수가 있다.

여기에서는 여러 가지 성격과 행동이 다른 사람들을 보면서 여러 사람들이 서로 어울리며 그럭저럭 살아가고 있음을 설명했다. 이처럼 여러 가지 인정세태가 유지되는 것은 모두 운명에 의해 자연스럽게 움직여가고 있기 때문이라는 것이다.

자연의 운명은 사람의 힘으로서는 어떻게 할 수 없는 절대인 것이다. 따라서 여러 가지 성격과 행동이 다른 사람들끼리 이해관계와 시비를 떠나 서로 어울리기도 하며 운명을 따라 살아가야 한다. 결국 아무런 의식이나 작위(作爲)없이 자기를 자연에 내맡길 수 있는 사람이 가장 훌륭한 사람이라는 것이다.

명예는 이로운 것이지만, 사실 이 세상의 모든 명예는 거짓된 마음으로부터 나온다는 것이다. 따라서 명예가 이로운 것이기는 하나 존중할 대상은 못 된다는 말이다.

7. 사람의 인생은 짧다

그리고 사람이 살다보면 그나마도 근심 걱정과 슬픔 괴로움 등이 그 태반을 차지한다. 그런데도 사람들은 헛되이 명예를 생각하며 자기의 목숨은 물론 죽은 뒤의 일까지도 걱정한다. 이것은 모두 쓸데없는 사람의 삶과 죽음이 세상 일은 사람들이 생각하는 대로 되지 않는다. 아무런 잘못 없이도 남의 오해로 말미암아 집안이 망할 수 있다.

8. 결국 사람은 죽는다

살고 죽는 것은 이미 운명으로 정하여져 있으니 살든 죽든 자연의 순리에 따라 결정된다. 인생은 짧고 모든 일은 운명에 의해 결정된다. 따라서 사람은 재물이나 예교(禮敎)에 얽매어 자기의 감정이나 욕망을 억누르고 살 필요가 없다. 이러한 견해는 예교를 주장하는 유가(儒家)는 물론 근검을 주장하는 묵가(墨家)의 사상과도 거리가 멀다.

큰일을 할 사람은 작은 일은 못한다. 따라서 큰일을 할 사람이 따로 있고 작은 일을 할 사람이 따로 있다는 것이다. 곧 자기의 몸이나 집안은 다스리지 못하더라도 나라는 잘 다스리는 사람이 있다는 것이다. 이는 '자기 몸을 닦고 집안을 다스린 다음 나라를 다스리고 천하를 평화롭게 한다'(修身齊家 治國平天下)는 유가의 정치이상과 대조가 된다.

사람이란 하늘과 땅과 같은 자연의 구조와 비슷하여 오상(五常: 사람이 지켜야 할 다섯 가지의 떳떳한 도리道理란 뜻으로, 인仁, 의義, 예禮, 지智, 신信을 말함.)의 본성을 품고 있다. 지구상에 존재하는 생명체들 중에 가장 영험(靈驗)한 게 사람이다. 그러므로 지혜를 귀중히 여기는 것은 자기를 존립(存立)케 하는 것이기에 귀중히 여기는 것이고, 힘을 천하게 여기는 것은 외물(外物)의 침범을 당할 것이기에 천하게 여기는 것이다.

사람은 몸을 지니고 있고 사물을 바탕으로 하여 살아간다. 그러나 알고 보면 자기의 몸도 자기 소유가 아니려니와 자기가 사는 근거로 삼고 있는 사물조차도 자기의 소유가 아니다.

사람의 몸이나 사물 모두가 천하의 공유(公有)상태인 것이다. 결국 자기 자신이 가진 게 하나도 없다는데서 성인(聖人)이 되고 지극한 사람(至人: 지극한 경지에 오른 사람)이 되기도 한다. 때론 망각 속으로 파묻힌 사람들은 일시적인 명예나 지위를 위해 수단과 방법을 가리지 않고 남을 이용하며 어리석은 줄 모르고 자기 몸과 마음을 괴롭히면서 합리화한다.

사람들은 오래 살고 명예와 지위를 누리며 재물을 많이 모으려고 발버둥이다. 결국 외물(外物)에 자기 삶이 제재당하는 것이다. 사람은 목숨이나 명예, 지위, 재물과 같은 것에 초연할 수 있어야만 자연스럽게 자기 자신이 뜻있는 삶을 누릴 수가 있다.

무슨 일이나 결과보다는 원인이 훨씬 중요하다. 따라서 사람은 모든 일의 근본과 일이 그렇게 되는 까닭을 잘 알아야만 한다는 것이다.

자기 스스로 아무리 힘이 있고 용감하다 하더라도 남의 능력을 이용할 줄 모르면 큰일을 못한다. 따라서 현명한 사람은 남의 능력을 옳게 판단하고 거기에 알맞은 일을 부여한다. 나라를 다스리는 데 있어서 인재등용이 가장 중요한 것도 이 때문이다.

사람은 적당한 기회와 알맞은 때를 이용할 줄 알아야만 뜻을 이룰 수 있다. 똑같은 사람일지라도 올바른 상대와 적당한 기회를 이용해 성공하는가 하면, 상대와 기회를 잘못 만나 오히려 형벌을 받을 수도 있다. 따라서 똑같은 사람이라 하더라도 때와 처지에 따라서 일의 성패에 큰 차이가 난다는 것이다.

그래서 자기의 처지를 잘 알아서 행동해야 한다. 남이 가진 것만 탐내다 보면 남도 내가 갖고 있는 것을 탐내고 있다는 사실을 잊기 쉽기 때문이다.

어떤 일을 하려는 사람은 반드시 그 의도가 겉으로 드러난다. 그러나 자기의 뜻을 드러내면서 어떤 일을 한다는 것은 자신을 해치는 결과를 초래한다. 따라서 어떤 일에 대해 조심하고 걱정하는 사람은 성공하지만 함부로 가벼이 일을 처리하는 사람은 실패한다. 강하면서도 약한 듯이 겸손하게 행동하는 것이 승리를 이끌어 내고 이를 지탱하는 원동력이 된다. 재주는 같아도 사람에 따라 받는 상이나 벌은 다르다. 그것은 때를 잘 만났느냐, 못 만났느냐에 따라서 결정되는 일이다.

세상 사람들은 구방고(九方臯: 진秦나라 목공穆公 때 말을 잘 알아보던 백락伯樂의 제자)가 말의 상(相)을 보는 것처럼, 사람은 내적인 마음가짐이나 성정(性情)이 중요하지 겉모양이 문제가 되지는 않는다. 세상 모든 일도 마찬가지이다. 그 일의 내용이나 원인이 중요하지 겉으로 나타나는 현상이 중요한 것은 아니다. 그러나 겉보다도 그 속을 올바로 파악하자면 자연의 도(道)에 상당히 통달해 있지 않으면 안 된다.

나라를 다스리는 일도 개인의 몸을 잘 다스리는 일부터 시작되어야 하며 본래 사람이란 벼슬이나 작록(爵祿)이 올라갈수록 더욱 겸손하고 남을 위할 줄 알아야 한다는 것이다.

세상사는 사람들이 생각하는 대로 되지 않는 경우가 허다하다. 아무런 잘못이 없이도 남의 오해로 말미암아 집안이 망할 수 있다.

9.사람의 재능은 각각 다르다

어떤 일을 하는 방법은 잘 알면서도 그것을 실행하지 못하는 사람도 있고 일을 처리하는 방법은 잘 모르면서도 일 잘하는 사람이 있다는 것이다. 그러니까 아는 것과 행동, 또는 말하는 것과 행동은 반드시 일치할 수는 없는게 사람이라는 것이다.

사람들은 흔히 세상의 만물이 사람을 위하여 존재하는 것으로 착각하고 있다. 그러나 사실은 만물은 사람과 동등한 입장에서 공존하고 있다는 것이다.

극단적으로 어려운 처지에 있던 사람은 한 번 자기 생활이 안정되면 영욕(榮辱)의 경지를 초월하여 자기 일에 충실할 수 있다는 이야기이다.

세상 사람들은 아무런 이해관계없이 하는 말이면 잘못된 말이라도 귀를 기울인다. 그러나 일단 그 사람과 이해관계가 성립되면 아무리 그 사람이 올바른 소리를 하더라도 편견을 가지고 그의 말을 받아들이게 된다.

남의 말을 듣고 행동하는 사람은 일시적으로는 나를 위해주는지도 모르지만 결국은 남의 말만 듣고 나를 해치게 될 수 있다.

사람은 어떤 일에 집착하게 되면 곧 편견을 가지고 모든 일이나 사람을 대하게 된다. 도끼를 잃었던 사람이 이웃 집 아들을 보는 눈도 자기 생각에 따라 의심할 수 있다.

사람은 어떤 일에 크게 집착되고 보면 그 밖의 모든 일은 잊어버리게 되며 또 그 일에 관한 것만 보이고 다른 것은 눈에 띄지 않을 수 있다.

산은 높고 무너지지 않는 의연(毅然)한 품이 있어야 산신(山神)에 제(祭)를 올리며, 바다는 깊고 물 마르지 않으니 용신(龍神)을 모시며 대자연과 더불어 함께 호흡하고 살고 있다.

하늘은 그 상덕(尙德)을 변하지 않으며 땅도 그 법칙을 바꾸지 않으며 춘하추동 사계절도 그 절도를 고치는 일이 없다. 이렇듯 천지나 계절의 운행법칙은 예나 지금이나 한결같이 영원히 불변이다.

용도 물을 얻어야 신통력을 발휘할 것이고, 호랑이도 깊은 산 속에 들어야 위력을 떨치게 될 것이다. 비바람은 안 가는 곳없이 어디에나 내리고 불어대지만 아무도 원망하고 노여움을 돌리지 않는다. 이는 비바람이 사심(私心)없이 공평하게 불고 내리기 때문이다.

바람에 우는 다북쑥은 소리같이 뿌리 없이 떠도는 뜬 소문은 상관할 바 못되며 떼지어 모여 있는 제비가 참새같은 좁쌀스런 소인배(小人輩)들의 존재는 대도(大道)를 가는 사람에게는 뒤돌아 볼 건덕지도 못 된다.

10. 경언(經言)

천지만물이나 인간사회에서 일어나는 사상(事象)에는 형세가 있게 마련이다. 의연(依然)한 형(形)에는 성(盛)한 세(勢)가 따르게 마련이다. 우뚝 솟은 태산을 우러러 보고 경건해지거나 검푸르게 깊은 연못을 보고 신비를 느끼는 것은 비단 옛 시인·묵객만이 아니라 오늘날 우리에게도 가시적(可視的) 형식과 불가시적 정신은 상응한다.

모든 사물의 흐름에는 형세의 진폭(振幅)이 있게 마련이다. 노한 흙탕물이 넘쳐 논밭을 한 입에 삼켰던 강물이 맑은 샘물같이 흐르기도 한다. 세찼다가도 애처롭게 쇠퇴하는 것은 강물만이 아니다. 이는 인간 개인이나 사회, 나라의 흥망성쇠에서 너무나도 잘 나타나는 진리이다.

다단(多端)한 형식과 내용의 대응 변화나 흥망성쇠의 진폭에도 불구하고 변하지 않는 한 가지 원리가 있다. 즉, 만물의 생성과 화육(化育), 변천과 발전의 주재자(主宰者)인 하늘의 운행 원리다. 이를 천도(天道)라 한다.

천도는 영구불변인 하나의 진리이자 공평무사한 절대인 동시에 만물의 번성을 꾀하는 최고선(最高善)의 권화(權化)이다. 그러면서 하늘은 말없이 은덕(恩德)을 만물에게 내리고 또 자랑하는 일도, 자기의 공덕(公德)을 내세우는 일도 없다. '모든 것을 깊이 지니고 밖에 드러내 보이지 않는 것이 천도이다.' 하늘의 이러한 태도가 참되고 영원한 위대성의 본 모습이다.

나라를 통치하고 만민을 목민(牧民)하는 임금(왕)이나 국가 지도자는 이러한 천도를 따르고 본받아야 한다. 하늘과 같이 참되고 높이, 위엄과 더불어 끝없는 깊이, 즉 심덕(心德)을 지녀야 한다. 동시에 이를 공평무사하게 백성에게 내주고 보여줘야 한다. 정치적 제스추어나 테크닉(기교) 또는 포퓰리즘(인기영합주의)으로 국민을 현혹하는 말이나 행동을 해서는 안 된다. 이러한 것들은 절대 금물이다.

어디까지나 영원하고 유일무이(唯一無二)한 절대자인 하늘(양심)을 따라야 한다. 천도를 벗어나면 일시적으로 성공할지 몰라도 반드시 망하고 만다. 반대로 천도를 따르면 반드시 하늘이 도와준다. '인간 노력의 성과가 맞으면 하늘도 그 성과를 도와 더욱 빛나게 해주지만, 반대로 아무리 인간이 애를 쓰고 일을 이룩해도 그것이 천도를 어긴 것이라면 하늘이 이를 버리고 멸하게 된다.' 이 때 인간은 임금이다.

관자는 한 결음 더 나아가 "순천자(順天者)는 공업(功業)을 이룩하게 마련이고 역천자(逆天者)는 흉벌(凶罰)을 받게 마련이다"라고 말했다. 이러한 관자의 말은 우리의 귀에 익는 것들이다.

『명심보감(明心寶鑑)』 '개권(開卷)' 벽두(劈頭)에 '착한 일을 하는 사람에게는 하늘이 복(福)으로써 보답해 주고 나쁜 일을 하는 사람에게는 화(禍)로써 갚아준다.(爲善者위선자는 天報之以福천보지이복하고 爲不善者위불선자는 天報之以禍천보지이화니라)'고 했고 '천명편(天命篇)'에는 '하늘을 따르는 자는 살고 하늘을 역행하는 자는 망한다(順天者순천자는 *存존*하고 *逆天者*역천자는 *亡*망한다)'고 했다.

우리는 여기서 동양의 전통적인 천명사상(天命思想)과 더불어 혁명사상(革命思想)을 엿볼 수 있다. 하늘은 자기가 창조한 만물 중에서도 고귀하게 생성케 한 만물의 영장인 만민(萬民)을 목양(牧養)하는데 덕 있는 사람(有德者)을 뽑아 이른바 '하늘의 아들'(天子)이라 하여 천하를 다스리게 했다. 따라서 천자는 언제나 하늘에 제물을 바치고 하늘을 모시고 하늘로부터의 계시와 가르침을 받아 천의(天意)를 따라 다스려야 한다. 제정일치(祭政一致)의 정신인 것이다.

천자(天子)가 인간적으로 오만무도해져 천의(天意)를 저버리고 천도에서 벗어나면 이내 백성들이 고난에 빠져 원망하게 되며, 그렇게 되면 하늘이 진노하여 덕을 잃은 자(失德者)에게 천벌을 내리어 멸하게 하고 다른 유덕자에게 새로운 명을 내리어 천하를 잘 다스리게 한다. 이것이 혁명인 것이다.

관자는 이 '형세'편에서 혁명이란 말을 쓰지는 않았으나 은(殷)나라 백성이 주(周)나라에 덕화(德化)되어, 은을 버린 것은 은의 포악무도한 주왕(紂王)이 잘못했기 때문이라고 천도(天道)를 잃은 주왕을 규탄했다.

이 형세편은 얼른 보면 전체적으로 조리가 없이 산만한 구절이 모인 것같이 느껴질 수 있다. 그러나 깊이 생각해보면 이상과 같은 천도의 진리성에 입각해 나라를 다스려야 영원(발전)하다는 점을 다각적으로 알려주고 있음을 알 수 있다.

정치는 예나 지금이나 표면적이고 일시적인 권모술책이나 정치 농간자(technician)들의 손에 의해 이루어져서는 안 된다. 영원한 진리와 최고선(最高善)을 터득한 사람이 이를 심덕(心德)으로 실천할 수 있는 휴머니스트(humanist)들의 손에 의해 이루어져야 한다.

이 때 비로소 세계평화와 인류번영이 말만이 아닌 행동으로 구현되는 것이다. 동양에서 말하는 평천하(平天下)가 바로 그것이다. 여기서 우리는 다시 한번 동양의 전통적인 덕치사상(德治思想)과 천도사상(天道思想)의 현대성과 인류사회에 있어서의 윤리성에 새삼 각성하는 바가 있어야 하겠다.

훌륭한 전통은 잘 살려야 한다. 이를 활용함으로써 우리는 인류에게 희망의 빛을 줄 수 있다. 산은 높고 무너지지 않는 의연(毅然)한 품새와 기상이 있어야 산신(山神)에게 제(祭)를 올리며, 바다는 깊고 물은 마르지 않으니 용신(龍神)을 모시며 대자연과 함께 호흡하며 살고 있다.

하늘은 그 상덕(尙德)이 변하지 않으며 땅도 그 법칙을 바꾸지 않고 춘하추동 사계절도 그 절도(節度)를 고치는 법이 없다. 이렇듯 천지나 계절의 운행법칙은 예나 지금이나 한결같이 영원불변이다.

용도 물을 얻어야 신통력을 발휘할 수 있고, 호랑이도 깊은 산 속에 있어야 그 위용(威容)을 떨칠 수 있다. 비바람은 안 가는 곳 없이 어디에나 내리고 불어대지만 아무도 원망하고 노여움을 사지 않는다. 이는 비바람이 사심(私心)없이 공평하게 불고 내리기 때문이다.

11. 이중성격

명분을 세워 남을 이용하거나 출세지향적인 자에게는 대임(大任)을 맡기지 마라. 크게 꾀하는 자라야 원대한 일을 수행할 수 있다. 신중하게 두려워하는 자라야 올바른 정치도(政治道)를 구현할 수 있다.

졸속(拙速)한 꾸밈으로 우환을 즉시 일으키는 자는 멀리 보내고 다시 불러들이지 말라.

장기적인 안목으로 크게 나서는 자는 멀리서도 잘 드러나 보이고 그의 존재가 잘 알려진다.

식량(識量)이 넓고 크게 마련하는 자는 모든 사람들이 친근하게 여긴다.

남들이 자기에게 심복(心腹)하고 회귀(懷歸)하기를 좋아할 때는 반드시 덕행(德行)을 따르고 물리어 도중에 포기해서는 안 된다.

수단방법을 가리지 않고 무조건하고 얻어진 것은 해롭고 좋지 못하다. 만사에 좋다고 응낙하는 말은 믿을 만한 것이 못된다

세 길 높이의 낭떠러지에서 뛰어내리기란 사람에게는 힘겨운 일이다. 그러나 원숭이들은 쉽게 내려서 있는 물을 마신다

따라서 제 자랑이나 늘어놓고 유아독존(唯我獨尊)적인 태도는 일을 망치는 화근이다.

전에 친면도 없는데 친한 척하는 자는 멀리 하는 것이 좋다. 오래 지나도 잊지 않는 사람은 불러들일 만하다.

위정자는 인간을 정확하고 예리하게 알아볼 수 있어야 한다. 인간에 대한 올바른 통찰력(洞察力)없이 아무나 등용하고 관직을 주어서는 안 된다. 인간의 속 바탕은 누구나 같다. 즉 인간의 속을 정확하게 파악해야 백성을 다스릴 수 있는 것이기도 하다.

천하 → 나라 → 고을 → 집안 → 사람 → 몸. 이것을 밑에서부터 거슬러 올라가면 몸 → 사람 → 집안 → 고을 → 나라 → 천하가 된다. 결국 천하의 밑바탕은 한 인간의 육신(肉身)이다. 이를 양육하는 것은 곡식( )이다. 따라서 관자는 국토를 보존하는 핵심은 생산성을 높이는데 있으며 농업을 중시 하며 국토개발과 우선 경제적 바탕의 번성의 번성 위에 놓아야 한다고 주장하였다.

고대(古代)의 군왕(君王)은 절대적인 권력과 전체적인 통치권을 행사할 수 있었다. 그 뿐만 아니다. 백성의 생사여탈지권도 한 손에 쥐고 있었다. 그러나 관자는 주장했다. 정치는 공명하고 투명하게 해라. 시정방침(施政方針)이나 국가사업의 계획이나 취지를 사전에 충분히 국민에게 알리고, 그 사업에 참여할 국민들의 행동기준을 밝히고 이를 영으로 공포하여 국민들은 계획과 취지와 기준에 따라 행동해야 할 것이다.

순간 속에 살면서 언제나 민감하며 빈틈없이 알아채고 있는 자이다.

12. 나르시즘(고질적 정신병)

<진단기준>

(1). 과장된 패턴, 존경에 대한 욕구, 공감의 부족 등이 특징이다. 성취, 재능에 인플레 과장을 보인다.

(2). 다른 사람들을 평가절하한다.

(3). 성공과 부(富) 등에 무제한적 상상으로 집착을 보인다.

(4). 자신은 특수한 사람이므로 특별한 신분을 가진 사람만이 자신을 이해할 수 있다는 생각을 한다.

(5). 과도한 찬사를 요구한다.

(6). 자신의 기대와 욕구가 자동적으로 채워지지 않으면 분노한다.

(7). 대인관계에서 착취적이다. 자신의 목적을 위해서 다른 사람을 이용한다. (수단과 방법을 가리지 않고 접근한다.)

(8). 병적이기 때문에 정상적인 사람은 열이면 열 다친다.

(9). 공감(共感)이 없다.

(10). 철두철미하게 자기완벽주의자다.

(11). 어떤 일도 자기생각이 옳다고 하며 (자기고집)행동에 옮긴다.

(12). 남의 말(의견)을 철저히 무시한다.

(13). 다른 사람을 평가절하하고 질투한다.

(14). 실패하지 않으면 의논이 없고 타협이 없다. (목표를 설정하면 돌진한다.)

(15). 최고인 것처럼 자기를 자랑하며 높이 세운다.

(16). 정숙한 것처럼, 깨끗한 것처럼 말을 한다.

(17). 도덕적 순결을 은근히 강조하고 의리에 죽고 사는 것처럼 자기를 내세운다.

(18). 시간, 출근시간 등을 철저히 지키는 스타일로 여유가 없고 급하며 자기만족주의자다.(수시로 변한다.)

(19). 강한 의지를 보이면서 강자에게는 약하고 약점이 보이면 공격한다.

(20). 자기 생각대로 말을 하고 행동을 해 버린다..

(21). 남을 의식한다거나 배려라는 것이 없다.

(22). 지배적인 투사이다. (남의 실력을 인정하지 않는다.)

(23). 거만하다. 항상 자신이 우수하다고 생각한다.(자아도취)

(24). 자기위주로 행동하고 이기적이며 자기 자신 철벽주의자다.

(25). 비판에 분노, 수치심, 모욕으로 반응한다. 비판하면 적이 된다.

(26). 자기만 아는 것처럼 100%주장, 완벽주의를 확신한다.

(27). 파괴적인 성향을 가진 다중인격자다.

(28). 은근히 자기자랑, 자식자랑, 과시욕, 망상에 빠진다.

(29). 자기 과욕이 사망을 부른다는 것을 알아야 한다.

(30). 이런 사람은 큰 사고를 치든지 거짓을 꾸민다.

(31). 정신적인 병을 고치지 않는 인정하지도 않는 만성 고질적인 정신병이다.

* 어린시절 애정 결핍이나 고아, 사랑받지 못한, 환경적인 변화에 오는 굳은 습관의 병
* 정신분석 한자인 Kernberg
* 정신 분석 학자인 Kohut

13. 깨어있음

깊은 잠에서 깨어나라
꽃의 아름다움을 느껴보라
새의 지저귐을 들어보라
햇볕에 따스함을 느끼며 바람이 당신을 스치고 지나갈 때보다 순결해질 것이다.
물로 더러운 옷을 빨 듯 자연 속의 이런 것들은 당신의 어지러운 마음을 빨기에 충분할 것이다.
당신이 신을 찾을 때 신은 어디에 있었는가?
신은 어느 곳에서도 숨지 않는다.
신은 숨는 일이 불가능하다.

14. 구패(九敗)

국가나 사회가 망하는 아홉 가지 독소조항들을 다음과 같이 정리할
수 있다.

①비전사상(非戰思想) ─ 무력(武力)을 포기하자는 비전사상이 높아
지면 아무리 험난한 요새가 있어도 나라를 지킬 수가 없다.

②철저한 박애사상(博愛思想)─ 남도 나같이 사랑하라는 겸애(兼愛)
사상이 득세하면 사졸(士卒)들은 전쟁을 하지 않게 된다.

③비겁할 정도의 수명보전 ─ 무위자연으로 천수를 보전해야 한다
거나 수명장수의 사상이 넘치게 되면 모든 사람이 염치와 같은 도덕을
지키지 않는다.

④개인주의와 이기주의 ─ 개인주의와 이기주의가 득세하면 윗사람
의 영(令)이 실천될 수 없다.

⑤우매한 대중주의(大衆主義) ─ 편파적이고 우매한 대중들의 주장
이 득세하게 되면 현명한 자와 어리석은 자의 구분이 없게 된다.

⑥물질만능과 배금주의(拜金主義) ─ 물질만능과 배금사상이 득세
하게 되면 작위의 권위가 아래로 떨어진다.

⑦찰나적 향락주의 ─ 유흥이나 향락주의가 번지면 간음한 자들이
판을 치게 된다.

⑧뇌물과 청탁주의 ─ 청탁과 뇌물로 출세하겠다는 생각이 번지면
가치 기준이나 법도가 바로 서지 않는다.

⑨허위와 아첨주의 ─ 아첨이나 기만술이 넘치면 간교한 자들만이
등용되게 마련이다.

이상의 9개 패망 독소들이 국가나 사회(단체)를 패망으로 끌고 가리라는 것은 고금동서(古今東西)의 구분이 없다. 다른 부연 설명이 필요 없을 것이다.

『관자』제 21권 입정 구패(九敗)가 있으니 참조하기 바란다.

15. 성인(聖人)

여기서 말하는 성인은 위정자(爲政者)로서의 태도를 말한 것이다

성인을 성인이라고 치는 이유는 다름이 아니다. 모든 것을 국민들에게 잘 나누어 줄 수 있기 때문이다. 성인이면서 국민들에게 나누어 줄 줄 모르면 결국 일반국민들과 다를 바가 없다. 내 자신이 안분지족(安分知足)할 줄 모르고 항상 뜬 욕구에 몰리고 있다면 어찌 성스런 사람이라 부르겠는가.

위정자로서의 성인의 태도는 다른 것이 아니다. 내 자신이 이기적(利己的)인 욕심이 없어야 한다. 허심탄회(虛心坦懷), 모든 것을 국민들에게 줄 줄 알아야 한다. 재물 물질은 물론 모든 공적인 덕이나 영광도 국민에게 돌려주어야 한다.

이러한 위정자는 국가의 재물이나 국민의 생명 및 인력 또는 전투력을 함부로 징용해 쓰지 않는다. 만부득이한 국가대사가 일어났을 때 마지못해 그것도 최소한도로 국민들로부터 빌어 쓰는 것이다.

그러나 일단 무사태평하면 국가의 재물, 국민의 힘, 그들의 행복한 생활을 그들에게 돌려주어야 한다. 동시에 영광이나 공훈도 국민에게 돌려주어야 한다.

국민들은 교화에 따라 착하기도 하고 못내기도 한다. 특히 교육훈도를 하지 않고, 국민들에게 마구 부정과 사악, 협잡과 모리의 길을 터놓으면 국민들은 그 길로 쏠려 어리석고 못난 국민들 투성이가 될 것이다.

그러나 반대로 나쁜 구멍, 사악한 길을 막고 명랑하고 정직하고 성실하고 착한 사회풍조 속에 국민들을 있게 하면 국민들은 언제나 착할 것이다.

위정자가 하나를 하면 국민들은 그 두 배로 물들고 표방하게 된다. 이는 동서고금을 막론하고 변치 않을 것이다. 관자의 성인이란 것은 바로 위대한 지도자 영도자이다.

16. 실시(失時)

시간의 중대성을 짧게 논했다. 한 번 때를 놓치면 다시는 그 귀중한 보배인 시간을 되찾을 수 없다. 시간은 어떤 일을 처리하는데 가장 미묘하고도 중요한 작용을 한다. 시간은 다른 물건같이 저장하거나 묵혀둘 수는 없다. 따라서 오늘 시간을 활용하지 못하면 다음 날에는 영영 귀중한 그 시간을 잃고 마는 것이다. 지나간 날은 한번 가면 다시 되돌아오지 않는다.

농사를 짓는 데 계절을 놓치면 안 된다. 시간관념이 발달했지만 수천 년 전부터나 지금이나 농부는 때를 잘 맞춰 농사를 지어야 하고 계절의 시기는 매우 중요하다.

'오늘의 때를 활용하지 못하거나 시간을 놓치고 일을 못하면 영영 재물도, 성공도 놓치고 만다.'

사람이나 새, 짐승과 초목들은 모두 하늘과 땅의 정기(精氣)와 추위나 더위, 즉 기온의 조화와 물과 흙의 성질 등을 근원으로 하고 태어난다. 이들 만물은 무한정 많지는 않으나 서로 균형 있게 존재하고 있으며, 그 균형의 조화는 예로부터 변함이 없다. 이것이 바로 만물이 존재하는 법칙, 즉 칙(則)라 한다.

만물의 존재원칙도 모르면서 천하를 다스리겠다고 호령코자하는 것은 마치 일영계(日影計)를 회전판 위에 놓고 지침을 치켜들고 지침의 끝이 햇볕의 위치를 잡아 주기를 바라는 것과 같이 터무니없는 노릇이다.

통하는 것과 막힌다는 것이 상대적이라는 결색(結色)의 원리도 모르는 위정자의 정신자세나 더 나아가서 마음가짐도 잘 터득하지 못한 주제에 정치를 하면 마치 표적에 등을 대고서 활을 쏘아 과녁을 맞추겠다는 것과 다를 바 없다. 천하를 잘 다스리고 공덕을 이룩하고자 하면 반드시 예(禮)와 의(義)를 따라야 한다. 따라서 예를 따르지 않으면 천하에 군림할 수 없고, 또한 의를 지키지 않으면 만민을 다스릴 수가 없다.

의(義)에 대한 해석이나 정의는 여러 가지로 할 수 있다. 공자는 그의 최고덕목인 인(仁)의 보조적 덕목으로 이른바 정의(正義)에 가까운 뜻으로 풀었고, 맹자는 인(仁)을 인애(仁愛)라고 보는데 비해 의(義)를 정도(正道) 또는 사회질서의 바탕으로 풀었다. 하지만 이들의 공통점은 의를 어디까지나 정신적 덕목으로 보고 있다는 점이다.

관자는 의(義)의 뜻을 보다 광범위하게 즉, 정신적인 덕목인 동시에 경제적 가치에서 파악하고, 이에 대한 실천을 강조하고 있다. 특히 관자는 의의 본질적 내용을 일곱 가지로 분류했다. 즉 ①효제(孝悌), ②충신(忠信), ③예절(禮節), ④준법(遵法), ⑤절용(節用), ⑥돈후(敦厚), ⑦화목(和睦)이다.

나아가 의(義)의 종국적인 효능은 국민을 예절 있고 중용을 지키며 공명정대하고 아울러 전체 국민의 협화(協和), 일치단결을 이룩하여 국력의 강화, 국위의 선양을 기한다고 매듭지었다.

고도의 문명국가는 개개인이 의를 지킴으로써 이루어진다고 믿었다. 오늘날 세계의 위기, 인류의 고민을 극복하는 예지와 정신을 이러한 동양의 예(禮) 정신에서 찾자고 주장하면 지나친 이상론일까? 우리는 이 기회에 신중히 생각해 봐야 한다. 동시에 우리는 동양의 문화전통, 동양 정신문명의 우위(優位)를 지나치게 망각하고 있었던 우(偶)에서 벗어나야 하겠다. 서양의 앞선 과학, 기술, 물질문명도 옳고 바르게 사용해야 한다. 그러나 동시에 우리의 전통, 정신적 문화자산도 더욱 개발해야 한다.

관자는 전술론(戰術論)을 펴는 『위병지수(爲兵之數)』(第六篇 七法)에서 '시운(時運)이 큰 것이고, 인간의 계략은 작은 것'이라 한 바 있다.

과연 인간적인 모든 노력이나 계획도 대자연의 혜택을 못 받으면 아무런 열매도 맺지 못하게 마련이다. 천연의 기후조건이나 자원은 인간의 힘을 넘어선 차원에서 한 나라의 부강(富强)에 결정적인 영향을 끼친다.

관자는 위대한 정치가였다. 그는 체념하지 않고, 주어진 조건, 자연을 어떻게 활용하고 대처하는가를 종국적으로 논하고 있다. 자연조건이 좋으면 좋은 대로 활용하고, 나쁘면 나쁜 대로 이를 극복하는 것이 이른바 정치라고 믿었던 것이다. 따라서 관자는 천변지이(天變地異), 화란(禍亂)은 결국 정치를 잘못함으로써 당하는 것이라 잘라 말하고 있다.

특히 관자가 하늘의 시운(時運)과 땅의 지리(地利)와 인간들의 친화(親和)를 동시에 삼도(三度)로 본 점이 특이하다. 이는 천지인(天地人)을 삼재(三才)로 본 전통적 사고도 있겠으나, 그 보다 '민심(民心)'을 얻고 국민을 위한 정치를 더욱 강조하기 위해서라고 볼 수 있다. 즉, 관자의 정치관은 민심을 얻는 것이나 국민의 지지를 받는 것은 바로 천운(天運)과 지리(地利)를 얻는 것과 같이 중대한 것으로 비중을 높게 보았다고 할 수 있다. 현실적이고 실증적인 정치가 요구되며 여기에 관자의 정치관이 엿보인다.

17. 관자의 지도자상

위정자는 말과 행동이 다르면 법(法)이 바로 설 수 없다. 법이 바로서지 않으면 나라가 흐트러진다. 오늘날 국제사회에서 가장 문제가 되는 것은 명분이다. 동시에 그 명분 속에는 언어와 표현의 문제가 큰 비중을 차지한다. 같은 자유나 민주라는 말이 동과 서 또는 남과 북에 있어 저마다 상반되는 뜻으로 사용되는 경우가 많다.

정치의 내용과 언어의 표현이 일치한다는 것은 고대 중국에서부터 숙제거리였나 보다. 선악과 시비는 상대적 원리를 정치에 응용한 말이다. 악은 선이 막히고 끝이 난데서 발생한다. 선이 넘쳐흐르면 악이 발붙일 곳이 없게 된다.

패왕은 덕을 갖추어야 한다. 덕이란 다름이 아니다. 문무(文武)를 겸비하는 것이다. 패왕은 처음부터 올바른 마음, 정신을 갖고 천하의 질서, 평화를 지키고 백성의 평안을 위해 천하를 평정하고 다스리고자 하는 사람이다. 따라서 그는 천도(天道), 지덕(地德), 민심(民心)을 따라 쫓게 마련이다. 패왕은 또 천하를 어지럽히고 백성들을 괴롭히는 자를 무력으로 행사하는 것이다. 하지만 무력만으로 세계를 제패해서는 안 된다.

악한 자라도 일단 굽히고 칼을 버리고 엎드리면 용서해주고, 이를 교화 · 선도해야 한다. 즉, 순종자에게는 문교를 베풀고 그들을 문치(文治)로 다스려야 한다. 이렇듯 무력으로 누르되 문치로 그를 교화, 향상시키는 것이 바로 문과 무를 겸비한 덕치(德治)라 하겠다.

덕치는 결코 문(文)에만 의지하고 악한 무력에 넘어가는 것이 아니다. 세계와 인류의 안전과 평화를 보장하고 아울러 행복과 번영을 구현시켜 줄 오늘의 지도자들도 이렇듯 악을 누르는 힘과 더불어 사람을 교화, 향상시키는 문교에 힘을 기울여야 한다. 관자(管子)는 이미 수천 년 전에 이를 천명했다. "패왕3)은 문무를 겸비한 덕치(德治)를 베풀어야 한다."고.

---

3) 패왕(霸王) : 패자와 왕자 중국 춘추시대에 제후를 거느리어 천하를 다스리던 사람

제3장

추구집(抽句集)

『추구(抽句)』는 어떤 책인가

　『추구(抽句)』는 선조들이 어린 학동(學童)들의 교육을 위해서 만든 기초한문 교재라 할 수 있다. 저자는 미상이며, 개요는 오언(五言)으로 된 좋은 대구(對句)들만을 발췌하여 저술한 책이다. 초학(初學)들이 『천자문(千字文)』, 『사자소학(四字小學)』과 함께 가장 먼저 익힌다고 하여 『추구』라고 부르기도 한다.

　『추구』는 중국의 명시(名詩)와 우리 명현(明賢)들의 아름다운 오언절구(五言絶句) 및 율시(律詩) 중에서 뛰어난 시구(詩句)를 발췌하여 모아 엮은 책으로 오언일구(五言一句)로 된 좋은 대구(對句)들을 뽑아 만들었다

　『천자문』은 주로 한자를 익히는데 이용되고, 『사자소학』은 인간의 윤리도덕을 강조한 반면, 『추구』는 좋은 시구(詩句)를 익힘으로써 어린 학동들의 정서 함양과 사고력 발달 및 시부(詩賦)의 이해와 문장력 향상에 그 목적이 있었다.

『추구(抽句)』의 내용은 천지자연에 관한 것을 가장 먼저 설명하고, 그 다음으로는 인간에 관한 것과 일상생활에 있어서 항상 접할 수 있는 화조월석(花朝月夕) 등을, 그리고 말미에는 권학(勸學)을 강조하는 내용을 실어서 권학의지를 고취시켰다.

　하지만 저자가 미상이고, 필사본으로만 전래되어서 세간에 유행하는 제본(諸本)은 체재(體裁)가 충실하지 못하고 내용 또한 천근(淺近)한 것이 단점이라 실제 서당교육에서 어느 정도 반영되었는지는 의문이다.

『抽句』 目次

天高日月明 (천고일월명)　　높으니 해와 달이 밝고
地厚草木生 (지후초목생)　　땅이 두터우니 풀과 나무가 자라도다.
月出天開眼 (월출천개안)　　달이 나오니 하늘이 눈을 뜬 것이요
山高地擧頭 (산고지거두)　　산이 높으니 땅이 머리를 든 것이로다.

東西幾萬里 (동서기만리)　　동서는 몇 만리인가?
南北不能尺 (남북불능척)　　남북은 자로 잴 수도 없어라.
天傾西北邊 (천경서북변)　　하늘은 서북쪽 가로 기울어져 있고
地卑東南界 (지비동남계)　　　땅은 동남쪽 경계가 낮도다.

春來梨花白 (춘래이화백)　　봄이 오니 배꽃은 희고
夏至樹葉靑 (하지수엽청)　　여름이 다가오니 나뭇잎이 푸르구나.
秋凉黃菊發 (추량황국발)　　가을이 서늘하니 노란 국화가 피어나고
冬寒白雪來 (동한백설래)　　겨울이 차가우니 흰 눈이 내리도다.

日月千年鏡 (일월천년경)　　해와 달은 천년의 거울이요
江山萬古屛 (강산망고병)　　강산은 만고의 병풍이로다.
東西日月門 (동서일월문)　　동과 서는 해와 달의 문이요
南北鴻雁路 (남북홍안로)　　북은 기러기들의 길이로구나.

春水滿四澤 (춘수만사택)　　봄물은 사방의 못에 가득하고
夏雲多奇峯 (하운다기봉)　　여름 구름은 기이한 봉우리도 많아라.
秋月揚明輝 (추월양명휘)　　가을 달은 밝은 빛을 드날리고
冬嶺秀孤松 (동령수고송)　　겨울 산엔 외로운 소나무가 빼어나도다.

日月籠中鳥 (일월롱중조)　　해와 달은 새장 속의 새요
乾坤水上萍 (건곤수상평)　　하늘과 땅은 물위의 부평초라네.
白雲山上蓋 (백운산상개)　　흰 구름 산 위의 일산이고요
明月水中珠 (명월수중주)　　밝은 달 물 속의 구슬이라네.

月爲宇宙燭 (월위우주촉)　　달은 우주의 촛불이 되고
風作山河鼓 (풍작산하고)　　바람은 산과 강의 북이 되네.
月爲無柄扇 (월위무병선)　　달은 자루 없는 부채가 되고
星作絶纓珠 (성작절영주)　　별은 끈 끊어져 흩어진 구슬이 되네.

雲作千層峰 (운작천층봉)　　구름은 천층의 봉우리가 되고
虹爲百尺橋 (홍위백척교)　　무지개는 백척의 다리가 되는구나.
秋葉霜前落 (추엽상전락)　　가을 잎은 서리오기 전에 떨어지고요
春花雨後紅 (춘화우후홍)　　봄꽃은 비 내린 뒤에 붉어진다네.

春作四時首 (춘작사시수)　　봄은 사계절의 처음이 되고

人爲萬物靈 (인위만물령)　사람은 만물의 영장이 되도다.

水火木金土 (수화목금토)　수화목금토는 오행(五行)이고요

仁義禮智信 (인의예지신)　인의예지신은 오상(五常)이라네.

天地人三才 (천지인삼재)　하늘 땅 사람은 삼재(三才)이고요

君師父一體 (군사부일체)　임금과 스승과 부모는 한 몸이라네.

天地爲父母 (천지위부모)　하늘과 땅은 부모가 되고

日月似兄弟 (일월사형제)　해와 달은 마치 형제 같구나.

夫婦二姓合 (부부이성합)　부부는 두 성이 합하였고

兄弟一氣連 (형제일기연)　형제는 한 기운이 이어졌도다.

父慈子當孝 (부자자당효)　부모는 사랑하고 자식은 마땅히 효도해야 하며

兄友弟亦恭 (형우제역공)　형은 우애하고 아우 또한 공손해야 한다.

父母千年壽 (부모천년수)　부모는 천년의 장수를 누리시기를 기원하고

子孫萬世榮 (자손만세영)　자손은 만대의 영화를 누리기를 바란다.

愛君希道泰 (애군희도태)　임금을 사랑하여 도가 태평할 것을 바라고

憂國願年豐 (우국원년풍)　나라를 걱정하여 해마다 풍년들길 원하네.

妻賢夫禍少 (처현부화소)　아내가 어질면 남편의 화가 적고

子孝父心寬 (자효부심관)　자식이 효도하면 부모의 마음은 너그럽다.

子孝雙親樂 (자효쌍친락)　자식이 효도하면 두 분 어버이가 기뻐하시고

家和萬事成 (가화만사성)　집안이 화목하면 모든 일이 이루어진다.

思家淸宵立 (사가청소립)　집 그리워 맑은 밤에 서성이다가
憶弟白日眠 (억제백일면)　아우 생각에 대낮에도 졸고 있다네.
家貧思賢妻 (가빈사현처)　집이 가난하면 어진 아내를 생각하고
國亂思良相 (국난사량상)　나라가 어지러우면 어진 재상을 생각한다.

綠竹君子節 (녹죽군자절)　푸른 대나무는 군자의 절개요
靑松丈夫心 (청송장부심)　푸른 소나무는 장부의 마음이로다.
人心朝夕變 (인심조석변)　사람의 마음은 아침저녁으로 변하지만
山色古今同 (산색고금동)　산색은 예나 지금이나 한가지로구나.

江山萬古主 (강산만고주)　강산은 만고의 주인이요
人物百年賓 (인물백년빈)　사람은 백년의 손님이로다.
世事琴三尺 (세사금삼척)　세상일은 석 자 거문고에 실어 보내고
生涯酒一盃 (생애주일배)　생애는 한잔 술로 달래네.

山靜似太古 (산정사태고)　산이 고요하니 태고와 같고
日長如少年 (일장여소년)　해는 길어서 소년과 같구나.
靜裏乾坤大 (정리건곤대)　고요한 속에서 하늘과 땅의 큼을 알겠고
閒中日月長 (한중일월장)　한가한 가운데 세월의 깊음을 느끼네.

耕田埋春色 (경전매춘색)　밭을 갈며 봄빛을 묻고
汲水斗月光 (급수두월광)　물을 길으며 달빛을 함께 떠오네.
西亭江上月 (서정강상월)　서쪽 정자에는 강 위로 달이 뜨고
東閣雪中梅 (동각설중매)　동쪽 누각엔 눈 속에 매화가 피었구나.

飮酒人顔赤 (음주인안적)　술을 마시니 사람의 얼굴이 붉어지고요

食草馬口靑 (식초마구청)　　풀을 뜯으니 말의 입이 파래진다네.
白酒紅人面 (백주홍인면)　　흰 술은 사람의 얼굴을 붉게 만들고
黃金黑吏心 (황금흑리심)　　황금은 벼슬아치의 마음을 검게 만드네.

老人扶杖去 (노인부장거)　　노인은 지팡이를 짚고 가고
小兒騎竹來 (소아기죽래)　　어린아이는 죽마(竹馬)를 타고 오도다.
男奴負薪去 (남노부신거)　　사내 종은 나무 섶을 지고 가고
女婢汲水來 (여비급수래)　　여자 종은 물을 길어 오도다.

洗硯魚吞墨 (세연어탄묵)　　벼루를 씻으니 물고기가 먹물을 삼키고
煮茶鶴避煙 (자다학피연)　　차를 달이니 학이 연기 피해 날아가도다.
松作延客蓋 (송작연객개)　　소나무는 손님 맞는 일산이 되고
月爲讀書燈 (월위독서등)　　달은 글 읽는 등불이 되네.

花落憐不掃 (화락련불소)　　꽃 떨어져도 사랑스러워 쓸지 못하고
月明愛無眠 (월명애무면)　　달 밝으니 사랑스러워 잠 못이루네.
月作雲間鏡 (월작운간경)　　달은 구름 사이의 거울이 되고
風爲竹裡琴 (풍위죽이금)　　바람은 대나무 속의 거문고가 되네.

掬水月在手 (국수월재수)　　물을 움켜쥐니 달이 손에 있고
弄花香滿衣 (농화향만의)　　꽃을 희롱하니 향기가 옷에 가득하네.
五夜燈前晝 (오야등전주)　　깊은 밤도 등불 앞은 대낮이고요
六月亭下秋 (유월정하추)　　유월에도 정자 밑은 가을이라네.

歲去人頭白 (세거인두백)　　세월이 가니 사람 머리 희어지고요
秋來樹葉黃 (추래수엽황)　　가을이 오니 나뭇잎 누렇게 됩니다.

雨後山如沐 (우후산여목)　비 온 뒤의 산은 목욕을 한 것 같고
風前草似醉 (풍전초사취)　바람 앞의 풀은 술 취한 것 같네.

人分千里外 (인분천리외)　사람은 천리 밖에 떨어져 있고
興在一杯中 (흥재일배중)　흥은 한잔 술 속에 있구나.
春意無分別 (춘의무분별)　봄뜻은 분별이 없지만
人情有淺深 (인정유천심)　인정은 깊고 얕음이 있구나.

花落以前春 (화락이전춘)　꽃이 떨어지기 전에 봄이요
山深然後寺 (산심연후사)　산이 깊어진 뒤에야 절이 있도다.
山外山不盡 (산외산부진)　산 밖에 산이 있어 다하지 않고
路中路無窮 (노중로무궁)　길 가운데 길이 있어 끝이 없도다.

日暮蒼山遠 (일모창산원)　해 저무니 푸른 산이 멀어 보이고
天寒白屋貧 (천한백옥빈)　날씨 차가우니 초가집이 쓸쓸하구나.
小園鶯歌歇 (소원앵가헐)　작은 동산엔 꾀꼬리 노래 그치고
長門蝶舞多 (장문접무다)　긴 문엔 나비들 춤만 많구나.

風窓燈易滅 (풍창등이멸)　바람 부는 창 등불 꺼지기 쉽고
月屋夢難成 (월옥몽난성)　달빛 드는 집 꿈 이루기 어려워라.
日暮鷄登塒 (일모계등시)　해 저무니 닭은 홰 위로 오르고
天寒鳥入檐 (천한조입첨)　날씨 차가우니 새가 처마로 드는구나.

野曠天低樹 (야광천저수)　들이 넓으니 하늘이 나무 위로 낮게 드리
우고
江淸月近人 (강청월근인)　강물이 맑으니 달이 사람을 가까이 하네.

風驅群飛雁 (풍구군비안)　바람은 떼지어 나는 기러기를 몰고
月送獨去舟 (월송독거주)　달은 홀로 가는 배를 전송하누나.

細雨池中看 (세우지중간)　가랑비는 못 가운데서 볼 수가 있고
微風木末知 (미풍목말지)　산들바람은 나무 끝에서 알 수 있다네.
花笑聲未聽 (화소성미청)　꽃은 웃어도 소리는 들리지 않고
鳥啼淚難看 (조제루난간)　새는 울어도 눈물은 보기 어렵네.

白鷺千點雪 (백로천점설)　백로는 천점의 눈이요
黃鶯一片金 (황앵일편금)　누런 꾀꼬리는 한 조각 금이로구나.
桃李千機錦 (도리천기금)　복숭아꽃 오얏꽃은 일천 베틀의 비단이요
江山一畵屛 (강산일화병)　강산은 한 폭의 그림 병풍이로다.

鳥宿池邊樹 (조숙지변수)　새는 연못 가 나무에서 잠자고
僧敲月下門 (승고월하문)　스님은 달빛 아래 문 두드리네.
棹穿波底月 (도천파저월)　노는 파도 아래 달을 뚫고
船壓水中天 (선압수중천)　배는 물속의 하늘을 누르네.

高山白雲起 (고산백운기)　높은 산에는 흰 구름 일고
平原芳草綠 (평원방초록)　넓은 들에는 고운 풀이 푸르고
水連天共碧 (수연천공벽)　물은 하늘과 이어져 함께 푸르며
風與月雙淸 (풍여월쌍청)　바람은 달과 함께 모두 맑아라.

山影推不出 (산영추불출)　산 그림자는 밀어내도 나가지 않고
月光掃還生 (월광소환생)　달빛은 쓸어도 다시 생기네.
水鳥浮還沒 (수조부환몰)　물새는 떴다가 다시 잠기고

山雲斷復連 (산운단부연)　　산 위의 구름은 끊겼다 다시 이어지네.

月移山影改 (월이산영개)　　달 옮겨가니 산 그림자 바뀌고
日下樓痕消 (일하누혼소)　　해 저무니 누대 흔적 사라지누나.
天長去無執 (천장거무집)　　하늘은 길고 높아서 올라가도 잡을 수 없고
花老蝶不來 (화노접불래)　　꽃이 시드니 나비조차 오지를 않네.

初月將軍弓 (초월장군궁)　　초생 달은 장군의 활이요
流星壯士矢 (유성장사시)　　유성(流星)은 장사의 살이로다.
掃地黃金出 (소지황금출)　　땅을 쓰니 황금이 나오고
開門萬福來 (개문만복래)　　문을 여니 만복이 들어오도다.

鳥逐花間蝶 (조축화간접)　　새는 꽃 사이의 나비를 쫓고
鷄爭草中蟲 (계쟁초중충)　　닭은 풀 속의 벌레를 다투도다.
鳥喧蛇登樹 (조훤사등수)　　새 지저귀니 뱀이 나무에 오르고
犬吠客到門 (견폐객도문)　　개 짖어대니 길손이 문에 이르렀나 보다.

高峯撑天立 (고봉탱천립)　　높은 봉우리는 하늘을 버티고 서 있고
長江割地去 (장강할지거)　　긴 강은 땅을 가르며 흘러가는구나.
碧海黃龍宅 (벽해황룡택)　　푸른 바다는 황룡의 집이요
靑松白鶴樓 (청송백학루)　　푸른 소나무는 흰 학의 누대로다.

月到梧桐上 (월도오동상)　　달은 오동나무 위에 이르고
風來楊柳邊 (풍래양류변)　　바람은 버드나무가로 불어오누나.
群星陣碧天 (군성진벽천)　　뭇 별들은 푸른 하늘에 진을 치고
落葉戰秋山 (낙엽전추산)　　지는 잎은 가을 산에서 싸움을 하네.

潛魚躍淸波 (잠어약청파)　　잠긴 물고기는 맑은 물결에서 뛰놀고
好鳥鳴高枝 (호조명고지)　　예쁜 새는 높은 가지에서 울고 있구나.
雨後澗生瑟 (우후간생슬)　　비온 뒤 시냇물은 비파소리를 내고
風前松奏琴 (풍전송주금)　　바람 앞의 소나무는 거문고를 연주하네.

馬行千里路 (마행천리로)　　말은 천리의 길을 가고
牛耕百畝田 (우경백무전)　　소는 백 이랑의 밭을 가는구나.
馬行駒隨後 (마행구수후)　　말이 길을 가니 망아지가 뒤따르고
牛耕犢臥原 (우경독와원)　　소가 밭을 가니 송아지 들판에 누워 있구나.

狗走梅花落 (구주매화락)　　강아지 달려가니 매화꽃이 떨어지고
鷄行竹葉成 (계행죽엽성)　　닭이 걸어가니 댓닢이 이루어지네.
竹筍黃犢角 (죽순황독각)　　죽순은 누런 송아지 뿔이요
蕨芽小兒拳 (궐아소아권)　　고사리순은 어린아이 주먹이로다.

天淸一雁遠 (천청일안원)　　하늘 맑은데 한 마리 기러기 멀리 날아가고
海闊孤帆遲 (해활고범지)　　바다 너른데 외로운 돛단배 더디 가는구나.
花發文章樹 (화발문장수)　　꽃은 문장 나무에서 피어나고
月出壯元峰 (월출장원봉)　　달은 장원봉에서 나오는구나.

柳色黃金嫩 (유색황금눈)　　버드나무 빛깔은 황금같이 곱고
梨花白雪香 (이화백설향)　　배꽃은 흰 눈처럼 향기로워라.
綠水鷗前鏡 (녹수구전경)　　푸른 물은 갈매기 앞의 거울이고요
靑松鶴後屛 (청송학후병)　　푸른 솔은 학 뒤의 병풍이라네.

雨磨菖蒲刀 (우마창포도)　　비는 창포의 칼을 갈고
風梳楊柳髮 (풍소양류발)　　바람은 버드나무 머리칼을 빗질하도다.
鳧耕蒼海去 (부경창해거)　　물오리는 푸른 바다를 갈며 떠나가고
鷺割靑山來 (로할청산래)　　백로는 푸른 산을 가르며 오는구나.

花紅黃蜂鬧 (화홍황봉료)　　꽃이 붉으니 누런 벌들이 시끄럽고
草錄白馬嘶 (초록백마시)　　풀이 푸르니 흰말이 울고 있네.
山雨夜鳴竹 (산우야명죽)　　산에 내리는 비는 밤에 대나무를 울리고
草蟲秋入牀 (초충추입상)　　풀벌레는 가을에 침상으로 들어오네.

遠水連天碧 (원수연천벽)　　아득한 물은 하늘과 이어져 푸르고
霜楓向日紅 (상풍향일홍)　　서리 맞은 단풍은 해를 향해 붉구나.
山吐孤輪月 (산토고륜월)　　산은 외로운 둥근 달을 토해내고
江含萬里風 (강함만리풍)　　강은 만리의 바람을 머금고 있네.

露凝千片玉 (로응천편옥)　　이슬이 맺히니 천 조각 구슬이요
菊散一叢金 (국산일총금)　　국화가 흩어지니 한 떨기 황금이로다.
白蝶紛紛雪 (백접분분설)　　흰 나비는 이리저리 흩날리는 눈이요
黃鶯片片金 (황앵편편금)　　누런 꾀꼬리는 조각조각 금이로다.

洞深花意懶 (동심화의라)　　골 깊으니 꽃 피려는 뜻 게으르고
山疊水聲幽 (산첩수성유)　　산 깊으니 물소리도 그윽하여라.
氷解魚初躍 (빙해어초약)　　얼음이 녹으니 물고기가 처음 뛰어오르고
風和雁欲歸 (풍화안욕귀)　　바람이 온화하니 기러기 돌아가려 하는
　　　　　　　　　　　　　구나.

林風涼不絶 (임풍량부절)　　숲의 바람 시원함이 끊이지 않고
山月曉仍明 (산월효잉명)　　산에 걸린 달 새벽에도 여전히 밝네.
竹筍尖如筆 (죽순첨여필)　　죽순은 뾰족하여 붓끝과 같고
松葉細似針 (송엽세사침)　　솔잎은 가늘어 바늘 같구나.

魚戱新荷動 (어희신하동)　　물고기 희롱에 새로 나온 잎 살랑이고
鳥散餘花落 (조산여화락)　　새 흩어지니 남은 꽃 떨어지네.
琴潤絃猶響 (금윤현유향)　　거문고 젖었어도 줄은 여전히 소리를 울리고
爐寒火尙存 (노한화상존)　　화로 차가워도 불은 그대로 남아 있네.

春北秋南雁 (춘북추남안)　　봄에는 북쪽, 가을엔 남쪽에 있는 것은 기러기요
朝西暮東虹 (조서모동홍)　　아침에는 서쪽, 저녁엔 동쪽인 것은 무지개라네.
柳幕鶯爲客 (유막앵위객)　　버들막엔 꾀꼬리가 손님이 되고
花房蝶作郞 (화방접작랑)　　꽃방엔 나비가 신랑이 된다네.

日華川上動 (일화천상동)　　햇빛은 시냇물 위에서 넘실거리고
風光草際浮 (풍광초제부)　　바람 빛은 풀 사이에 떠 있다네.
明月松間照 (명월송간조)　　밝은 달은 소나무 사이로 비추고
淸泉石上流 (청천석상류)　　맑은 샘은 돌 위를 흐르는구나.

靑松夾路生 (청송협로생)　　푸른 소나무는 길을 끼고 자라고
白雲宿簷端 (백운숙첨단)　　흰 구름은 처마 끝에 머물고 있네.
荷風送香氣 (하풍송향기)　　연꽃 바람은 향기를 보내오고
竹露滴淸響 (죽로적청향)　　대나무 이슬 맑은 소리로 떨어지누나.

谷直風來急 (곡직풍래급)　골짜기 곧으니 바람 불어옴이 급하고
山高月上遲 (산고월상지)　산 높으니 달 오름도 더디기만 하네.
蟋蟀鳴洞房 (실솔명동방)　귀뚜라미는 골방에서 울고 있고
梧桐落金井 (오동락금정)　오동잎은 황금우물로 떨어지누나.

山高松下立 (산고송하립)　산 높아도 소나무 아래 서 있고
江深沙上流 (강심사상류)　강 깊어도 모래 위로 흐르네.
花開昨夜雨 (화개작야우)　어젯밤 비에 꽃이 피더니
花落今朝風 (화락금조풍)　오늘 아침 바람에 꽃이 지누나.

大旱得甘雨 (대한득감우)　큰 가뭄에 단비를 얻고
他鄕逢故人 (타향봉고인)　타향에서 옛 친구를 만나네.
畵虎難畵骨 (화호난화골)　호랑이를 그려도 뼈는 그리기 어렵고
知人未知心 (지인미지심)　사람을 알아도 마음은 알 수 없다네.

水去不復回 (수거불부회)　물은 흘러가면 다시 돌아오지 않고
言出難更收 (언출난갱수)　말은 한 번 내면 다시 거두기 어렵다네.
學文千載寶 (학문천재보)　글을 배우면 천년의 보배요
貪物一朝塵 (탐물일조진)　물건을 탐하면 하루아침의 티끌이라네.

文章李太白 (문장이태백)　문장은 이태백이 으뜸이요
筆法王羲之 (필법왕희지)　글 쓰는 것은 왕희지라네.
一日不讀書 (일일부독서)　하루라도 글을 읽지 않으면
口中生荊棘 (구중생형극)　입 안에 가시가 돋는다네.

花有重開日 (화유중개일)　꽃은 다시 필 날이 있지만

人無更少年 (인무갱소년)　　사람은 다시 소년이 될 수 없도다.

白日莫虛送 (백일막허송)　　젊은 날을 헛되이 보내지 말게

青春不再來 (청춘부재래)　　청춘은 다시 오지 아니한다네.

제4장

계몽편(啓蒙篇)

　『계몽편』은『사자소학』이나『추구』와는 달리 한자를 바탕으로 하여 산문(散文)을 익히는 입문서라 할 수 있으며 내용면에서 중요한 차이가 있다.

　『계몽편』구성은 수편(首篇)·천편(天篇)·지편(地篇)·물편(物篇)·인편(人篇)의 5편으로 되어있다.

　수편(首篇)에는 천지만물 자연 현상과 인륜에 관한 소개가 있으며 동·서·남·북으로 방위를 정하고 5가지의 만물의 색을 정하고, 만물의 맛과 만물의 소리 만물의 일에서 억(億)의 숫자를 정하고 있다.

　천편(天篇)에서는 하늘과 관계되는 것으로 주야(晝夜), 이십팔수(二十八宿), 간지(干支), 60갑자(甲子), 방위(方位), 사시(四時) 등에 관해 설명하고 있다.

　지편(地篇)에서는 땅에 관계되는 것으로 산수(山水)·오악(五嶽)·사해(四海)·기후(氣候)·국토(國土)·오행(五行)의　상생상극(相生相剋) 등에 관해 설명하고 있다.

　물편(物篇)에서는 동식물(動植物)·도연명(陶淵明)·주염계(周濂溪)·

애련설(愛蓮說) 등에 대한 내용을 설명하고 있다.

인편(人篇)에서는 오륜(五倫) · 종족(宗族) · 성품(性稟) · 학문(學問) · 구용(九容) · 구사(九思) 등 사람이 하여야 할 도리를 설명하고 있다.

수편(首篇)

上有天 下有地(상유천 하유지)
天地之間 有人焉 有萬物焉(천지지간 유인언 유만물언)
日月星辰者는 天之所係也요(일월성신자 천지소계야)
江海山嶽者는 地之所載也요(강해산악자 지지소재야)
父子君臣夫婦長幼朋友者 人之大倫也
(부자군신부부장유붕우자 인지대륜야)

위에는 하늘이 있고 아래는 땅이 있으니
하늘과 땅 사이에 사람이 있고, 만물이 있다
해와 달과 별은 하늘이 매달고 있는 것이고,
강과 바다와 산은 땅이 싣고 있는 것이고,
부자 · 군신 · 부부 · 장유 · 붕우는 사람의 커다란 윤리이다.

東西南北 定天地之方(동서남북 정천지지방)
靑黃赤白黑 定物之色(청황적백흑 정물지색)
酸鹹辛甘苦 定物之味(산함신감고 정물지미)
宮商角徵羽 定物之聲(궁상각징우 정물지성)

一二三四五六七八九十百千萬億 總物之數
(일이삼사오륙칠팔구십백천만억 총물지수)

동 · 서 · 남 · 북으로 만물의 색을 정하고,

청색 · 황색 · 적색 · 백색 · 흑색으로 만물의 색을 정하고,

신맛 · 짠맛 · 매운맛 · 단맛 · 쓴맛으로 만물의 맛을 정하고,

궁 · 상 · 각 · 치 · 우로 만물의 소리를 정하고,

일 · 이 · 삼 · 사 · 오 · 륙 · 칠 · 팔 · 구 · 십 · 백 · 천 · 만 · 억으로
만물의 수를 다한다.

천편(天篇)

日出於東方 入於西方(일출어동방 입어서방)

日出則爲晝요 日入則爲夜니 夜則月星이 著見 焉하나니라

(일출칙위주 일입칙위야 야칙월성 저견 언)

해는 동쪽에서 나와 서쪽으로 들어간다.

해가 나오면 낮이되고, 해가 들어가면 밤이되니, 밤에는 달과 별이
나타난다.

天有緯星 金木水火土五星이 是也(천유위성 금목수화토오성 시야)

有經星 角亢氐房心尾箕, 斗牛女虛危室壁, 奎婁胃昴畢觜參, 井鬼柳星

張翼軫二十八宿 是也(유경성 각항저방심미기, 두우여허위실벽, 규루위
묘필자삼, 정귀류성장익진이십팔숙 시야)

하늘에는 위성(緯星)이 있으니 금성(金星)·목성(木星)·수성(水星)·
화성(火星)·토성(土星)의 다섯 별이 이것이고, 또 경성(經星)이 있으니
각수(角宿)·항수(亢宿)·저수(氐宿)·방수(房宿)·심수(心宿)·미수
(尾宿)·기수(箕宿)·두수(斗宿)·우수(牛宿)·여수(女宿)·허수(虛宿)·
위수(危宿)·실수(室宿)·벽수(壁宿)·규수(奎宿)·누수(婁宿)·위수
(胃宿)·묘수(昴宿)·필수(畢宿)·자수(觜宿)·삼수(參宿)·정수(井宿)·
귀수(鬼宿)·유수(柳宿)·성수(星宿)·장수(張宿)·익수(翼宿)·진수
(軫宿)의 이십팔수(二十八宿)가 이것이다.

※ 二十八宿 : 옛날의 천문학에서 하늘을 四宮(혹은 四神)으로 나누
고, 다시 각 궁마다 일곱 성수(星宿)로 나눈 것으로 각 궁의 성수
는 다음과 같다.

사궁(四宮)	사신(四神)	이십팔수(二十八宿)
동	청룡(靑龍)	각(角)·항(亢)·저(氐)·방(房)·심(心)·미(尾)·기(箕)
서	백호(白虎)	규(奎)·누(婁)·위(胃)·묘(昴)·필(畢)·자(觜)·삼(參)
남	주작(朱雀)	정(井)·귀(鬼)·유(柳)·성(星)·장(張)·익(翼)·진(軫)
북	현무(玄武)	두(斗)·우(牛)·여(女)·허(虛)·위(危)·실(室)·벽(壁)

一晝夜之內 有十二時(일주야지내 유십이시)
十二時 會而爲一日(십이시 회이위일일)
三十日 會而爲一月(삼십일 회이위일월)

十有二月 合而成一歲(십유이월 합이성일세)

月或有小月 小月則二十九日 爲一月(월혹유소월 소월칙이십구일 위일월)

歲或有閏月 有閏則十三月 成一歲(세혹유윤월 유윤칙십삼월 성일세)

하루 낮과 밤 안에 12시가 있으니,

12시가 모여서 하루가 되고,

30일이 모여서 한 달이 되고,

열두 달이 모여서 1년을 이룬다.

달에는 혹 작은 달이 있으니 작은 달은 29일이 한 달이 되고,

1년에는 혹 윤월이 있는데, 윤달이 있으면 13개월이 1년이 된다.

※ 학이시습지(學而時習之), 불역열호(不亦說乎) : 배우고 <그리고>
   때로 익히면 또한 즐겁지 아니한가?

十二時者 卽地之十二支也 所謂十二支者 子丑寅卯辰巳午未申酉戌亥也

天有十干 所謂十干者 甲乙丙丁戊己庚辛壬癸也

(십이시자 즉지지십이지야 소위십이지자 자축인묘진사오미신유술해야

천유십간 소위십간자 갑을병정무기경신임계야)

12시라는 것은 곧 땅의 12지(十二支)이니, 이른바 십이지라는 것은
子(자)·丑(축)·寅(인)·卯(묘)·辰(진)·巳(사)·午(오)·未(미)·申
(신)·酉(유)·戌(술)·亥(해)이고,

하늘에는 십간(十干)이 있으니, 이른바 십간이라는 것은 甲(갑) · 乙(을) · 丙(병) · 丁(정) · 戊(무) · 己(기) · 庚(경) · 辛(신) · 壬(임) · 癸(계)이다.

※ 12지(十二支) : 주로 연지(年支)와 방위(方位) · 시간(時間)을 나타내는데 사용하였는데, 시간에 있어서는 오후 11시부터 새벽 1시까지를 자시(子時)라 하고, 새벽 1시부터 새벽 3시 까지를 축시(丑時)라 하여 매 2시간 단위로 자 · 축 · 인 · 묘 · 진 · 사 · 오 · 미 · 신 · 유 · 술 · 해의 12지에 연결시켜 구분하였다. 그리하여 0시는 자정(子正), 1시는 축초(丑初), 2시는 축정(丑正), 3시는 인초(寅初), 4시는 인정(寅正)의 순서로 시간을 구분하였다.
한편 12지를 띠로 구분하면 자(子)는 쥐, 축(丑)은 소, 인(寅)은 범, 묘(卯)는 또끼, 진(辰)은 용, 사(巳)는 뱀, 오(午)는 말, 미(未)는 양, 신(申)은 잔나비, 유(酉)는 닭, 술(戌)은 개, 해(亥)는 돼지 띠에 해당되며, 방위에 있어서는 자(子)는 북, 오(午)는 남, 묘(卯)는 동, 유(酉)는 서로 구분한다.

※ 10간(十干) : 갑 · 을 · 병 · 정 · 무 · 기 · 경 · 신 · 임 · 계의 10간을 오행(五行)과 방위(方位)에 연계시키면 갑과 을은 방위에 있어서는 동(東)에 해당되고 오행에서는 목(木)에 해당되며, 병정은 남방(南方)으로 화(火)에 해당되고, 무기는 중앙으로 토(土)에 해당되고, 경신은 서방(西方)으로 금(金)에 해당되며, 임계는 북방(北方)으로 수(水)에 해당한다.

天之十干이 與地之十二支로 相合而爲六十甲子하니
(천지십간 여지지십이지 상합이위육십갑자)

所謂六十甲子者는 甲子乙丑丙寅丁卯로 至壬戌癸亥가 是也니라
(소위육십갑자자 갑자을축병인정묘 지임술계해 시야)

하늘의 십간(十干)이 땅의 십이지(十二支)와 더불어 서로 합해서 육십갑자(六十甲子)가 되는데, 이른바 육십갑자라는 것은 갑자 · 을축 · 병인 · 정묘에서부터 임술 · 계해에 이르기 까지가 이것이다.

※ 일일행선(一日行善), 복수미지(福雖未至), 화자원의(禍自遠矣) : 하루만이라도 선을 행하면 복이 비록 이르지 않더라도 화는 저절로 멀어진다.

※ 60甲子 : 갑자(甲子) 을축(乙丑) 병인(丙寅) 정묘(丁卯) 무진(戊辰) 기사(己巳) 경오(庚午) 신미(辛未) 임신(壬申) 계유(癸酉) 갑술(甲戌) 을해(乙亥) 병자(丙子) 정축(丁丑) 무인(戊寅) 기묘(己卯) 경진(庚辰) 신사(辛巳) 임오(壬午) 계미(癸未) 갑신(甲申) 을유(乙酉) 병술(丙戌) 정해(丁亥) 무자(戊子) 기축(己丑) 경인(庚寅) 신묘(辛卯) 임진(壬辰) 계사(癸巳) 갑오(甲午) 을미(乙未) 병신(丙申) 정유(丁酉) 무술(戊戌) 기해(己亥) 경자(庚子) 신축(辛丑) 임인(壬寅) 계묘(癸卯) 갑진(甲辰) 을사(乙巳) 병오(丙午) 정미(丁未) 무신(戊申) 기유(己酉) 경술(庚戌) 신해(辛亥) 임자(壬子) 계축(癸丑) 갑인(甲寅) 을묘(乙卯) 병진(丙辰) 정사(丁巳) 무오(戊午) 기미(己未) 경신(庚申) 신유(辛酉) 임술(壬戌) 계해(癸亥)

十有二月者는 自正月二月로 至十二月也라

(십유이월자 자정월이월 지십이월야)

一歲之中에 亦有四時하니 四時者는 春夏秋冬이 是也니라

(일세지중 역유사시 사시자 춘하추동 시야)

열두 달이란 정월ㆍ이월에서부터 십이월에 이르기까지이다.

1년 중에 또한 사시(四時)가 있으니, 사시란 봄ㆍ여름ㆍ가을ㆍ겨울
이 이것이다.

以十二月 分屬於四時(이십이월 분속어사시)

正月二月三月 屬之於春(정월이월삼월 속지어춘)

四月五月六月 屬之於夏(사월오월육월 속지어하)

七月八月九月 屬之於秋(칠월팔월구월 속지어추)

十月十一月十二月 屬之於冬(십월십일월십이월 속지어동)

晝長夜短而天地之氣大暑 則爲夏(주장야단이천지지기대서 칙위하)

夜長晝短而天地之氣大寒 則爲冬(야장주단이천지지기대한 칙위동)

春秋則晝夜長短이 平均하되 而春氣는 微溫하고 秋氣는 微涼이니라

(춘추칙주야장단 평균 이춘기 미온 추기 미량)

12달을 四時에 나누어 배속시키는데,

정월ㆍ이월ㆍ삼월은 봄에 속하고,

사월ㆍ오월ㆍ유월은 여름에 속하고,

칠월ㆍ팔월ㆍ구월은 가을에 속하고,

시월 · 십일월 · 십이월은 겨울에 속한다.

낮이 길고 밤이 짧으면서 천지의 기온이 크게 더우면 여름이 되고,

밤이 길고 낮이 짧으면서 천지의 기온이 크게 차가우면 겨울이 된다.

봄과 가을은 낮과 밤의 길고 짧음이 고루 같은데 봄의 기온은 조금 따듯하고, 가을의 기온은 조금 서늘하다.

※ 시삼백(詩三百), 일언이폐지(一言以蔽之), 왈사무사(曰思無邪). : ≪시경≫ 3백 편의 뜻을 한 마디 말로 그것을 대표할 수 있으니 "생각에 간사함이 없다."는 말이다.

※ 천지지기대서(天地之氣大暑), 즉위하(則爲夏). : 천지의 기운이 크게 더우면 여름이 된다.

※ 효제야자(孝弟也者), 기위인지본여(其爲仁之本與). : 효와 공손함은 그 인을 행하는 근본일 것이다.

春三月盡 則爲夏(춘삼월진 칙위하)
夏三月盡 則爲秋(하삼월진 칙위추)
秋三月盡 則爲冬(추삼월진 칙위동)
冬三月盡 則復爲春(동삼월진 칙복위춘)
四時相代而歲功成焉(사시상대이세공성언)

봄 석 달이 다하면 여름이 되고,

여름 석 달이 다하면 가을이 되며,

가을 석 달이 다하면 겨울이 되고,

겨울 석 달이 다하면 다시 봄이 되니,

사시가 서로 번갈아 가면서 한 해의 일이 이루어진다.

※ 견현사제언(이지)見賢思齊焉(於之). : 어진 이를 보면 그와 같아지

　　기를 생각하라. - 이 문장에서 ‘언(焉)’은 ‘어지(於之)’의 준말이고,

　　‘지(之)’는 대명사로서 ‘賢’을 가리킨다.

※ 삼인행(三人行), 필유아사언(必有我師焉). : 세 사람이 길을 가더라

　　도 반드시 거기에는 나의 스승이 있다. 여기에서의 ‘언(焉)’ 역시

　　‘어지(於之)’의 준말로 ‘지(之)’에 해당하는 부분이 ‘거기’로 ‘삼인행

　　(三人行)’을 가리킨다.

春則萬物始生(춘칙만물시생)

夏則萬物長養(하칙만물장양)

秋則萬物成熟(추칙만물성숙)

冬則萬物閉藏(동칙만물폐장)

然則萬物之所以生長收藏 無非四時之功也

(연칙만물지소이생장수장 무비사시지공야)

봄에는 만물이 처음 생겨나고,

여름에는 만물이 성장하고 자라나며,

가을에는 만물이 성숙하고,

겨울에는 만물이 감추어진다.

따라서 만물이 생겨나서 자라나며, 거두어지고 감추어지는 것이 사시의 공이 아닌 것이 없다.

※ 인소이귀(人所以貴), 이기륜강(以其倫綱). : 사람이 귀한 까닭은 오륜과 삼강 때문이다.

※ 성인지어(聖人之語), 무비지선(無非至善) : 성인의 말씀은 지극한 선이 아님이 없다.

지편(地篇)

地之高處便爲山(지지고처편위산)
地之低處便爲水(지지저처편위수)
水之小者 謂川(수지소자 위천)
水之大者 謂江(수지대자 위강)
山之卑者 謂丘(산지비자 위구)
山之峻者 謂岡(산지준자 위강)

땅의 높은 곳이 곧 산이 되고,
땅의 낮은 곳이 곧 물이 된다.
물이 작은 것을 냇물이라고 하고,
물이 큰 것을 강이라고 한다.

산이 낮은 것을 언덕이라고 하고,
산이 높은 것을 등성이라고 한다.

※ 천명지위성(天命之謂性), 솔성지위도(率性之謂道), 수도지위교(脩
  道之謂敎). : 하늘이 명한 것을 성이라 이르고, 성을 따름을 도라
  이르고, 도를 닦는 것을 가르침이라 이른다.

天下之山이 莫大於五嶽하니 五嶽者는 泰山嵩山衡山恒山華山也요
(천하지산 막대어오악 오악자 태산숭산형산항산화산야)
天下之水가 莫大於四海하니 四海者는 東海西海南海北海也니라
(천하지수 막대어사해 사해자 동해서해남해북해야)

천하의 산이 오악(五嶽)보다 더 큰 것이 없으니, 오악이란 태산·숭
산·형산·항산·화산이다.
천하의 물이 사해(四海)보다 더 큰 것이 없으니, 사해란 동해·서해·
남해·북해이다.

※ 삼엽홍이이월화(霜葉紅於二月花) : 서리 맞은 잎이 2월에 피는 꽃
  보다 더 붉다.

山海之氣가 上與天氣相交면 則興雲霧하고 降雨雪하며 爲霜露하고
生風雷니라

(산해지기 상여천기상교 칙흥운무 강우설 위상로 생풍뢰)

산과 바다의 기운이 올라가 하늘의 기운과 서로 사귀면 구름과 안개를 일으키고 비와 눈을 내리며, 서리와 이슬이 되고 바람과 우레를 발생한다.

※ 학즉내위군자(學則乃爲君子), 불학즉위소인(不學則爲小人) :배우면 군자가 되고, 배우지 않으면 소인이 된다.

暑氣蒸鬱 則油然而作雲 沛然而下雨
(서기증울 칙유연이작운 패연이하우)
寒氣陰凝 則露結而爲霜 雨凝而成雪
(한기음응 칙로결이위상 우응이성설)
故 春夏 多雨露 秋冬 多霜雪(고 춘하 다우로 추동 다상설)
變化莫測者 風雷也(변화막측자 풍뢰야)

더운 기운이 쪄서 막히게 되면 뭉게뭉게 구름을 일으켜 좍좍 비가 내리고, 찬 기운이 추워져 응결되면 이슬이 맺혀 서리가 되고, 비가 응결되어 눈을 이룬다.

그러므로 봄과 여름에는 비와 이슬이 많고, 가을과 겨울에는 서리와 눈이 많은데, 변화를 헤아릴 수 없는 것은 바람과 우레이다.

古之聖王 畫野分地 建邦設都(고지성왕 화야분지 건방설도)

四海之內 其國有萬(사해지내 기국유만)

而一國之中 各置州郡焉(이일국지중 각치주군언)

州郡之中 各分鄕井焉(주군지중 각분향정언)

爲城郭 以禦寇(위성곽 이어구)

爲宮室 以處人(위궁실 이처인)

爲耒耜 敎民耕稼(위뢰사 교민경가)

爲釜甑 敎民火食(위부증 교민화식)

作舟車 以通道路(작주거 이통도로)

옛날의 성왕(聖王)이 들을 구획하고 토지를 나누어 나라를 세우고 도
읍을 설치하였으니,

사해의 안에 그 나라가 만 개나 있고,

한 나라의 안에 각각 주(州)와 군(郡)을 설치하고,

주와 군의 안에 각각 향(鄕)과 정(井)을 나누었으며,

성곽을 만들어 도적을 막고,

궁실을 만들어 사람들을 거처하게 하고,

쟁기와 보습을 만들어 백성들에게 밭 갈고 곡식 심는 것을 가르치고,

가마솥과 시루를 만들어 백성들에게 불로 익혀 먹는 것을 가르치고,

배와 수레를 만들어 도로를 통하게 하였다.

※ 위성곽(爲城郭), 이어구(以禦寇) : 성곽을 지어 <그렇게 함으로써,
또는 성곽을 지어> 도적을 막다.

※ 정심응물(定心應物), 수불독서(雖不讀書), 가이위유덕군자(可以爲有德君子). : 마음을 정하고 사물에 응하면 비록 글을 읽지 않더라도, <그렇게 함으로써 (마음을 정하고 사물에 응함으로써)> 덕 있는 군자가 될 수 있다. "이(以)"의 목적어는 "정심응물(定心應物)"로 앞에 이미 제시가 되었으므로 생략한 것이다.

金木水火土 在天 爲五星 在地 爲五行
(금목수화토 재천 위오성 재지 위오행)
金 以爲器 木 以爲宮 穀生於土 取水火爲飮食 則凡人日用之物 無非五行之物也
(금 이위기 목 이위궁 곡생어토 취수화위음식 칙범인일용지물 무비오행지물야)

금 · 목 · 수 · 화 · 토가 하늘에 있으면 五星이 되고, 땅에 있으면 五行이 된다. 金은 그릇을 만들고, 나무는 집을 만들고, 곡식은 흙에서 나와 물과 불을 취해서 음식을 만드니, 모든 사람들이 날마다 사용하는 물건은 오행의 물건이 아님이 없다.

※ 자경가독어(自耕稼陶漁), 이지위제(以至爲帝), 무비취어인자(無非取於人者) : 밭갈고 곡식을 심으며 질그릇 굽고 고기 잡을 때로부터 황제가 됨에 이르기 까지 남에게서 취한 것 아님이 없다.

※ 오행(五行) : 오행이라는 글자가 가장 먼저 경전에 나타나는 것은

≪상서(尙書)·감서(甘誓)≫로서, 후대로 오면서 우주에서 끊임없이 운행되면서 만물을 구성하는 원소를 말하는 것을 의미하게 되었다.

五行 固有相生之道(오행 고유상생지도)

金生水 水生木 木生火 火生土 土生金 金復生水

(금생수 수생목 목생화 화생토 토생금 금복생수)

五行之相生也無窮 而人用不竭焉(오행지상생야무궁 이인용불갈언)

오행은 본래 서로 생하는(相生) 도가 있으니, 금은 물을 낳고, 물은 나무를 낳고, 나무는 불을 낳고, 불은 흙을 낳고, 흙은 쇠를 낳고 쇠는 다시 물을 낳으니, 오행이 상생(相生)하는 것은 끝이 없어서 사람들이 사용함에 다함이 없다.

※ 오행(五行), 고유상생지도(固有相生之道). : 오행은 본래 서로 생하는 도가 있다.

※ 군자(君子), 고궁(固窮), 소인(小人), 궁사람의(窮斯濫矣) : 군자라야 진실로 곤궁할 수 있으니, 소인은 곤궁하면 곧 넘친다.

五行 亦有相克之理(오행 역유상극지리)

土克水 水克火 火克金 金克木 木克土 土復克水

(토극수 수극화 화극금 금극목 목극토 토복극수)

乃操其相克之權 能用其相生之物者 是人之功也

(내조기상극지권 능용기상생지물자 시인지공야)

오행은 또한 서로 이기는(相克) 이치가 있으니,

흙은 물을 이기고, 물은 불을 이기고, 불은 쇠를 이기고, 쇠는 나무를 이기고, 나무는 흙을 이기고, 흙은 다시 불을 이기니,

그 서로 이기는 권세를 잡아 서로 생하는 물건을 이용할 수 있는 것은 사람의 공로이다.

※ 성인붂(聖人復起), 불역오언의(不易吾言矣). : 성인이 다시 일어난다 하더라도 나의 말을 바꾸지 아니하실 것이다.

※ 오행의 상생상극설은 중국 한(漢)나라 무제시대의 학자였던 동중서(董仲舒)에 의해 제창되었다. 그는 "하늘에는 오행이 있으니 첫째는 목이고, 둘째는 화이며, 셋째는 토이고, 넷째는 금이고, 다섯째는 수이다. 목은 오행의 시작이며, 수는 오행의 마지막이고, 토는 오행의 중앙이다. 이것이 천연적인 질서이다."라고 하면서 본문의 내용과 같이 오행의 상생상극설을 주장하였다.

물편(物篇)

天地生物之數 有萬其衆(천지생물지수 유만기중)

而若言其動植之物 則草木禽獸蟲魚之屬最其較著者也
(이약언기동식지물 칙초목금수충어지속최기교저자야)

　천지가 만물을 낳는 수는 그 많기가 만 가지나 있는데,
동물과 식물로 말할 것 같으면 초목 · 금수 · 벌레와 물고기의 등속
이 가장 명백하게 드러난 것들이다.

　※ 약청일면설(若聽一面說), 편견상이별(便見相離別) : 만약 한 쪽의
　　말만 들으면 곧 서로 이별함을 보게될 것이다.

飛者 爲禽 走者 爲獸 鱗介者 爲蟲魚 根植者 爲草木
(비자 위금 주자 위수 린개자 위충어 근식자 위초목)

　나는 것은 새가 되고, 달리는 것은 짐승이 되고, 비늘과 껍질이 있는
것은 벌레와 물고기가 되고, 뿌리로 심겨진 것은 초목이 된다.

飛禽 卵翼(비금 란익)
走獸 胎乳(주수 태유)
飛禽 巢居(비금 소거)
走獸 穴處(주수 혈처)
蟲魚之物 化生者最多而亦多生於水濕之地
(충어지물 화생자최다이역다생어수습지지)

나는 새는 알을 낳아 날개로 품고, 달리는 짐승은 태로 낳아 젖을 먹이며, 나는 새는 둥지에서 살고, 달리는 짐승은 굴에서 살며, 벌레와 물고기들은 변화하여 생기는 것이 가장 많은데, 또한 물과 습한 땅에서 많이 자란다.

※ 지어도(志於道), 기어덕(據於德), 의어인(依於仁), 유어예(游於藝) : 도에 뜻을 두며, 덕에 근거하며, 인에 의하며, 예에서 노닌다.

※ 화생(化生) : 우리는 일반적으로 '변화'라는 말을 무심코 사용하는 경우가 많은데, 실제로 한문에 있어서 변화(變化)는 변(變)과 화(化)가 구분된다.

변(變)은 쉽게 말하면 물리적인 변화 혹은 눈으로 확인할 수 있는 변화를 의미한다고 볼 수 있다. 예를 들면 둥근 공이 바람이 빠져 쭈글쭈글해지는 것 같은 현상을 말한다.

화(化)는 예를 들면 굼벵이가 애벌레가 되었다가 다시 나비가 되는 것 같은 변화를 의미한다. 따라서 화생이란 그냥 변화해서 생겨나는 것이 아니라 엄격한 의미에서 올챙이가 개구리가 된다던가, 애벌레가 나비나 매미가 되는 현상 등을 말한다고 할 수 있다.

春生而秋死者 草也(춘생이추사자 초야)
秋則葉脫而春復榮華者 木也(추칙엽탈이춘복영화자 목야)
其葉蒼翠 其花五色(기엽창취 기화오색)
其根深者 枝葉 必茂(기근심자 지엽 필무)

其有花者 必有實(기유화자 필유실)

봄에 낳아서 가을에 죽는 것은 풀이고,

가을이면 잎이 졌다가 봄에 다시 꽃이 피는 것은 나무이다.

그 잎이 푸르고 그 꽃이 오색이니,

그 뿌리가 깊은 것은 가지와 잎이 반드시 무성하고,

그 꽃이 있는 것은 반드시 열매를 맺는다.

※ 오색(五色) : 청(靑), 황(黃), 적(赤), 백(白), 흑(黑)의 다섯 가지 색깔
  을 가리킨다.

虎豹犀象之屬 在於山(호표서상지속 재어산)

牛馬鷄犬之物 畜於家(우마계견지물 축어가)

牛以耕墾 馬以乘載 犬以守夜 鷄以司晨 犀取其角 象取其牙 虎豹 取其皮

(우이경간 마이승재 견이수야 계이사신 서취기각 상취기아 호표 취기피)

호랑이 · 표범 · 물소 · 코끼리의 등속은 산에 있고,

소 · 말 · 닭 · 개의 동물은 집에서 기르니,

소로써 밭을 갈고, 말로써 타거나 짐을 싣고, 개로써 밤을 지키고, 닭
으로써 새벽을 맡게 한다. 물소에게서는 그 뿔을 취하고, 코끼리에게서
는 그 어금니를 취하고, 호랑이와 표범에게서는 그 가죽을 취한다.

※ 생사지이례(生事之以禮), 사장지이례(死葬之以禮), 제지이례(祭之

以禮).: 살아계실 때는 섬기기를 예로써 하고 돌아가신 후에는 장
사지내기를 예로써 하며, 제사지내기를 예로써 하는 것이다.

山林 多不畜之禽獸(산림 다불축지금수)
川澤 多無益之蟲魚(천택 다무익지충어)
故 人以力殺 人以智取(고 인이력살 인이지취)
或用其毛羽骨角 或供於祭祀賓客飮食之間
(혹용기모우골각 혹공어제사빈객음식지간)

산과 숲에는 기를 수 없는 새와 짐승이 많고,
냇물과 연못에는 무익한 벌레와 물고기가 많다.
그러므로 사람들이 힘으로 죽이고, 사람들이 지혜로 취해서
혹은 그것들의 털 · 깃털 · 뼈 · 뿔 등을 이용하고, 혹은 제사와 손님
에게 음식을 접대할 때에 제공하기도 한다.

※ 막현호은(莫見乎隱), 막현호미(莫顯乎微), 고군자(故君子), 신기독
  야(愼其獨也).: 숨은 것보다 더 잘 보이는 것이 없으며 작은 것보다
  더 드러나는 것이 없다. 그러므로 군자는 그 홀로 있음을 삼간다.

走獸之中 有麒麟焉(주수지중 유기린언)
飛禽之中 有鳳凰焉(비금지중 유봉황언)
蟲魚之中 有靈龜焉 有飛龍焉(충어지중 유영귀언 유비룡언)

此四物者 乃物之靈異者也(차사물자 내물지영이자야)
故 或出於聖王之世(고 혹출어성왕지세)

달리는 짐승 중에 기린이 있고,

나는 새 중에 봉황이 있으며,

벌레와 물고기 중에 신령스러운 거북이 있고 나는 용이 있다.

이 네 가지 동물은 곧 만물 중에서 신령스럽고 영특한 것이다.

그러므로 혹 성왕(聖王)의 세상에 나오는 것이다.

※ 기린(麒麟) : 아프리카 초원에 사는 기린이 아니라 상상 속의 동물
   을 말한다. 성왕이 나와 왕도가 행하여지면 나타난다고 하며 살아있
   는 풀을 밟지 않고 살아있는 것은 먹지 않으며, 모양은 사슴 같고, 이
   마는 이리와 같으며, 꼬리는 소, 발굽은 말과 같고 이마에 뿔 하나가
   있다고 한다. 수컷을 기(麒)라하고 암컷을 린(麟)이라고 한다.
   B.C. 481년(노(魯) 애공(哀公) 14년, 공자 71세) 노나라 서쪽에서 기
   린이 잡혔는데(춘추좌씨전(春秋左氏傳) · 애공(哀公) 14년), 처음엔
   그것이 무슨 동물인지 의아해했다. 공자(孔子)도 그것이 무슨 동물
   인지 구경을 갔었는데, 그것이 기린인 것을 보고 눈물을 흘렸다고
   한다. 기린은 옛부터 어진 짐승으로서 훌륭한 임금에 의해 올바른
   정치가 행해지면 나타나는 것으로 알려져 있었는데, 공자가 살았던
   춘추시대는 매우 혼란한 시대였다. 그러므로 성군(聖君)의 치세(治
   世)가 아닌 난세(亂世)에 잘못 나와 어리석은 인간들에게 잡힌 기린
   을 보고, 공자는 자신의 운명을 비춰서 슬퍼하였으며, 노나라의 역
   사책인 춘추의 저술도 이 기린을 잡은 대목에서 붓을 꺾고 말았다.

稻粱黍稷 祭祀之所以供粢盛者也(도량서직 제사지소이공자성자야)

豆菽麰麥之穀 亦無非養人命之物(두숙모맥지곡 역무비양인명지물)

故(고)로 百草之中 穀植 最重(백초지중 곡식 최중)

犯霜雪而不凋 閱四時而長春者 松柏也 衆木之中 松柏 最貴

(범상설이불조 열사시이장춘자 송백야 중목지중 송백 최귀)

벼 · 조 · 기장 · 피는 제사의 제물로 바치는 것이요,

팥 · 콩 · 보리 등의 곡식은 또한 사람의 목숨을 기르는 물건이 아닌
것이 없다.

그러므로 온갖 풀 가운데 곡식이 가장 중요하다.

서리와 눈의 침범을 받고도 마르지 아니하고, 사시(四時)를 지나도
항상 봄처럼 푸른 것은 소나무와 잣나무이기 때문에 많은 나무 가운데
소나무와 잣나무가 가장 귀하다.

※ 불환무위(不患無位), 환소이립(患所以立) : 지위가 없음을 걱정하
지 말고, <자리에> 설 수 있는 방법을 걱정하라.

梨栗柿棗之果(이률시조지과)가

味非不佳也(미비불가야)로되 其香芬芳(기향분방)이라

故(고)로 果以橘柚爲珍(과이귤유위진)하고

蘿蔔蔓菁諸瓜之菜(나복만청제과지채)가

種非不多也(종비불다야)로되 其味辛烈(기미신열)이라

故(고)로 菜以芥薑爲重(채이개강위중)하나니라

배 · 밤 · 감 · 대추 등의 과실이 맛이 아름답지 않은 것은 아니지만, 그 향기가 짙기 때문에 과실은 귤과 유자를 보배로 여긴다.

무 · 순무와 여러 가지 오이의 채소는 종류가 많지 않은 것은 아니지만, 그 맛이 매우 맵기 때문에 채소는 겨자와 생강을 귀중하게 여긴다.

※ 과이귤유위진(果以橘柚爲珍) : 과일은 귤과 유자를 보배로 여긴다.

※ 천장이공자위목탁(天將以孔子爲木鐸) : 하늘이 앞으로 공자를 목탁으로 삼으실 것이다.

※ 非不 : ~아닌 것은 아니다. 이중 부정.

※ 비불설자지도(非不說子之道), 력부족야(力不足也) : 선생님의 道를 기뻐하지 않는 것은 아니지만 힘이 부족합니다.

水陸草木之花 可愛者甚繁(수륙초목지화 가애자심번)

而陶淵明 愛菊(이도연명 애국)

周濂溪 愛蓮(주렴계 애련)

富貴繁華之人 多愛牧丹(부귀번화지인 다애목란)

淵明 隱者 故로 人以菊花 比之於隱者

(연명 은자 고 인이국화 비지어은자)

濂溪 君子 故로 人以蓮花 比之於君子

(염계 군자 고 인이연화 비지어군자)

牧丹 花之繁華者 故로 人以牧丹 比之於繁華富貴之人
(목단 화지번화자 고 인이목단 비지어번화부귀지인)

물이나 뭍에 있는 풀이나 나무의 꽃 중에는 사랑할 만한 것이 매우
많다.

도연명은 국화를 사랑하였고,

주염계는 연꽃을 사랑하였고,

부귀하고 번화한 사람들은 많이들 모란을 사랑한다.

도연명은 은자였기 때문에 사람들은 국화로써 은자에 비유하고,

주염계는 군자였기 때문에 사람들은 연꽃으로써 군자에 비유하고,

모란은 꽃 중에서 가장 번화한 것이기 때문에 사람들은 모란으로써
부귀하고 화려한 사람에게 비유한다.

※ 천망(天網), 회회(恢恢), 소이불실(疎而不漏) : 하늘의 그물이 넓고
　 넓어 성기지만 <그러나> 새지 않는다.

※ 담욕대이심욕소(膽欲大而心欲小), 지옥원이행욕방(知欲圓而行欲
　 方) : 담력은 크게 가지고자 하되 마음은 작게 가지고자 해야 하
　 며, 지혜는 원만하게 하고자 하되 행실은 방정하게 하고자 해야
　 된다.

※ 도연명(陶淵明) : 중국 남북조 시대 동진(東晉)의 자연시인. 심양
　 (潯陽) 사람으로 이름은 잠(潛)이며, 연명은 그의 자(字)인데, 원량
　 (元亮)이라는 자도 사용하였으며, 호(號)는 오류선생(五柳先生),

시호(諡號)를 정절(靖節)이라 하였다.

명장 간(侃)의 증손으로 후일 팽택(彭澤)의 수령이 되었지만 80여일 만에 ≪귀거래사(歸去來辭)≫를 읊고 벼슬을 떠나 전원생활을 즐기는 은둔생활을 했다. 그의 시는 기품이 높고, 삶에 대한 애정이 넘쳐 있는 것이 특징이다.

※ 주염계(周濂溪) : 중국 북송(北宋) 성리학(性理學)의 원조인 주돈이(周敦頤 : 1017～1073)를 말한다. 자(字)는 무숙(茂叔)이고 도주(道州) 영도(營道) 사람이다. 본명은 돈실(敦實)이었으나 영종(英宗)의 구휘(舊諱)를 피하여 돈이(敦頤)라고 바꿨다. 조변(趙抃)이 재차 촉(蜀)을 진압하면서 상소를 올려 그를 등용시키려 하였으나 아직 등용되기 전에 세상을 떠났으니 나이는 57세였다. 널리 배우고 힘써 실천하였으며 ≪태극도설(太極圖說)≫을 저술하여 천리(天理)의 근원을 밝혔고 만물의 끝과 처음〔終始〕을 궁구하였다. 또한 ≪통서(通書)≫ 40편을 써서 태극(太極)의 심오한 이치를 분명하게 밝혔다. 염계는 또 공맹(孔孟)의 근본을 터득함으로써 학문에 크게 기여하였다. 그가 남안(南安)에서 연리(掾吏) 노릇을 할 때 군사통판(軍事通判)인 정향(程珦)이 그의 기상과 용모의 비상함을 보고 더불어 말을 하다가 염계(濂溪)가 도를 깨닫고 있음을 알고 자기의 두 아들 정호(程顥)와 정이(程頤)로 하여금 그에게서 가르침을 받도록 하였다.

염계는 또한 한(漢)·당(唐) 훈고학(訓詁學)과 송(宋)·명(明) 이학(理學)의 분수령상에 있으면서 당말(唐末)·오대(五代)의 사상적 혼란을 종식시키려고 노력한 사람이었다. 그리하여 그는 그 당시

까지 유행해온 도교(道敎), 불교(佛敎) 및 음양오행가(陰陽五行家)
등의 핵심사상을 유학경전, 특히 ≪주역(周易)≫ 및 중용(中庸)을
기본 바탕으로 하고, 한유(韓愈) 및 이고(李翶)의 사상적 영향을
받아 유학(儒學)의 체계속에 통회 융섭하였다. 그럼으로써 염계
(濂溪)는 천도(天道)와 인간, 천명(天命)과 인성(人性)을 논리적으
로 일관시켜주는 이론를 새롭게 궁구해 가는 사상사적 전환기를
마련해 주었으며 송·명 이학의 우주론(宇宙論)과 인성론(人性
論) 양 방면에 있어서 중요한 이론적 출발점이 되었다. 한편 그가
지은 시 중에 <애련설(愛蓮說)>이 유명한데, 이 글은 애련설의
일부를 각색한 것이다.

※ 애련설(愛蓮說)

水陸草木之花, 可愛者甚蕃. 晉陶淵明 獨愛菊, 自李唐來, 世人甚愛牡
丹, 予 獨愛蓮之出淤泥而不染, 濯淸漣而不妖, 中通外直, 不蔓不枝, 香遠
益淸, 亭亭淨植, 可遠觀而不可褻翫焉. 予謂菊, 花之隱逸者也, 牡丹, 花之
富貴者也, 蓮花之君子者也. 噫, 菊之愛, 陶後鮮有聞, 蓮之愛, 同予者, 何
人. 牡丹之愛 宜乎衆矣.

(수륙초목지화, 가애자심번. 진도연명 독애국, 자이당래, 세인심애모
단, 여 독애련지출어니이불염, 탁청련이불요, 중통외직, 불만불지, 향
원익청, 정정정식, 가원관이불가설완언. 여위국, 화지은일자야, 모단,
화지부귀자야, 연화지군자자야. 희, 국지애, 도후선유문, 연지애, 동여
자, 하인. 모단지애 의호중의)

물이나 육지의 풀과 나무의 꽃 중에 사랑스러울 만한 것이 매우 많은

데, 진나라의 도연명은 오직 국화를 좋아하였고, 이씨 당나라 이래로 세상 사람들은 모란을 매우 좋아하였다. 나는 홀로 연꽃이 진흙에서 나왔으면서도 물들지 않고, 맑은 물결에 씻기면서도 요염하지 않으며, 속이 비어 있고, 겉이 곧으며 덩굴 뻗지 않고, 가지치지 않으며, 향기가 멀수록 더욱 맑고 우뚝히 깨끗하게 서 있어 멀리서 바라볼 수는 있지만 함부로 가지고 놀 수 없음을 사랑한다.

  내 생각에는 국화는 꽃 중에 은자이고 모란은 꽃 중에 부귀한 자며, 연꽃은 꽃 중의 군자라고 여겨진다. 아! 국화를 사랑하는 이는 도연명 이후에 <또 있다는 말을> 들은 적이 드물며, 연꽃을 사랑하는 이는 나와 같은 자가 몇이나 되는가? 모란을 사랑하는 이는 당연히 많을 것이다.

物之不齊 乃物之情(물지불제 내물지정)
故로 以尋丈尺寸 度物之長短(고 이심장척촌 도물지장단)
以斤兩錙銖 稱物之輕重(이근양치수 칭물지경중)
以斗斛升石 量物之多寡(이두곡승석 양물지다과)

만물이 똑같지 아니한 것이 바로 만물의 실정이다.
그러므로 심 · 장 · 척 · 촌으로 사물의 길고 짧음을 헤아리고,
근 · 냥 · 치 · 수로 사물의 가볍고 무거움을 재고,
두 · 곡 · 승 · 석으로 사물의 많고 적음을 헤아린다.

※ 이애처자지심(以愛妻子之心), 사친즉곡진기효(事親則曲盡其孝) :
    아내와 자식을 사랑하는 마음으로써 어버이를 섬긴다면 그 효도

를 극진히 할 수 있을 것이다.

※ 심장척촌(尋丈尺寸) : 모두 길이의 단위로, 약 3cm를 1촌(寸)이라
하고, 10촌을 1척(尺)이라하며, 8척을 1심(尋), 10척을 1장(丈)이
라 한다.

※ 근량치수(斤兩錙銖) : 모두 무게의 단위로, 약 37.5g을 1냥(兩)이
라 하고, 16냥을 1근(斤)이라 한다. 기장 알 1백 개의 무게를 1수
(銖)라 하고, 6수를 1치(錙)라 하여 치수는 아주 작은 단위의 무게
를 뜻한다.

算計萬物之數 莫便於九九(산계만물지수 막편어구구)
所謂九九者 九九八十一之數也(소위구구자 구구팔십일지수야)

만물의 수를 계산하는 것은 구구단 보다 편한 것이 없다.
이른바 구구단이라는 것은 구구팔십일($9 \times 9 = 81$)의 수이다.

※ 막편어구구(莫便於九九) : 구구단보다 더 편한 것이 없다.

※ 소위대신자(所謂大臣者), 이도사군(以道事君), 불가측지(不可則止) :
이른바 대신(大臣)이란 도(道)로써 임금을 섬기다가 안 되면 그만
두는 것이다.

인편(人篇)

萬物之中에 惟人이 最靈하니(만물지중 유인 최령)
有父子之親하며 有君臣之義하며(유부자지친 유군신지의)
有夫婦之別하며 有長幼之序하며(유부부지별 유장유지서)
有朋友之信이니라(유붕우지신)

만물 가운데 오직 사람이 가장 영특하기 때문에
부자간의 친함이 있으며, 군신간의 의리가 있으며,
부부간의 구별이 있으며, 장유간의 차례가 있으며,
붕우간의 신의가 있다.

※ 삼년(三年), 무개어부지도(無改於父之道), 가위효의(可謂孝矣). : 3
   년 동안 아버지의 도(道)를 고침이 없어야 효(孝)라 할 수 있다.

※ 효제지자(孝弟也者), 기위인지본여(其爲仁之本與) : 효와 공손함
   은 그 인(仁)을 행하는 근본일 것이다.

生我者爲父母요(생아자위부모)
我之所生이 爲子女요(아지소생 위자녀)
父之父爲祖요(부지부위조)
子之子爲孫이요(자지자위손)
與我同父母者爲兄弟요(여아동부모자위형제)

父母之兄弟爲叔이요(부모지형제위숙)

兄弟之子女爲姪이요(형제지자녀위질)

子之妻爲婦요(자지처위부)

女之夫爲參婿니라(여지부위서)

나를 낳은 자는 부모가 되고,

내가 낳은 것이 자녀가 되고,

아버지의 아버지가 할아버지가 되고,

아들의 아들이 손자가 된다.

나와 더불어 부모를 함께하는 자는 형제가 되고,

부모의 형제는 아저씨가 되고,

형제의 자녀는 조카가 되고,

아들의 아내는 며느리가 되고,

딸의 남편은 사위가 된다.

※ 군자(君子), 무소쟁(無所爭), 필야사호(必也射乎). : 군자는 다투는
   것이 없으나, 반드시 활쏘기 경쟁은 할 것이다.

※ 사지어도이치악의악식자(士志於道而恥惡衣惡食者), 미족여의야
   (未足與議也). : 선비로서 도(道)에 뜻을 두고서도 나쁜 옷과 나쁜
   음식을 부끄러워하는 자는 아직도 더불어 의논할 수 없다.

有夫婦然後에 有父子하니 夫婦者는 人道之始也라

(유부부연후 유부자 부부자 인도지시야)

故로 古之聖人의 制爲婚姻之禮하여 以重其事

(고 고지성인 제위혼인지례 이중기사)

부부가 있은 뒤에야 부자가 있으니, 부부는 사람의 도리의 시초이다.
그러므로 옛날의 성인이 혼인하는 예를 만들어 그 일을 중하게 하신
것이다.

  ※ 세한연후(歲寒然後), 지송백지후조야(知松柏之後彫也) : 해가 추
    워진 <그러한> 후에야 소나무와 잣나무가 뒤에 시드는 것을 알
    수 있다.

人非父母 無從而生(인비부모 무종이생)

且人生三歲然後 始免於父母之懷(차인생삼세연후 시면어부모지회)

故로 欲盡其孝면 則服勤至死하고 父母沒이면 則致喪三年하여 以報
其生成之恩

(고 욕진기효 칙복근지사 부모몰 칙치상삼년 이보기생성지은)

사람은 부모가 아니면 어디서부터이든 태어날 수 없고,
또 사람은 낳은 지 세 살이 된 뒤에야 비로소 부모의 품을 벗어나게
된다.
그러므로 그 효도를 극진하게 하고자 한다면 부지런하게 힘써 죽음
에 이를 정도가 되어야 하고, 부모가 돌아가시면 삼년상을 지극히 해서

부모께서 낳고 길러주신 은혜에 보답해야 된다.

※ 부여귀시인지소욕야(富與貴是人之所欲也), 불이기도득지(不以其道得之), 불처야(不處也). : 부(富)와 귀(貴)는 사람들이 하고자 하는 것이나 정당한 방법으로 얻지 아니하면 처하지 아니해야 한다.

※ 인비부모(人非父母), 무종이생(無從而生) : 사람은 부모가 아니면 어디서부터이든 태어날 수 없다.

※ 교천례묘(郊天禮廟), 비주불향(非酒不享), 군신붕우(君臣朋友), 비주불의(非酒不義), 투쟁상화(鬪爭相和), 비주불권(非酒不勸). : 하늘에 제사를 지내고 사당에 제례 올림에 술이 아니면 흠향하지 아니하고, 임금과 신하, 벗과 벗 사이에도 술이 아니면 의리가 두터워지지 않고, 싸움을 하고 서로 화해 함에도 술이 아니면 권하지 못한다.

※ 3년상 : 부모가 돌아가셨을 때 3년상을 치르는 것은, 부모님께서 자식을 3년 동안 품에 안고 길러주신 은혜에 보답하기 위해 3년 상을 치르는 것이다. ≪논어≫ 양화편에는 3년상에 대해 공자와 그의 제자인 재아(宰我)와의 다음과 같은 대화가 있다.
재아(宰我)가 다음과 같이 물었다. "삼년상은 기간이 너무 오래입니다. 군자가 3년 동안 예를 행하지 않으면 예가 반드시 무너지고, 3년 동안 음악을 익히지 않으면 음악이 반드시 무너질 것입니다. 묵은 곡식이 다 없어지고 새 곡식이 오르며, 부싯돌을 갈아 불

을 바꾸니, 1년이면 그칠 만할 것입니다." 공자(孔子)께서 말씀하셨다. "쌀밥을 먹고 비단옷을 입는 것이 너에게는 편안하냐?" "편안합니다." "네가 편안하다면 그렇게 하라. 군자가 상에 처할 때 기름진 것을 먹어도 달게 느껴지지 않으며, 음악을 들어도 즐거워지지 아니하며, 처소에 있어도 편해지지 않았다. 그러므로 하지 아니한 것이다." 지금 네가 편안하다면 그렇게 하라. 재아가 밖으로 나가자 공자께서 말씀하셨다. "재아의 인(仁)하지 못함이여! 자식은 태어나서 3년이 지난 연후에야 부모의 품에서 벗어나는 것이다. 3년상은 천하에 공통된 상이니 재아는 그 부모에게 3년 동안의 사랑 받음이 있었는가?"

耕於野者 食君之土(경어야자 식군지토)
立於朝者 食君之祿(입어조자 식군지록)
人이 固非父母則不生 亦非君則不食(인 고비부모칙불생 역비군칙불식)
故로 臣之事君 如子之事父 唯義所在 則舍命效忠
(고 신지사군 여자지사부 유의소재 칙사명효충)

들에서 밭가는 자는 임금의 토지를 갈아 먹고, 조정에 서 있는 자는 임금의 녹을 먹는다.

사람은 진실로 부모가 아니면 태어나지 못하고, 또한 임금이 아니면 먹지 못한다.

그러므로 신하는 임금을 섬기기를 자식이 어버이를 섬기는 것과 같이 해서, 오직 의리가 있는 곳에는 목숨을 버리고 충성을 바쳐야 하는 것이다.

※ 효자지사친야(孝子之事親也), 거즉치기경(居則致其敬), 양즉치기락(養則致其樂), 병즉치기우(病則致其憂), 상즉치기애(喪則致其哀), 제즉치기엄(祭則致其嚴). : 효자가 어버이를 섬김에, 기거하실 때에는 그 공경을 다하고, 봉양함에는 즐거움을 다 하며, 병드신 때엔 근심을 다하고, 돌아가신 때엔 슬픔을 다하며, 제사 지낼 때엔 엄숙함을 다해야 한다.

※ 인지불학(人之不學), 여등천이무술(如登天而無術). : 사람이 배우지 아니하는 것은 마치 하늘에 오르면서 기술이 없는 것과 같다.

※ 도지장행하여(道之將行也與), 명야(命也), 도지장폐야여(道之將廢也與), 명야(命也). : 도(道)가 장차 행해지는 것도 하늘의 명이며, 도가 장차 폐해지는 것도 하늘의 명이다.

人於等輩 尙不可相踰(인어등배 상불가상유)

況年高於我하고 官貴於我하고 道尊於我者乎이

(황년고어아 관귀어아 도존어아자호)

故로 在鄕黨則敬其齒하고 在朝廷則敬其爵하며 尊其道而敬其德이 是禮也라

(고 재향당칙경기치 재조정칙경기작 존기도이경기덕 시례야)

사람은 같은 또래에게도 오히려 서로 넘어서는 안 되는데,

하물며 나이가 나보다 많고 벼슬이 나보다 귀하고 도(道)가 나보다 높은 자에게 있어서랴!

그러므로 향당(鄕黨)에 있어서는 그 나이를 공경하고, 조정에 있어서는 그 벼슬을 공경하며, 그 도를 높이고 그 덕을 공경하는 것, 이것이 예이다.

※ 인오등배(人於等輩), 상불가상유(尙不可相踰). : 사람은 같은 또래에게도 오히려 서로 넘어서는 안된다.

※ 피혐지사(避嫌之事), 현자조불위(賢者且不爲), 항성인호(況聖人乎). : 혐의를 피하는 일은 현자도 또한 하지 않거늘 하물며 성인에게 있어서랴!

曾子曰 君子는 以文會友하고 以友輔仁이라 하시니
(증자왈 군자 이문회우 이우보인)
蓋人不能無過而朋友有責善之道(개인불능무과이붕우유책선지도)
故로 人之所以成就其德性者는 固莫大於師友之功이라
(고 인지소이성취기덕성자 고막대어사우지공)
雖然이니 友有益友하고 亦有損友하니 取友를 不可不端也니라
(수연 우유익우 역유손우 취우 불가불단야)

증자가 말씀하시기를 "군자는 글로써 벗을 모으고, 벗으로써 인을 돕

는다."고 하셨다.

대개 사람이란 허물이 없을 수 없지만, 친구 사이라면 선을 책하는 도리가 있다.

그러므로 사람이 덕성을 성취하게 되는 것으로는 진실로 스승과 벗의 공보다 더 큰 것이 없다.

비록 그렇지만 벗에는 유익한 벗이 있고, 또한 손해되는 벗도 있으니, 벗을 취하기를 단정하게 하지 않을 수 없는 것이다.

※ 인수지우(人雖至愚), 책인즉명(責人則明), 수유총명(雖有聰明), 서기즉혼(恕己則昏). : 사람은 비록 어리석지만 남을 책망하는 데는 밝고, 비록 총명하다 하더라도 자기를 용서하는 데는 어둡다.

※ 희노(喜怒), 재심(在心), 언출어구(言出於口), 불가불사(不可不愼). : 기뻐하고 노여워 하는 것은 마음속에 있고, 말은 입 밖으로 나가는 것이니 삼가지 아니할 수 없느니라.

※ 증자(曾子) : 공자(孔子)의 제자로 이름은 삼(參)이고, 자는 자여(子輿)로 공자의 학통을 이어 자사(子思)에게 전하였고, 자사는 맹자(孟子)에게 전하였다. 특히 효행(孝行)으로 유명하였는데, 증자는 죽음에 임하였을 때 제자들을 불러놓고 다음과 같은 대화를 나누었다고 한다.
"이불을 제껴 내 발을 보아라, 이불을 제껴 내 손을 보아라. ≪시경≫에 '전전긍긍하며 깊은 못가를 가는 듯, 엷은 얼음을 밟는 듯 조심한다.'는 말이 있는데 내가 지금까지 내 몸을 보존하기 위하

여 그렇게 살았다. 내 수족이 온전하니 이제야 불효의 죄에서 벗어나게 되었구나."

同受父母之餘氣하여 以爲人者 兄弟也라
(동수부모지여기 이위인자 형제야)
且人之方幼也에 食則連牀하고 寢則同衾하여 共被父母之恩者 亦莫如
我兄弟也라
(차인지방유야 식칙연상 침칙동금 공피부모지은자 역막여아형제야)
故로 愛其父母者 亦必愛其兄弟니라(고 애기부모자 역필애기형제)

함께 부모의 남은 기운을 받아서 사람이 된 자가 형제이다.

또 사람이 아직 어렸을 때에 밥을 먹을 때에는 상을 연하고, 잠을 잘때에는 이불을 같이 하면서 함께 부모의 은혜를 입은 자로는 또한 나의형제만한 이가 없다.

그러므로 그 부모를 사랑하는 자는 또한 반드시 그 형제를 사랑하는것이다.

※ 지락(至樂), 막여독서(莫如讀書), 지요(至要), 막여교자(莫如敎子). :
  지극히 즐거운 것은 책을 읽는 것만 같은 것이 없고, 지극히 필요
  한 것은 자식을 가르치는 것만 같은 것이 없느니라.

※ 조정(朝廷), 막여작(莫如爵), 향당(鄕黨), 막여치(莫如齒), 보세장민
  (輔世長民), 막여덕(莫如德). : 조정에는 관작 만한 것이 없고, 향당

에는 나이 만한 것이 없고, 세상을 돕고 백성을 자라게 하는 데는
덕 만한 것이 없다.

宗族 雖有親疏遠近之分(종족 수유친소원근지분)

然이나 推究其本하면 則同是祖先之骨肉이니

(연 추구기본 칙동시조선지골육)

苟於宗族에 不相友愛하면 則是忘其本也라

(구어종족 불상우애 즉시망기본야)

人而忘本이면 家道漸替리라(인이망본 가도점체)

종족은 비록 친하고 소원하며, 멀고 가까운 구분이 있지만,

그러나 그 근본을 미루어 연구해 보면 똑같은 선조의 골육이니

만일 종족에 대해서 서로 우애하지 않는다면 이것은 그 근본을 잊는
것이다.

사람으로서 근본을 잊으면 집안의 도(道)는 점점 침체될 것이다.

※ 학문지사(學問之事), 고비일단(固非一端), 연기도즉재어구기방심
  이이(然其道則在於求其放心而已). : 학문의 일은 진실로 한 가지
  가 아니나, <그러나> 그 도는 놓아버린 마음을 찾음에 있을 뿐
  이다.

※ 도오선자(道吾善者), 시오적(是吾賊), 도오악자(道吾惡者), 시오사
  (是吾師). : 나의 착한 점을 말하는 사람은 나의 적이요, 나의 나쁜

점을 말하는 사람은 나의 스승이다.

父慈而子孝(부자이자효)

兄愛而弟敬(형애이제경)

夫和而妻順(부화이처순)

事君忠而接人恭(사군충이접인공)

與朋友信而撫宗族厚(여붕우신이무종족후)

可謂成德君子也(가위성덕군자야)

아버지는 사랑하고 아들은 효도하며,

형은 우애하고 아우는 공경하며,

남편은 온화하고 아내는 순하며,

임금을 섬기기를 충성스럽게 하고 사람을 대하기를 공손하게 하며,

친구와 사귀기를 신의있게 하고 종족을 어루만지기를 후하게 하면,

덕을 이룬 군자라고 말할 수 있다.

※ 인자선난이후획(仁者先難而後獲), 가위인의(可謂仁矣). : 인자(仁
者)의 부류에 속하는 사람이 어려운 일을 먼저하고 얻는 것을 뒤
에 하면 인(仁)이라 할 수 있다.

凡人稟性 初無不善(범인품성 초무불선)

愛親敬兄忠君弟長之道 皆已具於吾心之中

(애친경형충군제장지도 개이구어오심지중)

固不可求之於外面 而惟在我力行而不已也

(고불가구지어외면 이유재아력행이불이야)

모든 사람의 타고난 성품이 처음부터 착하지 않음이 없어,

어버이를 사랑하고 형을 공경하며, 임금에게 충성하고 어른을 공경

하는 도리가 모두 이미 내 마음 가운데 갖추어져 있으니,

진실로 외면에서 구할 수 있는 것이 아니고, 오직 내가 힘써 행하여

그치지 않음에 달려 있을 뿐이다.

※ 덕무불실이명무불조자(德無不實而明無不照者), 성인지덕(聖人之
德). : 덕(德)이 성실하지 않음이 없어, 밝음이 비추지 않음이 없는
것은 성인의 덕이다.

人非學問 固難知其何者爲孝 何者爲忠 何者爲弟 何者爲信

(인비학문 고난지기하자위효 하자위충 하자위제 하자위신)

故로 必須讀書窮理 求觀於古人(고 필수독서궁리 구관어고인)

體驗於吾心 得其一善 勉行之(체험어오심 득기일선 면행지)

則孝弟忠信之節 自無不合於天敍之則矣

(칙효제충신지절 자무불합어천서지칙의)

사람은 학문이 아니면 진실로 그 어떤 것이 효도가 되며, 어떤 것이

충성이 되며, 어떤 것이 공손함이 되며, 어떤 것이 신의가 되는지 알기 어렵다.

그러므로 반드시 책을 읽고 이치를 궁구해서 옛 사람에게서 구하여 관찰하고,

내 마음에서 체험하여 그 한 가지 선(善)을 얻어 그것을 힘써 행하면,

효제충신(孝弟忠信)의 일이 스스로 하늘의 질서의 법칙에 맞지 않음이 없을 것이다.

※ 선사(善事), 수람(須貪), 악사(惡事), 막락(莫樂). : 착한 일이란 모름지기(반드시) 탐내야 하며, 악한 일이란 즐겨하지 말라.

收斂身心 莫切於九容(수렴신심 막절어구용)

所謂九容者는 足容重자며 手容恭하며 目容端하며 口容止하며 聲容靜하며 頭容直하며 氣容肅하며 立容德하며 色容莊이니라

(소위구용자 족용중 수용공 목용단 구용지 성용정 두용직 기용숙 입용덕 색용장)

이 몸과 마음을 바로 잡는 것은 구용(九容)보다 더 절실한 것이 없으니,

이른바 구용이란, 발 모양은 무겁고, 손 모양은 공손하며, 눈 모양은 단정하고, 입 모양은 그치며, 소리의 모양은 고요하고, 머리 모양은 곧으며, 숨쉬는 모양은 엄숙하고, 서 있는 모양은 덕스러우며, 안색의 모양은 씩씩한 것이다.

※ 소위대신자(所謂大臣者), 이도사군(以道事君), 불가즉지(不可則止). : 이른바 대신(大臣)이란 도(道)로써 임금을 섬기다가 안 되면 그만두는 것이다.

進學益智 莫切於九思(진학익지 막절어구사)

所謂九思者는 視思明하며 聽思聰 色思溫 貌思恭 言思忠 事思敬 疑思問 忿思難 見得思義

(소위구사자 시사명 청사총 색사온 모사공 언사충 사사경 의사문 분사난 견득사의)

학문에 나아가고 지혜를 더함에는 구사(九思)보다 더 절실한 것이 없으니,

이른바 구사란 볼 때에는 밝게 볼 것을 생각하며, 들을 때에는 밝게 들을 것을 생각하며, 얼굴빛은 온화하게 할 것을 생각하며, 용모는 공손하게 할 것을 생각하며, 말은 성실하게 할 것을 생각하고, 일은 공손하게 할 것을 생각하며, 의심나는 것은 물을 것을 생각하며, 분노가 날 때에는 어려울 것을 생각하며, 얻을 것을 보면 의(義)를 생각하는 것이다.

※ 양심(養心) 막선어과욕(莫善於寡欲). : 마음을 수양함은 욕심을 적게 하는 것보다 더 좋은 것이 없다.

※ **격몽요결(擊蒙要訣)**은 조선시대 1577(선조 10)년에 율곡 이이(李珥)가 학문을 시작하는 이들을 교육하기 위해 저술한 책이다.

※ **고문관지(古文觀止)** : 동주(東周)시대부터 명 대 말까지의 222편
   의 글을 실은 책. 오초재(吳楚材)와 오조후(吳凋候)가 지은 책으로
   (청나라) 강희 34년(1695)에 완성되었다.

• 나이 관련 호칭

논어 — 위정(爲政)편, 공자가 말하기를 15세에 학문에 뜻을 두었다는 구
      절에서 유래가 되어 15세는 '지학(志學)' 30세는 '이립' 40세는
      '불혹' 50세는 '지명' 60세는 '이순' 70세는 '고희'……
      나이를 나타내는 다른 말들이 많이 있다.

•15세 — 지학(志學)
      학문에 뜻을 두었다는 다이.
•20세 — 약관(弱冠)
      20세를 전후 남자: 나이를 뜻하며 옛날에는 갓을 쓰는 어른이
      되는 의미이며 방년(芳年) 20세를 전후 꽃다운 나이의 여자(꽃
      다운 芳) (나이 年)를 뜻함.
•30세 — 이립(而立)
      30세 모른 기초를 세우고 도덕위에서 자립(自立)하는 나이.
•40세 — 불혹(不惑)
      사물의 이치를 터득하고 세상일과 벼슬길에 나가며 판단을 흐
      리는 일이 없는 나이.
•50세 — 지명(知命)
      50세에 천명(天命: 인생의 의미)을 알았다는 뜻이며 知天命을
      줄인말과 하늘의 뜻을 깨닫는 나이.
•60세 — 이순(耳順)
      60세 인생에 경륜이 쌓이고 사려와 판단이 성숙하여 어떤 내용
      에서도 순화시켜 받아들이는 나이.

- 61세 ― 환갑(還甲)

  회갑(回甲), 환력(還曆)이라고도 하며 대어난 간지(干支)로 돌아간다는 뜻이며 화갑(華甲)이라고 축하하는 나이.

- 62세 ― 진갑(進甲)

  화갑 다음해로 다음해의 생일날, 새로운 갑자(甲子)로 나간다는 나이 (進).

- 70세 ― 종심(從心)

  70세에 마음먹은 대로 행동 도리에 어긋나지 않았다는 나이며 고희(古稀)라고도 하며 칠순(七旬) 일흔 살 나이.

- 80세 ― 산수(傘壽)

  80세 산(傘)팔과 십의 파자로 해석

  팔순(八旬) 여든 살이라고 한 나이.

- 81세 ― 반수(半壽)

  81세에서 90살을 바라 보며 장수(長壽)를 뜻하며 '할망구'라는 어원이 망구(望九)로 불리워짐.

- 88세 ― 미수(米壽)

  농부가 모를 심어 추수를 할 때까지 88번의 순질이 필요하다 하여 여든 여덟 살을 표현한 나이.

- 90세 ― 졸수(卒壽)

  '구순(九旬)' 또는 '아흔 살'이다. 90세를 부를 때는 높아서 구순이라고 부르며 90세를 뜻하는 한자표현에 '동리(凍梨)'가 있으며 '언(凍) 배(梨)'라는 뜻도 있다(검버섯이 생겨 언배 껍질처럼 보인다는 뜻).

- 91세 — 망백(望百)

    91세가 되면 100살까지 바라보며 만수무강의 의미가 함축되어 있다.

- 99세 — 백수(白壽)

    백(百)에서 일(一)을 빼면 백(白)가지 되므로 흰백자가 된다하여 99세로 재미있게 표현하였다.

- 100세 — 상수(上壽)

    사람 수명중 최상의 수명의 뜻으로 상수라고 하며 100년을 일기(1期)로 하므로 기라하고 몸이 늙어 다른 사람에 의탁을 받아야 하는 나이.

- 101세 — 황수(皇壽)

    101세 황제의 수명 나이.

- 120세 — 천수(天壽)

    타고난 수명이지만

    병원신세 다른 사람에게 의탁하여 사는 것도 고통이며 천수를 누린들 뭐하리오 천수는 건강하게 살다가 2~3일에, 구구팔팔 이삼사.

──────────── 참고문헌

국제가톨릭성서공회편찬,『성서』, 도서출판 일과놀이, 1995.

김은중,『성서의 역사와 지리』, 도서출판 엘맨, 2006.

김학주 · 장기근,『중국사상대계 列子管子』5권, 신화사, 1983.

대한성서공회,『성경전서』, 아가페출판사, 1956.

동국대학교 불교문화대학 불교교재,『불교사상의 이해』, 불교시대사, 1999.

문윤홍,『나도 성불할 수 있다』, 도서출판 한미, 2016.

박법종,『예화모음』, 원불교출판사, 1992.

『사람과 종교』<창간호 9> 애드그린인쇄㈜, 2014.

세계기독교통일신령협회,『원리강론』, 성화출판사, 1966.

신천원,『논어 · 대학 · 중용』, 은광사, 1997.

유교문화연구소,『유교경전 번역총서』, 성균관대학교출판부, 2007.

유교사전편찬위원회,『유교대사전』, 박영사, 1990.

이원섭 · 김시준,『중국사상대계 吳子晏子』6권, 신화사, 1983.

이홍직,『국사대사전』, 학원출판공사, 1988.

최영길,『이슬람과 에티켓』도서출판 알림, 2015.

편집부,『불교학대사전』, 홍법원, 1993.

함현찬,『추구 · 계몽편』, 전통문화 연구회, 2016.

말씨

假飾, 擧措의 祈禱
聖職者(敎人)가 狡猾하면 自身의 利益을
醜交하고 權謀術數를 쓸 때
心情 蹂躪하고 利慾을 부리며
自己의 惡習을 悔改치 않고
怨讐맺은 것을 풀지 않고
眞理의 뜻을 叛逆하고
和合하지 않고 사랑이라는
말을 하며 祈禱 할 때

—말—
영성(靈性)의 소리

천지 기운의 힘으로 사랑이라는 아름다운 조화(造化)로 생명을 탄생케하고 고귀한 생명들이 살아 숨쉬는 자연의 모습을 볼 수 있는 눈과 아름다운 노래를 들을 수 있는 귀를 가지고 있음에 세고 또 세어도 끝이 없는 그 많은 감사를 알게 하소서!

세월속에 삶이란 실패와 성공과 좌절 어둠과 빛속에 긴터널을 지나가면서 장들어가는 영성(靈性)을 일깨워 기쁨과 행복이 무엇인가를 알게 되었습니다. 살아생전 내가 살아온 세월의 자취 속에서 수 없이 뿌려 놓은 말의 씨앗들이 어디서 어떻게 열매를 맺고 자라고 있을까?

내 언어에서 나온 말들이 다른이의 가슴속에서 뿌리를 내려 은혜의 기쁨으로 좋은 열매를 맺고 그러지 못한 말들은 허공으로 사라지고 때로는 생각지 못한 비수의 칼날이 되어 가슴속 아픈 상처가 된 말들을 생각하면 왠지 가슴이 저려옵니다.

존중과 배려가 미흡하여 멀고 가까운 일가친척, 친구, 이웃들이 서로 주고받은 많고 적은 말들이 가슴에 남아 때로는 멍울로 때로는 깨달음의 빛으로 남아 있습니다.

모나고 둥근 것 밝고 어두운 것 그 말의 주인의 얼굴은 잊었어도
말은 죽지 않고 살아서 나와 함께 머뭅니다.

살아있는 동안 내가 한 말은 참 많은 것도 같고 적은 것도 같지만 그러나 말과 글이 없이는 단 하나도 살 수 없는 세상살이라는 것을…하나의 말을 잘 탄생시키기 위해 먼저 잘 참고 침묵하는지 경박하지 않으며

품격 있는 말을 하는지 스스로 돌아볼 수 있는 시간 속에서

남과 비교하며 살지 말게 하시고

질투의 화신 속에 들어가지 말게 하시고

돈을 목적으로 삼게 하지 마시고

경솔하게 스스로 아는 것을 자만하게 하지 않게 하소서

내가 태어나 잘못된 말 특히 남을 거스르는 비방과 오해의 말들 경솔한 속단과 위선의 말들을 회개합니다.

나날이 새로운 마음 깨어있는 마음 그리고 날마다 감사하는 마음으로 내 언어의 가슴속 깊이 성령에 탑을 쌓게 하시어 태양처럼 환히 빛나는 아름다운 속삭임을 마음과 입술에 주시고 감사의 노래를 내 심장에 주시어 모든 사람들이 자유와 평화 그리고 사랑으로 이어가게 하소서.

아주

• 經歷

出生:서울시 西大門區萬里洞2街295番地17

極東정보大學卒業(HOTEL經營)

又松大學校卒業(觀光經營)

檀國大學校經營大學院最高經營者課程修了

成均館大學校儒學大學院儒敎指導者課程修了

現代鍼灸學會修了

韓國傳統鍼灸術繼承會中央會硏究委員

平海跆拳道(唐手道) 師範,館長

統一産業社內武術指道師範,館長

合氣道,正道舍,圓和道(實習)大韓活武合氣道.한풀師範.

統一産業(株)BOILER設計機士, 機械營業所長

國際硏修院(漢南洞)警護副室長

Certified Scotti School Of Defensive Driving, USA

大韓民國武術聯合會副會長

世界平和統一武道聯合 創設大會 韓國代表團 團長

世界平和統一武術聯合國際理事

國際少林武術聯合總會理事會理事長

Belize Taekwondo Olympic (Youth) Instructor (Hapkido)

Judge of Paraguay Martial Arts Competition by World Peace Tong-il Martial Arts Union

(株)世進溫泉觀光HOTEL雪峯代表理事

一成 레져産業株式會社代表理事

世界三武道聯盟創始者

종교의 세계와 깨달음의 삶

초판 1쇄 인쇄일	2019년 9월 29일
초판 1쇄 발행일	2019년 9월 30일

지은이	이상근
펴낸이	정진이
편집장	김효은
편집/디자인	우정민 우민지
마케팅	정찬용 정구형
영업관리	한선희 최재희
책임편집	우정민
펴낸곳	국학자료원 새미 (주)
	등록일 2005 03 15 제25100-2005-000008호
	서울특별시 강동구 성안로 13 (성내동, 현영빌딩 2층)
	Tel 442-4623 Fax 6499-3082
	www.kookhak.co.kr
	kookhak2001@hanmail.net

ISBN	979-11-89817-93-0 *03200
가격	38,000원

* 저자와의 협의하에 인지는 생략합니다.
  잘못된 책은 구입하신 곳에서 교환하여 드립니다.
  국학자료원 · 새미 · 북치는마을 · LIE는 국학자료원 새미(주)의 브랜드입니다.
* 이 도서의 국립중앙도서관 출판예정도서목록(CIP)은 서지정보유통지원시스템 홈페이지(http://seoji.nl.go.kr)와 국가
  자료종합목록 구축시스템(http://kolis-net.nl.go.kr)에서 이용하실 수 있습니다. (CIP제어번호 : CIP2019037014)